Martin Speelhoven, Otto Bernhard Verdion, Franz Georg Ferdinand Schläger

Die Glücks- und Unglücksfälle Martin Speelhovens

Eines Kaufmanns aus dem Clevischen gebürtig, welche ihm sowohl in seiner

Jugend, als auch auf Reisen nach Amerika begegnet

Martin Speelhoven, Otto Bernhard Verdion, Franz Georg Ferdinand Schläger

Die Glücks- und Unglücksfälle Martin Speelhovens
Eines Kaufmanns aus dem Clevischen gebürtig, welche ihm sowohl in seiner Jugend, als auch auf Reisen nach Amerika begegnet

ISBN/EAN: 9783743466579

Hergestellt in Europa, USA, Kanada, Australien, Japan

Cover: Foto ©ninafisch / pixelio.de

Weitere Bücher finden Sie auf **www.hansebooks.com**

Die
Glücks- und Unglücksfälle
Martin Speelhovens,

eines Kaufmanns aus dem Clevischen gebürtig,

welche ihm

sowohl in seiner Jugend, als auch auf

Reisen nach Amerika begegnet,

nebst dessen

Gefangennehmung und Flucht,

wie auch

achtzehnjährigen Aufenthalt auf einer

damals noch nie besuchten Insel und

endlichen Befreyung,

von ihm selbst beschrieben.

Dresden und Leipzig,
bey Joh. Nicol. Gerlach und Sohn.
1763.

Vorrede.

Mein Herr!

Der Krieg mit seinen Folgen, welcher einer Provinz um die andre, ja, einem Lande nach dem andern den Umsturz drohet, hat auch unsrer lieben Stadt Embden ein Hartes zugedacht. Und ob man sich gleich schmeichelt, daß das Ungewitter für dießmal noch so überhin gehen möchte, so ist doch nicht allerdings zu trauen. Ich wollte Ihnen hiervon einen kleinen Begriff machen, da aber in allen Zeitungen fast bis zum Ueberfluß davon geschrieben worden, auch das Wichtigste in meinem letzten an Sie ergangenen Schreiben bereits erwähnet, so will ich hiervon abbrechen. Wie mir nun von allen meinen Habseligkeiten nichts so unentbehrlich, als die Documenta und übrigen Schriften; so habe ich dieselben zusammen gesuchet, und Ihnen zu sicherer Verwahrung überschicken wollen. Unter denselben werden Sie ein Manuscript finden, welches ich unter den Pappieren meines Vaters angetroffen. Es ist mir noch nicht entfallen, daß, da wir noch auf der Universität beysammen lebten, Sie bey allem Ihren Fleiß, den Sie auf die Studien wendeten, zur Abwechselung in einem Historienbuche lasen, ja, wenn es schon fingirte Sachen waren, so bezeigten Sie doch daran einen Wohlgefallen zu haben. Aus eben der Ursache habe ich das Manuscript mit beyfügen wollen. Der Mann hat zwar zu meinen Zeiten nicht mehr gelebet, mein Vater aber hat ihn noch sehr wohl gekannt, und mein Großvater ist ein besonderer Freund von ihm gewesen, welcher auch als der Einzige in ganz Embden einen vertrauten Umgang mit ihm gepflogen. Bey Lebzeiten der englischen Fräulein Caroline, oder vielmehr der Frau Majorinn, welche in der Historie eine Hauptperson mit ausmacht, soll er noch so ziemlich aufgeräumten Gemüthes gewesen seyn; nach derselben Absterben aber sein ganzes Naturel auf einmal geändert haben. In der Vorstadt hatte er einen wohl angelegten Garten, welchen ich in meiner Jugend noch so, wie er denselben verlassen, oft gesehen, am hintern Theil desselben hatte er ein Gebäudgen, nach dem Muster desjenigen auf der Insel, auf welcher er achtzehn Jahre hingebracht, aufführen lassen; es war nach dem Winkel gebauet, welches nunmehro aber gänzlich weggerissen ist. So lange es die Witterung gestatten wollen, habe er sich daselbst aufgehalten, niemals, oder doch selten, einen Besuch angenommen, außer, wie erwähnet, meinen

Großvater. Eine alte Magd, so lange bey seiner Pflegemutter gedienet, hatte zwar den Einkauf der Speisen besorget, das Essen aber hatte er sich mehrentheils selbst zurechte gemacht, mit dem Vorgeben, niemand sey so geschickt, es ihm nach seinem Geschmack zuzurichten. Er hatte sich auch das Getränke, eine Art von Bier, so wie er es auf der Insel gebrauet, selbst bereitet, und ob es ihm, nach seiner Aussage, gleich nicht so gut, als damals gerathen wollen, (worzu nach meiner Beurtheilung das Wasser vieles beytragen mag,) hat er sich doch dessen bedienet, mein Großvater sagte, es sey an Geschmack noch so ziemlich gewesen. Ohn Unterlaß hat er gewünschet, die liebe Insel, wie er sich ausgedrücket, noch einmal zu sehen. In dem Garten sowohl, als in seiner Behausung, hat er sich beständig eines leichten Schiffs- oder Matrosenhabits bedienet, ist auch in solchem Anzuge, ohne alles Gepränge, wie er mit Ernst befohlen, begraben worden. Sie werden mir nach Durchlesung eingestehen,

daß

daß es ein Mensch von besondern Naturel gewesen seyn muß. Vielmal habe ich gehöret, daß Leute, wenn sie aus Amerika wieder zurück kommen, und sich daselbst eine Zeitlang aufgehalten, dieses gar nicht mehr sind, was sie vor ihrer Abreise gewesen; Dieses nun kann den Herrn Speelhoven schon gnugsam rechtfertigen, wenn man ihn etwa eines übertriebenen Eigensinnes beschuldigen wollte. Ich bin ꝛc.

Dieses, meine Leser, sollte, wie ich mich es überrede, für eine Vorrede schon hinreichend seyn, weil es dem Inhalt nach eine deutliche Abschilderung der Hauptperson ausmachet. Um aber eines und das andre in ein besseres Licht zu setzen, will ich noch einige kleine Anmerkungen hinzufügen. Der Autor ziehet gleich im Eingang in Zweifel, ob seine Geschichte, (weil er sich keiner hohen Geburt oder Herkunft rühmen kann,) durchgehends Beyfall finden werde. Hierüber meine Gedanken zu entdecken, so sage ich, daß er wohl etwas zu weit gehet. Denn seine Geburt hat wohl den meisten Antheil an seinen Glücks- und Unglücksfällen, und sie ist der erste Stoff zu seinen Fatalitäten gewesen, wenn man dieselben nicht einem ohngefehren Zufall, sondern einer Bestimmung zuschreiben will. Sein Vater sahe sich genöthiget die Flucht zu ergreifen, und wie ihm zu Ohren gebracht wurde, die Baßgeige mit der Flinte zu verwechseln, und er setzte sich vor, ihn, da seine Mutter gestorben, aufzusuchen. Er fand ihn auch, aber auf eine Art, die sich leicht kein Mensch träumen läßt; wiewohl beyde einander nicht erkannt, bis er es nach dem unglückseligen Ende seines Vaters zufälliger Weise entdecket. Dieses war kaum verschmerzet, und er in seine vorige Zufriedenheit wieder zurück gekehret, als seine Lebensart mit einemmal eine andre Gestalt gewann. Er, der Autor, entriß ein englisches Frauenzimmer von Stande den Händen eines geilen und unzüchtigen Menschen. Diese beyde lebten nachgehends, soll ich sagen in der größten Unschuld? dieses hat er verschwiegen, wir wollen es auch

auch nicht anfechten. Wie nun alles der Unbeständigkeit unterworfen, so ergieng es diesen beyden Insulanern auch, er gerieth den Wilden in die Hände, sie entriß ihn denselben durch ein mehr als desperates Mittel, welches nicht leicht ein Bruder für den andern wagen würde. Hieraus könnte man nun den Schluß ziehen, das die Liebe gleichsam die Triebfeder gewesen; und dieses könnte auch gelten, wenn nicht noch mehr Ursachen, die sie selbst anführet, vorhanden wären. Die Ankunft ihres Vaters setzte ihn wider einer neuen, und zwar schimpflichen Todesgefahr aus, doch wurde er noch zu der Zeit, da man im Begriff war, das ausgesprochne Urtheil an ihm zu vollziehen, gerettet. Wie nun dieser Fehler aus einer Uebereilung und Irrthum herrührete, so wurde derselbe nachgehends auf alle nur ersinnliche Art zu verbessern gesuchet; er mußte aber bey der Abfahrt noch empfinden, daß ihm das widrige Verhängniß unvermerkt ein Bein unterschlug. Wie die endliche Abreise erfolget, dessen

glück-

glückliche Ankunft in sein Vaterland, nebst dabey vorgefallenen Umständen, ist alles, wiewohl in möglichster Kürze, doch vernehmlich, beschrieben. Dieses ist also ein kleiner Entwurf der ganzen Geschichte, woraus der Leser, ohne das Werkgen anzupreisen, leicht schließen kann, daß es schon der Mühe werth ist, die man sich giebet, es zu durchsehen. Nach meiner Einsicht hat der Autor alles vermieden, was etwa hierbey einen Ueberdruß und Eckel erwecken könnte. Uebrigens empfehle ich es allen, denen es vorkommen möchte, zu einer geneigten Aufnahme.

Gewöhnlicher maßen machet es bey denen Liebhabern, welche gerne die aufgezeichneten Glücks = und Un= Unglücksfälle eines andern Menschen lesen, einen bessern Eindruck, wenn sich die Person von Stand und Ansehen nennen kann. Dieses sollte mich billig abschrecken, weil ich von der niedrigsten Classe entsprungen, nur eine Feder anzusetzen; allein, man überwinde sich einmal etwas von einem Menschen zu lesen, der, seines geringen Herkommens ungeachtet, gleichwohl das erfahren müssen, was Leute von Achtung nie erlebet haben, auch wohl nicht zu erleben wünschen. Ich will daher ohne Bedenken den Anfang von meiner Kindheit an, so viel mir wissend, machen. Der Ort meiner Geburt ist auf einem geringen Dorfe, unweit Wesel am Rhein, meine Eltern giengen der Handarbeit nach, des Sonntags aber, weil mein Vater Musik verstand, wartete er mit dem Baß in der Schenke auf. Es hätte seinen Nutzen gehabt, wenn er das hier=

bey erworbene Geld in die Haushaltung verwendet hätte, so aber ließ er es ordentlich an dem Orte, wo er es verdienet wieder, sitzen, lediglich aus der Ursache, weil ihn beständig durstete; worüber denn meine Mutter mit ihm, wenn er mit einem schweren Kopf und leichten Beutel nach Hause kam, gewaltig zankte, und ihm seinen alten Rumpelkasten, wie sie nämlich die Baßgeige nennete, mit ehesten in den Backofen stecken wollte. Es dienet aber zur Nachricht, daß sie mein Vater als Wittwe geheyrathet, sie hatte auch ein ziemliches Bauergüthgen gehabt, welches aber sich in ein kleines Häusgen verwandelt, und dieses gieng so nach der Ordnung, daß sie letztlich gar zur Miethe ziehen mußten. Da er nun einsmals bey seiner Heimkunft so schwach auf den Füßen war, daß ihm die ehrliche Baßgeige auch nicht mehr gehorsamen wollte, denn er pflegte sich bey dergleichen Umständen daran zu stützen, und er mit derselben der Länge nach in die Stube fiel, so mußte meine Mutter, so sehr sie sich sonst über den strafbaren Aufzug erzürnete, für dießmal, weil es ein außerordentliches Gerumple verursachte, herzlich lachen; dieses nahm er im höchsten Grad übel, raffte sich, so wie es angehen wollte, auf, und schlug mit dem Bogen so lange auf sie zu, bis derselbe stückweise umherflog. Aus Rache nahm sie die unschuldige Baßgeige, und schlug dieselbe so lange wider die Wand, bis kein ganzes Stück mehr übrig war, und lief endlich zu der Thüre hinaus Mein Vater sahe den Verlust nicht ohne Rührung an, ja der Schmerz

war

wär so groß, daß er Thränen vergoß, und endlich, wie rasend, alles, was ihm im Wege stand, zerschlug, hernachmals mit dem abgebrochnen Hals von besagtem Baß zur Thüre hinaus daumelte. Eine lange Weile hernach kam meine Mutter und fragte mich, da ich in der Thüre stand und mich nach einem von beyden umsahe, ob der Vater schliefe? erschrack aber nicht wenig, als sie die schöne Wirthschaft, so er hinter sich gelaßen, erblickte; sie rang die Hände und weinete, dadurch wurde aber doch nichts wieder ganz. Verschiedene Leute kamen und sagten, daß ihr Mann in der Schenke unmenschlich söffe, riethen ihr auch an, sie sollte es wagen, und sehen ob sie ihn mit guten Worten nach Hause brächte, er würde, wenn er ausgeschlafen, es bereuen. Da nun dieses nichts Neues bey ihm war, wie ich es mich denn zu verschiedenen malen zu erinnern weiß, daß er nach ausgeschlafnen Rausch meine Mutter fast fußfällig um Verzeihung bat, und zugleich angelobte künftighin eine beßre Lebensart zu führen, es auch ehrlich hielt bis auf den Sonntag, da er es denn wieder an dem Ort anfieng wo er es gelaßen, so ließ sich meine Mutter durch vieles Zureden der Nachbarn bewegen, und gieng nach der Schenke den Vater abzuholen, hätte aber klüglicher gehandelt, sie wäre zu Hause geblieben. Ohngefähr nach einer Stunde brachten dieselbe zwo Weiber geführet, sie sahe einer Todten ähnlicher als einer Lebendigen, und auf Befragen was ihr begegnet sey? gab sie mir zur Antwort: ich habe meinen Tod geholet. Da ich nun noch ein unverständiger Junge, und noch nicht gar zehn Jahr alt war, so nahm ich es nicht zu Herzen. Dein Vater, fuhr sie in ihrer Rede fort, eben da ich fragen wollte, wo denn der Tod sey, den sie mitgebracht hätte? fuhr, als ich nur zur Thüre eintrat, hinter dem Tische hervor, und schlug mich mit dem Ueberbleibsal der Baßgeige mit solchem Nachdruck in die linke Seite, daß ich gleich athemloß zu seinen Füßen sank. Zum Unglück war keine lebendige Seele zugegen, nur eine Magd war dazu gekommen und hatte durch ihr Geschrey die Leute im Hause herzu gerufen. Als ich mich wieder erholet, fragte man mich, was mir fehlete? diesen erzehlte ich den unglücklichen Schlag meines Mannes, welcher sich inmittelst aus dem Staube gemacht; er soll mir lange zappeln müssen ehe ich es ihm vergeben werde, setzte sie hinzu: es hatte aber wegen der Abbitte keine Noth, er kam nicht wieder zum Vorschein, sondern nach etlichen Wochen lief Nachricht ein, daß er unter die Soldaten gegangen sey. Von der Zeit an wurde meine Mutter untüchtig auf die Arbeit zu gehen, sie warf Blut aus, daß es endlich gar mit ihr zum Lager kam, bis sie nach einem viertel Jahre mit Tode abgieng. Hierdurch nun wurde ich in die elendesten Umstände versetzet; denn durch ihre anhaltende Krankheit waren wir an den Bettelstab gerathen, und die Gemeinde mußte Hand anlegen, daß sie begraben werden konnte. Ungefähr vierzehn Tage nach meiner Mutter Tode gieng es noch so ziemlich, jedes reichte mir aus Mitleiden etwas zu essen, wo ich hinkam, war ich auch zu Hause; es wollte in die Länge aber auch nicht mehr seyn, zur höchsten Noth reichte man mir, wenn ich kam, ein Stückgen Brod zur Thüre heraus, und in dem Hause wo meine Eltern gewohnet, wollte man mich auch nicht mehr leiden, also war meine Lagerstätte hinter einem Zaun, oder wo es mir sonst gefiel. Nun ist leicht zu erachten, wie meine Kleidung muß beschaffen gewesen seyn. Schuh und Strümpfe hatte ich in meinem Leben nicht an die Beine gebracht, daraus machte ich mir aber weniger als nichts; allein das Hemde hieng flügelweise um mich herum, so wie der Rock, die allergrößte Plage aber war die Einquartierung, welche Tag und Nacht etwas zu erinnern hatten. Dieses mochte auch die hauptsächliche Ursache seyn, daß mich niemand mehr im Hause dulden wollte. Den Sommer hindurch gieng es noch an, allein da sich die rauhe Herbstwitterung einzustellen pflegte, muste ich dieselbe vorbeschriebenermaßen vorzüglich fühlen. Die Gemeinde, welcher mein Elend zu Herzen gehen mochte, nahm sich endlich der Sache an: nach vielen gehaltenen Consiliis, was sie aus mir machen wollten, fielen die Stimmen auf meinen Pathen, der mich ohne alle Gnade einnehmen muste. Nun ist leicht zu schließen, da es mit Zwang und Widerwillen geschahe, wie angenehm ich ihm gewesen seyn muß. Er muthete der Gemeinde an, daß sie ihm jährlich Zuschuß geben sollte, anderer Gestalt ließ er mich mit keinem Fuß über die Schwelle schreiten, welches sie sich endlich gefallen ließen, jedoch mit dem Vorbehalt, daß es nicht

nicht als ein Gesetz, sondern als ein freywilliges Geschenke angesehen werden sollte. Da nun der Handel geschlossen, muste ich ihm folgen, jedoch nur bis an die Thüre; bald darauf kam eine Magd, führete mich an einen Bach, hierauf muste ich mich Mutternackend ausziehen, vors erste schnitt sie mir die Haare glatt vom Kopf, hernach gieng es an ein Scheuern, denn Waschen kann ich es nicht nennen, mein Leib war wie mit einer Baumrinde überzogen. Da sie mich nun nach Möglichkeit gesäubert, packte sie ihre sieben Sachen aus, und putzte mich an; in der That waren mir die Kleider unleidlich, und wenn es nach meinem Willen gegangen, hätte ich die alten viel lieber wieder angezogen, was thut also die Gewohnheit nicht! Als nun nichts mehr zu erinnern, drolleten wir nach meines Pathen Behausung zu, derselbe war so gnädig mich einzulassen, auf den Mittag erhielt ich eine ziemliche Schüssel eingebrockte Milch, welche mir aber, weil ich mich überladen hatte und der Magen zusammen geschrumpfet war, übel bekam, denn es muste, s. v. alles wieder heraus. Du Schlingel, sagte er, must du mehr freßen, als du vertragen kannst. Dieses war also das erste Compliment. Eine alte Magd aber, welche ihm die Haushaltung führte, weil er keine Frau hatte, machte mir ins Geheim eine warme Suppe, welche schon besser anschlug, diese hat mir auch unter der Hand viel Guts gethan, sonst würde es oft mißlich ausgesehen haben, denn er gewöhnte sich an, bey dem geringsten Versehen es scharf zu verbieten mir nichts

zu

zu geben. Es würde dem Leser verdrüßlich fallen alle Kleinigkeiten zu berühren, nur dieses will ich noch gedenken, da er mich beynahe ein halbes Jahr gefüttert, und die freywilligen Geschenke sparsam einliefen, wollte er haben, es sollte nach der Reihe gehen, nun sollte mich der Nachbar so lange verpflegen, und dieses sollte so durch das ganze Dorf gehen. Bey nahe hätten sie sich es gefallen lassen: da mir aber einsmals bey einem Bauer aus Unbedacht folgende Worte entfuhren; mein Pathe dürfte nur die acht Thaler, so er meiner Mutter noch aufs Guth schuldig ist, mir anrechnen, so könnte er mich füglich noch ein halbes Jahr in der Kost erhalten; so war das Kind mit sammt dem Bade verschüttet. Noch selbigem Tag ward es im ganzen Dorfe ausposaunt, mein Pathe muste vor Gerichte, ich wurde ebenfalls herzu geholet, um dieses mit noch mehrern Umständen zu bekräftigen, man überhob mich aber der Mühe, indem Zeugen auftraten, welche mit einem Eyd zu erhärten sich anheischig machten, daß meine Mutter oft geklagt, wie ihr der Bauer Eichholz noch acht Thaler schuldig, welche er zwar anfangs bezahlen wollen, und nur zur Geduld ermahnet, endlich aber boßhaft leugnete. So sehr er sich auch dawider setzte, half es doch nichts, ihm wurde zuerkannt mich noch ein halbes Jahr zu behalten, oder das Geld nebst dem Interesse auszuzahlen. Er willigte das erstre, allein ich hatte es hierbey am schlimmsten; Schläge setzte es, wenn ich ihm nur zu nahe kam, die Kost fiel auch nicht viel besser, als für seinen Kettenhund. Ich wurde des Dinges überdrüßig, und weil bey den damaligen Kriegestroubeln die Soldaten fast schaarenweise herumschwermeten, auch nicht ganz zwo Meilen von dem Dorfe ein Lager aufgeschlagen war, wurde ich kurzum schlüßlich davon zu laufen, und meinen Vater aufzusuchen, welchen verschiedene gesehen haben wollten. Meine Flucht setzte ich den Sonntag, da man nicht so sehr Acht auf mich hatte, feste, da nun alles in die Kirche war, bis auf die alte Magd so die Küche zu bestellen hatte, wagte ich es um ein Stück Brod anzuhalten, denn ich muste ihr gelegen kommen, weil sie auch, aus vorerwähnten Ursachen, einen Groll auf mich geworfen, zuvor aber steckte ich mein gutes Kleid, dieses war ein grober Leinwandkittel in einen Sack, und warf es durch das Dachfenster in den Garten, da sie nun mit dem Essen zu thun hatte, erlaubte sie mir ein Stück abzuschneiden. Es war noch ein halbes Brod übrig, dieses nahm ich und schlich mich in den Garten, steckte es in den Sack, und lief immer quärfeld ein, damit mir niemand begegnete. Selbigen Tag brachte ich vergebens hin, ohne ein Lager anzutreffen, da ich nun über dieses in meinem Leben keines gesehen, konnte ich mir auch hiervon keinen Begriff machen. Da es nun dunkel ward, gieng ich gerade nach dem vor mir liegenden Dorfe, erschrack aber nicht wenig, als ich sahe, daß es eben dasienige war, aus welchem ich geflüchtet. Was sollte ich nun anfangen, wieder bey

bey meinem Pathen einzukehren, schien mir zu gefährlich, da ich mich eines doppelten Verbrechens schuldig gemacht, entlaufen und gestohlen, wie würde mir es gehen, überlegte ich bey mir selbst. Einmal war mir die Nacht auf dem Halse, ich gieng also getrost um das Dorf herum, stieg bey meinem Pathen übern Zaun, und legte mich in einen alten Holzschuppen schlafen; bey meinem Erwachen war es noch dunkel, denn die Grillen giengen mir ziemlich in dem Kopf herum, mir kam vor, als ob ich auf der Straße, so hinter dem Dorfe weggieng, ein Getümmel von Leuten hörte, dieses machte mich aufmerksam, ich kroch also aus meinem Behältniß herfür, hatte mich auch hierinnen nicht betrogen, bepackte Wagen nebst unterschiedlichen Personen, männlich und weiblichen Geschlechts, ritten und giengen beyher, ich drollete also in Gesellschaft mit fort, niemand aber hatte acht auf mich, es gieng ziemlich geschwinde, ich hatte daher völlig zu thun, ihnen zu folgen. Als wir ohngefehr ein paar Stunden marschiert, fragte ein Reiter: Du Junge wo willst du hin? ins Lager, war meine kurze Antwort. Was hast du da zu schaffen? fragte er weiter: zu meinem Vater will ich gehen, war mein Gegenbericht. Er mochte vielleicht glauben, ich wüßte denselben anzutreffen, verschonete mich daher mit fernern Fragen. Auf einer ziemlichen Ebne sahe ich die aufgeschlagnen Zelter, weil mir nun dergleichen niemals vors Gesicht gekommen, machte ich ziemlich große Augen.

 Der

Der Reiter hub endlich wieder zu mir an: Unter was vor einem Regiment stehet dein Vater? und weil ich glaubte, er meynte die Zelter, welches Regimenter seyn sollten, so antwortete ich: er wird wohl unter dem großen, so dort stehet, seyn, denn er war lang, unter einem kleinen hätte er wohl nicht Platz. Junge, rief er, du bist wohl nicht richtig unterm Hut. Ey, versetzte ich, ihr habet einen Hut auf, ich aber eine Mütze. Dieses, ob ich es schon in der größten Unschuld sagte, nahm es übel, und schlug mich mit einer Peitsche etliche mal über den Kopf, worauf ich ein jämmerliches Geschrey machte. Verschiedene Weiber kamen herzugelaufen, und fragten nach der Ursache, denen ich erzehlete, daß mich der mit dem grossen Bart geschlagen habe, welche demselben sein unverschämtes Verfahren ziemlich hart verwiesen, und mich, weil er mir mit noch mehrern drohete, in ihren Schutz nahmen. Endlich trafen wir in dem Lager ein, ich lief daher gerade nach dem großen Zelt, so mir vor andern wohl gefiel, zu; aus Höflichkeit wollte ich nicht gerade einlaufen, sondern pochte an, niemand aber wollte mich hinein nöthigen. Es muß doch jemand zu Hause seyn, dachte ich bey mir selbst, klopfte daher mit meinem Stecken oder vielmehr Prügel ziemlich unsanft an die Leinewandthüre. Ein vornehmer Herr, so ein Officier war, trat heraus, und fragte mit ziemlich ungestümen Worten nach meinem Begehr? Ich wollte sehen, gab ich zur Antwort, ob mein Vater da wäre; tretet doch ein wenig auf die Seite, redete ich weiter, daß ich sehen kann, ob er da ist. Er hielt mir

meine

meine Einfalt zu gute und ſagte: dieſes wird dein Vater ſeyn; und wieß mit dem Finger auf einen Herrn in einem ebenfalls blauen Kleide. Ich gieng ihn näher zu betrachten; er muß ſich ſehr verändert haben, dachte ich bey mir ſelbſt, denn er ſiehet ſich gar nicht mehr gleich. Bin ich denn dein Vater? redete mich derſelbe an. Nachdem ich ihn eine gute Weile aufmerkſam betrachtet, gab ich zur Antwort: ja, wenn ihr der verſoffene Spielmann Merten ſeyd. Ja, ja, ſchrien alle Anweſende faſt zugleich, mit einem außerordentlichen Gelächter, er iſt es, ſiehe ihn nur recht an, er iſt wieder beſoffen! Ich begieng die Einfalt ihn zu liebkoſen, er ſtieß mich aber mit ſolcher Gewalt von ſich, daß ich über und über purzelte, die Officirs wollten vor Lachen faſt zerberſten; mir war es aber nicht darum, ſondern fieng bitterlich an zu weinen. Einer fragte, was haſt du in deinem Sack? mein neues Kleid und ein halbes Brod, war ich mit der Antwort fertig. Laß doch dein neues Kleid ſehen, ſagte ein andrer, und griff nach dem Sack; ey, erwiederte ich, und riß ihn denſelben aus den Händen, ich will es ſelbſt heraus nehmen, ihr möchtet be— — Hände haben und es mir garſtig machen; hiermit packte ich aus, zeigte es meinem vermeinten Vater, mit den Worten: ſehet, das hat mir mein Pathe Jobs machen laßen. Als ſie mich nun eine gute Weile herum gehudelt, und ſich die Haut voll gelacht hatten, gab mir einer ein Glas Wein; hier, ſagte er, trinke, packe deine Schätze ein, hernach drolle dich, und ſuche deinen Vater auf. Da nun die-

ſes

ses der erste Wein, so ich in meinen Leben getrunken, war, so gefiel mir der Geschmack dergestalt, daß ich das Glas mit den Fingern ausleckte, welches einigen von den Officiers ziemlich zu Herzen gehen mochte; man schenkte mir noch eines ein, worauf ich, nachdem ich es getrunken, ziemlich aufgeräumt ward, und bey nahe Brüderschaft mit ihnen gemacht hätte. Als sie nun sahen, daß ich mich ziemlich unnütze machte, gab mir jeder etwas Geld und wiesen mir die Thüre. Es war mir der Wein dergestalt in den Kopf gestiegen, daß ich alles mit doppelten Augen ansahe, auch immer einmal um das andere über die Zeltleinen hinweg purzelte; da es aber gar nicht mehr gehen wollte, legte ich mich bey einem kleinen Zelte, wo Stroh und Heu lag, nieder, schlief auch bis zu Abend recht sanft. Das erste, so ich bey meinem Erwachen vornahm, war, nach dem Gelde, welches mir die Officiers geschenket, zu sehen, dieses hatte ich in meinem guten Kleide verwahret, fand es auch unversehrt, verzehrte hernach ein Stück Brod, und machte mich hinter der Fronte zu einem Zelt, hinter welchem ein ziemliches Feuer angeschieret war. Hier gieng es an ein Kochen und Braten, ha dachte ich, da wird es wohl vor dich etwas abwerfen, meine Hoffnung schlug mir auch nicht fehl, ich bat um einen Trunk Wasser, welchen mir eine Weibsperson reichte, zugleich auch fragte, ob ich Braten wenden könnte? ich will dieses gerne verrichten, gab ich zur Antwort, allein ihr müsset mir es weisen wie ich verfahren muß. Der angenehme Geruch war

war schon hinreichend mich hierzu anzuspornen, wenn ich nun sahe daß niemand auf mich Acht hatte, tipte ich mit den Fingern drauf und leckte sie ab; man nahm ihn vom Feuer, ein Mann schnitt mit einem großen Messer ein Stück nach dem andern herunter, niemand aber wollte mir etwas reichen. Die Frauensperson, so mir das Amt übertragen, brachte mir in einer Schüssel etwas, dieses mochte wohl ein Gerichte von Allerley seyn, schmeckte aber doch trefflich, sie sahe mit Vergnügen zu, und fragte, ob es mir schmeckte? ach ja, war meine Antwort, aber der Braten, welchen ich umgedrehet, muß wohl noch besser schmecken. Hast du denn Appetit welchen zu essen? fragte sie weiter: ja, wenn ihr mir ein Stück wolltet geben, aber ein recht groß Stück, gab ich ganz treuherzig zur Antwort: sie lachte, und gieng zu dem Manne, welcher so unbamherzig hinein säbelte; weil er sie aber mit einer runzelnden Stirne anfuhr, dachte ich, du wirst dich wohl umsonst gefreuet haben. Mit meinem Gerichte war ich fertig, allein so dicke, daß ich kaum vermochte von der Stelle aufzustehen. Meine Sehnsucht wurde endlich gestillet, gedachte Weibesperson brachte mir den ganzen Knochen, es mochte wohl ein Kalbsbraten seyn, hier hast du Braten, sagte sie, ist es groß genung? Ach ja, gab ich zur Antwort, muß ich ihn auch bezahlen war meine Gegenfrage? ey du armer Junge erwiederte sie, hast du denn Geld? ja wohl, versetzte ich hierauf, langte meine Baarschaft aus dem Sack und wieß es ihr, mit den Worten: Die großen

Herren

Herren, in jenem Zelt, welches ich ihr zeigte, haben es mir gegeben; behalt es, sagte sie, und verliehr es nicht. Ich steckte das Fleisch oder vielmehr den Knochen in den Sack und wollte meinen Stab weiter setzen: wo willst du denn bey späten Abend hin? fragte sie; zu meinem Vater will ich gehen, war mein Bericht: es ist finster, redete sie weiter, ist es denn noch weit? und wer ist er denn? er ist Soldat, replicirte ich, und beym Regiment. Aus meiner einfältigen Antwort mochte sie schliessen, daß es mir noch weit fehlete ihn aufzusuchen, stellete daher ein ordentliches Examen mit mir an, ließ auch nicht eher ab, bis sie den rechten Grund heraus hatte. Ey du armer Junge, sagte sie am Ende meiner Erzehlung, wärest du doch lieber bey deinem Pathen geblieben, der Himmel weiß unter welchem Regiment dein Vater ist, nach deinem eigenen Geständniß muß es bey nahe ein Jahr, wo nicht länger, seyn, daß er dich und deine Mutter so schändlich verlassen; ja ich zweifle ob er unter dieser Armee, welche sich kaum zween Monate hier befindet, anzutreffen: jedoch du hast deinen Willen, diese Nacht bleib hier, morgen aber kannst du Nachfrage halten, trifst du ihn nicht an, so kehre zurück nach deinem Pathen, gieb ihm gute Worte, er wird dich schon wieder aufnehmen. Diesen Vorschlag ließ ich mir gefallen, und versprach, mich nach ihrer Vorschrift zu richten. Hierauf reichte sie mir, wiewohl in Geheim ein groß Glas Bier, nachdem ich es ausgetrunken, wies sie mir in dem Gastzelte ein Plätzgen zur Schlafstelle an. Am

Morgen

Morgen in aller Frühe stand ich auf, dieses hatte mir mein Pathe angewöhnet, und war eben in Willens, mich über den gestrigen Knochen herzumachen, als die gutthätige Weibsperson kam, und mir ein Stück Brod, nebst einem ziemlichen Stücke drockenen Fleisch, als auch ein Gläßgen Brantwein reichte, hier iß und trinck, sagte sie, darnach mache dich auf den Weg, findest du aber deinen Vater nicht, so komme wieder hierher, komme nicht zu Schaden, hörest du es? Ich verstehe alles, gab ich zur Antwort. Hier machte ich mich sonder Umstände über das Frühstück her. Ja, dachte ich bey mir selbst, ich soll wieder zu dem argen Mann meinem Pathen gehen, das laße ich wohl bleiben, habe ich doch in meinem Leben nicht so herrlich geschmauset als jetzo, ein Kleid auf dem Leibe, eines in dem Sacke, Brod, Fleisch, und noch zum Ueberfluß Geld! ey ja, Herr Pathe, gehabt euch wohl, ihr sollet mich nicht sehen, bis ich ein großer Herr bin. Dieses war also meine Ueberlegung bey einem Frühstücke, so ich zuvor am Sonntag zu Mittage nicht gesehen, noch weniger gegessen hatte. Nachdem ich mich nun satt gefüttert, warf ich meinen Sack auf den Rücken, sagte für erwiesene Wohlthaten Dank, denn wenn ich gleich sonst nichts gelernet, war ich doch nach meinem Stande ziemlich höflich, und setzte meinen Stab weiter. Ich mischte mich sogleich unter die Soldaten, welche nach ihren Verrichtungen in den Compagniegassen zerstreuet hin und her giengen; so viel ich derselben auch ansichtig ward, wollte sich doch keiner mit

meinem

meinem Vater vergleichen lassen, wenn sich einer die Mühe gab und fragte wen ich suchte? denn ich sahe fleißig in die Zelte, gab ich ordentlich zur Antwort, meinen Vater. Die meisten nahmen sich nicht die Geduld mich weiter zu fragen, und wenn es ja unter der Hand geschahe, fiel die Antwort richtig: meinen Vater. Hieß es denn weiter, wer ist dein Vater? so sagte ich, ein Soldat. Einer, so etwas neugieriger als die andern, fragte nach dem Namen, ich wußte also keinen beßern und deutlichern, als wie schon erwähnet, nämlich: er heisset der versoffne Spielmann Merten. Du Tölpel, fuhr er mich an, wenn du keinen beßern Namen anzugeben weißt, wirst du ihn nimmermehr erfragen. Ich schwieg gerne stille, aus Furcht, es möchte mir mit ihm so wie mit dem Reiter gehen, drollete also von einer Compagniegasse zur andern, bis mich anfieng zu hungern; ich sahe mich daher wieder nach einem großen Zelte um, weil es mir vorigen Tag in zweyen so wohl ergangen. Vor dem ersten, worauf ich zugieng, stand eine Schildwacht, welche mich nicht einlassen wollte; ich glaubte er würde Respect vor mir haben, wenn ich sagte, daß vielleicht mein Vater in demselben seyn würde: Dein Vater ist am Galgen, fuhr er mich an, da kannst du ihn suchen; nein, widersprach ich ihm, er ist umgefallen, denn der Wind hatte ihn umgerissen: an statt der Antwort gab er mir einen Stoß, daß ich über und über purzelte. Weil ich nun einen sehr unsanften Fall that, erhub ich ein ziemlich lautes Geschrey, da denn wie bey dem ersten

ein

ein Officier heraus trat und nach der Ursache des Geschreyes sich erkundigte, worauf ihm der Soldat gehörigin Bericht abstattete. Komme her du Junge, rief mich der Officier; nachdem ich mich genähert, fragte er mich ordentlich aus; am Ende meines Gegenberichts gab er mir einen Schilling, und sagte: ich sollte meinen Vater weiter suchen. Auf dem Rückweg gab ich der Schildwacht ein ziemlich ungnädiges Gesicht, ob er sich aber dafür furchte, weiß ich nicht, wenigstens ließ er sich es nicht merken. Besser hinter der Fronte stund wieder ein größes Zelt; aus dem Rauch so dabey aufgieng, schloß ich, daß man daselbst wieder kochen oder braten würde; ich hatte auch nicht geirret. Es gieng sehr geschäftig zu, ich wollte mich also zum Dienst anbieten; eine Weibsperson aber, der ich vielleicht in den Weg kommen mochte, nahm mich bey dem Arm, und schleuderte mich ein groß Stück auf die Seite. Hätte ich damals die Welt so gekennet als jetzo, würde ich es im geringsten nicht übel genommen haben: o wie weit waren die heutigen Menschen von den gestrigen unterschieden! aber das gehet in der ganzen Welt so her, und ich sage, es hat seinen Nutzen, außerdem würde man den Unterschied der menschlichen Gemüther nie recht einsehen lernen. Gar leer auszugehn konnte ich mich nicht entschliessen, verschiedne ansehnliche Leute fanden sich ein, setzten sich unter das große Zelt, und ließen sich Eßen auftragen, der Appetit vermehrte sich durch den Geruch, o wie sehnlich sahe ich die beladenen Schüsseln

seln auftragen! Indem ich eine ziemliche Weile vor der Zelte einen betrübten Zuschauer abgegeben, sagte einer von den Gästen: willst du nicht auch essen? O ja, gab ich mit einem tiefholenden Seufzer zur Antwort, mich hungert. Er ließ sich sogleich einen Teller reichen, und füllete denselben aus der Schüssel, bis nichts mehr darauf liegen bleiben wollte. Eine große dicke Frau, welche dazu kam, sagte: was soll der Junge mit dem Essen thun? er könnte mit etwas schlechtern vorlieb nehmen; worauf mein Wohlthäter zur Antwort gab: Madam, Sie seyn so gütig und erlauben es, ich will es bezahlen, sie muste sich dieses gefallen lassen, brummete aber weit ärger als meines Vaters seine alte Baßgeige. Hier gieng es mir noch besser als dem vorigen Tag, Ursache: ich durfte es nicht erst verdienen. Als ich nun reine Arbeit gemacht, wobey er mir mit Vergnügen zugesehen, fragte er, ob ich satt wäre; ja, gab ich zur Antwort, allein, nun durstet mich. Wohlgegeben, fieng er das Wort auf, allem Ansehen nach wirst du weder Hunger noch Durst sterben, du kannst es fordern. Als er nun auf mein Verlangen auch hatte etwas zu trinken reichen lassen, fragte er, wie die Vorigen, nach meinem Herkommen und Verrichtungen; da ich ihm nach seinem Begehren alles haarklein erzehlet hatte, sagte er: du wirst dich umsonst bemühen deinen Vater aufzusuchen, soll ich dir rathen, so gehe wieder zu deinem Pathen, wenn du noch ein Jahr zurückgelegt, kannst du schon einen Bauer dienen, hiermit hatte ich meinen Bescheid.

Es

Es kam mir sauer an von der Stelle zu gehen, denn ich hatte mich so dicke gegessen, daß ich kaum Odem holen konnte, sahe mir daher einen bequemen Ort aus, um ein wenig zu ruhen, setzte mich also hinter einen Haufen Stroh, und war endlich eingeschlafen. Nach meinem Erwachen machte ich mich wieder in die Compagniegassen, und suchte wie gewöhnlich meinen Vater, wiewohl vergebens bis in die Nacht, setzte mich nachgehends bey einem vor der Fronte gemachten Feuer, und nagete den Knochen vollends ab, daselbst schlug ich auch mein Nachtlager auf. Mit Anbruch des Tages setzte ich meinen Stab weiter, und da ich sahe, daß die Soldaten beschäftiget waren sich Essen zu kochen, machte ich mich auch herzu: freylich warf es nicht so große Teller voll ab, allein da mir jedweder etwas reichte, war es zum Unterhalt doch genug. Von da an, machte ich mit den Purschen Bekanntschaft, und wo der Hauffe am grösten war, mischte ich mich mitten darunter. Wie es nun bey einem rohen Hauffen nicht allemal so hergehet, wie es wohl seyn sollte, also konnte es nach der Ordnung nicht anders kommen, als daß ich in ihrer Gesellschaft weniges Gutes lernete, und die, bey welchen noch ein Fünkgen aufbehalten, blieben weg. Unter diesem wüsten Leben brachte ich beynahe fünf Wochen hin, wieder alles Vermuthen aber wurde ich von der mir so angenehmen Gesellschaft getrennet. Da ich keine gewisse Schlafstelle hatte, erwählte ich mir, wenn es Nacht wurde, einen Ort, der mir am nächsten war. Einsmals, da ich früh erwachte, sahe ich nicht ohne Jammer, daß das Lager abgebrochen, da war kein Zelt, viel weniger ein Mensch zu sehen. Meines Erachtens konnten sie doch so weit nicht seyn; ich machte mich daher auf, und drollete über den verlaßnen Lagerplatz, ohne eine Spuhr, wo sie ihren Weg zugenommen hätten, zu sehen. Ich verfolgte also eine Fuhrstraße, welche mich nach einen Dorfe leitete, allein ich mochte fragen wem ich wollte, konnte ich doch nicht die mindeste Kundschaft einziehen. Hier fieng der Muth ziemlich an zu sinken; was sollte ich nun anfangen? die Hoffnung meinen Vater anzutreffen war mit einem male verschwunden. Hier warf ich mir meine Nachläßigkeit selbst vor, daß ich mir nicht die Mühe gegeben, das ganze Lager durchzugehen, oder lieber nach meiner Wohlthäterinn zurück zukehren, dieses waren einmal geschehene Dinge, so nicht mehr zu ändern in meinem Vermögen stunden, der Mittag war auf den Halse, keinen Bratenwenderjungen brauchten sie in dem ganzen Dorfe, der Hunger stellete sich ein, niemand aber wollte mich in sein Haus nöthigen. Den kleinen Vorrath am Gelde wollte ich nicht angreiffen, also wagte ich es den Bauer um ein Stück Brod zu bitten In dem ersten Bauerhofe war niemand zu Hause, in dem andern hatten sie kein Brod angeschnitten, in dem dritten setzte es lose Worte, und so fort; kaum daß ich in dem ganzen Dorf ein Stückgen Brod erhielt, welches zum Ueberfluß sehr hart und schimmlich war. Ein Mann, so mir am Ende des Dorfs begegnete, berichtete

richtete mich auf mein Befragen, ob er keine Soldaten habe marschieren gesehen; daß welche diesen Morgen durch das Dorf, und zwar in aller Frühe gegangen, daselbst würde ich erfahren, was sie weiter vor einen Weg genommen. Auf Befragen, ob es noch weit bis zu erwähnten Dorfe sey? gab er mir zur Antwort: wenn ich mich darzu hielte, könnte ich es in zwey Stunden erreichen. Mir war daran gelegen, daher marschierte ich mit starken Schritten die Straße welche er mir bezeichnete, dem ohngeachtet war es beynahe Abend, ehe ich es zu Gesichte bekam, konnte es auch nicht eher als mit einbrechender Nacht erreichen. Allein hier war ich so klug als wie zuvor, niemand begegnete mir, den ich dießfalls fragen konnte, klopfte ich an einen Bauerhof und bat um Bericht, so wies man mich mit Ungestüm ab. Hier sahe ich, wiewohl zu späte, ein, daß ich den Rath meiner Wohlthäterinn, besser folgen sollen, in den Gasthof wurde ich wohl eingelassen, aller wehmüthigen Vorstellungen ohngeacht aber konnte ich sie doch nicht bewegen mir nur einen Bissen Brod zu reichen, ich mußte daher den Beutel rücken; mit Mühe erhielt ich Erlaubniß auf der Bank die Nacht hinzubringen, am Morgen in aller Frühe kam der Knecht und sagte: du Junge, es wird Tag, packe dich deiner Wege. Mit Thränen verließ ich das Haus und Dorf, aus welchen alle Barmherzigkeit verbannet war, ohngefehr einen Büchsenschuß davon setzte ich mich am Wege auf einen grünen Fleck, und beweinte meinen elenden Zustand, in welchen ich mich durch

B 3 Unvor=

Unvorsichtigkeit selbst gestürzt. Ein so ziemlich grosser Junge brachte das Vieh aus erwähntem Dorfe getrieben, dieser pfiff sein Stückgen nach Herzenslust: ach! dachte ich, wäre ich doch nur auch im Stande, dergleichen Verrichtungen auf mich zu nehmen, so wäre es doch wenigstens zu meinem Unterhalt hinreichend. Als sich dieser mir genähert, hub er an, was machest du hier, und warum weinest du? alle Weile, gab ich zur Antwort, komme ich aus diesem Dorfe, allwo ich vorige Nacht geschlafen; hier erzehlte ich ihm, wie es mir daselbst gegangen, und wo es mir anderwärts auch so gienge, müßte ich Hunger sterben. Dieser Pursche, aus Mitleiden bewogen, zog sein Brod aus dem Sack, gab mir fast die Hälfte davon, nebst einem ziemlichen Käse; hier, sagte er, hast du etwas zu essen: siehe das Dorf mit der Kirchspitze, da gehe du hin, der Pfarrer daselbst, ist ein sehr gutthätiger Mann, zu diesem gehe und klage deine Noth, er wird dich nicht hülflos lassen. Nachdem ich ein wenig gefrühstücket, denn ich wollte mit Fleiß nicht viel zu mir nehmen, sondern hungerte schon auf Rechnung des Pfarrers los. Ich drollete auf das mir beschriebene Dorf zu, meine erste Frage war nach der Pfarrwohnung, welche auch in Ansehung der Bauerhäuser schon vorzüglich in die Augen fiel: weil die Thüre offen stand, gieng ich gerade in den Hof, der Pfarrer stand eben in der Thüre, welcher, als ich auf ihn zu kam, nach meinem Begehr fragte, worauf ich einen kurzen Bericht von meinem Vorhaben

ben abstattete; so schlau aber war ich doch, daß ich entlaufen sey, mit keinem Worte zu berühren. Du gutes Kind, sagte er, das ist eine pure Unmöglichkeit deinen Vater aufzusuchen, die Pfarr Frau so eben darzu kam, hatte ein herzliches Mitleiden mit mir, es ist schade um den Jungen, daß er so in der Irre herum laufen soll, redete sie drein. Kannst du denn beten, fragte er mich? nein war mein Gegenbericht, aber singen, setzte ich hinzu. Nun so laß dich doch hören, fieng er das Wort auf. Ich gehorsamte, hätte aber besser gethan, wenn ich hiervor nichts gedacht, wie wir bald vernehmen werden. Ich stimmete also in meiner Einfalt ein troſtreich Liedgen, so wie mir es die Soldaten gelernet, an, ich glaubte nicht anders der ehrliche Mann würde aus der Haut fahren, schweig, schweig du ehrvergeßner Vogel, rief er zu verschiednen malen, wer hat dir denn so leichtfertiges Zeuges gelernet? die Soldaten, erwiederte ich. Er rang die Hände, hub endlich wieder an: kannst du sonst gar nichts, auch nicht das Vater Unser? ich konnte es bald halb, unterbrach ich ihn, aber da meine Mutter starb, habe ich es wieder vergessen. Den guten Manne giengen die Augen über, was soll ich mit dem Kinde thun, sagte er zu seiner Frau, welche aber in dem vorigen Punkt, wegen meines Singens, das Gegentheil bewiesen. Denn sie hub bey meiner Anstimmung herzlich an zu lachen, welches er ihr aber verwies. Nach meinem Gewissen kann ich ihn nicht in dem verderbten Wesen so aufwachsen lassen. Es ist gar ein feiner Junge, gab

 sie

sie zur Antwort, thut was euch gefällt. Aber höre, sagte sie zu mir, du magst wohl Ungeziefer haben, weil du dich immer rimpfest? ach ja, fiel ich ihr ins Wort, sie beißen; das glaub ich wohl, gab sie mir lächelnd Beyfall, allein was hast du denn in deinem Sack? mein neues Kleid, replicirte ich; laß es doch sehen, redete sie weiter; hiermit packte ich aus, du gutes Kind, sagte sie, und zog den Pfarrer auf die Seite. Nach einer ziemlich langen Unterredung hub er zu mir an: höre mein Sohn, wie heisset dein Name? ich heiße wie mein Vater, auch Merten, bescheidete ich ihn. Nun gut, fiel er mir in die Rede, höre Martin, ich will ein Werk der Barmherzigkeit an dir erzeigen, und dich zu mir nehmen, wenn du angelobest gut zu thun. Ach ja, lieber Herr Pfarrer, fiel ich ihm weinend in die Rede, ich will alles thun was ihr mir heisset, ja ich will auch beten lernen, wenn ihr es mir nur vorsaget, wie ich sprechen soll. Dieses wird sich wohl geben, unterbrach er mich, zeige nur durch ein gutes Verhalten, daß du Lust hast als ein ehrlicher Mensch in der Welt zu leben. Nachdem ich ihm alles zugesaget was er von mir verlangte, befahl er mir so lange zu verziehen, bis er mir sagen würde, was ich weiter zu thun habe. Er schickte hierauf die Magd fort, wohin aber wuste ich anfangs nicht, nach einer Weile kam dieselbe mit einem Pack Sachen nebst einer alten Frau, letztre führte mich in einen alten Schuppen, wohin die Magd ein groß Faß Wasser trug. Die Alte zog mich Mutternackend aus, hernachmals verfuhr sie eben so mit mir, als die

die Magd, da mich mein Pathe aufnahm. Nach diesem Actu reichte sie mir Kleider, welche ich anziehen muste, alles gieng gut bis auf die Schuh, mit welchen ich gar nicht Bescheid wuste, noch weniger drauf gehen konnte, ja ich muste mich an allen Wänden anhalten, wollte ich anders nicht fallen. Der ehrliche Magister, so muste ich ihn künftig nennen, muste nebst seiner Frauen über diesen Aufzug herzlich lachen, sagte aber: ich müste es mir angewöhnen darinnen gehen zu lernen, da ich künftig seine Bedienung vorstellen sollte. Selbigen Tag nahm er weiter nichts mit mir vor, nach dem Essen muste ich herumspatzieren, um die Schuh gewohnen zu lernen. Den andern Tag aber in den Frühstunden fieng er an, mir einige kurze Gebetgen vorzusagen, ich lernete auch selbigen Tag noch zwey fertig hersagen, von da an setzte er täglich zwey Stunden aus; seine Bemühung war auch nicht umsonst, ich hatte einen Trieb etwas zu lernen, hinfolglich begriff ich in kurzen mehr als er sich vermuthete, worüber er eine ausserordentliche Freude bezeigte. Des Sonntags muste ich mit dem Knecht in die Kirche gehen, er band mir aber vorher fest ein, daß ich wohl acht haben sollte was er sagte, und mir etwas daraus behalten, wenn wir nun zu Hause kamen, war dieses sein erstes, mich dießfals zu examiniren, da ich ihm allemal richtige Antwort gab. Als ich den dritten oder vierten Sonntag mit dem Knecht aus der Kirche gieng, kam mir der Pursche, welcher mir von seinem Brod mitgetheilet, zu Gesichte, ich lief zu ihm hin, und bezeigte meine Freude, daß ich ihn sahe, er aber gab zur Antwort, daß er mich nicht kennte, worauf ich ihn von meiner Person einen Begriff machte; er bewunderte daß ich so unkänntlich geworden, mit dem Zusatz, daß ich einen ganz andern Menschen vorstellete. Der Magister so mich gesehen fragte: wie und wodurch ich mit dem Purschen in Bekanntschaft gerathen? da ich ihm denn gehörigen Bericht abstattete. Siehe, sagte er hierauf, dieses behalte zur Vorschrift, daß wenn du einen Menschen in Noth siehest, denselben, wenn es anders in deinem Vermögen stehet, nicht hülflos lässest, sondern aus allen Kräften beystehest. Es ist dieses nicht ein ohngefährer Zufall gewesen, sondern es kommt von höherer Hand, welcher die Herzen der Menschen nach seinem Willen lenket. Ausser den Lehrstunden hatte ich anfangs nichts zu thun, nach der Hand aber wurden mir unterschiedliche kleine Verrichtungen übertragen, als zum Exempel: der Knecht muste mir lernen den Herr Magister seine Schuh zu saubern und die Kleider auszukehren. Wie er sich nun mit Ernst bemühete mein Wohl auf alle mögliche Art zu befördern, so suchte ich mich ihm je mehr und mehr gefälliger zu machen, begieng aber, wiewohl aus Einfalt, einen gewaltigen Schnitzer. Bey Ausklopfung seines Kleides fiel mir ein, daß der Knecht in seinen Diensten sehr nachläßig gewesen, so daß er seinen Herrn nicht einmal die Knöpfe auf den Kleide geputzet, denn sie sahen kohlschwarz aus; es dienet aber zur Nachricht, daß ich in dem Lager oft gesehen, ken, wie die Soldaten, nicht allein ihre, sondern auch der Officiers ihre Knöpfe auf den Kleidern putzeten, daß man sich darinnen spiegeln konnte. Dem Herrn Magister eine heimliche Freude zu machen, suchte ich ein Stück Ziegelstein, rieb etwas davon klar, dann gieng es an ein putzen; es wollte mir aber nicht glücken, nach meiner Einsicht waren sie zu sehr verwildert, ich machte daher einige naß, streuete etwas von dem geriebenen Ziegel drauf, es wollte aber nicht helfen. Es fieng mich also an zu gereuen, die Arbeit hätte ich gerne umsonst gethan, wenn nur das Ziegelmehl wieder heraus gewesen. Durch das viele Reiben und Bürsten hatte ich, wie leicht zu erachten, viel zu schanden gemacht, dergestalt, daß die Stücken umher hiengen. Der Pfarrer, dem es zu lange werden wollte, kam dazu; nachdem er meine schöne Arbeit in Augenschein genommen, gab er mir einen Kopfstoß, und sagte: du ehrvergeßner Junge, was hast du denn mit dem Kleide gemacht? du hast mir ja die ganzen Knöpfe verderbet. Lieber Herr Magister, gab ich zur Antwort, ich wollte sie putzen, der Knecht hat sie aber allzusehr verwildern laßen. Du Einfaltspinsel, warf er mir ein, das sind weder meßinge, noch andre metallene Knöpfe: die Frau Magisterinn kam auch darzu, welche, als sie meine schöne Arbeit so ich unternommen besehen, sich vor Lachen kaum zu laßen wußte, ja er selbst konnte es sich nicht ganz enthalten. Ich bat er möchte es dießmal übersehen, weil ich es in einer unschuldigen Absicht gethan. So gehts gab er mir diese Lehre, wenn man sich mit Dingen vermenget,

menget, welche einen weder befohlen, noch welche man einsehen kann, es ist allemal besser, fragen, was man nicht weiß, als einer eingebildeten Klugheit folgen. Dieses hatte der gute Mann zum besten, daß er sich neue Knöpfe muste auf den Rock machen laßen. Vor meine Bemühung aber bekam ich einen Kopfstoß, welches der erste aber auch der letzte war. Um wieder auf die Hauptsache zu kommen, so schickte er mich, als er einen guten Anfang mit mir gemacht, zu dem Schulmeister, täglich zwey Stunden, ich brachte es also im Lesen und Schreiben in drey Jahren ziemlich weit; da es aber am besten gehen sollte, machte der Tod einen Strich durch meine Rechnung. Der Herr Magister wurde bettlägrich, und weil sich es zu einer auszehrenden Krankheit anließ, wurde auf sein Verlangen ihm ein Substitute gesetzet. Diesen bat er auf seinem Krankenlager, er möchte ihm doch die einzige Gefälligkeit erzeigen sich meiner nach seinem Absterben bestmöglichst anzunehmen, er machte sich Hoffnung, daß, da ich einen fähigen Verstand blicken ließe, etwas aus mir werden könnte. Er versprach es ihm zwar, wie weit er es aber in seine Erfüllung gesetzet, wollen wir bald hören. Mein mehr als väterlich gesinnter Wohlthäter starb, und zugleich alle Hoffnung. Er war nicht so geschwind aus dem Hause geschafft und der neue Herr Magister Herr darinnen spielete, so ward alles wie umgekehret Die Wittwe wendete sich nach Wesel zu einem Anverwandten, vor der Abreise aber rief sie mich auf ihr Stübgen. Martin, redete sie mich

an,

an, ich sehe zum Voraus ein, daß es für dich hier nichts seyn wird, siehe eine Weile zu, vielleicht gehet es besser, wenn er sich völlig eingerichtet, widrigen Falls aber schreibe mir, ich will für dich sorgen und es dir wissen lassen; hierauf darfst du aber keines weges trotzen, unterwirf dich seinen Befehlen, es schadet nichts, wenn er nur in der Hauptsache das Ziel nicht überschreitet. So lange nun die Wittwe noch zugegen war, hielt er ziemlich an sich, sie hatte aber nicht so bald den Fuß aus dem Hause gesetzet, als er mich rief und folgende Anrede hielt. Höre, ich habe meinem Vorfahren versprochen, dich nicht zu verstossen, werde auch mein Wort aufs treulichste halten, allein einen Müßiggänger zu ernähren habe ich weder Fug noch Vorschrift, du wirst also dich künftig meinen Befehlen unterziehen, und alles ohne Murren aufs treulichste verrichten. Gehe zu dem Knecht, der wird dir sagen was du täglich zu thun hast. Ich gieng also getrost in den Stall, und sagte: hört doch Gürge, ihr sollt mir sagen, was ich zuthun habe; deinem neuen Herrn die Fenster einwerfen, war seine Antwort. Hätte er mir dieses vor drey Jahren gesagt, würde ich keinen Anstand genommen haben, den Befehl aus allen Kräften zu vollziehen, so aber war ich schon eines Beßern belehret, gab ihm daher zur Antwort, daß es mir ein kleines sey in der ganzen Pfarrwohnung keine Scheibe ganz zu laßen, wenn er es sich zu verantworten getrauete, stellete mich also an, als ob ich mich über die anbefohlne Arbeit augenblicklich hermachen wollte,

wollte, er zog mich aber mit den Worten zurück: wirst du in deinen Leben nicht klug? es ist so nicht zu verstehen, giebt mir der Pfarr nichts zuthun, so weiß ich noch vielweniger. Ich gieng also auf meine Kammer und schrieb, weil dieses durch den erwähnten Todesfall auf etliche Wochen unterbrochen gewesen. Der Herr Magister kam zu mir und fragte was ich da machte? der Knecht wuste keine Arbeit vor mir, gab ich zur Antwort, und der seelige Herr Magister sagte oft: Müßiggang sey aller Laster Anfang; weil ich nun nichts anders zu thun hatte, nahm ich das so lange nachgelaßne Schreiben vor mir. Weist du aber auch, fiel er mir in die Rede, weil du mit der Schrift auffgezogen kommst, daß zugleich auch darinnen stehet: wer nicht arbeitet, soll auch nicht essen; hiermit kündige ich dir an, daß, weil es dir beliebet zu schreiben, ich dir zwar nicht verhinderlich seyn will, weil du mir aber nicht gearbeitet, kannst du auch nichts zu essen verlangen, also kannst du dich satt schreiben: hiermit gieng er seines Weges. Weil ich aber glaubte, es sey nicht so böse gemeynet, gieng ich um die Mittagszeit wie gewöhnlich den Tisch zu decken, er hatte einen Studiosum bey sich zu Gaste, welcher oft einsprach, auch verschiedenemal geprediget hatte, ich muste daher bey der Tafel serviren. Nachdem sie beyde abgespeiset, gieng ich in die Gesindestube, und forderte mein Antheil Essen, die Magd aber, welche schon unterrichtet war, was sie zuthun hatte, besann sich eine gute Weile, hub endlich an. Verziehe Martin, ich will den Herr

Magister

Magister fragen. Er soll nichts haben, hörte ich ganz vernehmlich, ich gieng also, ohne erst die Magd abzuwarten, auf den Hof, setzte mich auf eine Bank, und überlegte was hierbey zuthun sey. Erwähnter Studiosus, welcher eben in dem Garten gewesen, fragte im Vorbeygehen, ob mir etwas fehlte? diesen erzehlte ich den ganzen Handel, und daß weil mir der nur erwähnte Spruch, wie wohl aus einer unschuldigen Absicht, entfahren, zur Strafe ich heute hungern müste. Er lachte und sagte: da hast du sehr wohl gethan, wenn dir künftighin dein Herr Magister nicht folgen will, so führe ihn nur in die Schrift, er wird sich schon bessern. Hiermit verließ er mich, ich gieng hierauf in den Stall zu Gürgen, dem ich meine Noth klagte, ja, gab er zur Antwort, wir haben an unsern verstorbnen Herrn vieles verlohren, mir gefällt es keine Stunde mehr, ich werde ihn bey erster Gelegenheit den Dienst aufkündigen und meiner Wege gehen, du bist ja gleichfalls nicht an ihn gebunden, du findest nunmehro dein Brod überall. Höret, unterbrach ich ihn, wisset ihr nicht wenn der Bauer, welchen ich mit Namen nennte, aber mir entfallen ist, mich deucht er hiesse Matz, so mag er auch heißen, nach Wesel fähret? Er ist schon bey drey Wochen dahin nicht gekommen, war sein Gegenbericht, was willst du damit sagen? Ich wollte ihn an meine Frau Magisterinn einen Brief mit geben; dieserwegen must du dich bey ihm erkundigen. Wir hätten noch ein mehrers hiervon gesprochen, allein der Herr Magister unterbrach uns, rief mich, gab mir einen Kober

ber und befahl ihm zu folgen. Es gieng in den Garten, unter andern stund ein gepropfter Kirschbaum daselbst, derselbe hieng so voll, daß die Aeste hätten brechen mögen, und weil sich die Sperlinge schaarenweise zu Gaste boten, muste ich hinauf steigen und dieselben brechen. Ihres schönen Geschmacks wegen konnte ich ohnmöglich vorüber unter der Hand eine zu kosten, er sahe es und schrie, ich glaube Junge, du steckest mehr Kirschen ins Maul als in den Kober, warte, ich will das Affgen mit Kirschen füttern. Da nun der Kober voll, muste ich ihm denselben herunterlangen, welchen er, weil er ihn sonst niemand anvertrauen wollte, selbst in Verwahrung brachte, und den Studiosum, welcher ebenfalls zugegen war, bat, bis er wieder zurück käme zu verziehen. Er war uns kaum aus dem Gesicht, als erwähnter Student zu mir sagte: höre, heute kannst du Revange an deinem Herrn nehmen, er lässet dich heute nach der Schrift hungern, wenn er kommt, so friß du nur getrost, und wenn er es dir verbietet, antworte ihm nur kurz: Herr Magister, in der Schrift stehet, du sollst den Ochsen der da drischet nicht das Maul verbinden; ich versichre er wird künftig bescheidner mit dir umgehen. Ich sahe wohl ein, daß es nicht recht war, dem ohngeachtet, setzte ich mir vor, es zu wagen, es gehe auch so bund her als es nur immer wolle. Bey seiner Zurückkunft fieng ich emsig an zu pflicken, unterließ aber nicht je zuweilen eine ins Maul zu stecken. Ey du ungezogner Pengel schrie er, wirst mir ja die so kostbaren Kirschen nicht halb fressen wollen.

Hier

Hier platzte ich ohne Bedenken mit dem nur erwähnten Spruch heraus, dieser wollte vor Zorn oben ausfahren, jener hingegen glaubte vor Lachen zu bersten; gewiß, Herr Magister, schrie er, Martin ist so einfältig nicht, als man von ihm geurtheilet; vor Scham machte er weiter nicht viel Wesens, sondern sagte nur so viel, warte, ich will dich schon dreschen. Mir war hierbey nicht wohl zu Muthe, und es gereuete mich, daß ich so blindlings gefolget, jedoch wenn nichts mehr übrig ist, dachte ich bey mir selbst, und er ziehet mich hierüber zur Antwort, so sage ich es rund heraus, daß der Student mich dießfals unterrichtet; ich nahm mich daher bestmöglichst in Acht, mit einer Kirsche nach dem Mund zu fahren Oft erwähnter Student nahm Abschied, mit dem Versprechen, über acht Tage für ihn zu predigen. Es wollte bereits dunkel werden, als er mir Feyerabend bot; nun, dachte ich, wird er dir wohl Abendbrod reichen lassen, da du gearbeitet: es unterblieb aber. Zum Ueberfluß rief er uns dreye, nämlich den Knecht, mich und die Magd zusammen, hielt eine lange Predigt vom Gehorsam, denn kam er auf mich: ja wenn mein Verbrechen gleich bis zur Lebensstrafe hinaus gereichet, so hätte er es nicht schlimmer machen können. Am Ende sagte er, damit du es aber nicht gar umsonst gethan hast, sollst du diesesmal mit einer gnädigen Strafe hinweg kommen; hiermit zog er einen ziemlichen Strick aus dem Schlafrock, übergab ihn dem Knecht, welcher die Execution vollziehen sollte. Ey was, Herr Magister, sagte er, wollen sie noch endlich aus mir machen, ich bin kein Zuchtmeister, hat Martin etwas verbrochen, so straffällig, so machen sie mit ihm was sie wollen, ich lasse mich hierzu nicht gebrauchen. Was will endlich daraus werden, gab jener mit gefaltenen Händen zur Antwort, der Knecht will Herr spielen, und der Junge einen Junker agiren, solch böses Gesinde mag ich in meinem Hause nicht haben. O, erwiederte der Knecht, wir sind einander nicht zur Ehe gegeben, ich kann die Pfarre heute noch räumen. Ja, wenn es mir gelegen ist, fiel ihm jener in die Rede. Wer wollte mich abhalten, versetzte dieser hierauf, sie haben mich weder gemiethet, noch weniger einen Lohn ausgesetzt, sie wollten es mit mir versuchen, und da ich ihnen nicht anstehe, ist vor der Thüre meine; hiermit nahm er seinen Abmarsch, und ich folgte getrost hinter ihm drein. Mein Gürge packte seine Habseligkeiten zusammen, legte sich in Kleidern nieder, und sagte: morgen will ich, nachdem ich abgefüttert, meine Wege gehen. Die Magd kam und berief ihn zum Herrn, er aber gab kurz zur Antwort: Wir werden wohl nicht viel mit einander auszumachen haben, ich schlafe schon. Aus Furcht der zugedachten Strafe blieb ich auch in dem Stall, hatte mich auch gänzlich entschlossen, wenn es schlimm für mich aussehen sollte, mit dem Knecht daß Loch zu suchen Gürge weckte mich früh auf, und sagte: wenn der Pfarrer nach mir fraget, so sage ihm, ich sey weggegangen, und weil ich meine Sachen zugleich mitgenommen, schwerlich wiederkommen würde. Dieser war keine vierthel

Stunde

Stunde weg, als der Herr Magister ihn rufte: er ist fort, gab ich zur Antwort, und hat alle seine Sachen mitgenommen. Was sagest du? rief er dagegen; es ist nicht anders, gab ich Bescheid. Nach einer Weile kam er selbst in den Stall, um in der Sache gewiß zu seyn, da er nun das leere Nest fand, wollte er aus der Haut fahren, ich hingegen war beständig auf dem Sprung, weil ich noch immer fürchtete, es würde noch über mein Leder hergehen. Als er eine Weile mit sich selbst zu Rathe gegangen, hub er an: gehe und frühstücke, hernach will ich dir sagen, was du zu thun hast. Als ich den Magen befriediget, gieng ich die Befehle abzuwarten, da er mir denn den Befehl ertheilte, im Dorfe nach zu fragen, wo sich der entlaufne Gürge etwa aufhalten möchte allein meine Bemühung war vergebens, es wollte ihn niemand gesehen haben. Ja, gab er zur Antwort, als ich ihm die Nachricht überbracht, daß er im Dorfe sich nicht aufhielte, einen Knecht muß ich haben, kleidete sich an, und gieng selbst aus. Ohngefehr nach einer Stunde kam er mit einem Tagelöhner zurück, führte denselben in den Stall, und befahl ihm die Pferde gut abzuwarten. Wie er ihm alles gezeiget, kam die Reihe an mich. Hier, sagte er, übergebe ich euch zugleich den bösen Buben, lasset ihn nicht müßig seyn, ist er widerspenstig, sollet ihr volle Macht haben, ihn nach eurem Gutbefinden abzustrafen, ohne mich erst hierum zu befragen. Als wir beyde wieder alleine waren, hub der ehrliche Mann an, du darfst dich nicht fürchten, so lange ich hier bin, wollen wir uns beyde schon vertragen. Hier fiel mir mit einemmal ein, daß ich aus der Acht gelassen, den Bauer zu fragen, ob und wenn er wieder nach Wesel führe? da er nun auf alle meine Tritte ein wachsames Auge hatte, durfte ich es nicht wohl wagen, ich sahe mir also die Gelegenheit ab, wenn er studirte. Es war an einem Sonnabend, wie ich nun sicher zu seyn glaubte, gieng ich zu erwähntem Bauer, welcher auf mein Befragen mir den Bescheid gab, daß er den Sonntag noch vor Abend sich auf den Weg machen würde. In der That hatte ich Willens einen Brief zu schreiben, zu dem Ende gieng ich auf meine Kammer, fand aber alles aufgeräumt, also muste das Schreiben unterbleiben; endlich schlug ich es mir gar aus dem Sinn, und gedachte, die Sonne kann ja nicht immer scheinen. Allein es sagte mir den Sonntag, als ich mit dem Herr Magister aus der Kirche kam, der Stallcollege, daß er etwas von der Magd erfahren, so in meinen Ohren nicht allzu angenehm klingen würde, nämlich: der Herr Pfarrer wollte mich ins Hundeloch stecken lassen, es sey alles richtig, nur wollte er noch mit dem Schulzen gehörige Abrede nehmen: dieses war um so viel wahrscheinlicher, weil er sich mit dem Schulzen auf dem Rückweg in eine lange Unterredung einließ, auch mir befahl immer voraus zu gehen. Nachdem wir die Mahlzeit eingenommen, machte ich mich immer sachte zum Abmarsch geschickt, vorzüglich war es mir um das gute Kleid, so mir der verstorbene Pfarrer auf seinem Krankenbette hatte machen lassen, dieses

wollte

wollte ich nicht gerne in Stich lassen. Ich hatte es in den Stall getragen, und um mich nichts merken zu lassen, erwieß ich mich so geschäftig, als es noch nie geschehen; weil ich aber durch die Magd erfuhr, daß der Herr Magister Mittagsruhe hielt, zog ich mich an, und gab meinem Stallgehülfen die Hand, ohne ein Wort zu sagen. Die Magd so mich gewahr ward, fragte, wo ich hin wollte? spatzieren, berichtete ich sie; bleib ja nicht lange, rief sie mir nach, der Herr wird, wenn er aufsteyet, dich wegschicken. Es wird schon so lange anstehen bis ich wieder komme, gab ich ganz trotzig zur Antwort. Ich brauchte die Vorsicht, und gieng rechter Hand durchs Dorf, da ich mich linker Hand hätte wenden sollen, sie irrig zu machen, wenn es ihm etwa einfallen sollte mich aufsuchen zu lassen. Der Schulze stund eben in der Thüre, diesem sagte ich im Vorbeygehen, der Herr Magister ließ ihm sagen, daß für Heute aus der abgeredeten Sache nichts würde, es wäre etwas dazwischen kommen. Er rief mich zwar etwas näher zu kommen, da ich aber dem Landfrieden nicht trauete, wendete ich nothwendige Geschäffte vor, und eilete in möglichster Geschwindigkeit nach dem freyen Felde, schwenckte mich nachher auf die andre Seite um auf die ordentliche Straße zu kommen. Weil ich den Bauer Matz noch hinter mir vermuthete, gieng ich mit gelaßnen Schritten, unterließ aber nicht mich je zuweilen umzusehen, und dieses aus zweyerley Absichten: erstens den Bauer abzuwarten, hauptsächlich aber, hielt ich mich nicht vor allzu sicher. Es könnte dem Pfarrer einfallen mir nachsetzen zu lassen, überlegte ich bey mir selbst, mithin wäre der letzte Betrug schimpflicher als der erste; allein ihre Bemühung wäre vergebens gewesen, das Korn stund so hoch, daß ich mich füglich darinnen verbergen konnte, hinfolglich konnte er das ganze Kirchspiel aufbieten, ohne seinen Zweck zu erreichen. Als ich bey drey Stunden den Weg verfolget, sahe ich ein Fuhrwerk den nämlichen Weg hinter mir herkommen, ich verkroch mich also in das Korn, seiner zu warten; bey der völligen Annährung erkannte ich, daß es würklich der Bauer war, auf welchen ich gewartet hatte. Nachdem er ein Stück Weges voraus hatte, drollete ich sachte hinter her, endlich gieng ich auf ihn zu, bot ihm einen guten Tag, und fragte, ob er mich mitnehmen wollte? Was den Henker, sagte er verwundernd, wo kommest du denn her? ich hätte dich nirgends als in den Hundeloche gesuchet, als ich eben einspannete wurde in dem ganzen Dorfe Lerm daß Martin entlaufen sey, man hatte dich zum obern Theil sehen hinausgehen, vier Knechte zu Pferde suchen dich auf, allein, da sie einen andern Weg genommen, auf welchen sie sich nur mehr entfernen, wird ihr Suchen vergeblich seyn. Sonach wisset ihr es auch, sagte ich, daß mich der Pfarrer hat ins Hundeloch wollen stecken lassen, es ist ihm aber nicht gelungen. Dieses war kein Geheimniß, erwiederte er, ja die Jungen auf dem Dorfe sagten es öffentlich. Was willst du aber in Wesel machen? fuhr er in seiner Rede fort. Ich will meine Zuflucht zu der Wittwe, welche sich da-

selbst

sebst aufhält, nehmen, war mein Gegenbericht, und da ihr derselben ein Fuder Hausrath dahin geführet, werdet ihr mir auch Bescheid geben können, wo sie anzutreffen. Dieß alles will ich wohl thun, versetzte er hierauf, allein ich werde mir bey dem Pfarrer einen großen Verdruß erwecken, er wird sagen, ich hätte dich in dem ersten Dorfe sollen lassen fest setzen. Ey fiel ich ihm ins Wort, das muß der Herr Pfarrer wohl bleiben lassen, ich bin weder Schelm noch Dieb, zudem wisset ihr ja nicht ob er es euch danken würde, er würde fragen, wer es euch befohlen? in den Gerichten, wo ihr mich gefangen nehmen ließet, liefen Unkosten auf, diese würdet ihr ohne Barmherzigkeit ausgleichen müssen, er würde sagen, wer euch dieses befohlen, sollte euch den Verlag wieder erstatten; sehet mein lieber Matz, es ist hierbey mehr zu beobachten, als ihr euch wohl einbildet. Um solche Narrenpossen habe ich mich mein Lebtage nicht bekümmert, versetzte er hierauf, und wenn er mir es auch befohlen, wollte ich es der Frau Magisterinn in Wesel nicht zu Leide thun, es war gar was anders wie ihr seeliger Herre noch lebte, komme, morgen früh um sechs oder sieben Uhr wollen wir sie sprechen. Seit dem als sie sich da aufhält, bin ich viermal bey ihr gewesen, es war ihr lieb, und sagte allemal ich sollte wieder kommen, fragte auch richtig wie sich ihr Martin aufführte, ich wette sie giebt mir zwey Stüber zu Branntwein wenn ich dich mitbringe; und wenn du nicht mehr laufen kannst, so setze dich auf den Wagen. Bis dahin wo ihr füttert, gab ich zur

Antwort, getraue ich es auszuhalten, hernach wollen wir schon sehen wie wir weiter mit einander zu rechte kommen werden. Es gieng also bis in die Nacht ehe er einkehrte, nachdem er den Pferden ein Futter gegeben, gieng es über die Mahlzeit, hier bat er mich zu Gaste, welches ich nicht ausschlug, zur Gegenvergeltung aber ließ ich Branntwein einschenken, weil mir bewust, daß er hiervon kein Feind war; nun, sagte er, lege dich schlafen, wenn ich eingespannet habe, will ich dich aufwecken. Weil mir es noch immer in Gedächtniß war, wie man mich in dem Lager zurückgelassen, und ich meinem Matz immer nicht viel gutes zutrauete, so hub ich an: wenn ihr es mir erlaubet, will ich mich auf den Wagen legen; je meinetwegen auf die Kirchspitze, unterbrach er mich, mir ist es gleich viel; dieses that ich, war auch bald eingeschlafen, und wachte nicht eher auf, bis mich das Hin- und Herwerfen ermunterte. Matz, Matz, schrie ich, wo sind wir denn? gleich werden wir in die Pfarrwohnung hineinfahren, gab er mir zur Antwort; ich springe vom Wagen, schrie ich ihm zu, ja ich springe wirklich herunter. Hast du den Staar, rief er dagegen, dieses verursachte, daß ich mich umsahe, erblickte aber weder Dorf, noch des Pfarrers Wohnung, wie er mir vorgesagt, denn der Tag fieng an anzubrechen, ich schloß also hieraus, daß er mir nur einen Schreck einjagen wollen. Es war ohngefehr sechs Uhr, als wir die Stadt erblickten; die Begierde eine Stadt zu sehen war so groß, daß ich es kaum erwarten konnte. Desto

mehr

mehr Verwündrung erweckte es bey mir, als wir dieselbe erreichten, da dieses die erste war, so ich in meinem Leben gesehen. Nachdem der Bauer sein Getreyde abgeladen, und den Pferden ein Futter gegeben, führte er mich zu der Frau Magisterinn, meiner ehemaligen Wohlthäterinn. Martin! redete sie mich gleich beym Eintritt an, was soll ich von deinem so unvermutheten Besuche urtheilen? ohnfehlbar hat dir dein neuer Herr nicht wollen folgen; Frau Magisterinn, gab ich zur Antwort: in dem Punct wäre ich wohl noch mit ihm zu rechte kommen, wenn es nur sonst auszustehen gewesen, es war kein ander Mittel übrig, als seine Dienste zu quittiren; um keines Verbrechens willen, als daß ich mich im Schreiben übete, muste ich einen ganzen Tag hungern, dieses war noch nicht genug, er hatte alle Anstalten gemacht, mich ins Hundeloch stecken zu lassen, lediglich dieserwegen, weil ich bey den Kirschenpflücken etliche ins Maul gesteckt. Es ist gut daß du hier bist, sagte sie nach Endigung meiner Rede: wo hast du aber deine übrigen Sachen? Da ich den Abschied hinter der Thür nehmen muste, war mein Gegenbericht, konnte ich nichts wegbringen, als was ich auf dem Leibe habe. Als sie eine Weile mit sich selbst zu Rathe gegangen, sagte sie zu dem Bauer, wie lange werdet ihr euch noch in der Stadt aufhalten? etwa noch eine Stunde, gab er zur Antwort; hier habet ihr etwas zu einem Branntwein, erwiederte sie, ich werde an euren Magister einen Brief schreiben, ihr werdet denselben abholen,

 und

und ihn bey eurer Heimkunft richtig bestellen, welches er ihr auf das theuerste versicherte, auch sein Versprechen redlich hielt. Ueberhaupt hatte die ganze Pfarrgemeinde eine große Achtung für sie, ihr seliger Herr war ein Mann der exemplarisch lebte, und mit seiner untergebenen Gemeinde als ein Vater sich betrug, aller Geitz und Eigennutz war von ihm weit entfernt, fiel etwas vor, so straffällig war, so geschahe es mehr mit Liebe, als aus einem bittern Haß, welches vielmal mehr gefruchtet, als die Schärfe. Dieserwegen hatten sie zu der Wittwe immer noch eine große Neigung. Als sie den Bauer abgefertiget, sagte sie zu mir: jetzo bist du nun in einer Stadt, und hast deine Zuflucht zu mir genommen, nun sage doch deine Gedanken, was ich mit dir anfangen soll? Liebe Frau Magisterinn, gab ich mit Achselzucken zur Antwort: der Himmel weiß es, hätte eines von meinen Eltern noch gelebet, wäre ich in der Einfalt aufgewachsen, und mein Brod unter den Bauern gefunden, wäre auch, da ich es nicht besser gewußt, mit meinem Stande zufrieden gewesen; mich wieder so weit zu erniedrigen, würde mir unerträglich fallen. Bist du denn schon so hoch gestiegen, fiel sie mir lachend in die Rede, daß du einer Erniedrigung gedenkest? Ich würde hiervon nichts gewußt haben, gab ich beschämt zur Antwort, wenn ich durch dero überhäufte Wohlthaten, nebst den guten Lehren, nicht einsehen gelernet, daß der Unterschied sehr merklich sey, in Ansehung dessen, was ich in dem Orte meiner Geburt war, und wie es

jetzo

jetzo um mich stehet. Wie stehet es aber um dich, fragte sie weiter? Was sollte ich nun hierzu sagen, denn nach dem Grunde war es nicht zum Besten mit mir beschaffen, sie durfte nur sagen, ich brauche dich nicht, die Umstände haben sich geändert, und tausend Entschuldigungen mehr, diese konnten mich in den niedrigsten Stand herabsetzen. Nun kann ich in der That nicht sagen, wie ich auf die Gedanken gerieth, ihr folgendes zu antworten. So lange die liebe Frau Magisterinn mir Dero Gewogenheit nicht entziehen, versetzte ich hierauf, wird es allemal so mit mir stehen, daß ich es weder besser hoffen noch wünschen kann. Ey du bist mir ein feiner Herr, fieng sie das Wort auf, wer hat dir denn gelernet so mit Schmeichelworten um dich zu werfen! Weil du nun so vieles Vertrauen in mich setzest, so höre was ich für dich gethan habe: Ich habe an deinen Herr Magister geschrieben, daß er dich wieder aufnehmen, die Strafe schenken, und künftig besser verhalten soll. Wie angenehm es in meinen Ohren klange, ist leicht zu erachten, ja ich konnte es nicht verhindern, daß mir die Augen übergiengen. Ey du alberner Junge, redete sie mir ein, was beweget dich zum Thränen, so lange ich lebe und Brod habe, soll es dir auch nicht gebrechen; und weil du Lust zur Schreiberey bezeugest, will ich mich um einen geschickten Mann bemühen, welcher dich hierinnen unterrichten soll. Dieses war ein sehr heilsames Pflaster auf meine geschlagne Wunde, zur Dankbarkeit küssete ich ihr die Hand, denn

darzu

darzu hatte mich der verstorbene Herr Magister gewöhnet, sie nahm es zwar an, allein verbot mir dieses künftig weg zu lassen; denn siehe, sagte sie, du wirst nun groß, deine Höflichkeiten müssen hinführo in Worten, oder einer sittsamen Stellung bestehen, nachdem es die Umstände erforden. Als ich etwa acht Tage ausgeruhet, oder vielmehr zu mir selbst gekommen war, muste ich den Anfang zum Schreibestunden machen, worzu Vor- und Nachmittag eine Stunde ausgesetzt war, ohngefähr nach Verlauf drey Wochen, traf ich, als ich des Mittags um 12 Uhr zu Hause kam, nicht ohne Schrecken den Pfarrer, von welchem ich entlaufen war, an. Du gewissenloser Vogel, war seine Anrede, warum bist du mir entlaufen? Die Furcht vor dem Hundeloche hat mich weggetrieben, gab ich zur Antwort; wer hat es dir denn weiß gemacht, redete er weiter? du würdest es ja wohl gesehen haben, wenn man dich hinein gestecket hätte. Bis zum Sehen wolte ich es nicht kommen lassen, fieng ich das Wort auf, hernachmals wäre es zu spät gewesen, ich gieng daher lieber in Zeiten auf die Seite. Die Frau Magisterinn gab ihr Wort auch dazu, und fragte nach meinem Verbrechen? indem er ihr aber das Gegentheil zu bereden suchte, setzte ich hinzu: Es ist mehr als zu gewiß, die Jungen auf dem Dorfe sungen schon davon, und dem Richter ward die Ordre auf dem Kirchwege zugestellet, denn als ich auf der Flucht begriffen, rufte er mich, da ich aber hierbon schon unterrichtet war, kam ich ihm nicht

nicht zu nahe. So ein Bube, wie du bist, sagte er im Zorn, muß sich nicht unterstehen eher zu reden, als bis er gefragt wird. Unter diesen Worten gab mir die Frau Magisterinn durch einen Wink zu verstehen, mich zu entfernen, welches auch geschahe. Die Magd in der Küche gab mir ein Päcktgen, dieses hat euch der Herr Magister mitgebracht, sagte sie, ich erkannte es sogleich, daß es meine Habseligkeiten waren, trug es sogleich in meine Kammer, und fand alles Stück vor Stück. Man rief mich den Tisch zu decken, was zwischen meiner Abwesenheit vorgegangen seyn mochte, wuste ich nicht, denn der erzürnte Pfarrer war kaum zu bewegen, daß er bey dem Mittagsessen blieb. Ich hörte immer, wenn es aufs neue wieder angehen würde, man gedachte aber meiner mit keinem Worte. So wenig Einsicht ich auch damals hatte, merkte ich doch bey beyden eine ziemliche Kaltsinnigkeit, nur die Ursach war mir ein Geheimniß, erfuhr es aber noch selbigen Tag unvermuther Weise. Als ich eben im Begriff war in die Schreibestunde zu gehen, kam der alte Knecht, welcher den Tag vor meiner Flucht den Abschied ebenfalls hinter der Thür genommen, aber auf vieles Zureden sich wieder in seine Dienste begeben, es war ihm eine Freude mich zu sehen; unter andern sagte er, es mag meinem Herrn sein Ansuchen nicht nach Wunsch ausgeschlagen seyn, weil ich seine Sachen abholen muß. Vor unsrer Abreise machte er mir kein Geheimniß draus zu sagen, daß er die Wittwe heyrathen wolle. In der

Absicht reisete er nach Wesel, und eben da ich mich in dem Gasthof in voraus auf einen Schmauß in den Gedanken freuete, kam er, und befahl mir seine Sachen abzuholen, bey meiner Zurückkunft aber gleich aufpacken und anspannen solte. Da er nun nicht Zeit übrig hatte, sich lange aufzuhalten, nahmen wir von einander Abschied. Nach verfloßner Stunde eilete ich in möglichster Geschwindigkeit nach Hause, und glaubte der Frau Magisterinn einen großen Dienst zu erweisen, wenn ich derselben eine Neuigkeit hinterbrächte; sie hörte mich auch geduldig an, sagte aber am Ende meiner Erzählung, dieses gehet dich nichts an, der unbesonnene Kerl hätte auch sehr wohl gethan, wenn er hiervon geschwiegen. Diesen Verweiß steckte ich herzlich gerne ein, weil aus der Heyrath nichts wurde. Der Pfarrer wäre hierbey nicht übel gefahren, denn wie ich nachgehends erfuhr, hatte sie ein schönes Vermögen, so ihr durch Absterben einer Muhme zugefallen war, außerdem hatte ihr verstorbener Herr auch etwas beträchtliches hinterlassen. Dieß alles kam noch an rechten Mann. Sie hatte die zwanzigsten Jahre noch nicht ganz zurückgelegt, sahe wohl aus, mit einem Wort, sie stellete eine liebenswürdige Person vor. Ohngefähr ein Viertel-Jahr nach meiner Ankunft, gieng ich wie gewöhnlich aus der Vormittags-Schreibestunde nach Hause, wieder alles Vermuthen begegnete mir mein Pathe aus dem Dorfe meiner Geburt, ich fragte ihm wie es stünde? nachdem er mich eine gute Weile aufmerksam betrach-

betrachtet, hub er an, je das ist doch wohl nicht etwa Pathe Merten? ja freylich bin ich es, gab ich zur Antwort, allein habet ihr keine Nachricht von meinem Vater? mir hat vor einem Jahr ein Schiffknecht gesagt, war sein Gegenbericht, er sey nach Holland gegangen, von da aber mit einer Flotte nach einer neuen Welt gefahren. Dieses ist gut, erwiederte ich, aber höret mich an, ich bin in einer Unwissenheit erzogen worden, daß ich nicht einmal meinen Geschlechtsnamen weiß, ihr müsset also sonder Zweifel den Vornahmen meines Vaters wissen. Je nu, gab er mir zur Antwort, wir hießen ihn immer Speelmerten, er aber sagte, ich heiße Martin Speelhoven. Dieses wurde auch, als eure Mutter gestorben, so in das Kirchenbuch geschrieben. Weil nun der Name dem Kirchenbuche einverleibet war, konnte ich es mit mehrerer Gewißheit glauben, ich suchte ihn zu bereden, zu meiner Herrschaft mitzugehen, allein er war dahin nicht zu bringen, sondern schützte vor, daß seine Gefährten bereits auf ihn warteten. Weil er mich währender Unterredung immer sehr genau betrachtete, fragte ich ihn, was er ohngefähr bey sich dächte? ich wundre mich, gab er zur Antwort, wie ihr so geschwind ein Herre geworden seyd. Ich ließ ihn aus einem kleinen Stolz bey seinen Gedanken, und sagte nur so viel: wäre ich bey euch geblieben, würde es freylich nicht so um mich stehen, wie ihr gegenwärtig sehet; weil er nun nicht zu bewegen war mit mir zu gehen, gab ich ihn einen Stüber beym Abschied zu Branntwein, welchen er er mit großer Danksagung annahm. Denn auf den Herrn Tittel muste schlechterdings ein Geschenke folgen. Bey meiner Heimkunft sagte ich der Frau Magisterinn, daß ich meinen Pathen gesprochen, von dem ich auch meinen Geschlechts-Nahmen erfahren, und hieße also nach seiner Aussage, wie es dem Kirchenbuche einverleibet wäre, Martin Speelhoven. Warum hast du ihn denn nicht mitbracht, sagte sie am Ende meiner Rede? er ließ sich nicht abhalten, gab ich zur Antwort, mit dem Vorgeben, seinen Gefährten möchte die Zeit zu lang werden, habe ihn aber einen Stüber zu Branntwein gegeben, weil er mich einen Herrn hieß. Nun Herr Speelhoven, hub sie lachend an, da hast du sehr wohl gethan, ich will dir aber diesen Aufwand ersetzen, reichte mir auch wirklich einen andern. Kurze Zeit hierauf ließ sie mir durch einen Schneider das Maas nehmen, ich muste mir auch ein Paar neue Schuhe bestellen; da ich nun außer dem nach meinem Stande ganz reinlich gekleidet war, konnte ich nicht einsehen, zu was dieser Aufwand dienen solte, denn ich wurde von Fuß auf neu gekleidet; zudem kam noch, daß in dem Hause alles beschäftiget war aufzuräumen, zum Ueberfluß ließ sie sich verschiedene Sachen, so zum Putz gehören, verfertigen. Diese Anstalten entwickelten sich auch gar bald. Eines Tages gleich in der Frühe wurde es in der Küche wider Gewohnheit sehr lebhaft, meine Schreibestunden muste ich aussetzen, und hier und da hülfliche Hand leisten. Die Mittagstafel war dießmal sehr kurz, dem

dem Vermuthen nach sollte es auf den Abend herrlicher zugehen. Etwa in der vierten Stunde hielt ein Postwagen vor der Thüre stille; aus welchem ein ansehnlicher Herr stieg; die Frau Magisterinn gieng ihm bis an die Treppe entgegen, und empfieng ihn auf eine Art, daraus ich schloß, daß er besser als der Pfarrer bey ihr angeschrieben stehen mochte. Inmittelst da sie sich beyde ins Zimmer begaben, ward ein Coffee zubereitet, welchen ich auftrug: durch einen Wink den sie mir gab, merkte ich, sie sehe es gerne, den Herrn auf eine mir anständige Art zu bewillkommen; Ich näherte mich also getrost, und küßte ihm die Hand. Wem gehört dieser Bursche Madam? hub er an: Es ist eine arme Wayse, gab sie zur Antwort; hiermit erzählte sie alles mit Umständen, wie ich mich zu ihnen gefunden hätte, ließ auch die Historie mit dem Succeſſor ihres verstorbenen Herrens keinesweges außen. Es ist ein feiner Bursche, sagte er am Ende ihrer Erzählung, und könnte mit der Zeit schon etwas aus ihm werden, wenn er nicht umschlägt, und durch böse Gesellschaft sich verführen läßt. Noch zur Zeit, gab sie zur Antwort, ist seine Aufführung so beschaffen gewesen, daß ich nicht anders als zufrieden seyn muß; aber wollen Sie auch glauben, daß er schon hochmüthig ist? Als ihm unlängst sein Pathe aus dem Orte seiner Geburt begegnete, und ihn nach seiner Verändrung einen Herrn betittelte, hat er denselben mit einem Stüber beschenket. Ein Herr für einen Stüber ist ja noch wohl zu haben, gab ihr der fremde Herr zur Antwort, dieses ist vielmehr eine Ehrbegierde die eben nicht schlechthin zu verwerfen ist. Dieß alles aber gieng mir nicht zu Herzen, weil ich glaubte, man zöge mich nur damit auf. Ich habe gesagt, daß die Aufnahme dieses fremden Herrn mit dem Bezeigen gegen den Pfarrer nicht übereinkam; beyder Umgang begleitete eine Art eines Vertrauens, welches sich von Tag zu Tage immer besser aufklärte. Endlich fieng man zu meiner Verwundrung an aufzuräumen, und so gar einzupacken. Ich würde nach meiner damaligen Einsicht nicht sogleich errathen haben, was dieses vorstellen sollte, wenn sich die Frau Magisterinn als wir einsmals alleine waren, nicht folgendergestalt gegen mich herausgelassen: Martin! dieser Herr will dich mitnehmen, hättest du wohl Lust in seine Dienste zu treten? Wenn er in Ernst gesonnen ist mich zu sich zu nehmen, gab ich zur Antwort, so würde ich eine solche schöne Gelegenheit mit beyden Händen ergreifen; allein dieses würde mir nahe gehen, meine liebe Frau Magisterinn, der ich alles zu danken habe, zu verlassen: Durch meine Eltern habe ich zwar das Leben, allein Sie haben den ganzen Grund zu meiner künftigen Glückseligkeit geleget, daher wird es mir schwer ankommen Sie zu verlassen; giengen Sie zugleich dahin, wo der Herr mich hinzuführen gedenket, so würde mein Glück vollkommen seyn. Du kannst es gar fein geben, sagte sie lachend, du bist also, wie ich höre, so einfältig nicht, als man sonst von Kindern deines Alters und Standes urtheilet, wir wollen sehen, vielleicht reise ich dir zu Gefallen, weil du so viel Liebe zu mir hast, mit. Wie weit dieses Vorgeben Grund hatte, ließ ich unangefochten, bemühete mich aber nach allem Vermögen ihre Gunst nicht allein zu erhalten, sondern mich durch eine gute Aufführung noch mehr in derselben zu befestigen. Wie schon erwähnet, so wurde eingepackt; als ein Wagen damit beladen war, sagte oft gedachte Frau Magisterinn; nun ist es an dem, daß ich dir sagen muß, was ich bisher verborgen gehalten. Der fremde Herr, welcher sich zeithero bey mir aufgehalten, ist ein Kaufmann von Embden, mit diesem werde ich mich, wenn wir in erwähnten Ort eingetroffen, verehlichen, du hast ihn künftighin als deinen Herrn anzusehen, führe dich so auf, wie du bisher gewohnt gewesen, du thust so zu sagen, einen Schritt in die Welt; hierdurch verstehe, du wirst Menschen von allerley Gemüthsart kennen lernen, denen, welche wahre Tugend ausüben, suche nachzuahmen, an den Lasterhaften spiegle dich, und lasse dich durch böse Gesellschaft nicht verführen: wirst du nun dieser Vorschrift nachleben, so kannst du dich drauf verlassen, daß mit der Zeit ein rechtschaffner Mensch aus dir werden soll. Heute ist die letzte Nacht daß du hier schläfest, morgen gehet ein Packwagen ab, ein Bedienter von meinem Liebsten wird mit abreisen, er wird dich mitnehmen, ich habe ihm dich aufs treulichste anbefohlen; wir werden denselben folgen, und hiernach hast du dich nun zu richten. Der Herr Merkly, dieses war sein Name, kam dazwischen, ich wollte mich entfernen, bekam aber Befehl zu verziehen, vielleicht wollte er mir die Abreise ankündigen, sie gab ihm aber zu verstehen, daß sie mir bereits gesaget, daß ich morgen mit dem Bagagewagen abreisen würde; welches auch mit Anbruch des Tages geschahe. Der Mensch, welchem ich übergeben war, machte bald Bekanntschaft mit mir, unter andern fragte er mich, ob ich ein Anverwandter von der Dame sey, welche sein Herr heyrathete? ich dachte, ob du es weißt oder nicht, es wird dir weder Nutzen noch Schaden bringen, sagte also ohne Weitläuftigkeit Ja, jedoch von ihres verstorbnen Mannes Seite. Dieses hatte doch wenigstens den Nutzen, daß er mehr Achtung für mich hatte, als wenn ich gesaget, ich sey ein entlaufner Bauerjunge, der mit genauer Noth seinen Namen zu nennen wuste. Denn damals war es schon sehr in Gebrauch, daß man einen Menschen, nach dem Aeusserlichen zu schätzen, anfieng. Wir legten den Weg ohne Anstoß zurück, und zwo Stunden vor der Stadt hatten wir das letzte Nachtquartier, daß wir also den Morgen drauf in der achten Stunde vor dem Hause des Kaufmanns Halte machten, das ansehnliche Gebäude setzte mich schon in Verwundrung, noch mehr aber die inwendige Verzierung, die vielen Leute, welche darinnen beschäftiget waren, machten eine kleine Hofhaltung aus; aufrichtig zu sagen, stund ich da wie eine Gans, und hatte nur zu sehen genung. Nach zween Tagen traf die Herrschaft auch ein, da denn jeder

dem

dem Kaufmann als seinem Herrn von allem was während seiner Abwesenheit vorgefallen, genaue Nachricht gab. Wie schon gedacht, hatte jedes seine volle Arbeit, nur ich gieng von ferne, und gab einen müßigen Zuschauer ab. Der Kaufmann, den ich künftig meinen Herrn nennen werde, hatte schon eine Frau gehabt, diese hatte ein Mädgen, so bey meiner Ankunft etwa in dem achten Jahre seyn mochte, hinterlassen, diese gewöhnte sich dergestalt an mich, daß ich leicht keinen Tritt thun konnte, so war sie bey mir; mithin hatte ich doch auch etwas zu thun. Dieses gieng so hin bis nach der Hochzeit, da denn mein Herr einen kleinen Anfang mit mir machte. Außer den Schreibe- und Rechenstunden, brauchte man mich, weil ich in der Stadt etwas bekannt wurde, zum Verschicken. Dieses dauerte so ein halbes Jahr, als er mich in seine Schreibestube rufen ließ, und folgendergestalt anredete: Bisher habe ich dich gleichsam auf die Probe gestellt, um zu sehen wie du dich verhalten wirst, meine Leute haben für dich ein vortheilhaftes Zeugniß abgelegt, daß ich mich entschlossen habe, dir die Handlung erlernen zu lassen, du hast also dich künftig den Befehlen meines Factors zu unterwerfen, sey in deinen Verrichtungen treu und fleißig, laß dich nicht gelüsten an etwas zu vergreifen, vermenge dich nicht mit Dingen so dich nichts angehen, hauptsächlich vermeide Gesellschaft, es sey auch unter einem Vorwand als es immer wolle, denn Leute, so sich um deine Freundschaft bewerben, suchen nicht dich,

 sondern

sondern einen Vortheil dabey zu erhalten, es sey nun mit Recht oder Unrecht. Wirst du nun alle diese vorgeschriebnen Regeln gehörig beobachten, so verspreche ich, dich mit der Zeit in einen Stand zu setzen, daß du als ein rechtschaffner Mensch in der Welt leben kannst, ich stelle mich selbst zum Exempel dar, weil ich ebenfalls wie du von geringer Herkunft bin. Nun stellete ich einen in der Handlung stehenden Lehrburschen vor; hier werde ich mich nun der Kürze bedienen, denn Kleinigkeiten zu erzählen, würde nichts als ein unnützes Gewäsche vorstellen: So viel will ich nur gedenken, daß meine Herrschaft die ganzen sieben Jahre meiner Lehre, sehr wohl mit mir zufrieden war, nicht mehr als eine Ohrfeige habe ich bekommen, und zwar in dem letzten halben Jahre, diese reichte mir der neue Factor; denn ich glaubte, diesem eben nicht so genau als dem vorigen zu gehorsamen, dieses klagte ich der Tochter, welche gesehen, daß mir die Nase blutete, und mich dießfalls fragte. Hier muß ich eine kleine Anmerkung zur Erinnerung des vorigen machen: Wir waren beständig gute Freunde geblieben, und von der Zeit an konnte sie dem Factor das Gesicht nicht mehr vergönnen; allein da ich losgesprochen, und zum Handlungsdiener erkläret wurde, ward auch zugleich alle Gelegenheit abgeschnitten, daß ich sie niemals, als in Gegenwart der Eltern sahe. Da ich in dem Hause fast erzogen war, so hatte ich die Freyheit, sonder Umstände, fast als das Kind, nach meinem Gefallen in der Herrschaft Zimmer

mich

mich zu begeben, ja meine Wohlthäterinn unterließ nicht, mir fast täglich neue Merkmale ihrer fortdauernden alten Gewogenheit zu erkennen zu geben, welches mein Herr im höchsten Grad billigte. Traf es nun zu, das wir beyde, nämlich die Jungfer und ich, bey ihrer Mama zusammen kamen, so machte sie, wiewohl in der grösten Unschuld, kein Geheimniß derselben zu sagen, sie sey mir außerordentlich gewogen, und hätte die Mama nichts angenehmers mitbringen können, als einen solchen Menschen, den sie über die Massen wohl leiden könnte. Dieses wurde ihr anfangs als einem Kinde zu gute gehalten; da wir aber beyde allmählich anfiengen zu leben, wurde es ihr verwiesen. Meine Tochter, hub sie einmal in Gegenwart meiner an, dieses ist dir höchst unanständig, eine Jungfer muß gegen die Mannspersonen allemal sittsam und eingezogen sich verhalten; du bist die Tochter von einem Herrn, unter dessen Befehlen Martin als Diener stehet. Sie erwartete das letztere nicht, sondern gieng weinend aus dem Zimmer. Mir gab sie ebenfalls nach jener Entfernung einen Verweis, oder vielmehr eine Warnung, künftig behutsamer mich in diesem Punkte aufzuführen. Zeithero sagte sie, haben wir euren Umgang als unschuldiger Kinder angesehen; da ihr aber herangewachsen seyd, so muß Wohlstands wegen ein Unterschied beobachtet werden: darum siehe dich wohl vor, daß du die Gewogenheit deines Herrn nicht mißbrauchest. Ich würde in der That nicht überleget haben, gab ich zur Antwort, daß mir ein unschuldiger Umgang als ein Verbrechen ausgelegt werden könnte, ich werde also künftighin alles zu vermeiden suchen, was nur den mindesten Widerwillen erwekken kann, Mademoiselle mögen ihres Theils auch dahin trachten, die bisherige Freundschaft etwas genauer einzuschränken; denn es sollte mir sehr wehe thun, wenn ich um ein Nichts willen bey meiner mehr als väterlich gesinnten Herrschaft ein Mißvergnügen erwecken sollte. Siehest du dieses ein, fieng sie das Wort auf, so hege ich keinen Zweifel, du werdest keine Gelegenheit verabsäumen, die Gewogenheit deiner Herrschaft durch eine kluge Aufführung zu erhalten zu suchen. Dieser Vortrag setzte mich in eine Art einer Unentschlossenheit meines künftigen Verhaltens. Ich hatte nichts gethan, als mit der Jungfer vom Hause einen freundschaftlichen Umgang gepflogen, dieser wurde mir untersaget; zwar, wenn ich meinen Stand gegen den ihrigen hielt, so war der Unterschied freylich sehr groß, doch wenn ich dagegen hielt, das ihren Herrn Vater, als meinen Herrn, welcher nach seinem eignen Geständniß von geringer Herkunft war, nichts als das Glück erhoben, so war dieses das Einzige, daß er dasjenige schon wirklich war, worauf ich mir erst Hofnung machte: weil ich nun bis dahin einen großen Sprung zu thun hatte, so mußte ich es mir freylich gefallen lassen. Ich lag also meinen Verrichtungen ununterbrochen treulich ob, worüber meine Herrschaft einen geneigten Gefallen bezeugte. Es schien

schien auch, als ob sie die freundschaftliche Gesinnung, so die Jungfer ungescheuet gegen mich blicken ließ, mit gleichgültigen Augen ansähen. Dieses dauerte nach der Hand ein Jahr, als mich die Madam Merkly zu sich rufen ließ, und mir etwas hinterbrachte, welches mir so Vergnügen als Verwundrung verursachte. Dir wird nicht unbekannt seyn, hub sie an, daß du von deiner Kindheit an, sowohl bey meinem seligen als auch jetzigen Manne alles genossen, was ein Kind von seinen leiblichen Eltern nur verlangen kann; gegenwärtig bist du in einen Stand gesetzt, durch welchen du künftig alles Gute hoffen kannst: nunmehro erfordert es aber der Wohlstand, anderweit dir etwas zu versuchen, gedenke aber nicht daß du von uns ausgestoßen bist, es ist bereits für dich gesorget, und man hat dir in Amsterdam eine Condition ausgemacht, ein Jahr, oder zwey, kannst du daselbst hinbringen, man wird dich hernachmals zurück rufen, und für dein künftiges Wohl weiter bedacht seyn; dieses sage ich dir nur zum voraus, daß, wenn mein Liebster dir den Antrag machet, dich es nicht befremde. Madam, gab ich zur Antwort, dero Vorsorge läuft fast bis zur Verschwendung hinaus. Ich habe es mir eine geraume Zeit her selbst vorgeworfen, daß ich Ihnen zur Last bin; da ich aber die Einsicht noch nicht habe zu unterscheiden was mir gut oder schädlich ist: so habe ich es lediglich auf dero Gutachten ankommen lassen wollen. Nun so gehe, machte sie den Schluß, verrichte das deine, wir erwarten

ten Briefe, es soll dir zu gehöriger Zeit Nachricht ertheilet werden. Von der Zeit an sahe ich den Befehl zu meiner Abreise mit Verlangen entgegen; es verstrichen aber acht Wochen, ohne weiter das mindeste hiervon zu hören. An einem Sonntage, als wir vom Tische aufgestanden, ließ mich der Herr in seine Schreibestube rufen, er hinterbrachte mir seinen Willen, fast mit eben den Worten, wie ich von der Madam gehöret, ich antwortete ihm mit einer aufrichtigen Freudigkeit, welche er sich nicht vermuthet haben mochte, er schenkte mir einen überaus schönen Degen, und sagte, weil er den Tag meiner Abreise nicht bestimmen könnte, so hätte ich zwischen der Zeit meinen freyen Willen mir ein erlaubtes Vergnügen zu machen, damit ich von den bisherigen Geschäften etwas ledig würde. Da ich nicht gewohnt bin meine Zeit müßig hinzubringen, erwiederte ich, so würde es mir viel saurer ankommen, als wenn ich meine Verrichtungen in der Ordnung abwartete. Dieses stelle ich ihm frey, sagte er, wenigstens zween Tage zuvor soll er die bestimmte Zeit zur Abreise erfahren Endlich erfuhr ich, daß künftigen Sonntag der Aufbruch bestimmet sey. Den Tag vorher beschenkte mich meine mehr als mütterliche Wohlthäterinn mit einer schönen Uhr: dieses bemerke ich dieserwegen, weil es damals ganz was besonderes war, wer eine Taschenuhr hatte; heutiges Tages sind dieselben schon etwas gemeines, zwar sind das nicht alles Uhren, wo man ein Band mit Zierrathen aus den Beinklei-

dern

dern herauspammeln siehet, welches ich mit einem Exempel so ich selbst mit Augen gesehen, erörtern kann. Es zeigte sich in Amsterdam ein Mensch in Gesellschaften mit einem Uhrbande, so fast bis auf die Knie hieng; an demselben hatte er nichts vergessen, um den Phantasten vollkommen zu machen, als die Schellen. Bey aller Gelegenheit rühmte er die Vortrefflichkeit seiner Uhr, war aber zu eigensinnig dieselbe vorzuzeigen; hierauf gerieth man auf den Einfall, er müsse nichts als das Band aufzuweisen haben. Man beschloß in der ersten Zusammenkunft nicht zu ruhen, bis man hinter die Wahrheit gekommen sey, die Unterredung wurde auf die Uhren gelenket, dieser war der erste, welcher nicht aufhören konnte der seinigen alle Vorzüge zu geben: man fragte, wie hoch es an der Zeit sey? da es denn immer einer besser als der andre wissen wollte, endlich sollten die Uhren den Streit ein Ende machen, ich muste meine vorzeigen, der mit den grossen Bande schwur, sie gienge fünf Minuten zu zeitig, etliche gaben ihm Beyfall, eine andere Parthie hielt es mit mir. Nachdem man lange genung gestritten, hieß es, er sollte die Gegenpart zu überzeugen seine Uhr herausweisen, ich habe sie heute aufzuziehen vergessen, entschuldigte er sich, und wollte sich aus der Gesellschaft schleichen, muste aber Stand halten, man drang vergebens in ihn, endlich schrien einige: er hat keine, die, welche zum Schein seine Parthie genommen, hetzten ihn auf, und sagten, es sey so gut als geschimpfet, einer sahe sich den Vortheil aus, und zog ihm das Band mit sammt der Tasche, weil es an dieselbe angeheftet war, heraus. Hier entstund, wie leicht zu erachten, ein allgemeines Gelächter. Anfangs wollte er zwar zu Gefallen mitlachen, war aber mit einem Sprung zur Thüre hinaus, habe ihn auch von der Zeit an in keiner Gesellschaft wieder angetroffen. Hier, mein Sohn, sagte sie, hast du ein Andenken, werde ich es erleben, daß ich dich wieder sehe, und du hast dieselbe noch, so werde ich daraus erkennen, daß du für deine Pflegemutter Achtung hast. Hierbey vergoß sie wirklich Thränen, welches ich bey ihr noch niemals gesehen hatte. Der Abschied war zärtlich, die Jungfer, als die Tochter meines Herrn, wollte sich nicht trösten lassen, wohl hundertmal erinnerte sie mich, weil ich auf einer kleinen Jacht überschiffte, ich sollte ja nicht ins Wasser fallen; und weil ich mir in dem ganzen Hause alle Liebe erworben, so war wohl nicht eines das nicht mit nassen Augen Abschied genommen hätte. Bey meiner Ankunft in Amsterdam wurde ich sehr wohl aufgenommen. Mein neuer Herr war ein Mann schon ziemlich bey Jahren, er hatte aber einen Sohn, welcher das ganze Werk über sich hatte, aber sich in allen nach der Vorschrift des Vaters zu richten hatte. Als man mir zu meiner Bequemlichkeit ein eigen Stübgen angewiesen, und ich meinen Coffre anfieng auszupacken, so sahe ich mit Erstaunen von allem einen Ueberfluß. Nebst der schönen Wäsche hatte man mir noch ein ganz neues Kleid beygefüget; o wie seltsam

sam sind dergleichen mildthätige Herzen! wiewohl es auch nicht allemal angewendet seyn würde. Das aber, was ich etwa Gutes besaß, rührte nicht von meiner eignen Klugheit her, sondern ich hatte alles der Sorgfalt meiner Pflegeeltern zu danken, welche mich, aufrichtig zu sagen, wie einen Brannt aus dem Feuer gerissen hatten. In der That hätte es mich zum Hochmuth verleiten können, da mein Herr nebst seinem Sohne alle Achtung vor mir hatte; dieses aber war vielmehr die Triebfeder, mich immer mehr und mehr in ihrer Gunst zu befestigen. In Zeit von einem halben Jahre schrieb ich zweymal an meine Pflegemutter, schickte ihr auch etwas von den Seltenheiten, so eine aus Ostindien unlängst gekommene Flotte mitgebracht, welches sehr wohl aufgenommen ward. Als ich mich etwan drey Viertheil Jahr in Amsterdam befand, erhielt ich zur Verwundrung einen Brief von der Tochter meines Lehrherrn, dieser war ohngefähr folgenden Inhalts: Allerliebster Martin, ich bitte dich ums Himmels willen, komm nach Hause, ich kann mein Anliegen sonst keinem Menschen klagen als dir. Mein Herr Vater will mich verheyrathen, ach! ich bitte dich, der Mensch siehet aus als wenn er das kalte Fieber hätte, er wollte mich küssen, aber ich schrie, als wenn ich am Spiese steckte. Alles im Hause kam herzugelaufen, sie sagten ich hätte Feuer geschrien, es kann auch wohl seyn, daß es mir in der Angst entfahren ist, er ist lang und mager, daß ich fürchte, er möchte einmal zerbrechen. Ich bitte dich recht

sehr,

sehr, komm ja bald, was wilst du dich unter fremden Leuten herumplagen, ich sagte es der Mama, ach! ich liebe sie dieserwegen, weil sie dir gewogen ist, sie gab mir weiter keine Antwort, als das sie herzlich lachte. Ich glaube, dieses sey so gut als eine erwünschte Antwort. Muß ich den Menschen heyrathen, so schreye ich über dich, weil du es verhindern kannst. In Eyl, Sibilla van Merkly. Was sollte ich nun hierbey thun? ich konnte weiter nichts als sie bedauern; denn ob wir schon von Kindheit auf gute Freunde gewesen, so waren mir doch niemals Heyrathsgedanken eingefallen, ich rechnete es also ihrer aufrichtigen Gesinnung, so mit einer Einfalt verknüpfet, zu, und schlug es mir aus dem Sinn. Nach Verlauf sechs Wochen aber, erhielt ich einen Brief von der Mama, welcher mit ziemlichen Verweisen angefüllet war; man bürdete mir auf, ich unterhielt mit der Tochter einen heimlichen Briefwechsel, wodurch ich mir die völlige Ungunst des Herrn Merkly zugezogen. Es fehlete also nicht viel, daß ich nicht nach Embden reisete, um mich mündlich zu verantworten, allein da ich überlegte, daß ich mir hierdurch nicht allein die Condition verschlagen, sondern auch bey meinem gewesenen Lehrherrn noch mehr Verdacht erwecken könnte, so unterblieb es. Ich schrieb aber an die Madam einen Entschuldigungsbrief zurück, und fügte denselben so ich von der Tochter erhalten, mit bey, was es aber vor einen Eindruck gehabt, weiß ich nicht, weil man mir nicht darauf antwortete. Je länger ich der

Sache

Sache nachdachte, desto verlegner wurde ich darüber. Ganz Holland war damals von den grossen Reichthümern, welche mit den Ostindianischen Flotten zurückkamen, berauschet. Mein Herr, welcher schon ziemlich bey Jahren war, bedauerte nichts mehr, als daß er noch etliche zwanzig Jahr jünger wäre: mich sollte nichts abhalten, sagte er oft, eine Reise mitzuwagen, nicht um einen zeitlichen Gewinst halber, sondern das Vergnügen zu haben, meinen Fuß auf dieß Indische Paradies zu setzen; ja er suchte seinen einzigen Sohn zu bereden, eine Reise zu unternehmen: allein er bezeigte nicht die mindeste Lust hierzu. Von ohngefähr gerieth ich mit einem Steuermann in Bekanntschaft, diesen entdeckte ich, daß ich Lust hätte mit nach Ostindien zu gehen, und bath ihn zugleich mir mit einem guten Rath an die Hand zu gehen. Ja, gab er mir zur Antwort, was soll ich rathen, hat er wirklich Lust, so bemühe er sich um einen Patron, der bey den Bewindshabern einen Vorspruch für ihn thut, man nimmt nicht sogleich alles an, was gelaufen kommt. Anstatt daß es mich hätte sollen abschrecken, feuerte es mich nur um desto mehr an. Hierbey nun konnte mein Herr ein großes beytragen; ich nahm also die Gelegenheit in Acht, und sagte ihm, daß ich Lust hätte, mit einer abgehenden Flotte mein Glück zu versuchen, erhielt aber die unerwartete Antwort, daß hieraus nichts würde: ohne des Herrn Merkly seiner Bewilligung, sagte er, darf ich es nicht thun, ich erhalte nicht

nicht leicht einen Brief, in welchem er nicht seiner gedenken sollte. Beynahe schlug ich es mir aus dem Sinn, es würde auch wohl gar in Vergessenheit gerathen seyn, wenn mir nicht der Steuermann unvermuthet begegnet wäre. Wie siehet es aus, redete er mich an, hat er noch Lust eine Reise mit zu unternehmen? Lust hätte ich wohl, erwiederte ich, allein da man so viel Schwierigkeiten machet, so habe ich es ganz aus der Acht gelassen. Ich habe für ihn gesorget, redete er mir ein, es ist nichts mehr übrig, als, er gehet mit auf die Börse, so wird er eingeschrieben. Beynahe hätte ich ihn vor Freude umarmet; damit es ihn aber nicht wieder gereuete, so gieng ich geraden Weges mit auf die Börse, muste aber ein genaues Examen aushalten, ehe ich eingeschrieben ward. Mein Herr, welchem ich bey meiner Heimkunft das Vorhaben entdeckete, gerieth in eine Art eines Erstaunen, und konnte sich es kaum bereden lassen. Was wird der Herr Merkly in Embden hierzu sagen? hub er an: Nun ich habe keine Schuld, da es nun aber nicht anders ist, wird er doch an denselben einen Brief hinterlassen, und ihm die wahren Absichten seines unvermutheten Entschlusses wissend machen. Dieses erfordert meine Schuldigkeit, erwiederte ich, ihm habe ich nur alles zu danken was ich gegenwärtig bin. Die Flotte nun, welche ausgerüstet wurde, hatte den Admiral Spilberg zum Commandeur, bey dem ich als Unterschiffsschreiber angenommen ward, weil die Stellen, so sich für mich schickten,

schickten, besetzet waren. Als es auf dem Punkt stund, nach dem Sammelplatz, wo wir an Bord gehen sollten, uns zu begeben, schrieb ich nach Embden, und nahm lediglich die Ursache, daß man mich in Verdacht hielt, zum Vorwand, um mich denselben zu entreißen. Ich dankte für alle mir erzeigte Wohlthaten, und versprach, wenn ich glücklich wieder zurück käme, mit ihrer Erlaubniß meine Aufwartung in Person zu machen; zweyhundert holländische Gulden, so ich mir gesammlet, fügte ich mit bey, welche nach meinem Absterben die Jungfer Tochter erben sollte. Es war der 5te May im Jahr 1601, da wir unter Segel giengen, und wie es hieß, war der Lauf nach den Comorrischen Inseln gerichtet. Wir hatten guten Wind, daß wir also den 10ten Junii an dem Vorgebirge der guten Hoffnung die Anker fallen ließen. Der Admiral Spilberg begab sich auf eine Jacht aus mir unbekannten Absichten, und fuhr nach Porto Dali; nach fünf Tagen lief Nachricht ein, der Admiral sey verwundet und gefangen, nebst der gemeßnen Ordre, daß sich die Flotte nach Porto Dali begeben, und in dem Hafen ankern sollte. Seine Gefangennehmung hatte sich, den eingelaufnen Berichten zufolge, also zugetragen: Er stößet auf drey portugiesische Schiffe, welchen er auszuweichen suchet; da ihn aber das eine sonder Umstände eine völlige Lage giebt, resolviret er sich zu rächen, und wo möglich eines derer Schiffe wegzunehmen. Der Muth seiner Leute hatte es auch dahin gebracht,

 daß

daß sie sich mit geringem Verlust eines derselben bemeistert, das allzuheftige Canoniren aber von den beyden übrigen hatte es verhindert, daß er sich den Sieg nicht zu Nutze machen können, sondern sich ohne Verlust, außer drey Verwundeten, worunter er selbst war, zurück ziehen müssen. Nachdem er an nur erwähntem Orte seine Sache verrichtet, so befiehlet er der Jacht in dem Hafen bis auf weitre Ordre zu verziehen; er hingegen begiebt sich unter Landwind fast ganz alleine in eine Chaluppe, um wieder an die Flotte zu kommen, wird aber unglücklicher Weise von einem Schwarm Schwarzen überfallen, welche ihn fast nackend ausziehen, an den Händen sehr verwunden und nach dem Flecken Ruffisco bringen. Zu seinem Glücke liegen französische Schiffe in selbigem Hafen, welche ihn nicht allein erretteten, sondern auch die Chaluppe wieder gaben. Nach diesem Gerichte wurde ein Boot gleich bewaffnet ausgeschicket, welches den verwundeten Admiral wieder am Bord brachte; wir eileten also nach Porto Dali, woselbst sich die Flotte vereinigen sollte. Als dieses geschehen, wurden die Anker gelichtet, und wir stachen wieder ins hohe Meer. Der Wächter auf dem Mast entdeckte ein Schiff, auf welches wir Segel machten; da wir es völlig im Gesichte hatten, erkannten wir sogleich, daß es eines von den Portugiesischen seyn müsse, welches vielleicht von seiner Fahrt abgekommen sey. Wir nahmen ihm sogleich den Wind, und suchten, ohne lange Federlesen zu machen, zu endern, sie ergaben

ben sich aber sonder Mühe, und baten um Pardon, welchen sie auch erhielten. Sie erkannten ihr angethanes Unrecht, daß sie den Admiral ohne Ursache eine Lage gegeben, mithin geschähe ihnen, nach ihrem eignen Geständniß, ganz recht, daß gleiches mit gleichem vergolten würde. Es wurde sogleich Schiffsrath gehalten, ob es für eine gute Priese erkläret, oder wieder frey gelassen werden sollte: das letztre wurde auf Vorspruch des Admirals gebilliget, und denen Gefangenen die Freyheit angekündiget, welche sie mit allem Dank annahmen, und dem Schiffsvolk an Weine ein Präsent machten. Da nun der Admiral Spilberg wegen seiner Bleßur außer Stand gesetzt war sein Commando zu führen, übergab er es dem Unteradmiral. Wir schwärmten also auf dem wilden Meer herum, und segelten bis an das Vorgebirge Boixos, um Erfrischungen allda einzunehmen; wir hatten aber kaum geankert, als sich die Schwarzen schaarenweise einfanden; wir gaben ihnen durch Zeichen zu verstehen, daß sie näher kommen sollten, zeigten ihnen auch etliche Stäbe Eisen und andere Waaren, welche wir gegen Lebensmittel eintauschen wollten; sie hatten aber hierzu keine Lust, vielmehr schien es, als ob sie einen Anfall wagen wollten; und weil sie sich merklich vermehrten, so durften wir hieran um so viel weniger zweifeln, weil sie sich bewafnet in verschiedne Haufen vertheileten. Dieses abzuwarten hielten wir nicht vor gut, zumal da man vor gewiß sagen wollte, daß die Portugiesen eine

Schanze daselbst gebauet hätten, sondern giengen wieder unter Segel, und landeten an den Inseln St. Thomas und Annobon, welche von den Portugiesen besetzet waren. Hier hatten wir fast kein besser Schicksal als bey den Schwarzen, also musten wir unverrichteter Sache abziehen. An dem Vorgebirge Lopez aber, wo wir anlegten, gieng es uns ungleich besser, wir wurden daselbst nicht allein wohl aufgenommen, sondern erhielten auch Wasser und andre Erfrischungen; hier erquickten wir uns, und verweilten vierzig Tage daselbst. Das Schiffsvolk hatte hierdurch neuen Muth und Kräfte bekommen, daß wir also wieder unter Segel giengen. Weil uns der Wind günstig war, liefen wir das Vorgebirge glücklich vorbey. Der Wächter auf dem Mast entdeckte abermal Land, welchem wir uns näherten; weil wir aber nicht wusten, was wir daselbst zu fürchten oder zu hoffen hatten, getrauete sich selbigen Tag niemand ans Land: es wurde also beschlossen, die Nacht vorbey zu lassen, und kommenden Tag eine Landung zu wagen. Die Nacht war kaum angebrochen, als man vom Lande her ein so gräßlich Geschrey vernahm, daß einem die Haare zu Berge stunden; einige nahmen es vor etwas bekanntes an, und behaupteten, daß die wilden Thiere diesen häßlichen Laut verursachten, andre aber gaben vor, die Insel müsse von bösen Geistern besessen seyn. Die Zeit muste es also lehren, wer von beyden Theilen Recht oder Unrecht hatte. Als der Tag völlig angebrochen, wurden die Boote ausge-

ausgesetzt; jeder war begierig, ich selbst befand mich unter der Zahl dererjenigen, so zu landen beordert waren. Wir waren kaum einen Flintenschuß weit gegangen, als wir auf eine entsetzliche Menge Seewölfe, oder vielmehr Bäre, stießen; sie machten nicht die geringste Bewegung, woraus man hätte schließen können, daß sie sich vor uns scheueten; vielmehr schien es, als ob sie uns in Gelassenheit erwarteten. Einige wollten unter sie schießen, zwey Matrosen aber, welche dergleichen schon bey einer andern Fahrt angetroffen, sagten aus, daß sie so schnell im Laufen wären, daß ihnen kein Mensch, der das Unglück hätte, von einer solchen Bestie verfolgt zu werden, entkommen könnte: Ja sie wären im Stande, eine Picke mit einem male zu zerbeißen. Ihrer Menge nach hätte man eine ganze Schiffsladung aus dem Trahn machen können, da dieß aber unser Werk nicht war, und sie außerdem nichts tauchten, so ließen wir sie in Ruhe, zumal da eine weit beßre Art Thiere entdecket wurden: die Matrosen nannten sie Tannenböcke, sie sind sehr langsam im Laufen, mithin sehr leicht zu bekommen, welche in ziemlicher Anzahl gefället wurden; sie gaben an Geschmack dem besten Lammfleisch nichts nach. Verschiedne Arten von Flügelwerk, so sich mit Stöcken todschlagen ließen, gab es auch eine ziemliche Menge, an süßen Wasser war gleichfalls kein Mangel, womit wir unsre Fässer füllten, und wieder unter Segel giengen. Der Admiral richtete seinen Lauf nach Madagascar, gegen die

Comorrischen Inseln; der Schiffer, mit Namen Matthias Schmidt, gab vor, daß er daselbst wohl bekannt sey. Hier erreichten wir die sogenannte Tafelbay, welche wir vorbey segelten, aber bald an eine andere Insel trafen, mit Namen Cornelia, daselbst ließ der Admiral einen Pfahl aufrichten. Es zeigte sich ein Mangel an Lebensmitteln; das Glück aber fügte es, daß wir zwey französische Schiffe antrafen, in deren Gesellschaft wir die Reise fortsetzten, auch einige Erfrischung erhielten: da sie aber ihren Lauf änderten, musten wir uns, wiewohl wider Willen, trennen. Die Lebensmittel nahmen, wie leicht zu erachten, immer mehr und mehr ab, man sahe sich also genöthiget die Portionen an Brod abzubrechen, auch mit dem Wasser sparsam umzugehen. Wir lenkten uns also nach der Küste des Landes Nadal, an welche wir uns, so viel es die reissenden Ströme zuließen, beständig hielten. Endlich kamen wir an die Küste Sofale, woselbst sich gleich die Schwarzen sehen ließen. Diesen zeigten wir Eisen nebst andern verschiedenen Waaren, um sie an uns zu locken; sie bedeuteten uns aber durch Zeichen, daß wir sechs Meilen weiter segeln sollten, welches wir auch thaten, und an den Fluß Qvama den 4ten Febr. 1602. die Anker auswarfen. Hier war nun der Ort, wo mich mein Unstern von der Flotte trennete. Es wurde eine Chaluppe ausgesetzet, und mit lauter Freywilligen bewaffnet; der Steuermann, Namens Julius Steil, hatte das Commando; diesen

diesen bat ich, mich mit einzunehmen, und auf sein Ansuchen wurde es mir erlaubet. Ich empfand eine Sehnsucht, welche sich noch niemals bey mir geäusert, mich ans Land zu begeben; wir stiegen ungehindert aus, setzten auch einen ziemlichen Weg fort, ohne das mindeste von einem Menschen zu sehen. Es war uns zwar wohl wissend, daß die Portugiesen eine Schanze daselbst hatten; allein wir glaubten noch weit davon entfernt zu seyn, giengen daher ohne die geringste Furcht zerstreuet, wohin es jedem beliebte; und ob der Steuermann uns gleich verschiedenemal erinnerte, nicht ganz sorglos zu seyn, so gieng doch ein jeder nach seinem Gefallen. Als wir aber am sichersten zu seyn glaubten, wurden wir von den Portugiesen überfallen, und weil ich mich immer zu den Steuermann hielt, so hatte ich auch mit ihm gleiches Schicksal, gefangen zu werden. Unser Gefolge schlug sich zusammen, so daß es nicht möglich war, ihnen beyzukommen; sie zogen sich in der schönsten Ordnung zurück, ohne sich sonderlich um unsere Befreyung Mühe zu geben. Anstatt aber daß wir glaubten, die Portugiesen würden jene verfolgen, machten sie Halte, und ließen sie ruhig abziehen, ohne sich weiter um sie zu bekümmern. Der Steuermann konnte Portugiesisch sprechen, an seiner Stellung merkte ich, daß er um seine Loslassung bat, er fande aber kein Gehör. Die Feinde traten zusammen, dem Ansehen nach mochten sie sich berathschlagen, welches auch seine Richtigkeit hatte, und nahmen den Weg geschlossen, welchen unsre Gefährten genommen hatten. Vier Mann blieben zurück, um uns zu bewachen; diese befahlen uns niederzulegen, jedoch durften wir nicht zusammen, sondern musten etwa zehn Schritte einen Raum lassen. Der Steuermann weinete wie ein Kind, es konnte ihm aber nichts helfen, einmal waren wir elende Gefangene, und musten unser Schicksal in Gedult erwarten. Die vier Mann welche uns bewachen sollten, giengen in dem Holz spazieren, und weil sie glauben mochten, daß wir ihnen doch nicht entlaufen könnten, hatten sie keine sondere Acht auf uns; endlich verlohren sie sich gar aus dem Gesichte. Da ich nun keinen nicht mehr sahe, fiel mir ein, ob ich mich nicht etwa in dem dicken Gebüsche verstecken könnte, überlegte aber zugleich, daß sie mich aufsuchen, und wie einen tollen Hund vor den Kopf schießen würden: doch überwandt die Liebe zur Freyheit alle zu besorgende Gefahr. Der Steuermann war, wie sich es anließ, eingeschlafen, denn er schnarchte gewaltig; anstatt aber mich in dem Gesträuche zu verbergen, ward ich schlüßlich einen Versuch zu thun, ob ich auf einen Baum mich salviren könnte. Kaum zween Schritte von meiner Lagerstätte stunden Bäume, und ob es schon ziemlich hoch bis an die Aeste war, so schien es doch, daß einer zu meiner Verbergung bequem genug wäre, ich richtete mich daher in die Höhe, und sahe mich allenthalben sorgfältig um, sahe aber um die ganze Gegend keinen Menschen, wie-

wohl

wohl man wegen des dicken Gebüsches eben so weit nicht sehen konnte. Mit vielen Ueberlegen war nichts ausgerichtet; also war ein kurzer Entschluß das sicherste Mittel: ich fieng an zu klettern, es hielt schwer, durch die dickineinander gewachsenen Aeste zu kommen, welches desto besser vor mich war, weil man mich so leicht nicht entdecken konnte, und erreichte die Höhe ohne sonderliches Geräusche glücklich. Kaum aber daß ich auf meinem Luftschloß Platz genommen, hörte ich von ferne ein Geräusche, welches sich jemehr und mehr näherte, hierauf ward es eine Weile stille. Kurz hinter einander geschahen zwey Schüsse, ob es mir gelten sollte, kann ich nicht sagen, wenigstens haben sie mich nicht getroffen. Nach einer Weile erhub sich ein gewaltiger Streit, worauf ein klägliches Geschrey folgte, und da ich an der Stimme vernahm, daß es den Steuermann gelten mochte, wäre ich beynahe bewogen worden wieder herunter zu steigen; doch was wäre dem ehrlichen Mann hierdurch geholfen gewesen, überlegte ich zugleich, ich muste ihn daher der Willkühr seiner Feinde überlassen. Auf dieses Geschrey hub sich der Streit von neuem wieder an, den Steuermann konnte ich sehr genau verstehen, welcher sich sonder Zweifel tüchtig herum zanken mochte. Dieses wechselte wohl zwey Stunden ab, bis er sich zu meinem Vergnügen gar verlohr. In so weit hatte ich wohl meine Freyheit zu gehen wohin es mir beliebte, aber was für einen Weg ich erwählen sollte, das war eine andere

Frage. Als es völlig Nacht war, kletterte ich in möglichster Behutsamkeit wieder herunter, und verfolgte meinen Weg durch den Wald, brauchte aber die Vorsicht, daß ich, wenn ich etliche Schritte zurück gelegt, wieder stehen blieb, um zu vernehmen, ob sich etwas regete. Weil mir nun das geringste Geräusche, so ich vielleicht selbst verursachte, eine Furcht einjagte, so ist zu schließen, daß ich selbige Nacht nicht weit gelaufen seyn muß. So bald der Tag nur ein wenig anfieng hervorzubrechen, muste ich wieder auf meine Sicherheit bedacht seyn, und nunmehr stellte sich auch der zweyte Feind ein, welches der Hunger war; da es nun bereits auf dem Schiffe schon schmale Bissen gesetzet, jetzo aber weder zu brocken noch zu beißen hatte, war dieses ein doppeltes Uebel. Ich fand wohl unter den Bäumen unterschiedliche Früchte, da ich aber nicht wuste welche zum Essen taugten, und mir das Leben noch lieb war, so ließ ich es noch anstehen, bis mich das Glück an einen Cocusbaum führete, welcher mir hinlänglichen Unterhalt verschaffte. Nur hierüber war ich am meisten verlegen, welchen Weg ich erwählen sollte, der mich nach dem Ufer führte, woselbst ich mich so lange aufzuhalten gedachte, bis mir das Glück ein Schiff, welches mich einnehmen sollte, zuführte. In dieser Ungewißheit plagte ich mich vier ganzer Tage herum, und war noch so klug wie den ersten. Etwan zwey Stunden vor der Sonnen Untergang kam ich an einen Fluß, der etwa halb so breit als der Rhein bey Wesel

war,

war; das Wasser war seinem Geschmack nach besser als der delicatste Wein, ja es erquickte mich dergestalt, daß ich wie neu belebet wurde. Nachdem ich mich gelabet, suchte ich mein Nachtlager wie gewöhnlich auf einem Baum; damit ich aber im Schlaf nicht herabfallen möchte, band ich mich mit den Strumpfbändern an, und ruhete diese Nacht so wohl, daß bey meinem Erwachen bereits die Sonne aufgehen wollte. Da ich in vier Tagen keinen Menschen gesehen, wurde ich sicher, und stieg ganz sorglos von meinem Luftschloß herunter: kaum aber hatte ich den Erdboden erreichet, als mir vorkam, ich hörte unweit menschliche Stimmen, kroch also hinter einen dickbelaubten Strauch, um den Grund oder Ungrund abzuwarten. Ersteres hatte seine gute Richtigkeit, ich zählte, als sie mir näher kamen, zwölf bewaffnete Portugiesen, nebst einem Unterofficier; diese hatten beynahe so viel Schwarze bey sich, von welchen jeder etwas trug; sie verfolgten den Fluß ein ziemlich Stück Weges, endlich verlohr ich sie gar aus dem Gesichte. Die Furcht überwand die Neugierigkeit, zu sehen, was vor einen Weg sie nehmen würden, ehe ich sie aber einholete, schien es, als ob sie wieder zurückkämen; ich hatte mich auch nicht geirret, sie kamen nebst den Schwarzen zurück, hatten aber ihre Bürden abgeleget, vielleicht dachte ich, ist etwas dabey so mir ansteheт, hauptsächlich aber Brod, dieses müssen sie mit mir theilen. Als sie so weit von mir waren, daß sie mich nicht mehr entdecken konnten,

drollete

drollete ich gerade dahin, wo sie vor kurzem hergekommen; hier wäre es bald um meine Freyheit, auch wohl gar um mein Leben geschehen gewesen: Vier Portugiesen kamen das Ufer herauf gestiegen, zum Laufen war es zu spät, denn ich war kaum hundert Schritte von ihnen, nichts war mir übrig, als mich nach der Länge ins Gras zu werfen, dieses war für mich ein Glück, daß sie in den Wald giengen; so sie aber den Weg ihrer Cammeraden genommen, hätten sie nicht anders gekonnt, als gerade über mich weg zu laufen; zum Glück giengen sie in den Wald, und verlohren sich gar bald aus dem Gesichte. Da die erstern den Rückweg leer genommen, so musten sie, wie ich vermuthete, die Sachen am Ufer hingelegt haben; dieses nun zu erfahren, kroch ich auf allen Vieren das Ufer, so mehr als Mann hoch war, herab, mit Verwundrung sahe ich ein Fahrzeug, aber keinen Menschen dabey, ihr Gewehr hatten die viere zurück gelassen, und nahe dabey auf die Erde geleget; erwähntes Fahrzeug war von unterschiedlichem Geräthe ziemlich beladen: dieses ist mir wohl vom Himmel zugeschickt, dachte ich bey mir selbst, was sollte mich wohl abhalten, hiermit den Fluß hinab zu fahren, welcher sich ohnfehlbar ins Meer ergießt; von da wird es mir ein leichtes seyn, an die Flotte, oder an einen andern Ort wo man mir besser begegnet, zu kommen. Da nun mit langen Ueberlegen die Zeit, welche nur allzukostbar war, verstrich, muste eines von beyden gewagt seyn, entweder, ich muste

mir

mir das Fahrzeug zu Nutze machen, oder mich nach Möglichkeit verbergen; doch schien das letztre zu gefährlich, denn ich war so gut wie eingeschlossen, sie konnten, welches zu vermuthen, mit einmal von allen Seiten herbey kommen, mithin wäre es um mich geschehen gewesen: es muste also gewaget seyn. Ich sprang in das Fahrzeug, machte es los, und stieß es vom Lande, es war auch gewiß die höchste Zeit. Wie schon gedacht, lagen vier Flinten am Ufer, diese wollte ich mitnehmen, hatte auch beym Einsteigen zwey derselben über die Schulter gehangen, als ich aber dieselben von mir gelegt, und im Begriff war die übrigen zwo nachzuholen, überfiel mich eine Angst, daß ich zitternd vom Lande stieß, auch nach allen Kräften ruderte die Höhe zu erreichen. Kurz darauf vernahm ich ein starkes Rufen, hierzu aber war ich taub, vielmehr verdoppelte ich meine Kräfte, ich wollte da ich auf die Mitte kam, den Strom widerstehen, allein ich war zu schwach, über dieses geschahe es, daß die am Ufer nach mir schossen; daher legte ich mich nach der Länge in das Fahrzeug, und überließ mich dem Strom, welcher mich mit solcher Gewalt mit sich fortriß, als kaum ein Pfeil die Luft durchschneiden kann. Da ich nun nicht mehr schießen hörte, und von dieser Seite nichts mehr zu befürchten war, so richtete ich mich in die Höhe, um zu sehen, ob man mich etwa an dem Ufer her verfolgte: allein diese Sorge war überflüßig, zum Erstaunen hatte mich der Strom so weit ins Meer getrieben, daß

daß ich die Insel mit genauer Noth noch erkennen konnte, ich will aber auch niemand die Gewähr leisten, daß sie es würklich gewesen, denn es war kaum noch ein Schatten übrig Da der Wind, wie mir vor kam, ziemlich stark vom Lande wehete, gieng es mit meiner Fahrt noch immer sehr geschwinde her, ich hätte mir mit dem Ruder, deren viere vorhanden, wohl einiger maßen helffen können, allein da ich nicht einsahe, zu was es nützte, unterließ ich es; denn mir konnte es gleich viel gelten, nach welcher Weltgegend mich das Glück führen, oder wo ich meinen Untergang finden würde; Ich that also nichts, als daß ich den Wellen zusahe, welche sich auf eine wundersame Art vermischten und spielend einander begegneten. Hierüber war ich unvermerkt eingeschlafen, und bey meinem Erwachen fieng es schon an dunkel zu werden, ich würde auch wohl länger geschlafen haben, wenn mich nicht ein starker Durst aufgewecket hätte. Dieses bewog mich meine Beute durchzusehen; ein ziemlich Fäßgen, worauf ich, mir unwissend, mit den Kopf geruhet, weil es in ein Stück Segeltuch eingehüllet, war das erste. Nicht sonder Mühe brachte ich den Spont mit dem Messer heraus, welches mir aus Unachtsamkeit ins Meer fiel, der Trank war nachdrücklich, aber auch nicht zu verwerffen, denn es war ein Wein, nicht von der schlechtesten Sorte, und das Labsal bey Kräften zu erhalten, verwahrte ich die Oefnung sorgfältig. Ich suchte weiter und fand zwey Säcke,

einer

einer war mit Zwiebacken gefüllet, in dem andern aber war frisch gebacken Brod, welches zum Theil noch warm schien. Hier vermissete ich das Messer, welches ich verlohren hatte, in Ermangelung dessen muste ich brechen und beissen, oder wie es sonst angehen wollte. Nachdem ich beynahe ein halbes verzehret, legte ich mich halb berauscht nieder; und was wolte ich sonst vornehmen, da das Rudern etwas überflüßiges war; ich schlief daher wieder etliche Stunden, um die furchtbare Nacht hinzubringen. Der Tag brach wieder an, allein ich war in nichts gebessert, meine Augen giengen allenthalben herum, Land oder ein Schiff zu entdecken, beydes aber wollte mir nicht gelingen. Nunmehro fing mich mein Unternehmen an zu gereuen; Wie unbesonnen habe ich nicht gehandelt, überlegte ich bey mir selbst, wäre ich auf der Insel geblieben, so hätte ich doch wenigstens mit dem Steuermann einerley Schicksal, die Gefangenschaft würde mir erträglich seyn, und wenn es aufs höchste kommen wäre, so hätte es doch nichts mehr, als das Leben gekostet, da ich doch bey den gegenwärtigen Umständen gleichfalls den Tod alle Augenblicke vor Augen habe; es darf ja nur eine einzige Welle kommen, so liegt mein Fahrzeug das unterste zur oberst; führet mir das Glück ja ein Schiff zu, so ist es noch ungewiß, ob es ein feindliches oder freundschaftliches ist, vom erstern habe ich eben dieß zu gewarten, was man mir auf der Insel zugedacht: da aber geschehene Dinge nicht zu ändern sind, mußte ich doch, so lange noch Hoffnung übrig war, auf meine Erhaltung bedacht seyn Das erste was ich vornahm war, daß ich auf meinem Fahrzeug mit der Beute Musterung hielt; das Hintertheil hatte eine Art einer Verdachung von Brettern, unter demselben fand ich zwey Fäßgen, eines war mit Pulver angefüllt, in dem andern aber, scharffe Patronen, eine schöne Matratze, nebst Cattuner Decke zusammen gewickelt, welche der Unterofficier vielleicht zu seiner Bequemlichkeit mitgenommen haben mochte, desgleichen ein ausgeschlachtetes Schaf, noch im Fell in ein Stück Segeltuch eingehüllet; auf dem Lande wäre dieses vor mich ein herrlicher Fund gewesen, auf dem Wasser aber konnte es mir nichts nutzen, weil weder zum kochen noch braten Gelegenheit vorhanden war; ein Säckgen mit grossen grünen Erbsen, nebst einem Packet gedrockneter Blätter; vielleicht ist es eine Art Toback, dachte ich, aber hier fehlt es an der Pfeiffe, dieses war mein wenigster Kummer, ich wollte ihn über Bord werffen, da er mir aber nicht im Wege lag, konnte ich ihm leicht die Stelle vergönnen; ein Stück Bley über einen Centner schwer, welches ich nicht aufheben konnte, lag zur unterst; nebst einem kleinen Handbeilchen fand ich auch einen ziemlichen Theil Angelgarn, nebst allem Zugehör, und kein Messer, als das nothwendigste Stück, wollte sich nicht finden lassen; in einen Futtral fand ich wohl eine Scheere, nebst Barbiermesser, aber das letztre war so nothwendig noch nicht, ich legte te es also auch bey Seite; bey aller Untersuchung aber vergaß ich keinen Augenblick, mich fleißig umzusehen, von welcher Seite sich meine Erlösung nahen würde. Nachdem ich nun alles in Ordnung gebracht, bis auf ein leeres Faß, welches ich, weil es mir zu nichts nutzte, über Bord warf, jedoch aber, da es mir beständig zur Seite schwamm, wieder herein hub, und auf die Seite legte; so setzte ich mich unter das Verdeck, und ließ dem Fahrzeug seinen Willen. Ich gerieth über mein mir selbst zugezognes Unglück in ein so tiefes Nachsinnen, daß ich der Verzweiflung nahe war, ich warf mir alles vor, und wenn ich nichts mehr wußte, fieng ich es wieder von vorne an; aber zu was nutzte es? weiter zu nichts, als daß ich mich selbst damit marterte. Ein merkwürdiger Umstand fiel mir bey dieser Ueberlegung ein. An einem Sonntag war es, da ich meinem Pathen entlief, eben an einem Sonntag war es, da ich bey dem Pfarrer ohne Abschied weg gieng, und nach meiner Rechnung war es auch an einem Sonntag geschehen, da ich mit dem Fahrzeuge die Flucht ergriff: Zwey mal war es zu meinem Besten ausgeschlagen, ob es das dritte mal aber auch gut ablaufen würde, dieses stund nun noch zu erwarten; wenigstens zog ich hieraus den Schluß, daß nach dem gewöhnlichen alten teutschen Sprichwort eine gute Sache drey mal gilt. Also war es Montag. An Brod mangelte es mir nicht, dieses war noch mein Trost, allein der Wein wollte den Durst nicht nach Wunsche löschen. Ich habe zu erwähnen vergessen, daß ich auch ein Fäßgen einer Art Brannt-wein mit gefunden, allein was konnte dieses alles helfen, ich hätte gerne zwey Rößel Wein für eines voll Wasser gegeben, zu wünschen war es wohl, aber nicht zu bekommen. Der Tag und die folgende Nacht verstrich ohne die mindeste Hoffnung meiner Errettung. Auf den Tag überzog sich der Himmel, und es wurde sehr trübe, aber auch ohne den geringsten Wind. Dieses, weil es eine Windstille, und den Seefahrenden eine Vorbedeutung eines Sturmes ist, jagte mir gleichfalls eine Todesangst ein, in Erwegung, daß mein Fahrzeug diesen ohnmöglich aushalten würde. Um den Mittag aber fieng es bey allem stillen Wetter heftig an zu regnen, dieses dauerte aber nicht lange, sonst würde ich in der Luft ersoffen seyn. Mein Fahrzeug war beynahe halb voll Wasser, dieses in etwas zu erleichtern, schöpfte ich mit den Huth, und wiewol es langsam hergieng, so nahm es doch endlich ab; dieses hatte aber auch den Nutzen, daß ich das leere Faß meist mit Regenwasser anfüllete, aus Vorsorge, wenn ich ja noch einen Tag oder zween herum irrete, den Durst zu löschen. Mit einbrechender Nacht erhub sich der Wind, und ob er sich gleich in keinen Sturm verwandelte, so war er doch stark genug, mich in eine Todesangst zu versetzen; Da nun dieser in gleicher Stärke anhielt, und es doch noch so ziemlich leidlich mit mir machte, wurde ich es beynahe gewohnt. Allein ein andrer Zufall

hätte

hätte mir bald das Leben gekostet. Die zwo Flinten, deren ich gedacht, kollerten in Gesellschaft der andern Sachen in dem Fahrzeug herum, und da sie geladen waren, gieng die eine los, daß die Kugel nahe neben mir vorbey strich, gut war es, daß nichts Feuerfangendes dabey lag, sonst hätte ich verbrennen oder ersauffen müssen. Dieses bewog mich die andere zu verwahren, ich band daher das Schnupftuch um das Schloß, hiermit war ich vor einem dergleichen Zufall gesichert. Was endlich mein Fahrzeug anbetraf, gieng es so schnell als ein Pfeil, wohin aber, dafür ließ ich den Himmel sorgen. Gegenanstalten wären so unnütz als abgeschmackt heraus gekommen, Segeltuch hatte ich, und es wäre mir ein leichtes gewesen, eine Art eines Segels aufzurichten, allein vor dem Wind gieng es mehr als zu geschwind, und bey dem Wind zu segeln, wußte ich nicht, ob ich hierdurch dem Entzweck meines Verlangens beförderte, oder vielmehr verhinderte; also mußte ich mich der Willkühr des Meeres überlassen, und folgen, wo es dem Wind gefiel mich hinzutreiben. Die höchste Vorsicht aber, so einem Nothleidenden allemal beystehet, riß mich doch endlich aus einer fast unvermeidlichen Todesgefahr. Fünf ganzer Tage ward ich als ein Ball von den Wellen herum getrieben, mein Fahrzeug wurde hier und da leck, welches ich nach Möglichkeit mit Segeltuch verstopfte; Die Nacht drauf wurde es ein wenig ruhig, daß ich wenigstens nicht mehr zu befürchten hatte, von einer

Welle verschlungen zu werden. Den sechsten Sonnenschein, denn nach demselben richtete ich mich, und wenn die Sonne aufgieng, that ich mit dem Beil allemal einen Hieb in das Steuerbord; sahe ich westlich zu meiner Freude ein hohes Land, und weil die Sonne ihre Strahlen dahin warf, konnte ich es, wie wohl entfernt, doch ganz deutlich erkennen. Hier war es das erste mal, daß ich mich des Ruders bediente, anfangs wollte ich gerade einlaufen, und lag es meines Erachtens nur an mir es zu bewerkstelligen; aber ich hatte mich umsonst gefreuet, die Wellen widerstunden mir, daß sich das Land so sich von ferne zeigte, wieder aus dem Gesichte verlohr. Hier wäre nun ein Segel nöthig gewesen, aber hierbey wollte ich mich nicht aufhalten, sondern ruderte aus allen Kräften südwärts, endlich wendete ich mich besser nach Westen, welches auch den erwünschten Nutzen schaffte. Es war schon nach meiner Beurtheilung in den Nachmittagsstunden, als ich gegen Norden wieder Land entdeckte, es mochte nun das vorige so ich von Osten her gesehen, oder ein anders seyn, das konnte mir gleich viel gelten; mir war nur dran gelegen, festen Fuß darauf zu setzen. Ich hatte mich mit dem Ruder dergestalt abgemattet, daß es mir beynahe aus den Händen fiel, darzu trug auch vieles mit bey, weil ich den ganzen Tag noch keinen Bissen Brod in den Mund genommen; denn so bald ich nur einen Augenblick abließ, um ein wenig Odem zu schöpfen, schien sich mein Fahrzeug zu entfernen. Ich spannete daher alle mögliche Kräfte an das Ufer zu erreichen, allein die an den Fels anschlagenden Wellen verhinderten es, daß ich beynahe bis zu Untergang der Sonnen zubrächte, ehe ich meinen Zweck erreichte. Nun fand sich wieder eine neue Hinderniß, ich sahe nirgends einen Ort, wo ich hätte aussteigen können, daher fuhr ich an dem Fusse von Süden nach Nordwest, wo ich eine Kluft zwischen dem Fels etwa drey Klaftern breit antraf, welche breit genug zum einlaufen war. Bey alle dem aber war es mit grosser Gefahr verknüpfet, der Fels war auf beyden Seiten so steil wie eine Mauer, die Einfahrt machte eine Krümme, gleich einem halben Mond, daß ich also alle Augenblicke das Scheitern zu befürchten hatte; Da aber die Höhe des Felsens abnahm, machte ich mir Hoffnung, einen bequemen Ort zum Aussteigen anzutreffen. Endlich lief ich in eine geraume Bucht ein, wo füglich vier Schiffe stehen konnten, deren Ufer mit Bäumen umgeben war, nachdem ich mein Fahrzeug an einen derselben angebunden, stattete ich dem Höchsten vor meine Erhaltung schuldigen Dank ab. Ich war in der That so kraftlos, daß ich nicht im Stande war, das Ufer, welches doch nur ein klein wenig abschößig, zu erklettern. Da es auch bereits dunkel wurde, ließ ich es anstehen, und verzehrte ein Stückgen Brod, worauf ich auch ein Schlückgen Wein setzte, und ohne Weitläuftigkeit unter dem Verdeck mich schlafen legte, musie aber bey meinem Erwachen nach meiner Rechnung wohl zwey Stunden mich gedulten ehe der Tag anbrach. Mein Wunsch Land anzutreffen war in so weit erfüllet, was ich aber zu befürchten, oder zu hoffen hatte, dieses mußte die Erfahrung lehren. Nun kam es darauf an; ob und von was Nation die Insel, wofür ich sie hielt, bewohnet sey; ist sie von den Schwarzen bevölkert, machte ich meine Ueberlegung, so habe ich mir von ihnen in der That nichts gutes zu versprechen, in Ansehung dessen, weil wir allenthalben, wo wir nur landen wollten, von denselben abgetrieben, und als Feinde angesehen wurden; sind es Portügiesen, weiß ich aus eigner Erfahrung, wie angenehm ich seyn werde, doch wenn von beyden ja eines seyn soll, will ich mich doch lieber den Letztern unterwerfen, sie werden doch wenigstens in Ansehung meiner elenden Umstände einiges Mitleiden gegen ihren Nächsten tragen; die Zeit wird es lehren, machte ich den Schluß. Mit Anbruch des Tages nahm ich etwas weniges zu mir, weil bey aller Sparsamkeit ich endlich doch das letzte Brod, wenn sich zu meinem Unterhalt weiter nichts zeigte, verzehren müssen. Um mein Fahrzeug wimmelte alles von Fischen, daß ich sie fast mit den Händen aus dem Wasser langen konnte, ich suchte also mein Angelgeräthe herzu; bey dieser Gelegenheit führte mich ein überaus übler Geruch zu den gedachten Schaf, dieses hatte Maden, daß ich sie mit den Händen abstreichen konnte, ich wollte es also ins Wasser werfen, überlegte aber zugleich, daß es doch einiger massen Nutzen schaffen könnte, weil die Fische darnach emsig trachten, hing also ein Stückgen an die Angel, kaum daß ich sie eingesenket, hatte schon einer angebissen, nach seiner Länge mochte er beynahe zwo Ellen haben, und es kostete mir viel Mühe denselben aufs Trockne zu bringen. Allein zu was konnte er mir nützen? Womit sollte ich Feuer anmachen? Ueberdieses fehlte es mir an Salz; jedoch die Noth machet einen Menschen zu Dingen geschickt, welche er ausserdem vor unmöglich halten würde. Vors erste schnitt ich dem Fisch mit dem Scheermesser den Bauch auf, um von den Eingeweide zu säubern, wusch ihn in dem Wasser reine aus, hernach suchte ich dürre Holz, brach und hackte es sehr klein, schnitt hernach ein Stück von dem Segeltuch, dieses rieb ich mit Pulver ein, und suchte einen bequemen Platz aus, wo ich es hin legte, das kleine Holz setzte ich darauf, und umher streuete ich wieder Pulver, hernach nahm ich die Flinte, welche losgegangen war, durch deren Hülfe gerieth der Lappen sowohl als das Holz in Brannt. Ich freuete mich recht über den geschickten Einfall, daß es mir so wohl gerieth, aber nun war wieder die Frage, ob ich den Fisch braten oder sieden sollte? Doch dieser Streit ward bald gehoben, in Ermangelung eines Gefässes konnte ich nicht anders, als zum braten schreiten, nur setzte es Kopfbrechen, wie ich es anstellen sollte: am Spieß, dieses war wider die ordentliche Regel, weil ich niemals einen Fisch an Spieß braten gesehen; gleichwohl wollte mir nicht einfallen, wie es sonst angehen wollte. Und wenn es zehn mal wider die Regel ist, dachte ich bey mir selbst, so siehets doch niemand der mich überraschen und auslachen könnte, ich hieb also kurzum einen Ast ab, der die Stelle eines Bratspiesses vertreten sollte, band den Fisch daran mit Angelgarn feste, und weil der Bratenwenderjunge abwesend, mußte ich die Stelle selbst vertreten. In Ermanglung des Salzes hatte ich ihn in dem Seewasser vielmal gewaschen, als ich mich nun lange genug mit dem Umdrehen geplaget, und er meinen Gedanken nach gut war, hob ich ihn vom Feuer. Der Tisch, wo ich meine erste Mahlzeit aufschlug, war das Faß, welches ich in die See geworfen, aber die Probe war von Herzen schlecht gerathen, denn der äussere Theil war halb verbrannt, und innwendig war er noch meist roh; wie konnte es auch anders seyn, es gieng alles natürlich zu: erstens war der Fisch zu stark, andern theils hatte ich ein allzugrosses Feuer gemacht, das Brod mußte hierbey das Beste thun, wiewohl ich Ursache hatte, sehr sparsam damit umzugehen. Nach der Mahlzeit überlegte ich, was mit dem übrigen Fisch anzufangen sey, unter andern schien mir das am thunlichsten, ich zerstückte ihn mit dem Beil, sauberte den Ort wo das Feuer gewesen, und legte denselben auf die heisse Stelle, unterhielt aber ein gelindes Feuer umher. Dieser wurde hernach so delicat, daß ich mich

mich unterstanden hätte, denselben auf eine fürstlichen Tafel zu setzen. Den Hunger getrauete ich mir nunmehro zu bestreiten, wenn ich mich ja genöthiget sähe, eine Weile mich aufzuhalten; allein womit ich mir den Durst löschen wollte, machte mir den meisten Kummer. Das annoch übrige Regenwasser war stinkend, daß ich ohne Eckel nicht davon trinken konnte, der Wein war meist zur Hälfte ins Abnehmen gerathen, und mit dem Branntwein hatte es gleiche Bewandtniß. Ich bestimmete also den morgenden Tag zur Untersuchung, ob kein trinkbares Wasser anzutreffen sey. Zugleich dachte ich, daß es Sonntag wäre, welches ich dieserwegen erinnere, nach Möglichkeit die Ordnung beyzubehalten. Ich hätte gerne einen kleinen Spatziergang gewaget, allein ich furchte, es möchte sich in meiner Abwesenheit jemand zu meinem wenigem Vorrath finden, und denselben wegtragen, ich blieb daher unweit den Ort, wo ich das Feuer gemacht, und legte Holz drauf, um dasselbe beständig zu unterhalten; denn ob ich gleich, wie das vorige mal, Feuer machen konnte, so wollte ich doch das Segeltuch schonen, weil es mir zu einer andern Zeit mehr nutzen, hinfolglich gereuen würde, daß ich es ohne Ursache fast wie verschwendet. Bey langer Weile überlief ich meinen ganzen Lebenswandel von Jugend an, rückte mir die Fehler nach der Länge vor, die ich etwa aus Unwissenheit begangen, allein zu was nützte es, niemand würde wohl mehr Mitleiden mit meinem damaligen Zustande gehabt haben, als meines Lehrherrn Tochter, wie wohl ich sie als eine Mitschuldige meines Unglücks ansahe. Gedachte ich an die Portugiesen, welchen ich daß Fahrzeug entführet, so empfand ich ein heimliches Vergnügen, daß es mir gelungen, die Feinde der Holländer hinters Licht zu führen, ich dachte auch Wunder, wie man mir meine Heldenthaten bey meiner Zurückkunft belohnen würde, mit dergleichen Gedanken vertrieb ich mir die Zeit bis es dunkel wurde. Zur Abendmahlzeit verzehrte ich ein Stück Fisch, welches sich noch so ziemlich essen ließ, und legte mich in das Fahrzeug schlafen, denn auf dem Lande hielt ich mich nicht sicher für den wilden Thieren, oder sonst einen Ueberfall. Mit Anbruch des Tages stund ich auf, und machte Anstalt zur Reise, die erwähnten Erbsen schüttete ich auf ein Stück Segeltuch, um mich des Säckgen, statt einer Reisetasche zu bedienen, in welches ich Brod nebst einem Stück Fisch hinein steckte; in ereigneter Noth aber mich zu wehren, nahm ich eine Flinte mit, nebst zwanzig Patronen. In diesem Aufzug kletterte ich auf einen kleinen Hügel, die Gegend in Augenschein zu nehmen, fand aber noch viel höhere vor mir, welche dem Gesicht die weitere Aussicht verhinderten. Um aber den Rückweg nicht zu verfehlen, brach ich ziemliche Zweige von den da herum stehenden Bäumen, und steckte sie in die Erde. Das erste so mir zu Gesichte kam, waren Cocus Bäume, jedoch nicht mehr wie fünfe in der Gegend, wo ich meinen Weg hinnahm. Eine Nuß hier-

ren

von in ziemlicher Grösse, so mir im Wege lag, hub ich auf, es war mir dran gelegen, den größten Theil der Schaale zu erhalten, ein Trinkgeschirr hiervon zu haben, welches ich mich eine ziemliche Zeit bedient habe; mit Aufmachen wollte ich mir die Zeit nicht verderben, legte sie daher bey einem eingesteckten Ast, welche mir, wie schon erwähnet, den Rückweg zeigen sollten, und setzte meinen Stab weiter. Wohl zwey Stunden gieng es Berg auf und ab mit unterbrochnen Buschwerk, allein nicht das geringste Merkmal war zu sehen, daß jemals ein Mensch diese Gegend betreten. Je zuweilen traf ich Flügelwerk von verschiedenen Gattungen an, welche ohne zu fliehen vor mir herum liefen, ja es schien, als ob dieselben mit einer Art Verwunderung mich betrachteten. Es wäre mir ein leichtes gewesen, eine ziemliche Menge mit den Händen zu fangen, ich ließ es aber bis zu einer gelegenen Zeit anstehen, weil meine Absichten lediglich dahin gerichtet waren, trinkbares Wasser zu suchen, bey dieser Gelegenheit aber auch zu erfahren, ob, und von was vor Nation die Insel bewohnet sey. Das Land wurde, je weiter ich gieng, ebner, es war mit hohem Gras bewachsen, und die vielerley Arten von Blumen gaben einen so starken Geruch von sich, daß ich recht gestärket wurde, noch mehr aber ergötzten mich die f[illegible] einem Wald ähnliche Orangenbäume, deren Früchte so häufig auf der Erde lagen, daß man nicht sicher treten konnte; ja einige waren so groß, als ein kleiner Kinderkopf. Dieses war eine rechte Stärkung

kung für einen abgematteten Menschen, wie ich dazumal war. Alles was ich bisher entdecket hatte, war zum Unterhalt sehr dienlich, der vielen fruchttragenden Bäume zu geschweigen, welcher es nicht wenig gab. Mir zur Rechten hatte der Wald eine ziemliche Oeffnung, von da konnte ich das flache Land weit übersehen, ja ich glaubte, daß die Gegend, so weit mein Gesicht reichte, wenigstens drey deutsche Meilen in seiner Länge hätte. Da ich in selbiger Gegend nicht das geringste Merkmal entdeckte, woraus ich hätte muthmassen können, daß Menschen da herum sich aufhielten, schlug ich mich linker Hand südwärts zu, ich hatte kaum eine viertel Stunde Weges zurück gelegt, als mir mit einmal eine Heerde Wild, welche den Taunenböcken, so ich auf der Insul St. Elisabeth gesehen, in allen gleicheten, aufstiessen, auch sich vor mir nicht scheueten. Aus der Erfahrung war mir bekannt, daß sich dieselben gerne um die Gegend der Quellen oder bey frischem Wasser aufzuhalten pflegen, ich verfolgte also den Weg, wo sie herkamen. Zu meinem Vergnügen begegneten mir von Zeit zu Zeit kleine Heerden, welche mir so zu sagen den Weg zeigten. Und o, wie grossen Dank wußte ich das den lieben Thiergen! Der Weg, wo sie herkamen, gieng ein wenig Berg an, ein subtiles Geräusche gab mir gleichsam Flügel, bald hernach kam ich an einen kleinen Fluß, den ich füglich überschreiten konnte, welcher aber mit schnellen Lauf sich Berg ab stürzte. Mir war daran gelegen,

legen, den Ursprung aufzusuchen, welchen ich auch, als ich kaum einen Flintenschuß den Bach verfolgte, antraf. Das Wasser rieselte wohl an neun Orten zwischen den dasigen Steinklippen heraus, welches nach dem Zusammenfluß den Bach formirte. Das Wasser an sich selbst war so frisch, daß es recht in die Zähne kühlte jedoch habe ich aus der Erfahrung gefunden, daß zwey von besagten Quellen einen anziehenden, nebst einen kleinen bittern Geschmack hatten, und einen offnen Leib verursacheren. Hier schlug ich meine Tafel auf, und verzehrte meinen gebratenen Fisch, bis auf ein kleines Stückgen; dabey fiel mir ein, daß ich mich sonder Zweifel durch die Krümme, der Gegend wo ich gelandet, um ein merkliches genähert haben müsse, ruhete daher eine gute Weile aus, und stieg über der Quelle etwas Berg an. Zur Rechten entdeckte ich eine Art eines hohlen Weges, so südostwärts durch den Berg zu leiten schien, einmal war es zu spät mein Fahrzeug zu erreichen, es wäre denn, daß ich durch einen unvermutheten Zufall daselbst anlangete, gedachte Kluft oder hohler Weg gieng Berg ab, und machte seine Krümme nach Osten, welches mich in meiner Meynung nicht wenig stärkte. Nur trug ich Bedenken, wegen der wilden Thiere, welche sich an solchen Orten gerne aufzuhalten pflegen; da ich aber mit Gewehr und Munition versehen war, gieng ich getrost in der Absicht, nicht eher nachzulassen, ich hätte denn das Ende erreichet, oder die Unmöglichkeit verhinderhinderte es weiter zu kommen. Nach meiner Rechnung war ich beynahe eine halbe Stunde gegangen, oder vielmehr geklettert, der Weg war so schmal, daß nicht füglich drey Mann neben einander denselben paßiren können, zu beyden Seiten sahe man nichts als Felsen, ja an einigen Orten droheten grosse überhangende Stücke alle Augenblicke das Herabstürzen. Dieses machte auch den Weg so mühsam, weil die so schon herunter gefallenen an manchen Orten den Weg fast meist verschüttet, hinfolglich mit vieler Gefahr darüber weg klettern muste. Endlich wurde es wieder helle, da es zuvor ziemlich dunkel gewesen, und mit einmal erreichte ich das Ende, wie wohl ich hierdurch den verhofften Zweck nicht erreichte, inzwischen war es doch nicht ohne Nutzen. Der Ausgang führte mich gerade an das Meer, welches ich jedoch noch auf einer ziemlichen Höhe ein groß Stück übersehen konnte, allein das hauptsächliche war, da ich auf beyden Seiten das schönste Salz, und zwar in einer so grossen Menge zwischen den Steinklippen liegen sahe, daß ich mir getrauete ein ganzes Schiff damit zu beladen. Ich muste auf den Rückweg bedacht seyn, daher kletterte ich nicht ohne Lebensgefahr bis zu erwähnten Salz, steckte einen ziemlichen Theil in das Säckgen, und machte mich wieder auf den Weg. Weil es nunmehro Berg an gieng, fiel mir der Weg sehr beschwerlich, kam auch erst bey der Quelle an, da es schon anfieng dunkel zu werden. Nachdem ich noch einen Trunk gethan, muste ich mir eine

Stelle

Stelle zum Nachtlager aussuchen, es gefiel mir überhaupt in selbiger Gegend sehr wohl, weil es kühle, und die Luft gesund schien, als in der Bucht, wo es faul roch; Ueber der Quelle war ein ebner Platz, dieser schien mir am bequemlichsten, ich trug also etwas Gras zusammen, und schlief überaus sanft. Gleich mit Anbruch des Tages machte ich mich auf den Weg; denn da meine Absicht nicht gewesen, über Nacht weg zu bleiben, waren mir die Lebensmittel eingegangen. Nach meiner Rechnung konnte es mir nicht fehlen, wenn ich bey der Quelle den geradesten Weg erwählte, nur muste ich mich meines Erachtens nordostlich wenden. Nachdem ich einen ziemlichen Weg zurück gelegt, hatte ich einen mit dicken Gebüsch bewachsenen Hügel vor mir, denselben zur Rechten war mir der Fels zu steil, ihn aber zu umgehen, wich ich meinen Gedanken nach zu weit ab, also kroch ich unvorsichtig durch das dicke Gebüsch, in der Absicht, von da vollends auf den Fels zu klettern, weil ich glaubte nicht mehr weit von der Bucht zu seyn. Da ich es mir aber am wenigsten versahe, fiel ich in ein Loch, bey nahe vier Klaftern tief, zum Glück hatte ich im Herabfallen einen Ast ergriffen, an welchem ich mich anhielt, doch derselbe gab nach; endlich brach er ab, hinfolglich gelangte ich durch Hülfe eines Sprungs auf den Grund der Höhle. Es war ein geraumer Platz, etwa zwölf Ellen im Durchschnitt, aber um und um eingeschlossen; ich versuchte vergebens hinauf zu klettern, allein die eine Hälfte

war

war lauter Fels, und wo ich gedachte die Höhe zu erreichen, war das Erdreich so locker, daß ich nicht fussen konnte. Hier war ich gefangen, wie die Maus in der Falle: hätte dieses der Pfarrer gesehen, der mich in das Hundeloch wollte stecken lassen, er würde, glaube ich, eine ausnehmende Freude hierüber bezeiget haben; denn dieses Gefängniß war schlimmer als jenes, in welches doch wenigstens eine Thüre gieng. Ich muste kurz und gut ein Mittel erdenken, heraus zu kommen, oder elendiglich verschmachten. Auf der einen Seite war, wie schon erwähnet, das Erdreich sehr locker, hier gerieth ich auf den Einfall, ob es nicht möglich wäre, durchzugraben, ich wünschte mir eine Schaufel, hierdurch aber, nämlich mit leeren Wünschen, ward kein Loch gemacht. Die Hände, das Beil, und wechselsweise der Ast, musten mir hierzu dienen. Wenn ich nun ein Loch gewühlet hatte, fiel der obere Theil nach, dem ohngeacht ließ ich nicht ab, allein bey nahe hätte ich mich selbst begraben. Ich hatte wieder ein Loch, daß ich mit dem halben Leibe darinnen steckte, eine Wurzel, so mir verhinderlich war, muste aus dem Wege geschafft seyn, zum Glück hatte ich das Beil zurücke gelassen, und als ich eben darnach griff, stürzte das Erdreich zusammen, daß man von dem Loche nicht das mindeste mehr sahe, über dieses schlug ein ziemlich hoher Baum mit darnieder, welcher mit dem Wipfel auf der andern Seite liegen blieb. Dieses aber gereichte zu meiner Befreyung. Ich konnte nunmehr in dem eingestürzgestürzten Erdreich völlig so hoch steigen, daß ich die nahe dabey hangenden Aeste erreichen konnte. Bey dieser Arbeit war ich ganz kraftlos, doch war kein ander Mittel übrig als einen Weg nach dem Fahrzeug zu suchen, welches mir auch eher als ich vermuthete, glückte. Diesen fatalen Ort hatte ich kaum einen guten Büchsenschuß zurückgelegt, als ich von der Höhe gerade in die Bucht sehen, aber nicht hinunter steigen konnte, ich muste also noch eine gute Strecke gehen, bis sich eine Gegend zeigte meinen Zweck zu erreichen. Das erste so ich vornahm, war, nach meinen Sachen zu sehen, ob in meiner Abwesenheit sich jemand dazu gefunden; es lag aber er alles in der verlaßnen Ordnung. Nach eingenommener Mahlzeit vermißte ich den Sack mit dem Salze, welcher Verlust mich schon schmerzte; ich glaubte auch anfangs, er sey unter dem eingefallenen Erdreich mit vergraben worden, es fiel mir aber zugleich ein, daß ich denselben, weil er mir bey dem Graben verhinderlich war, von mir geleget. Hier hatte ich nun einen klugen Rathgeber nöthig; die Gegend um die Quelle war mir in allen zuträglicher, das Loch oder die Höhle war zu meinem Aufenthalt vortrefflich, der Eingang in dieselbe schon halb fertig, also war nichts mehr übrig, als das Erdreich vollends herauszuräumen; nur fehlte es mir an einer Schaufel: doch sollte eines von den Rudern die Stelle vertreten. Wie ich aber meine Habseligkeiten dahin schaffen wollte, dieses kostete schon mehr Kopfbrechens in An-

 setzung

sehung der Berge; jedoch überlegte ich zugleich, daß ich mich hiermit nicht zu übereilen hätte; also muste ein Anfang gemacht werden. Das geschlachtete Schaf, weil es mir weiter zu nichts nutzte, warf ich in das Wasser, und sahe mit Vergnügen den Augenblick eine unbeschreibliche Menge Fische um dasselbe herum wimmeln; es wäre mir ein leichtes gewesen, eine große Anzahl hiervon zu tödten, allein es hätte nur Zeit weggenommen, und ich war überdieses noch auf zwey Tage mit Fisch versehen. Ein Ruder und den Sack mit dem übrigen Brod, welches bis auf zwey Stück verzehret war, den Zwieback ausgenommen, und verschiedene Kleinigkeiten nebst den Erbsen steckte ich in den Sack, und trat meine Wanderschaft wieder an. Da wo mir das Gesträuche verhinderlich war, räumte ich mit dem Beil auf die Seite, mithin gewann ich einen ordentlichen Fußsteg, welchen ich bey dem Hin- und Hergehen allemal verbesserte, auch wohl wenn es mir zuträglich war, veränderte, daß ich endlich nach meiner Rechnung in drey Stunden füglich hin und herkommen konnte. Selbigem Tag machte ich zwey Reisen, hauptsächlich wegen des Fäßgen mit dem annoch übrigen Wein, davon noch ein guter Theil durch meine Sparsamkeit übrig war, hierbey vergaß ich keinesweges die Zeit anzumerken, und den Sonntag nicht aus der Acht zu lassen. Nachdem ich, wie schon erwähnet, zweymal hin und her gereiset, fieng ich mit meiner Schaufel an auszuräumen, Dieses trieb ich zwey

Tage

Tage unausgesetzt, nach diesem nahm ich mir vor ein Stück Wild zu haschen; damit es aber ohne sonderliches Geräusche abgieng, stellete ich es also an: das Wild kam ordentlich täglich zweymal in die Tränke, hierbey hatte ich meine sonderlichen Gedanken, vermuthlich muste sich der Bach nach dem flachen Lande ergießen, demohngeachtet kamen sie heerdenweise bis an den Ursprung; warum es aber geschahe konnte ich nicht einsehen, es müste denn seyn, weil es daselbst sehr frisch war, welches das unschuldige Vieh vermuthlich abgemerket haben mochte. Mit meinem Beil stellete ich mich hinter einen Baum, daselbst ihre Ankunft abzuwarten, den ersten Schwarm ließ ich vorbey, um sie nicht schüchtern zu machen, und durch ihre Flucht die übrigen abzuschrecken. Eines von diesen Thierchen trat vor mich hin, ohne sich zu fürchten, ich schlich mich um den Baum herum, und versetzte ihm einen so nachdrücklichen Schlag, daß es über und über stürzte. Mich vergnügte es, daß es von dem Gefolge keines gewahr ward, zum wenigsten merkte ich nicht, daß eines die geringste Bewegung machte, woraus zu schliessen gewesen, daß sie eine Furcht bezeiget hätten; warum ich mich aber nicht der Flinte bediente, geschahe aus einer doppelten Absicht, erstens konnte durch den Knall das Wild scheu werden, und mir bey anderer Gelegenheit viel Mühe verursachen, wenn ich eines in meine Küche benöthiget, anderntheils war mir die Art der Einwohner, wenn anders welche anzutreffen wären, noch nicht bekannt, der Knall konnte verursachen, daß dieselben aufmerksam gemacht, mich aufsuchten, und eignes Gefallens mit mir verfahren konnten. So bald der Fall geschehen, schleppte ich es bey Seite, schnitt ihm mit dem Scheermesser die Kehle ab, um es ausbluten zu lassen, mittlerweile verlief sich das Wild wieder. Hier sollte ich nun einen Metzger vorstellen, aber es gebrach mir an allen hierzu benöthigten Werkzeug, dieses aber hielt mich nicht ab, das Fell herunter zu machen, so gut es angehen wollte, ich schleppte es an den Bach, um Wasser bey der Hand zu haben, es gieng auch so ziemlich. Das Fell, nachdem ich damit zu Stande, wollte ich mit Gelegenheit zum Abtrocknen ausspannen, das Eingeweyde aber grub ich, damit es keinen übeln Geruch verursachte, in die Erde. Das Fleisch nun zerhieb ich in vier Theile, und trug es nach der neuen Wohnung; da ich mir aber einen Theil braten wollte, fehlte es nur an allen. Das Geräthe, womit ich das erstemal Feuer gemacht, war noch in dem Fahrzeuge, solcher Gestalt sahe ich mich genöthiget, wieder eine Reise zu thun. Die beyden Fäßgen waren schwer, und gleichwohl wollte ich die Schuhe, welche anfiengen wandelbar zu werden, so viel möglich, schonen, damit sie nur durch das viele Hin- und Herlaufen nicht vollends zu Grunde giengen. Ich nahm das Fäßgen mit dem Pulver auf den Rücken, das mit den gefüllten Patronen aber kollerte ich vor mir hin, weil es ungleich schwerer war, hierbey durfte ich den Bratspies

keines-

keinesweges vergessen, weil er mir sowohl gerathen war. Ich gestehe, daß mir die Nahrungssorgen am allermeisten zu schaffen machten, doch was hätte ich sonst zu thun gehabt? Gleich neben meiner Wohnung schlug ich die Küche auf, machte wie das vorigemal Feuer, und bratete mir das eine Hintertheil. Dieses gerieth mir schon besser, es wurde auch hierzu mehr Zeit erfordert. Der Geruch verdoppelte den Appetit, daß ich unter währenden braten hier und da mit dem Scheermesser ein Stückchen nach dem andern herunter langte. Hier aber fehlte es mir nun wieder an dem Tisch, doch muste es angehen, denn ich ließ es an dem Spies stecken, und schnitt, oder rupfte vielmehr so lange davon, bis ich mich rchet satt gegessen. Was sollte ich nun mit dem rohen Fleisch anfangen, ehe ich es auf essen konnte, wurde es riechend; nach laugen Hin- und Hersinnen beschloß ich es einzusalzen. In Ermanglung eines andern Gefäßes erwählte ich das Fäßgen, in welchem die Patronen waren, ob mir dieselben zur Zeit gleich noch nicht den mindesten Nutzen geschafft, wollte ich sie doch auch nicht wegwerfen, ich suchte daher einen Platz aus, wo sie trocken lagen, umzäunte denselben, legte lange Blätter welche denen in allen gleichten, so noch in dem Fahrzeug lagen, und welche ich vor Tabak hielt, welches auch nicht anders war, diese legte ich unter; um sie vor den Regen zu sichern, machte ich eine dergleichen Decke. Das annoch ganze Hintertheil hub ich zum Braten auf, das übrige salzte ich

 ein,

ein, hierdurch hatte ich auf etliche Wochen Lebensmittel, nur bekümmerte mich das Brod, welches bis auf den Zwieback verzehret war. Mit diesem verfuhr ich folgendergestalt: ich weichte einen ins Wasser, legte ihn hernach auf die heisse Stelle beym Feuer, hierdurch wurde es so schön, als das schönste frischgebackne Brod. Durch das Fleisch nun gieng es nicht mehr so sehr über das Brod, außerdem würde das letztere bald haben herhalten müssen. Was meine tägliche Verrichtung anbetrifft, so war sie ordentlich abgetheilet. Durch die gebratnen zwey Hintervierthel hatte ich die Küche länger als auf acht Tage bestellet; demohngeacht durfte ich die Hände nicht in den Schooß legen, denn mit Räumung meiner Wohnung war kaum der Anfang gemacht, zudem lag mir der Baum im Wege, welcher aber endlich auch bey Seite geschafft wurde. Der Einzang machte das Loch aus, weil es aber Bergan gieng, stach ich Rasen aus, und machte ordentliche Stufen; das Holz an dem Baum war sehr hart, und wurde mein Beil hierdurch sehr stumpf, gut war es demnach, daß es, ob es schon ziemlich lang, dennoch aber nicht allzu stark war. Zwey Stücke hiervon musten die Thürsäulen ausmachen, oder vielmehr zur Stütze dienen, damit das lockere Erdreich nicht einrollete, und meine Arbeit zunichte machte. Da ich nun sahe, daß dieses seinen Nutzen hatte, wollte ich denen noch mehr beyfügen: gieng also einmals in aller Frühe aus, nicht allein einige schwache Bäumchen auszusuchen, sondern auch

etliche

etliche Cocusnüsse zu holen, da mir an einer Schaale zum Trinkgeschirr so viel gelegen war. Da ich mir nun die Gegend ganz gut bekannt gemacht, fiel es mir nicht schwer, den Ort, so ich mir bey meiner ersten Reise bezeichnet, zu finden. Das Erbssäckgen, als meine ordentliche Reisetasche, hatte ich bey mir, und als ich nach nurgedachter Gegend kam, hätte ich dieses wohl zehnmal mit denen so auf der Erden lagen füllen können, ich ließ mich aber mit zweyen, welches die grösten waren, begnügen, weil ich Willens hatte, ein paar Citronen, welche unweit davon stunden, mitzunehmen. Hier traf ich eine Art von Bäumen an, so den Cocusbäumen ziemlich gleichten, nur weiter keine Frucht als oben eine große Kolbe hatten, zu meinem Vorhaben taugte er nicht, dennoch wollte ich sehen, ob das Holz sehr hart wäre, kaum aber, daß ich einen Hieb gethan, so floß ein Safft heraus. Aus Neubegierde hielt ich den Mund hin, um den herausdringenden Safft zu kosten, dieser war so delicat an Geschmack, daß ich denselben allen leckerhaften Getränke vorziehe, ja ich befand mich recht gestärkt darauf. Nunmehro waren mir die Schaalen von den Nüssen unentbehrlich, welche ich anhängen wollte, um den Safft aufzufangen; ich ließ daher von dem Baume ab, und trug sechs ziemlich große Nüsse in die Wohnung. Ich habe vergessen zu sagen, daß unter dem Geräthe eine kleine Baumsäge, so wie sie die Gärtner brauchen, mit vorhanden, mir zum Verdruß lag sie noch in dem

Fahrzeug, welche ich unverzüglich haben muste. Die Erbsen, so ich auf ein Stück Segeltuch geschüttet, wollte ich doch auch gerne beybehalten, ob ich sie gleich nicht kochen konnte, denn ich machte mir Hoffnung, wenn ich ja genöthiget wäre mich noch eine Weile aufzuhalten, mit der Zeit ein Gefäß zu erdenken, um darinnen zu kochen. Unterweges machte ich den Ueberschlag, daß ich wohl das Fahrzeug zerschlagen, und die Stücken davon zu meinem Nutzen anwenden könnte, weil es ohnedem zu nichts taugte, und endlich verfaulen müste, denn eine Reise damit zu unternehmen, wäre so gefährlich als abgeschmackt gewesen, weil ohnedem das Wasser allenthalben hinein drang. Hiermit aber hatte es noch Zeit, das Fäßgen mit dem Branntwein war auch noch zurück, da ich aber außer der Säge, Erbsen und Fäßgen nichts zu tragen hatte, schlug ich zwey Bretter vom Verdeck, und nahm sie mit. Bey meiner Heimkunft schnitt ich so zu sagen den Deckel von zwey Nüssen, machte den Kern heraus, welcher eine sehr nahrhafte Speise ist, und hiermit war der Tag verstrichen. Ich war noch ziemlich müde, daß ich es mit dem Saft muste anstehen lassen, indeß machte ich doch das Gefäß zu rechte, und weil es noch nicht Zeit zum Schlafengehen war, räumte ich noch etwas Erdreich aus meiner Wohnung. Hier sahe ich, daß die Breter zur Sicherheit des Einstürzens ungleich bessere Dienste thaten, ich wuste mir es daher großen Dank, daß ich auf den so geschickten Einfall gerathen war. Mir lag so viel Arbeit auf den Halse, daß ich nicht wuste, was ich zuerst angreifen sollte, alles muste ich von weiten herholen, mit dem Essenzurechtemachen verstrich auch einige Zeit, daß also den Tag über nicht viel gethan wurde, und ob mich schon hierüber niemand zur Rede setzte, war mir doch selbst daran gelegen, ein wenig in Ordnung zu kommen. In aller Frühe gieng ich also aus, die Gefäße anzuhengen; nun hatte ich auf dem Schiff von einen alten Matrosen erzählen hören, welcher schon eine Fahrt mit gethan, daß es eine Art Bäume gäbe, welche einen weißen Mark bey sich führten, woraus man Brod, oder vielmehr Kuchen backen könnte. Dieses Mark, wenn es kleine gerieben, gäbe das schönste Mehl, mit dem Beyfügen, daß man aus dem Baum selbst einen sehr schmackhaften Safft zapfen könne, mit einem Worte lief die Beschreibung des Baums mit demjenigen, wo ich den so herrlichen Safft gefunden, auf eines hinaus; nachdem ich nun verschiedene Oefnungen gemacht, und die Gefäße daran gebunden, hieb ich einen Armstarken Ast von den nämlichen Baum, da fand ich beschriebenermaßen einen weißen Kern darinnen; diesen, nebst vier Stück Citronen, nahm ich mit nach Hause, ich spaltete den Ast, und sammlete das Mark, zerrieb es auf einem Stein, woraus das schönste Mehl wurde. An diesen war es noch nicht genung, ich muste hiervon eine Probe sehen, daher mengete ich einen Theil mit Wasser, daß es einen Teig gleichete, und legte es bey dem Feuer, wel-

 ches

ches ich beständig unterhielt. Da es nun meinem Bedünken nach gut war, hob ich es von der heissen Stelle, nachdem es verkühlet, kostete ich es; das Lehrstück war freylich nicht so gerathen wie es hätte seyn sollen, das Brod hatte ich zu dicke gemacht, mithin konnte es nicht recht ausbacken, demohngeachtet schmeckte es so gut als das schönste Weitzenbrod. Hierdurch war nun wieder ein großer Kummer gehoben, in Ansehung des Brodes welches bis auf drey Zwieback ins Abnehmen gerathen war, denn wer weiß nicht, daß Brod die beste Kost ist, die delicatesten Speisen werden bey den öftern Gebrauch zum Ueberdruß, ich habe aber niemals gehört, daß sich ein gesunder Mensch am Brode einen Ekel gegessen. Fleisch hatte ich in Ueberfluß, das Fleisch von den gedachten Tannböckgen gab an Geschmack dem besten Lammfleisch nichts nach, ich kann aber mit Grund der Wahrheit sagen, daß ich, da ich das Brod zu schonen, etwas zu viel genossen haben mochte, einen ordentlichen Ueberdruß empfand, doch half ein Schlückchen Brannt-wein mir wieder zurechte; hier hatte ich nun eine Art Brod, welches mir nicht abgehen konnte. Ich habe mich nachgehends über mich selbst gewundert, wie es doch zugegangen, daß ich mich sobald in die Lebensart schicken können, und mir nicht einmal in den Sinn kommen lassen, vor allen Dingen zu untersuchen, ob die Insel mit Europäern bevölkert, oder sonst ein Kennzeichen vorhanden, daß je zuweilen Schiffe daselbst landeten. Hieran gedachte ich aber eine geraume Zeit gar

nicht

nicht, sondern bemühete mich nur um Lebensmittel, nebst einem sichern Aufenthalt. Diesen Tag nahm ich weiter nichts vor, als meine Wohnung in Ordnung zu bringen, womit es noch sehr weitläuftig aussahe. Ich legte mich zeitig zur Ruhe, um den Morgen früher auf zu seyn, wie ich nun die Tage ordentlich bezeichnete, so war morgen Sonnabend, da wollte ich mir nun einen Fisch holen, und etliche Stück Bretter mitnehmen, weil ich nun daselbst nichts eben sonderliches zu suchen hatte, war ich in zehn Tagen nicht dahin gekommen. Bey Erblickung der Tabacksblätter, welche ich an dem Ufer bey Seite gelegt, gerieth ich auf den Einfall, mir eine Tabackspfeife zu machen, und zwar auf diese Art, wie ich bey meiner Zurückkunft mit einem Fisch und vier Brettstücken einen Versuch thät. Das Holz, woraus ich das Mark genommen, war hohl, ein schwaches Ende, etwa zwey Spannen lang, war das Rohr, ein stärkers aber muste den Kopf ausmachen. Das Untertheil vermachte ich mit einen Pfropf, und formirte es übrigens so, daß es eine Pfeife vorstellen muste, es gieng auch sehr gut, wenigstens konnte ich draus schmauchen. Ordentlicher Weise richtete ich es so ein, daß ich den Sonntag ruhen konnte, diesesmal aber wollte es nicht angehen. Den Fisch, so ich gefangen, machte ich noch selbigen Abend bis zum Braten zurechte, den Sonntag in aller Frühe holte ich die angebundenen Gefäße, so aber nicht vollgelaufen waren, jedoch war mir der Saft einestheils zum

Ueber=

Ueberfluß, erstens konnte ich ihn nicht wohl fortbringen, anderntheils fehlte es mir an einem Gefäß zum Aufheben, daß ich ihn also auf eine Art verschwenden muste. Den Montag hieb ich den Baum um, das Mark herauszunehmen, davon ich einen großen Theil bekam. Da ich nun mit Essen versorget, gieng meine meiste Absicht dahin, das Holz und Bretter von dem Fahrzeug in Sicherheit zu schaffen. Hierbey sahe ich mich genöthiget, weil Schuh und Strümpfe ziemlich drauf gegangen waren, barfuß zu gehen, welches mir, die Wahrheit zu sagen, sehr nahe gieng, wodurch die Füße, weil ich es entwohnet war, sehr leiden musten. Dieses einigermaßen zu verbessern, zerschnitt ich das getrocknete Fell, und band mir Stücken davon mit Baumbast um die Füße, welches doch nicht ganz ohne Nutzen war. Als ich das meiste bis auf etliche Stücken nach meiner Wohnung geschafft, kam mir die Lust an Vögel zu kosten, bey den Bächlein ließen sich schwarze Vögel sehen, welche so groß als eine Ente waren, auch mit demselben eine ziemliche Gleichheit hatten. Hiervon schlug ich viere tod, sie waren fett und sehr gut zu essen. Die Tannböcke, welche mich oft sahen, und ich denselben kein Leids zufügte, wurden nach der Hand ganz zahm, daß sie sich fast mit den Händen angreifen ließen, weil ich aber zur Zeit noch keinen benöthiget, ließ ich sie gehen. Nun gieng mir auch das Salz ein, welches ich unumgänglich haben muste; mithin nahm ich diesen verdrießlichen Weg vor mich. Es war

auch

auch hohe Zeit, ich nahm einen von den Säcken, in welchen das Brod gewesen, um einen Weg zu ersparen, dasselbe konnte ich nicht anders, als mit Leib- und Lebensgefahr einfassen, weil der Wind sehr stark aus Südwest wehete, und die Wellen mit solcher Heftigkeit wider den Fluß schlugen, daß es einen fürchterlichen Laut von sich gab. Ich machte mich daher in möglichster Geschwindigkeit in die Kluft hinein, wo ich vor dem Wind geborgen war; allein zu verschiedenenmalen wäre ich beynahe unter die herabstürzenden Steine vergraben worden. Es muste mir aber auch glücken, wieder etwas zu meinem Unterhalt zu entdecken, ich fand auf dem Rückwege stachlichte Früchte auf der Erde liegen, welche fast den Castanien gleichten, eine, so mir nahe lag, war aufgesprungen, diese hatte so viel Körner in sich, daß ich mir getrauete wohl drey Rößel niederländisch Maas damit zu füllen, ich steckte also sechs dergleichen Kolben in den Sack. Bey meiner Heimkunft warf ich etliche in die glüende Asche, welche, nachdem sie gebraten, einen angenehmen Geschmack hatten, auch gute Nahrung gaben. Kommende Nacht brachte ich in lauter Furcht hin, der Wind tobete dergestalt, daß mir nicht anders vorkam, als die ganze Insel müsse sich bewegen, hierzu kam noch ein starker Regen, welcher so häufig in meine Wohnung drang, daß ich des Ersaufens kaum sicher war; hieran aber war ich selbst Schuld, weil ich in guten Wetter mich nicht dafür verwahret. So bald es der Tag vergönnete,

nete, nahm ich ein großes Stück Segeltuch, spannete es aus so weit es reichen wollte, dadurch war ich doch vor dem Regen einigermaßen gesichert. Da ich nun außer Stand gesetzt war, außer der Wohnung etwas zu verrichten, bauete ich mir einen Tisch, schlug vier Pfähle in die Erde, und von dem Wasserfaß nahm ich den einen Boden, den ich auf besagten Pfählen festmachte. Das Weinfäßgen aber, welches auch leer war, hatte mir die Stelle eines Stuhls vertreten müssen. Dieses war wohl etwas, allein ich muste auf ein Mittel bedacht seyn, mich vor dem Regen zu bergen. Außer der Wohnung sahe es noch mißlicher aus, das Feuer, woran mir so viel gelegen, war verloschen, und frisches anzumachen, war eine pure Unmöglichkeit; gleichwohl war mir aller Vorrath eingegangen. Um den Mittag ließ der Regen in etwas nach, so war mein erster Weg nach dem Pulver, welches zu allem Glück noch unversehrt geblieben war, nun gebrach es aber an dürren Holz, zudem wollte es sich nirgendswo schicken, Feuer, so vor den Regen geborgen, anzumachen, doch die Noth ist der beste Lehrmeister. Bey dem Felß, so nahe an der Wohnung war, grub ich ein Loch bey allem Regen in die Erde, schlug etliche Pfähle umher, die Decke machten etliche Aeste von den nahe dabey stehenden Bäumen aus, welche ich an gedachte Pfähle fest band, oben darüber kleine abgehauene Aeste und Blätter, so ich schon bey anderer Gelegenheit gedacht, darüber legte, endlich mit Erde bedeckte. Dieses

war

war nun meine Küche, denn hierauf war ich bedacht gewesen, solche so geraum zu machen, daß ich beym Regenwetter ganz sicher die Küche belaufen konnte. In so weit war ich vor dem Wetter noch so ziemlich gedeckt, allein die Lebensmittel giengen mir ein, die Tannböcke ließen sich die ganze Zeit über nicht sehen, denn der Sturmwind mit untermischten Gußregen hielt ganzer sechs Wochen an. Nach dem Flügelwerk zu gehen war es zu gefährlich, weil einen Büchsenschuß von meiner Wohnung verschiedene Bäume mit sammt der Wurzel ausgerissen waren, doch war dieses nicht ganz ohne Nutzen. Es befanden sich unter denselben zwey Bäume, welche das Mark, woraus ich Brod backen konnte, bey sich führten, diese spaltete ich entzwey, um dasselbe herauszunehmen. Bey alledem verfiel ich in einen neuen Kummer, weil ich kein Hemde mehr anzuziehen hatte, das, so ich auf dem Leibe trug, war so schwarz wie die Erde, übrigens von dem Schweiß dergestalt zerfressen, daß die Stücken umher hiengen, mit nichts konnte ich diesen Verlust ersetzen. Hier war es das erstemal daß ich Thränen vergoß: Wie wird es mir noch endlich gehen, überlegte ich mit mir selbst, Schuhe und Strümpfe sind meist unbrauchbar, das Hemde dienet auch weiter zu nichts mehr, als zum Wegwerfen, die übrige Kleidung gehet mitlerweile auch zu Grunde, werde ich mich nicht gemüßiget sehen, nackend zu gehen? dieses kann ich nicht überleben. Aber warum bin ich so saumselig, warf ich mir selbst vor, ich bin

nun

nun schon funfzehn Wochen hier, und habe mir nicht einmal die Mühe gegeben, das Land einen Strich durchzureißen, um zu sehen, ob, und was vor Menschen sich hier aufhalten, sondern habe die Zeit sorglos mit Essen und Trinken hingebracht. Ich setzte mir also fest vor, so bald es die Witterung verstattete, eine Reise zu unternehmen. Hiermit tröstete ich mich, doch da sich die lieben Tannenböckgen wieder eingefunden, gerieth es in Vergessenheit, oder verschob es nur, denn auf der Reise getrauete ich mir wenig oder gar kein Wirthshaus anzutreffen, hinfolglich muste ich mich mit Lebensmitteln versorgen. Vor allen Dingen holte ich mir ein Stück von vorerwähnten Wildpret, und machte es auf die vorige Weise zu rechte. Da ich nun nicht wuste wie oft, auch wie stark das Regen- und Sturmwetter sich einzustellen pflegte, muste ich auf eine genugsame Deckung bedacht seyn, meine Wohnung oder Höhle war wegen der Bäume so gedeckt, daß wenig Tageslicht durchdringen konnte, allein den Regen konnte es nicht gar abhalten. Ich muste daher ein Mittel ersinnen, denselben abzuhalten, hätte ich Bretter gehabt, wäre es mir ein leichtes gewesen; allein diese waren wohl erlaubt zu wünschen, aber nicht zu bekommen. Doch muste es auf eine andere Art angehen. Ich stieg daher in die Höhe, um einen Ueberschlag zu machen, unter verschiedenen Einfällen war dieses der beste, was schwache Bäumgen waren, hieb ich bey der Wurzel um, so daß sie gerade über die Oeffnung fielen.

fielen. Fünfe derselben hatte ich bereits gefället; als ich zu meinem Vergnügen sahe, daß es den erwünschten Nutzen schaffte, es glückte mir auch auf diese Weise die ganze Oeffnung zu verdecken, nach diesem trug ich Gras und große Blätter zusammen, hiermit verstopfte ich die Spalten, warf bey einer halben Elle Erdreich drauf, und hiermit war die Decke fertig. Dieses hatte doch wenigstens den Nutzen, daß der Regen nicht so häufig eindringen konnte. Mir nun eine Abwechselung zu machen, gieng ich mit den Angelgeräthe nach der Bucht, einen Fisch zu holen, und etwas von dem annoch übrigen Holze mit zurück zu nehmen, ich war nicht so bald daselbst angelanget, als ich auf einen Platz Schoten in der schönsten Blüthe stehen sahe, dieses aber gieng ganz natürlich zu, dem Vermuthen nach hatte ich, weil ich sie nicht sonderlich achtete, damit gestreuet, das übersteigende Wasser in der Bucht so angeschwollen gewesen, hatte bey den Ablauf, oder vielmehr Verdrocknung einen Schlamm zurückgelassen, hiermit hatten die Körner wurzeln und ausschlagen können, an der Zahl mochten es bis etliche vierzig seyn, welche sich aber sehr ausgebreitet hatten. Die Freude hierüber würde ungleich größer gewesen seyn, wenn ich ein Gefäß gehabt, zur Abwechselung dieselben zu kochen, ich genoß daher einen guten Theil grüne, die übrigen ließ ich völlig reifen, und sammlete die Körner beynahe anderthalb Nösel. Dieses bewog mich etwas auf einen hierzu ausersehenen Platz zu stecken, sie geriethen aber nicht wie die ersten, sondern stunden sehr mager, weil es nicht zu gehöriger Zeit geschehen, denn nach der Zeit nahm ich wahr, daß es kurz vor der Regenzeit geschehen müsse, worauf ich bey einem Scheffel niederländisches Maas einsammlete. Meine Wohnung kam endlich auch in einen guten Stand, die Küche hatte ich erweitert, und das Pulver, ob es mir gleich nichts nützte, ward auch versichert, daß es nicht von dem Regen naß und unbrauchbar gemacht werden konnte. Bey allen diesen Beschäfftigungen war unvermerkt ein ganzes Jahr verstrichen, da es mir bey meiner Ankunft unmöglich schien einen Monat auszuhalten. Nunmehr aber war ich in Ernst darauf bedacht, eine Reise zu unternehmen; zu dem Ende schlachtete ich ein Stück Wildpret, buck auch vorräthig Kuchen, und machte mir ein Paar neue Schuhe, auf vorbeschriebene Art. Da nun alles gehörig veranstaltet, packte ich auf acht Tage Victualien ein, um Getränke hatte ich mich nicht zu bekümmern, weil ich den Bach beständig zur Seite haben konnte. Zur Nothwehr nahm ich eine Flinte nebst etliche zwanzig Patronen mit, trat also die Reise an einem Montage mit der Sonnen Aufgang an. Der Bach, so mir zum Wegweiser dienen sollte, behielt seinen Lauf wohl zwo Stunden, von Süden nach West, ich entdeckte aber nichts besonders. Die Gegend hatte zur Abwechselung etwas Busch, mit eingestreueten Strichen flachen Landes, worauf die Tannböcke zerstreuet herum spazierten. In dem Gehölze traf ich eine

Art

Art Tauben an, wenigstens kann ich sie mit sonst keinem Thiere vergleichen, welche etwas wilde waren, ich ließ sie aber in Ruhe, und setzte meinen Stab weiter. Als es nach meiner Rechnung Mittag war, setzte ich mich an einen schattichten Ort, und schlug daselbst die Tafel auf; nach diesem verfolgte ich den Bach, welcher sich mit einemmal nach Süden wendete. Ich that einen Trunk, fand aber das Wasser ungleich anders, als bey dem Ursprung, indem es einen sehr herben Geschmack an sich genommen. Hier bewunderte ich das Wild wie es doch zugehen möchte, daß sie einen Weg bis zu dem Ursprung gefunden hatten, und folgte noch immer den Fluß, welcher sich zu verschmälern schien, auch so seichte war, daß mir das Wasser kaum bis über die Knöchel gieng. Das Gebirge, so ich südwärts nie aus dem Gesichte verlohr, nahm auch sehr merklich ab; an demselben sammlete sich das Wasser, welches dem Ansehen nach so, wie es zufloß, in die Erde versinken mochte; denn aus seinem Ufer konnte ich nicht absehen, daß es ehemals größer gewesen. Ich legte hier mein Reisegeräthe ab, und kletterte den Fels hinan, unten an dem Fuß war, bis an das Meer, noch ein Zwischenraum, beynahe eines Flintenschusses. Kaum war ich hinunter gestiegen, als ich hier und da Trümmer von einem zerscheiterten Schiff liegen sahe, die meisten Stücke waren noch frisch, ich wünschte sie also bey meiner Wohnung, um dieselbe hier und da zu verbessern, allein es war zu mühsam solche einen so weiten Weg zu schleppen. Unweit davon lag auch ein Stück Mast, aber ohne Flagge, daran hieng noch ein Stück Tau, wohl zwanzig Klafftern lang, ich gab mir alle Mühe dasselbe loszumachen, da es aber zu feste, wollte es nicht angehen. Es war mir nur zu viel daran gelegen, daher bediente ich mich des Scheermessers, und so muste es endlich doch angehen, dieses trug ich an den Fels, wo ich die Flinte zurück gelassen, von da kletterte ich westwärts den Fluß hin. Von ferne erblickte ich zwischen denselben etwas so einem Kästgen ähnlich sahe, ich sprung, oder flohe vielmehr dahin, sahe auch bey näherer Betrachtung, daß ich mich nicht geirret. War die Freude anfangs groß, so wurde sie dadurch vergrößert, daß der Schlüssel an einem meßingen Kettgen, welches aber, wie ich hernach erfuhr, von Silber und vergoldet, beygefüget war. Ich hatte Mühe, weil das Schloß verrostet, es aufzumachen, endlich gelung es mir. Hier fand ich sechs sehr schöne geschliffne gläserne Flaschen, mit Schrauben, gleichfalls von Silber, und da sie alle gefüllet waren, muste nothwendig etwas besonders darinnen seyn. Ich trug daher kein Bedenken, eine davon zu eröffnen und zu kosten, ich muste mir Zwang anthun, die Flasche von dem Mund wegzunehmen, denn es war der herrlichste Aquavit darinnen aufbehalten. Die Farbe unterschied sich in jeder, also musten auch die Sorten gleiche Beschaffenheit haben. Wie nun jede Flasche ein besonderes Fach hatte, so war in der Mitte wieder ein kleines

Fach,

Fach, in demselben steckte ein sehr sauber geschliffen Gläsgen, vermuthlich zum Einschenken, beynahe hätte ich aus einer andern einen Zug gethan, doch ich bemeisterte die Begierde, schloß es zu, und trug es an den Ort, wo ich das Stück Tau hingelegt hatte. Von ohngefähr wendete ich die Augen auf das Meer, mir kam vor, als sähe ich ein Schiff so von Westen nach Osten segelte. Je länger ich es betrachtete, je näher schien es zu kommen, und es näherte sich auch endlich dergestalt, daß ich es sehr genau erkennen konnte. Ich hüpfte wie ein Kind, und schrie: Ach! dem Himmel sey es gedankt, nun ist meine Erlösung vor der Thür. Ich nahm daher die Flinte, lief nach dem Ufer und that einen Schuß, da sie mir aber nicht antworteten, glaubte ich, daß sie den Knall vielleicht nicht gehöret. Ich gab also der Flinte eine doppelte Ladung, beym Losdrücken aber gab mir dieselbe, weil sie überladen, einen so nachdrücklichen Stoß, daß ich mich sehr unsanft darnieder setzte. Weil dieses nichts verfangen wollte, so winkte ich mit dem Huth, und schrie aus Leibeskräften: He da, nehmet mich auf; ja ich begieng die Einfalt mit Steinen ins Wasser zu werfen, doch half eines so viel als das andere. Vergebens lief ich ein groß Stück am Strande hin, denn es entzog sich meinem Gesicht eben so geschwind, als es sich demselben gezeiget, da nun mit demselben auch sogleich die Hoffnung meiner Erlösung verschwand, gerieth ich in eine Art der Verzweiflung, raufte mich in den Haaren, und schrie ununterbrochen: Ihr unbarmbarmherzigen Menschen. Die Ungedult trieb mich so weit, daß ich mich nach der Länge auf die Erde streckte, hier, sagte ich zu mir selbst, will ich nicht wieder aufstehen, es wird doch ja wohl eine Welle kommen und mich mit sich in den Abgrund stürzen, so bin ich aller Marter los; versaget mir diese auch den Dienst, so will ich doch nicht aufstehen, sondern auf der Stelle sterben. Hier lag ich nun eine gute Weile, und fieng meinen Gedanken nach an zu sterben, ehe ich aber vollends verschied, fiel mir das gefundne Flaschenfutter ein, hast du auch, fragte ich mich selbst, die Flasche feste genug zugeschraubt? es wäre Schade wenn es verriechen sollte, ich sprang daher geschwind auf, ohne zu überlegen, daß ich mir vorgesetzt zu sterben. Mir kam die Lust an eine andere zu kosten, welche am Geschmack der vorigen nichts nachgab, in der Geschwindigkeit machte ich noch ein Schlückgen, worauf sich der Appetit zum Essen einstellete. Ueber der Mahlzeit, so ich jenseit des Felsens hielt, fiel mir ein, daß ich mir vorgesetzt gehabt zu sterben, muste daher meine Einfalt selbst belachen, und gedachte daß es vielleicht wider mein Vermuthen geschehen könnte, daß ein Schiff landete, welches mich aufnehmen, und durch dessen Hülfe ich mein Vaterland wieder betreten würde. Nach der Mahlzeit holte ich das Stück Tau herüber, ich beschloß auch, weil ich es zur Zeit noch zu nichts zu gebrauchen wußte, es zurück zu lassen. Weiter zu gehen durfte ich nicht wagen, weil es mir an Wasser

gebrach;

gebrach; und weil noch ungewiß war, ob ich gut Wasser, das zum Trinken taugte, antreffen würde, so machte ich mich mit der Beute wieder auf den Rückweg. Ob ich mir schon die Rechnung machte, daß ich vor Mitternacht meine Wohnung nicht erreichen würde, so galt es mir doch gleichviel, zumal da ich nicht irre gehen konnte. Dieses war nun eine fehlgeschlagne Reise, jedoch nicht ohne Nutzen. Da nun diese Reise den erwünschten Zweck nicht erreichet, nämlich zu untersuchen, ob die Insel bevölkert sey, so setzte ich mir im Ernst vor eine zweyte Reise zu unternehmen, oder vielmehr dieselbe Gegend öffters zu besuchen. Den andern Tag nach meiner Heimkunft überlegte ich, ob es nicht möglich, hinter der Wohnung die Höhe zu ersteigen, um von da nach dem Meer zu sehen, weil meinem Vermuthen nach es doch je zuweilen geschehen könnte, daß ein Schiff vorbey segelte, denn das Verlangen aus dieser Einöde hatte sich noch nie so sehr geäußert, als seit der Zeit, da ich das Schiff gesehen. Ich wagte es auch, allein die pure Unmöglichkeit stand mir im Wege, ja es war verschiedenemal auf dem Punkt daß ich herabgestürzet wäre, also ließ ich ab. Ich machte mich noch einmal dahin, nahm aber eine von den gläsernen Fläschgen so ich ausgeleeret, voll Wasser mit dahin, um mich ein Paar Tage wenn es nöthig wäre, daselbst aufzuhalten, und weil ich dort auch Salz zwischen den Steinklippen gesehen, wollte ich das kleine Säckgen angefüllt mit zurück nehmen. Da der Fluß eine grosse Krümme machte, so stieg ich über denselben, um einen kürzern Weg zu nehmen, kam auch nach meiner Rechnung um eine Stunde zeitiger an den Ort, wo ich das erstemal über den Fels gestiegen, hatte aber von der Sonnenhitze viel auszustehen, ich suchte daher zwischen denselben eine Höhle um etwas auszuruhen. Unter der Hand merkte ich, daß um die Gegend die Vögel, so ich unter dem Namen Tauben erwähnet, fleissig ab und zu flogen, ich suchte also ostwärts in den Ritzen, weil ich merkte, daß verschiedene daheraus kamen, um etliche zu haschen, sie flogen aber bey meiner Annäherung davon. Hieraus muthmaßete ich, daß sie vielleicht ihre Nester daselbst haben müßten, hatte mich auch nicht geirret, denn ich fand kurz hinter einander fünf Nester mit Jungen, so aber noch sehr klein waren. Ich bezeichnete mir den Ort, unterließ aber nicht noch mehrere aufzusuchen, war auch so glücklich zwey Nester zu finden, in welchem die Jungen bis zum Ausfliegen reif waren. In dem ersten fand ich zwey, in dem andern aber dreye, diese nahm ich heraus, riß ihnen die Köpfe ab und legte bey Seite. Aus Begierde noch mehr zu suchen, kletterte ich ein gut Stück ostwärts an den Felsen hin; Nester fand ich genug, aber die Jungen waren noch nicht flicke. Von ohngefähr richtete ich die Augen den Fels herab nach dem Meer, da entdeckte ich zu meinem Vergnügen eine ziemlich grosse Kiste mit Eisen beschlagen. Hinunter zu klettern war vergebens, und von unten herauf war es eben so unmöglich, ich suchte daher von der Seite ihr beyzukommen; aber umsonst. Gleichwohl sollte und mußte ich sie haben, wie aber, das war eine andere Frage. Unter vielen Berathschlagungen fiel mir ein, mich des Taues zu bedienen, dieses zu holen litte keinen Widerspruch; allein es war zu schwer bergauf damit zu klettern. Da es nun sehr lang war, hieb ich es in der Mitte entzwey, als ich aber mit blutsaurer Mühe an erwähntem Ort gestiegen, sahe ich, daß mein Anschlag nicht recht überleget gewesen, die Länge hatte es wohl überflüßig, allein woran wollte ich es fest machen? denn es war meine Absicht mich hinunter zu lassen. - Nach langen Bedenken mußte es doch angehen. Ein Stück von dem abgestürzten Felsen lag unweit davon, um denselben schlung ich das Tau so gut es angehen wollte. Wie es nun meinem Gedanken nach feste genung war, trat ich die Reise an; und weil es ohngefähr sechs Klaftern war, konnte es mir nicht fehlen. Da ich nun etwa noch eine Klafter unter mir hatte, ehe ich fußen konnte, schrie ich aus vollem Halse: Gewonnen, Gewonnen. Ueber diese unzeitige Freude gieng das Tau oben los, und da fiel ich sehr unsanft auf den Felsen, und überdieses hätte mich das Tau, weil es über mir weg schleuderte, beynahe vollends herabgerissen. Ich hatte zwar meinen Zweck erreichet, allein ich war mit der Kiste zugleich gefangen. Hier elendiglich umzukommen, war meine Sache nicht, es mußte gewaget seyn, es mochte nun ausschlagen wie es wolle. Nach

Westen zu gieng es bergan, kam auch glücklich auf die Höhe, nur gedachte Kiste stund noch an voriger Stelle. Ich that einen Versuch, kletterte wieder zurück, und wollte dieselbe vor mir hinschieben, widrigenfalls aber sie den Weg schikken den das Tau genommen, gienge sie ja in Stücken, so würde mir doch wenigstens das Eingeweide zum Theil. Ich setzte also getrost an, und ob ich schon etlichemal mit derselben wieder zurück mußte, so ließ ich doch nicht ab, bis es mir endlich gelang. Von da gieng es bergab, die Kiste war, weil nichts anstößiges dazwischen kam, den Augenblick hinunter, mit mir gieng es aber nicht so geschwind her; doch lief es glücklicher ab, als ich vermuthete. Gut war es demnach, daß ich wildlederne Beinkleider an hatte, sonst hätte es um meine Hintertheile mißlich aussehen sollen. Dieses Fuhrwerk gieng so, bis ich die Kiste jenseit des Felsen geschafft hatte, jedoch nicht mehr so gefährlich. Dieses sollte nun mein erstes seyn dieselbe zu eröffnen, allein das Beil war zurück an dem Ort, wo ich die gewürgten Tauben hingelegt. Ob es schon anfieng zu dunkeln, so hielt es mich doch nicht ab. Bey der Zurückkunft war es ganz finster, daß ich also meine Neubegierde bis auf den andern Tag anstehen lassen mußte. Hierdurch war ich ganz kraftlos worden, verzehrte mein Abendbrod, und legte mich auf der nämlichen Stelle schlafen. Anfangs war wohl meine Absicht noch ein Stück Weges, so weit es gehen wollte, in dem Kühlen zurück zu legen,

da

da ich mich aber so abgemattet hatte, unterblieb es. Desto zeitiger gieng es früh vor sich, dieses war gewiß ein saurer Weg; die Kiste zu tragen war mir zu schwer, jedoch mußte es wechselsweise gehen. Wenn ich dieselben ein Stück Weges auf dem Rücken getragen, schleppte ich sie wieder eine Weile hinter mir her, dieses gieng so bis zu der Wohnung. Ein Schlückgen Herzstärkung aus einer Flasche war das Vorzüglichste, hernach gieng es über die Beute her, und da der ehemalige Besitzer nicht die Gefälligkeit gehabt den Schlüssel anzustecken, so mußte das Beil die Stelle vertreten. Man stelle sich das Vergnügen vor, in welches ich gesetzt wurde, da ich nachstehende Sachen darinnen fand: Erstens ein blaues Kleid von saubern Tuch, nebst zwey Paar Beinkleidern; ob es schon verschiedne Flecke hatte, weil das Seewasser hineingedrungen, nahm ich es doch nicht übel; vier gute Unterhemden, nebst zwey Oberhemden; drey Paar weiße, und zwey Paar schwarze Strümpfe, Schnupftücher, Halsbinden, überhaupt alles, was eine Mannsperson an Wäsche nöthig hat; ingleichen ein Paar ganz neue Schuhe nebst Pantoffeln, eine ganze Tafel Seiffe, und das angenehmste ein Gesteck Messer und Gabel, nebst Löffel, wohl sechs Buch Papier, aber meist verdorben; Spiegel, Scheere, Federmesser nebst einem Bund Federn, ein schön Brennglas im Futteral, nebst Feuerzeug; in Summa, es war fast nichts vergessen. Hätte ich überdieses noch nothdürftiges Gefäß zum Kochen

chen gehabt, sollte ein Fürstenthum zu wenig gewesen seyn, es mit meinen Umständen zu vertauschen. Künftigen Sonntag wollte ich mich herausputzen, inmittelst machte ich die jungen Tauben zu rechte, welche gewiß nicht übel schmeckten; dieses bewog mich, etwa in vierzehn Tagen noch etliche zu holen, zumal da mir das Salz eingieng, weil ich das vorigemal keines hiervon mitgenommen. Sonnabends holete ich mir, wenn es mein Appetit erforderte, einen Fisch. Weil ich nun am vorigen Ort das drittemal Erbsen gesäet, dieselben aber der Reiffe ziemlich nahe seyn mußten, so konnte ich sie freylich nicht besser nutzen, als wenn sie noch grüne waren, einen Theil davon zu genießen; die übrigen hub ich auf, hielt es aber hiermit also: Die alten, so ich mitgebracht, säete ich aus, und die, so mir bey der Erndte übrig blieben, schüttete ich zusammen in einen Sack. Als ich nun bey der Bucht ankam, sahe ich unter den Schoten acht Stängel Weitzen stehen, welche schon Körner gefaßt, woher aber diese kamen wußte ich nicht; ließ die Untersuchung aber bis zu meiner Heimkunft anstehen. Wie es nun jedesmal nicht schwer hielt, Fische, so viel ich nöthig hatte, zu fangen, als bekam ich zwey derselben in mittlerer Größe, nachdem nun dieselben bis zum Braten zu rechte gemacht waren, suchte ich in den alten Saamenerbsen, und fand noch ein und zwanzig Weitzenkörngen, welche ich nebst denen, so mir bey der letztern Erndte zu Theil geworden, aussäete. Um aber in der

Ord-

Ordnung zu bleiben, so war der vorfallende Sonntag bestimmt mich einmal recht anzukleiden. Die Schuhe passeten mir so ziemlich, außer daß sie mir ein wenig zu lang waren, mit dem Kleide aber wollte es gar nicht gehen. Es war mir viel zu schmal über die Schultern, und wohl eine quäre Hand zu enge, ja mein eignes, so ich beynahe in einem Jahre nicht auf dem Leib gebracht, war mir zu enge geworden, hinfolglich mußte ich merklich zugenommen haben Dieses war auch nicht zu verwundern, denn ich lag recht wie auf der Mast. Meine tägliche Verrichtung dienete mir mehr zur Gesundheit, ich schlief wenn mir es einkam, und aß wenn mich hungerte, aus den Kleidern machte ich mir nichts, legte sie also beyde in die Kiste, um, wenn sich es fügen sollte, daß mir das Glück ein Schiff zuführte, ich mich wieder ordentlich kleiden könnte. Nur ein Paar Beinkleider bediente ich mich, weil die ledernen durch die Länge der Zeit ziemlich schmutzig geworden, sie auszuwaschen, wobey die Seiffe gute Dienste that. Nach meiner Rechnung waren schon zwey Jahr verflossen, in welcher Zeit es mir keine Stunde an Unterhalt gefehlet. Bey dem allen verfiel ich je zuweilen in eine Schwermuth, welche mich außer Stand setzte ganze Tage einen Tritt vor meine Wohnung zu thun. Es ist auch in der That nicht so leicht sich zu fassen, als mancher wohl glauben möchte, der Mensch ist geschaffen mit seines gleichen Umgang zu haben, aber ich war von aller menschlichen Gesellschafft ausgeschlossen, wie

leicht

leicht konnte mir eine Unbäßlichkeit zustossen, oder auch sonst etwas vorfallen, da ich Hülfe bedurfte? der geringste Umstand hiervon war hinreichend mich in das äusserste Elend zu stürzen, ich war in der besten Blüthe meiner Jahre, und — ich wollte noch mehr sagen, aber zu was nützte es, ich stelle mich einer Censur blos, dieser auszuweichen, will ich abbrechen. Ich setzte mir mit Ernst vor, das Ufer öfter als bisher geschehen, zu besuchen. Ich machte mir den Vorwurf, daß lediglich meine Nachläßigkeit schuld sey; es können ja seit meinem Aufenthalt viele Schiffe vorbey gesegelt, auch wohl gar geankert haben, dachte ich bey mir selbst, wissen Sie also, ob sich hier ein verunglückter Mensch aufhält? Nun wohlan Fauler, hielt ich mir selbst vor; gieb dir ein wenig Mühe, es gehet hier nicht so her, wie in den gepriesenen Schlaraffenland, da einem die gebratenen Tauben ins Maul fliegen. Wenn ich es aber recht überlege, stellete ich beynahe einen dergleichen Einwohner vor, nur war dieses der Fehler, daß ich mir dieselben erst braten mußte, dort aber sollen sie gleich Maul recht seyn. Dieser Vorsatz wurde ausgeführet. So bald die Regenzeit vorbey, welche ich in zwey Jahren vier mal angemerket, und dieses war das fünfte mal, versahe ich mich auf acht Tage mit Lebensmitteln. Das kleine Fäßgen, worinnen der Brannntwein gewesen, füllete ich mit Wasser, ein Stück Segeltuch, so mir statt eines Zeltes dienen sollte, nahm ich auch mit, kurz, ich packte zusammen, was

mir

mir nöthig schien, hatte aber eine volle Ladung. An eben dem Ort, wo ich gewöhnlich über den Felsen stieg, schlug ich unter den Bäumen mein Lager auf, holte von den erwähnten Trümmern etliche Stücken herzu, und bauete mir eine Hütte, suchte auch noch selbem Tag junge Tauben, kam aber zu spät; sie waren alle schon ausgeflogen, bis auf zwo, welche eben bey meiner Ankunft zum Loch heraus wischen wollten, ich aber in der Geschwindigkeit den Hut für das Loch hielt. Es war doch etwas; den andern Tag suchte ich mir einen bequemen Ort aus, wo ich das Meer einen guten Theil übersehen konnte, hier sollte sich nach meinem Willen ein Schiff zeigen, welches mich aus der Einöde erlösen sollte. Zum Zeitvertreib hatte ich Holz mit genommen, Tobacksköpfe daraus zu verfertigen, denn weil dieselben nicht gefüttert waren, verbrannten sie zu bald; doch war der Abgang gar leicht zu ersetzen. Hier lauerte ich nun zwey Tage umsonst, und hatte mir bald die Augen blind gesehen, oft kam es mir vor, als sähe ich etwas, so einem Schiffe gleichte, nahm daher geschwind die Flinte zur Hand, um ein Zeichen zu geben, hatte mich aber allemal umsonst gefreuet; denn das vermeinte Schiff verschwand, ehe ich es recht in Augenschein nehmen konnte. Das Lauren brachte mich endlich zur Ungedult, daß ich beschloß, mein Lager wieder abzubrechen. Ja, widersprach ich mir selbst; da soll nun gleich ein Schiff kommen, weil ich es verlange, ich muß nicht ablassen, es wird doch einmal zutreffen.

Bey dieser Gelegenheit nahm ich mir vor, an dem Ufer gegen Nordwest hin zu spatziren, in der Achsicht, ob, und wie weit ich die Insel umgehen könnte; diesem zufolge machte ich mich den dritten Tag in der Frühe auf, ausser dem Felsen die Gegend am Strande zu beobachten. Auf dieser Seite schloß der Fels die Insel allenthalben ein, jedoch so, daß er an einigen Orten unersteiglich, bald aber so niedig war, daß er nicht eines Mannes Höhe mehr behielt. Gleiche Beschaffenheit hatte es mit dem Ufer, welches oft beynahe den Felsen erreichte, und ich Mühe hatte mit Gefahr vorbey zu klettern. An einem andern Orte erstreckte sich eine Art einer Bank, wohl eine deutsche viertheI Meile ins Meer hinein. Ueber dieses entdeckte ich nichts sonderliches. Zwey mal überstieg ich die Höhe, von welcher ich das Land ziemlich übersehen konnte, ausser den kleinen eingestreueten Hügeln sahe ich nichts, als hier und da einige Striche flaches Land und Buschwerk, aber nicht das mindeste Kennzeichen von Einwohnern, oder noch weniger, daß jemals ein Schiff daselbst gelandet. Ich mußte auf den Rückweg bedacht seyn, denn in der Gegend zu übernachten, wollte ich nicht wagen, weil ich nicht voraus einsehen konnte, was mir an einem Orte, das ich nicht kundig, aufstossen könnte. Wie schon erwähnet, stieg ich je zuweilen, theils gedrungen wegen des schmalen Ufers, theils aus Neubegierde auf die Höhe. Unvermuthet traf ich in dem Felsen eine Fläche an, in welcher ein halb vermoderter

derter Körper lag, bey dessen Erblickung überfiel mich anfangs ein kleiner Schauer, doch die Menschenliebe überwand diese Furcht. Es war beynahe drey Jahr, daß ich keinen Menschen gesehen, es erweckte mir eine Art eines Vergnügens, und ich wünschte tausend mal, er möchte doch nur einen Augenblick leben, um einen Laut von einen Menschen zu hören; aber dieses war etwas vergebliches. Er hatte die linke Hand, oder vielmehr den Kopf hiermit unterstützet, in der rechten hielt er ein kleines Büchlein, so halb aufgeschlagen gewesen, die Blätter aber waren meist verweset, daß ich nicht wohl einen Buchstaben mehr zu erkennen, noch weniger ein Wort zusammen zu setzen vermögend war, und die Schaale schien von Pergament gewesen zu seyn. In eben dem Zustand befand sich seine Kleidung, doch sahe ich noch so viel, daß sauber Tuch hierzu gewesen seyn müsse; die Schuh schienen noch gut, und die Schnallen waren meines Erachtens von Silber, ich wollte sie zu meinem Gebrauch heraus nehmen, da ich aber zu Werke schritt, und mir nichts übels versahe, fiel durch die kleine Bewegung der ganze Körper zusammen. Mit einem Sprung war ich aus dem Loche, lief auch ein ziemliches Stücke, denn die Furcht bildete mir ein, er käme hinter her gelaufen. Da ich mich nun von dem Schreck in etwas erholet, sahe ich mich schüchtern um, sahe aber und hörte nichts, so mir eine Furcht einjagen können. Ich hätte diesen Ort unverzüglich verlassen, allein meine Flinte, so ich neben hingeleget, wollte ich gerne wieder haben. Nachdem ich mir nach der Länge vorgestellt, daß es ganz natürlich zugienge, drollete ich mit bedächtliche Schritten nach dem Orte zu, wie wohl ich mich zur Flucht immer fertig hielt. Da ich aber sahe, daß der Körper stückweise herherum lag, stieg ich getrost hinunter. Das erste, so mir zu Gesichte kam, war eine runde Capsul, ich hielt es für ein Uhrgehäuse, dieses aber zu untersuchen, ließ ich bis zu einer gelegenen Zeit anstehen, ich steckte sie ein, nahm die Flinte, und entfernte mich so geschwind als möglich. Es ist das Gewissen in der That eine sehr subtile Sache, denn da mir einfiel, ich habe einen Todten beraubet, welches, als etwas unerlaubtes, allemal nachdrücklich bestrafet würde, so war die innerliche Furcht schon hinreichend mir Füsse zu machen. Allein ich war wohl gesichert, daß man mich dieserwegen nicht anklagen könne, weil der Kläger ausser Stand gesetzt, sich dießfalls zu beschweren, noch weniger ein Richter vorhanden, welcher mich zur Strafe ziehen könne. Ich ließ vor dieses mal ab, die Gegend weiter zu untersuchen, und gieng nach meinem Feldlager zurück, welches ich unverzüglich abbrach, und mich nach der Wohnung verfügte. Es war schon ziemlich spät, und gleichwohl hätte ich die Beute gerne betrachtet, da es aber, wegen der Dunkelheit nicht geschehen konnte, muste es bis auf den Tag unterbleiben. Hier sahe ich, daß mir eines der nothwendigsten Stücke fehlte, nämlich eine Art Lichtes zu unterhalten,

halten, mich desselben in ereignenden Fällen zu bedienen. Nun hätte ich zwar eine Lampe von dem Fett der Tannböcke unterhalten können, allein es fehlte mir das gehörige Gefäß, andern theils hatte ich nichts zum Untersetzen, und wenn der Braten anfieng zu triefen, hielt ich den Löffel unter. Es gieng freylich sparsam her, endlich füllete ich doch das Maaß über die Hälfte, drehete ein Stück von dem Tau auf, und verfertigte daraus einen Docht. Die Probe lief gut ab, nur fehlete es an Schmalz; Von ohngefehr fiel mir das Stück Bley ein, so ich in der Bucht zurück gelassen, sollte es wohl nicht angehen, dachte ich bey mir selbst, aus einem Theil eine Art einer Pfanne zu verfertigen, um das abtriefende Fett darinnen zu sammlen? Da aber mit dem Wollen nichts ausgerichtet ward, schritt ich zu Werke, hieb ein Stück mit dem Beil herunter, trug es an meine Wohnung, bey dem Felsen suchte ich einen glatten Ort aus, und trieb es breit. Es ist gar leicht zu erachten, daß es mir manchen Tropfen Schweiß gekostet, weil ich der Arbeit nicht gewohnet, es auch an gehörigen Werkzeug fehlte, doch mußte es mir endlich gelingen; ob diese Façon aber in Europa Beyfall gefunden haben würde, dieses war mein wenigster Kummer, genug, daß es so ziemlich den erwünschten Nutzen hatte. Weil aber bey der ersten Probe die Seite nach dem Feuer anfieng zu schmelzen, setzte ich, dem gänzlichen Verlust vorzubeugen, Steine vor, um die Hitze abzuhalten. Dieses war nun eine sehr beqveme Sache, denn wenn ich des Nachts nicht schlafen konnte, zündete ich meine Lampe an. Einsmals, als ich mir vorgenommen, in aller Frühe nach den Körnern, deren ich erwähnet, und welche wie Castanien schmeken, gehen wollte, stund ich auf, und zündete meine Lampe an, es wollte nicht Tag werden, folglich mußte ich in den Mitternachtsstunden aufgestanden seyn, dieses erinnerte mich an die Capsul, welche ich in den ledernen Beinkleidern stecken lassen, denn diese zog ich nur an, wenn ich verreisete, zu Hause aber bediente ich mich der tuchnen, also hatte ich sie über der Beschäftigung mit der Lampe ganz aus der Acht gelassen. Diese suchte ich herfür, sie war mit Leder überzogen, welches aber ziemlich in die Verwesung gegangen, und der innre Theil war Meßing. Ich hatte viel Mühe sie zu eröffnen, weil ich den verborgnen Drücker nicht sogleich finden konnte, endlich gelang es mir, und ich fand würklich eine Uhr, welche noch so schön aussahe, als ob sie nur aus des Verfertigers Händen käme, weil das Futteral sie genugsam gesichert. Der Schlüssel, so an einem Kettgen hieng, war sehr artig angebracht, ohne lange Federlesens zu machen, zog ich sie auf, und o wie groß war die Freude, als sie gangbar war. Ich sprang gleich einem Kinde in meinem Behältnisse auf und ab, hielt sie an das Ohr, und machte seltsame Figuren. Allein die Freude wurde mir nachdrücklich versalzen, denn auf einmal wurde es über und über helle, ich wendete mich sogleich nach

meiner

meiner Lampe, welche über und über brannte, ich wollte sie ausblasen, allein die Gluth war zu groß. Aus Unvorsichtigkeit stieß ich sie um, das brennende Fett lief auf die Erde, und da ich nahe dabey meine Schlafstelle hatte, wo ich zu meiner Beqvemlichkeit mir von Erbsstroh ein Unterlager gemacht, so ergriff es dasselbe den Augenblick, ohne daß ich es verhindern konnte. Die Matratze nebst der Decke riß ich weg, hierdurch aber bekam das Feuer nur mehr Luft. In der Geschwindigkeit warf ich die zwey Stücken vor den Eingang, nahm die beyden Flinten, so gleich an erwähnten Eingang an einem Nagel hiengen, und das einzige, was ich noch thun konnte, war dieses, ich lief in die Küche, schüttete das eingesalzene Fleisch aus dem Fäßgen, und holete es voll Wasser, allein es war schon zu spät; meine Wohnung stund in vollen Flammen. Demohngeachtet wollte ich doch alle Möglichkeit thun, goß das Wasser nach der Seite, wo die Kiste stund, welche auch über und über brannte, durch vier mal Wasser herzutragen, brachte ich es doch so weit, daß die Gluth ziemlich nachließ. Hierüber nun war der Tag angebrochen, um das Feuer gänzlich auszugiessen, holete ich noch etliche mal Wasser, als dieses geschehen, gieng ich hinein zu sehen, was mir noch übrig blieben wäre. Die ledernen Beinkleider lagen gleich im Eingang, und waren unversehrt, dieses war es auch alles. Die Kiste war meist verbrannt, Wäsche und Kleider zog ich stückweise heraus, und ich war nur einem Wort in so schlechten Umständen, als bey meiner Ankunft. Das Angelgeräthe, als eines der nothwendigsten Stücke, war gleichfalls dahin, nichts mehr war mir übrig blieben, als ein Sack, in welchem ich die eingeerndteten Erbsen gesammlet, und das kleine Säckgen mit dem Salz, welches zugleich auch der Reisecoffre oder Bindel war, dieses nebst dem Flaschenfutter hatte ich bey der Küche in ein kleines Behältniß zusammen gethan. Zu dem war auch das Tageregister mit drauf gegangen, jedoch dieses war das Wenigste, der Schade konnte bald wieder ersetzet werden; denn es fehlte nach meiner Rechnung funfzehen oder sechszehen Tage zu drey Jahren, ein Tag darunter oder darüber machte nichts aus. Lediglich war es mir um den Sonntag zu thun, ausser dem würde ich mir mit der Zeitrechnung gewiß den Kopf nicht zerbrochen haben. Das erste so ich vornahm, war, meine Wohnung wieder zu saubern, ich holete daher eines von den Rudern, welches die Stelle einer Schaufel vertreten muste. Bey dem Tisch fand ich das Gesteck Messer, welches noch wohl zu gebrauchen war, aber sein voriges Ansehen meist verloren hatte. Weil die Decke ziemlich hoch, so hatte dieselbe keinen Schaden gelitten, daß ich doch wenigstens bey dem einfallenden Sturm und Regenwetter im Trocknen sitzen konnte. Bey diesem Unglück war doch wieder ein Glück dabey, daß, welches mir gar aus der Acht gefallen, ich ein Hemde vor meiner letzten Reise ausgewaschen, dasselbe aber

bey

bey dem Bach an einen Baum zum Abtrocknen aufgehangen, mit diesen, nebst den Beinkleidern hatte ich doch das Wechseln. Nun mußte ich nur wider meinen Willen eine Reise vornehmen, um etliche Stücke von den gedachen Trümmern zu holen. Fleisch hatte ich im Ueberfluß, aber kein Brod, der Vorrath an Mehl war auch mit im Feuer verdorben. Dieses mußten die Castanien ersetzen, deren ich einen ziemlichen Theil eintrug, und davon ich so viel, als mir zur Reise hinreichend zu seyn schienen, nebst einem Stück Fleisch bratete, da ich mich denn nach der Mittagsmahlzeit, welche ich unter Vergiessung vieler Thränen verzehrete, auf den Weg machte. Ich packte so viel zusammen, als ich ertragen konnte, und trug sie den halben Weg, weil es meine Absicht war, so viel ich über den Felsen herüber geholet, alle nach meiner Wohnung zu schaffen, und es war bey nahe Mitternacht, als ich mit der zweyten bey vorerwähnten Ort anlangte, woselbst ich auch das Nachtlager aufschlug. Der Kummer über mein zugestossenes Unglück, an welchem meine Unvorsichtigkeit lediglich schuld war, ließ mich nicht lange Ruhe geniessen. Weil es noch nicht Tag war, als ich schon wieder munter ward, packte ich wieder auf, und gieng nach meiner ausgebrannten Wohnung. Unter Weges überlegte ich, wie ich es hätte anstellen sollen, das Feuer ohne weiter Schaden zu verursachen, zu löschen; allein warum war es mir nicht eingefallen zu der Zeit, da es nöthig war? So gehet es meistens bey aller

Gelegenheit, wir machen, nach dem alten deutschen Sprichwort, den Bauer zu, wenn der Vogel daraus entflogen ist. Nach meiner Heimkunft muste vor allen Dingen das Behältniß in etwas wieder in Ordnung gebracht werden, der Tisch und eine Art einer Bank war das erste, so ich wieder in Stand setzte. Nach diesem untersuchte ich das Ueberbleibsel von der Wäsche und Kleider, von erstern war nichts mehr, als noch etliche Stücke übrig, welche ich gleichwohl nicht wegwarf, von den Kleidern aber die Falten noch ziemlich ganz. Die Schuh waren verschrumpelt, diese aber konnte ich vor allen entbehren, denn aufrichtig zu sagen, war ich sie ganz entwohnet, und gieng mir bey dem ersten Versuch fast eben so, wie in der Pfarre, da ich das erste mal Schuh an meine Füsse brachte. Wie schon gedacht, hatte ich mehr zu sorgen, als da ich das erste mal den Fuß ans Land setzte. Brod war eines der vorzüglichsten Dinge, so ich anschaffen mußte, bey dieser Gelegenheit bekam ich auch wieder Holz zu neuen Tabackspfeiffen, diese waren mir nebst einem guten Theil Taback auch mit verbrannt, doch dieser konnte gar leicht wieder ersetzt werden, weil er hier nicht nur häufig wuchs, sondern ich hatte auch welchen zum trocknen an den Bäumen aufgehangen. Als ich mit dem Mehl zu Stande, mußte ich auf die Einerndte bedacht seyn, denn ich hatte gemerket, daß sich in dem Weitzen ungebetene Gäste eingefunden, nur gieng es mir sehr nahe, daß ich die Fische entbehren

ren sollte, wovon ich ein besonderer Liebhaber war. Nach vielen Ueberlegen fiel ich auf die Gedanken, einen Fischhamen zu verfertigen. Von dem grossen Faß, dessen ich schon oft gedacht, schlug ich einen Reiffen, ein Stück von dem Tau trennete ich von einander, hieraus sollte und muste ein Netze werden, nach der ordentlichen Regel gerieth es freylich nicht, jedoch was war daran gelegen, wenn es nur den erwünschten Nutzen hatte. Die erste Probe aber lief von Herzen schlecht ab, denn als ich einen Zug damit thun wollte, gieng er von der Stange, vermuthlich weil beydes nicht genug verfestiget gewesen. Das Netz stand also unter dem Wasser, ich suchte eine gute Weile vergebens, endlich gelang es mir. Beym Herausziehen hatte sich ein Fisch eines halben Arm lang verhalten, welcher sehr delicat war, und damit war doch wenigstens die Mühe belohnet. Nachgehends habe ich erfahren, daß die kleinen Fische weit schmackhafter als die grossen waren, ich habe auch nachgehends alle mal nach vorbeschriebener Sorte getrachtet. Die Erndte lief wie allemal reichlich ab, der Vorrath vermehrte sich auch, ob ich gleich nicht wuste, zu was es mir nutzte, ich hatte aber doch einen Wohlgefallen daran. Nachdem ich auch hiermit zu Stande, machte ich den Fischhamen zu rechte, weil mir die kleinen Fische ungleich besser als die grossen schmeckten, mit der Nachtlampe aber wollte ich durchaus nichts mehr zu schaffen haben, weil ich hierdurch einen entsetzlichen Verlust erlitten hatte. Ich setzte mir auch in den Kopf, es müsse dieses Unglück mir lediglich dieserwegen zugestossen seyn, weil ich einen Todten beraubet, hätte auch bey nahe die Uhr dem Eigenthumsherrn wieder zugestellt, allein sie war mir allzulieb, ja ich kann mit Grunde der Wahrheit sagen, daß mir dieselbe, nicht allein die Zeit verkürzte, sondern auch das Elend, welches ich daselbst noch eine geraume Zeit bauen muste, einiger massen erleichterte. Zum Zeitvertreib holete ich mir noch ein Stück Bley, und schlug es breit, um mich dieses statt eines Tellers zu bedienen. Der Einfall hatte seinen doppelten Nutzen; nunmehro konnte ich mir so wohl Braten als Fisch mit einer Brühe auf folgende Art machen. Den Teller setzte ich auf ein gelinde Kohlfeuer, goß etwas Wasser hinein, nachdem drückte ich den Saft von einer Citrone über das Fleisch oder Fisch, ließ es ein wenig auf Kohlen, da es denn ein herrliches Gerichte ward. Ich gieng immer weiter, machte eine Probe mit grünen Erbsen, welche gleichfalls gut ausschlug, nur daß dieselben ein wenig zu hart blieben. Ich muste aber auch Lehrgeld geben, denn da ich einsmals zu viel Kohlen darunter gethan haben mochte, und die Steine worauf der Teller ruhete, sich erhitzet, schmelzete der Rand, und mein Gerichte fiel ins Feuer, dieses lehrete mich behutsamer zu verfahren. Wie nun meine Wohnung wieder im Stande, auch die ganze Haushaltung in möglichste Ordnung gebracht, setzte ich mir vor, die Insel gegen Norden und Osten zu besuchen, weil ich um

selbige

selbige Gegend noch keine Stunde Weges von meiner Wohnung abgekommen war. Ich nahm anfangs den Weg, welchen ich mit Zweigen bezeichnet, welche zu meiner Verwunderung neu ausgeschlagen, hieselbst traf ich Früchte auf den Bäumen und niedrigen Gesträuchen fast in einer unzähligen Menge an. Die Auen, so mit Blumen fast bedeckt, gaben einen balsamischen Geruch von sich, daß ich davon fast wie berauschet wurde. Ich verfolgete den Weg nach Nordwest, nach meiner Uhr ganzer drey Stunden, ohne etwas zu entdecken, woraus zu schliessen gewesen, daß die Insel unbewohnet sey. Allein da ich mich gänzlich nordwärts wendete, kam eine Heerde Schafe, mehr als hundert an der Zahl von daher gelaufen, und nahmen ihren Weg gerade nach Westen in ein Gehölze. Ich stund eine gute Weile, und sahe den Thieren nach, nahm auch die Gegend, wo sie hergekommen, sehr genau in Augenschein, weil ich mir nicht einbilden konnte, daß es möglich wäre, so eine grosse Heerde Schafe, ohne den Eigenthumsherrn zu sehen, jene aber verlohren sich, und dieser wollte nicht zum Vorschein kommen. Meine Absicht war sie zu verfolgen, ich gieng auch wohl eine Stunde, aber ohne dieselben anzutreffen. Ich setzte mich daher unter einen Baum, nahm daselbst meine Mahlzeit ein, und hielt Ruhestunde, weil ich ziemlich müde. Unvermerkt war ich eingeschlafen, nachdem ich wieder erwachte, und nach der Uhr sahe, hatte ich völlig drey Stunden geschlafen.

Ich

Ich wollte den Weg, so die Schafe genommen, weiter verfolgen, änderte aber meinen Schluß, und gieng durch das Gehölze gerade nach Norden. Unter den vielerley Arten von Bäumen traf ich zwey Pomeranzenbäume von ausserordentlicher Grösse an, an einen derselben war eine ziemliche lange Stange angelehnet, daher fieng ich an zu glauben, daß sich allhier Menschen aufhalten müssen, denn da es bis zu den Aesten sehr hoch war, konnte man ohne Leiter bis zu den Früchten nicht kommen, hinfolglich diente sie hierzu, Früchte damit abzuschlagen. Ich machte damit gleichfalls eine Probe, und langete vier Stück herunter. Was der Grösse abgieng, ersetzte der Geschmack. Nachdem ich zwey hiervon verzehret, fand ich mich recht gestärket, dieses bewog mich den Abgang mit zwey andern zu ersetzen, sahe mich aber sehr schüchtern um, denn ich vermuthete alle Augenblcke, es würde jemand kommen, und mich dieserwegen zu Rede setzen. Hierbey nun hatte ich mich ziemlich verweilet, nach meiner Wohnung zurück zu kehren, war nunmehro zu spät, und in dieser Gegend zu übernachten, schien mir zu gefährlich. Fast unzählige male hatte ich gewünschet, ach wenn doch nur ein einziger Mensch zu meiner Gesellschaft zugegen seyn sollte, ich wollte mich ihm gerne unterwerffen, und als die niedrigste Person auf der Welt in seinen Diensten seyn, jetzo aber verfolgte mich die Furcht auf allen Schritten, und die geringste Bewegung war hinreichend, dieselbe in höchsten Grad zu vermehren.

Mit

Mit lauter Furcht begleitet wanderte ich immer nordwärts, aufgethürmte Hügel sahe ich von ferne vor Thürme an, welches bey mir eine ausserordentliche Freude verursachte, weil ich für gewiß hielt, es müsse in dieser Gegend eine Stadt seyn. Hier warf ich mir meine Nachläßigkeit vor, daß ich schon beynahe vier Jahr in der Einöde hingebracht, ohne mir Mühe zu geben zu untersuchen, ob die Insel bewohnt, oder wohl gar ein Strich festes Land sey. Jedoch, widersprach ich mir selbst, es ist ja noch nichts verlohren, allein vor was werden mich wohl die Leute in dem Aufzug, den ich mache, ansehen? werden sie mich nicht vor einen Wahnsinnigen halten, und ins Tollhaus einsperren? dieses nun stund zu gewarten. Die sich meinen Augen vorgestellete Stadt, war noch zu weit entfernet, als daß ich sie noch selbigen Tag hätte erreichen sollen, ich mußte also einen beqvemen Ort zum Nachtlager aussuchen. Unter vielen Ueberlegen erwählte ich einen Baum, auf welchen ich, nachdem ich vorher mein Reisegeräthe unter einen Strauch verstecket, wiewohl mit vieler Mühe kletterte, aber aus Furcht wenig schlief. Am Morgen in aller Frühe brach ich auf, um bey Zeiten in der Stadt zu seyn, hatte mich aber umsonst gefreut; denn als ich zwo Stunden den Weg sehr emsig verfolget, erblickte ich an statt der vermeinten Thürme nichts als unförmliche Steinklippen. Da mir nun diese Hoffnung fehl schlug, änderte ich meinen Cours, und gieng gerade nach Osten zu, in der Hoffnung daselbst

selbst Menschen anzutreffen. Die daher gekommene Heerde Schafe musten ein sichres Kennzeichen seyn, weil dieselben nicht wie Früchte auf den Bäumen wachsen, sondern nach der Ordnung von Menschen gepfleget werden müssen. Als ich noch einer guten Stunde Weges in einer untermischten sandigten Gegend zurückgelegt, kam ich mit einmal an einen ziemlich schnellen Fluß, welcher seinen Lauf gerade nach Norden nahm; seine Breite war ungefehr drey Klaftern, und daß er ziemlich tief seyn mochte, konnte ich daraus abnehmen, weil das Wasser überaus helle war, und dem ohngeachtet nicht bis auf den Grund sehen konnte. Ich verfolgte den Strohm, und je weiter ich gieng, je mehr schien er sich zu breiten, dabey verlohr er aber seine Tiefe. Von einer Höhe, welche ich mit ziemlicher Gefahr erkletterte, konnte ich das Meer, welches ohngefähr eine Stunde weit entfernet war, eigentlich erkennen. Weiter wollte ich mich für dieß mal nicht wagen, ich kehrte also wieder zurück, und setzte mir vor den Ursprung des Flusses zu untersuchen. Dieser schränkte sich in einem erhöheten Ufer immer enger ein, verschiedne mal machte er einen Winkel, da er denn schäumend an das felsigte Ufer anprallete; mit einem mal wendete er sich durch eine Krümme, welche mich mehr südlich als östlich führte. Von ohngefehr sahe ich mich um, und wurde mit Verwunderung gewahr, daß ich unvermerkt ziemlich Berg an gestiegen war, noch weit mehr aber wurde ich in Erstaunen gesetzt, als ich einen ordentlidentlichen Steg antraf, welcher ohngefehr drey Schuh breit, und an dessen beyden Seiten ein Stück Tau statt einer Lehne fest gemacht war. Hier gieng ich mit mir selbst zu Rathe, ob ich mich wohl über denselben wagen dürfte, denn es war unstreitig, daß dieses ein Werk durch Menschen Hände gemacht war; allein da ich keinen gebahnten Weg sahe, war zu schließen, daß die Paßage nicht allzu stark seyn müsse, ich gieng also getrost hinüber. Aus Vorsorge gegen einen Anfall mich zu sichern, untersuchte ich meine Flinte, schüttete frisch Pulver auf die Pfanne, im Nothfall mich nach Möglichkeit zu wehren. Ich war etwa einen Büchsenschuß gegangen, als ich ein Stück Feld mit Bohnen, so in der schönsten Blüthe stunden, antraf, dieses überzeugte mich vollends, daß sich ganz gewiß um diese Gegend Menschen aufhalten müßten. Das Herz fieng an, wie ein Hammer zu schlagen, ich weiß nicht ob vor Freuden, oder aus Furcht, doch letztere verschwand meistens, weil außer den Bohnen sonst nichts zu sehen war, das mich hätte aufmerksam machen sollen. Hier mußte ich das Ufer verlassen, weil es sehr dicke mit Gesträuch bewachsen war, und nunmehro führte mich der Weg durch zwo Reihen Bäume, welche einer Alee ziemlich ähnelten. Allein, kaum daß ich dessen Ende erreichte, so sahe ich vor mir zur Linken, unter dicken Bäumen, verschiedene kleine Gebäudgen, oder vielmehr Hütten stehen, aus einer derselben stieg ein kleiner Rauch empor, woraus ich ur-

thei-

theilete, daß dieselben bewohnet seyn mußten; Da nun dieses nichts anders als eine Küche vorstellen konnte, wollte ich hineingehen, zu sehen, was ich zu hoffen oder zu fürchten hatte, muste aber vor dem Hauptgebäude, an welchem die Thüre offen stund, vorbey. Ich sahe mich eine ziemliche Weile um, und wollte abwarten, bis jemand zum Vorschein käme, es wollte sich aber niemand melden. Mit Zittern näherte ich mich um zwey Schritte, in der Absicht in eines von diesen Gebäuden zu gehen. Man stelle sich das Erstaunen vor, in welches ich gestürzt wurde, als ich eine Stimme vernahm, welche rief: Martin, Martin, es juckt. Als ich mich von dem Schreck noch nicht erholet, hub es von neuem an zu ruffen: Martin Speelhoven komm heraus, es juckt. Meinen Namen ordentlich zu nennen, dieses war etwas außerordentliches. Diese Gegend muß ohnfehlbar von bösen Geistern bewohnet seyn, dachte ich bey mir selbst, wie wäre es anders möglich, daß jemand meinen Namen so genau wissen sollte. In der Angst sprach ich unterschiedliche Gebetgen, so mir einfielen, ich wollte fluchen, aber umsonst. Nichts gewißers stellete ich mir vor, als den Tod, ein eiskalter Schweiß überlief mich, und ich war kaum vermögend, auf den Füssen zu stehen. Bey alle dem fieng ich an einen Muth zu schöpfen, weil sich außer der Stimme nichts zeigete, so mir eine Furcht einjagen können, mein Reisegeräthe bis auf die Flinte, hatte ich, ehe ich über den Steg gieng, zurück gelaßen, ich entschloß

entschloß mich daher kurzum gerade in das erste Gebäude hinein zu gehen, und wenn ja Gefahr vorhanden, mich aufs laufen zu legen, setzte daher die Flinte an einen Baum, und gieng gerade auf die Thüre los. Als ich mich völlig genähert, erblickte ich einen Mann in einem Schiffscamisol, und einer rauchen Mütze auf dem Kopf, nebst einem ziemlich großen Bart auf einem Stuhl sitzend, welcher mich mit funkelnden Augen ansahe. Nach einer tiefen Verbeugung redete ich ihn folgender Gestalt an: Ehrwürdiger Vater, ich freue mich in dieser Einsamkeit einen Menschen anzutreffen, welcher dem Vermuthen nach einerley Schicksal mit mir unterworffen, nehmet mich auf, ich verspreche euch nach aller Möglichkeit an die Hand zu gehen. An statt der Antwort, stund er auf, und wies mit der Hand nach der Thüre. Ey Vater, redete ich weiter, wollet ihr euch denn nicht über einen Unglückseligen erbarmen? Als er mir mit einem grimmigen Blick noch einmal die Thüre gewiesen, und ich nicht gehorsamen wollte, griff er nach der Flinte, welche an der Wand hieng. Hier war weiter nichts zu machen, als das Leben nach Möglichkeit zu retten, ich war daher mit einem Sprung zur Thüre hinaus, nahm meine Flinte, und lief so geschwind, als es in meinem Vermögen stund. Ehe ich es mir aber versahe, geschahe ein Schuß, daß mir die Kugel vor den Ohren vorbey pfiff. Die Bosheit eines so alten Mannes jagte mich auch in Harnisch, ich kehrete mich um, und da ich sahe, daß er in Begriff war, wieder zu laden, schoß ich meine Flinte auch los, nicht in der Absicht ihn zu treffen, sondern nur zu zeigen, daß ich auch im Stande sey mich zu wehren. Der Knall war kaum geschehen, als er den Reisaus nahm, doch da er sich vor sicher halten mochte, noch einmal abfeuerte. Es wäre ihm beynahe gelungen mir den Rückweg vergessend zu machen, denn die Kugel gieng durch die Huthspitze, daß er sich auf dem Kopf herum drehete. Ob es mir gleich weiter nichts schadete, als daß ich in demselben ein Loch mehr hatte, so gieng es mir doch sehr nahe, mich von einem Menschen, dem ich niemals einiges Leid zugefüget, also gemißhandelt zu sehen. In der Wuth wäre ich beynahe umgekehret, in der Absicht ihn aufzusuchen, und eine Kugel durch den Kopf zu jagen, doch überlegte ich zugleich, daß es nicht gut gethan sey, indem jener den Vortheil hatte sich zu verbergen, und zwar an einem Orte, da ihm alle Winkel bekannt, ich hingegen hierum nicht den mindesten Bescheid wußte; ich unterließ es also, vielmehr suchte ich mich aus einer mir so gefährlichen Gegend mit ganzer Haut zu entfernen, hatte auch sehr wohl gethan, indem, ehe ich den Steg wieder paßirte, mir vier Kugeln über den Kopf hin pfiffen, ohne zu sehen wo sie her kamen. Hier galt gewiß Laufen, einigemal war ich Willens mit ein Paar Schüssen zu antworten, da ich aber einsahe, daß es weiter keinen Nutzen schaffte, als daß ich das Pulver verplatzte, unterblieb es. Daselbst mich lange aufzuhalten, wäre eine Unbesonbesonnenheit gewesen, ich eilete also geraden Weges nach meiner Wohnung. Hatte ich mich vor der Reise einer Nachläßigkeit beschuldiget, so verwieß ich mir ansetzo meine allzugroße Neugierigkeit, was werden nun die Früchte hiervon seyn, überlegte ich bey mir selbst, der alte Kerl, so dem Vermuthen nach mit den bösen Geistern in einem Bündniß stehet, wird mich aufsuchen, und mir das Lebenslicht ausblasen. Natürlicher Weise kann es nicht möglich seyn, daß mich jemand, und wenn die Insel von hundert tausend Einwohnern angefüllet, nach meinem Namen kennen sollte. Dieses kann für nichts anders als etwas übernatürliches angesehen werden, und dieses stärkte mich in meiner Meynung, weil ich außer dem Alten keine lebendige Seele gesehen. Im Fall auch, es hat sich jemand in der Küche aufgehalten, sollte die Person nun just meinen Namen gewußt haben? Von da an lebte ich in der grösten Unruhe, nicht ohne Furcht setzte ich einen Schritt vor die Wohnung, alles was ich ansahe, war meinem Bedünken nach bezaubert. Des Nachts fuhr ich im Schlaf auf, griff nach der Flinte und that einen Schreckschuß: in der Absicht, den Alten, wenn er sich ja gelüsten ließe mich aufzusuchen, zu zeigen, daß ich ihn erwarte. Dieses unterließ ich aber endlich, weil es nach reiffer Ueberlegung mir mehr nachtheilig als nützlich zu seyn schiene; denn was konnte dieser Schluß helfen? sollte es ihm einfallen mich aufzusuchen, so beförderte es ihm nur sein Vorhaben. Der Knall zeigte ihm den Ort meines Aufenthalts an, und durch Beyhülfe der bösen Geister war kein Winkel vermögend mich zu verbergen. Um aber mein Leben, so lang es möglich, zu retten, nahm ich mir vor, den Eingang für einem Anfall zu verwahren, holte mir noch etliche Stücke von den Trümmern; hiermit vermachte ich die Oeffnung, daß es Mühe kostete aus und ein zu kriechen. Hierbey gerieth ich auch auf den nicht ungeschickten Einfall, des Nachts beym Schlafengehen legte ich eine Flinte bey dem Eingang, spannete den Hahn auf, von dem Tau nahm ich ein abgetrennetes Stück, spannete es queer über, und band das eine Ende an den Anschlagedrücker. Dieses that ich aus Vorsorge, wenn er sich unterstünde mich im Schlaf zu überraschen, so muste er an den Faden stoßen, hiermit gieng die Flinte los. Sie war auf den halben Mann gerichtet, mithin mußte ihm die Kugel ohnfehlbar treffen, oder durch den Knall wenigstens abschrecken, wodurch ich denn zugleich erwecket wurde und Zeit gewinnen konnte, mich zur Gegenwehr anzuschicken. In dieser Verfassung wollte ich den alten Zauberer, davor ich ihn hielt, erwarten. Und ob gleich ein viertel Jahr verstrich, ohne die geringste Spuhr zu entdecken, daß er Absichten gehabt mich zu überfallen: so verschwand doch die Furcht, welche ich mir dießfalls in dem Kopf gesetzt, nicht gar; vielmehr begleitete mich dieselbe bey allen Handlungen. Ohne Furcht und Zittern that ich keinen Schrit vor meine Wohnung; gieng ich fischen, oder an-

derer

derer Verrichtung, welche meinem Unterhalt betraf, nach, so mußte ich immer gewärtig seyn, wenn er in einem Hinterhalt auf mich laurete, und mir das Lebenslicht ausblies. War ich in der Küche, um mir etwas zu Essen zurechte zu machen, so war das geringste Geräusche hinreichend, mir einen Schreck einzujagen, ja bey dem Essen, welches ich meist stehend verrichtete, sprang ich mehr als einmal mit aufgezogenem Hahn vor meine Wohnung, aus Furcht der Alte möchte zugegen seyn. Keine Nacht schlief ich ruhig, ich fuhr im Schlafe auf, stellete mich in Schlachtordnung, aber niemand begehrte sich mit mir zu schlagen. Dieses trieb ich so beynahe ein halbes Jahr. Dieses länger zu treiben wurde ich überdrüßig. Beschloß also kurz und gut, den Feind in seinem eignen Nest aufzusuchen, und ihn durch Güte oder mit Gewalt auf andere Gedanken zu bringen. Ich prophezeihete mir aber im voraus, daß ich weniger als nichts ausrichten würde; in Ansehung, daß er mit Hülfe der bösen Geister alles wider mich zu unternehmen im Stande sey. Ich konnte dieses zum Exempel setzen, daß mich dieselben bey dem ersten Besuch zu zeitig verrathen; mithin konnte es mir bey dem zweyten nicht besser gehen. Es stritt wohl einigermaßen wider die gesunde Vernunft, wenn ich in Betracht zog, daß, so es sich wirklich also verhalten sollte, es ihm durch deren Hülfe ein leichtes gewesen sey, längstens den Garaus mit mir zu machen; wenn ich aber dieses dagegen hielt, daß man mich, ohne jemand ge-

 sehen

sehen zu haben, bey meinem Namen gerufen, so blieb es allemal festgesetzt, es könne nicht anders als durch Zauberey geschehen; lediglich mußte es auf die Erfahrung ankommen, wie weit dieses Grund hatte. Bey meinem Aufenthalt in Amsterdam sagte mir ein Kaufdiener, daß es in seinem Hause entsetzlich spükte, wenn es zu arg wird, sagte er, stopfe ich mir eine Pfeiffe Taback, und dämpfe mit aller Gewalt, da es denn hernach bald ruhig wird. Vielleicht zog ich hieraus den Schluß, hat derselbe Poltergeist den Tabackrauch nicht vertragen können, aber hieraus folget nicht, daß des Alten seine treue Gehülfen sich hierdurch werden abschrecken, noch weniger verjagen lassen; wiewohl ich beynahe auf den abgeschmackten Einfall gerathen wäre, weil mich nichts stöhrete zu glauben, ich hielte durch dieses Mittel die Geister ab, daß sie mir keinen Schaden zufügen könnten. Da ich nun keines mit Gewißheit behaupten konnte, setzte ich einen Besuch feste, er möge nun ausfallen wie er wolle. Ich versahe mich also mit allen Nothwendigkeiten, und trat die Reise an. Der Weg gieng nach den vorerwähnten Pomeranzenbäumen, von da schlich ich mich an der Nordseite hin, um mit aller Frühe den Steg zu paßiren, so auch geschahe. Gerade auf seine Wohnung loszugehen, hielt ich nicht vor rathsam, sondern versteckte mich bey dem Eingang der Allee hinter das dicke Gesträuche, wo ich ohnmöglich entdeckt werden konnte. Ich hatte den Platz kaum eingenommen, als der Alte in folgendem Aufzug daher

spaziert

spaziert kam: Seine ganze Kleidung bestand in einem Matrosenhabit, nur daß er auf dem Kopfe eine rauche Mütze, so vermuthlich von einem Tannbockfell gemacht, hatte. Auf der linken Schulter trug er die Flinte, und hatte sich einen Degen angegürtet von einer ziemlichen Größe; übrigens gieng er barfuß. Hinter sich her zog er einen kleinen Wagen mit ganz niedrigen Rädern, so vermuthlich von den Canonen, welche man sich zu Schiffe bedienet, ihm in die Hände gerathen war. Er gieng kaum funfzig Schritte bey mir vorbey, und es wäre mir ein leichtes gewesen, ihm das Lebenslicht auszublasen; allein ich wollte ohne dringende Noth mich nicht mit Blut besudeln, ließ ihm daher seines Weges gehen. Als ich glaubte, er sey so weit von mir, daß ich nicht entdecket werden konnte, machte ich mich aus meinem Hinterhalte herfür, um zu sehen, was vor einen Weg er nehmen würde, sahe und hörte aber nichts von ihm. Hier dünkte es mir Zeit zu seyn, in seiner Abwesenheit mich in seinem Revier etwas umzusehen. Als ich daselbst anlangte, hatte ich drey Gebäudgen nach dem Winkel gebauet vor mir, die Thüren aber sorgfältig verschlossen. Da ich es mir aber am wenigsten versahe, schrie es: Martin, Martin, Martin Speelhoven! Man stelle sich vor, wie mir zu Muthe war, aus großer Uebereilung fiel ich über ein alt Stück Faß weg, und machte kein schlechtes Gepolter, denn ich schlug mit dem Kopf wider die eine Thür; hierzu kam noch, daß sich das Martinrufen verdoppelte. In möglichster Geschwindigkeit raffte ich mich auf, und lief nach den Ort meines vorigen Aufenthalts, konnte denselben aber nicht erreichen, weil ich den Alten von ferne mit schnellen Schritten auf mich zu eilen sahe. Ob er mich wirklich in Augenschein genommen, weiß ich nicht, ich verbarg mich also so gut es angehen wollte. Hinter einem dicken Strauch lag ich Schuß fertig, allein er eilete ohne meiner wahr zu nehmen, vorbey. Er war mir nicht so geschwind aus dem Gesicht, als ich aus meinen Hinterhalt herfür kroch, und in möglichster Geschwindigkeit über den Steg zu kommen suchte; diesen aber hatte der Alte zu meinem Verdruß völlig abgebrochen. Hier war ich, so zu sagen, gefangen wie die Maus in der Falle. Mein Leben so lange als möglich zu erhalten, stieg ich in der Gegend nordost, an dem äusersten Winkel, den Felsen hinaus, wo es an Schlupflöchern nicht fehlete, mich zu verbergen. Ich laurete bis fast zur Sonnen Untergang auf den Alten vergeblich. Hätte ich noch Lebensmittel gehabt, so wäre es mir ein leichtes gewesen noch einen Tag zu verweilen, um auf das Thun und Lassen meines Feindes ein Augenmerk zu haben; so aber muste ich einen Weg suchen über den Fluß zu kommen, es mochte nun ausschlagen wie es immer wollte. Anfangs setzte ich mir vor daselbst zu übernachten, und am Morgen gerade nach seiner Wohnung zu gehen, in der Absicht, ihn durch eine demüthige Stellung dahin zu bewegen, daß er sich es gefallen ließe, mit mir gesellschaftlich zu leben: wenn ich aber

sein

sein bisheriges Bezeigen dagegen hielt, schlug es die Hoffnung meinen Zweck zu erreichen gänzlich darnieder. Er suchte allem Anschein nach meinen Untergang, zu was Ende hätte er sonst die Brücke abgetragen? Das umgerißne Faß war ein hinlänglicher Beweis, das er schießen konnte, ich habe in seiner Abwesenheit einen Besuch abgestattet. Aus dem allen konnte er urtheilen, daß ich mich um selbige Gegend aufhalten müsse; wäre er gesonnen sich mit mir zu betragen, so würde er wo an einem Orte ein Merkmal hinterlassen, woraus ich einigermaßen seine Meynung abnehmen können. Ich mußte also einen Weg suchen über den Fluß zu kommen. Dieses zu bewerkstelligen, nahm ich den Weg nach Norden, allwo er allem Vermuthen nach sich in das Meer ergießen mußte. Ich habe bereits erwähnet, daß er sich nach selbiger Gegend ausbreitete, hinfolglich immer seichter wurde. Die einbrechende Nacht aber verhinderte es, mich hinüber zu wagen; ich mußte also da, wo ich war, einen bequemen Ort zum Nachtlager erwählen. Auf den Tag versuchte ich es an verschiedenen Orten, es wollte sich aber ohne Gefahr nicht thun lassen, endlich mußte es mir glücken. Von da nahm ich einen Umweg nach den erwähnten Pomeranzenbäumen, mußte aber mit Verdruß sehen daß die Stange nicht mehr vorhanden war; doch sollte es nicht gar umsonst seyn, denn ich fand vier Stück im Grase, so dem Vermuthen nach der Wind, welcher vorige Nacht sich ziemlich stark erhoben, abgeworfen haben mochte. An diesen ließ ich mich begnügen, und eilete nach meiner Wohnung, denn ich hatte ein groß Stück Arbeit vor mir, weil die Regenzeit heran nahete, und ich vor der Zeit gerne den Samen unterbringen wollte. Als ich ohngefähr eine gute Stunde Weges zurück gelegt, und aus aller Gefahr zu seyn glaubte, geschahe ein Flintenschuß, daß die Kugel nahe bey mir vorbey sausste, deren in kurzem noch fünfe folgten, jedoch ohne die geringste Wirkung. Hier lange mich aufzuhalten, wäre eine Verwegenheit gewesen. Meinem Feind zum Trotz schoß ich meine Flinte auch los, und zog mich zurück, weil ich nicht gnugsam gesichert war, ob er mich noch weiter verfolgen würde. Der Umweg verursachte, daß ich Abends ganz spät in meiner Wohnung anlangte. Ohngeacht ich mich ziemlich abgemattet, packte ich doch noch das gehörige zusammen. Aus Furcht eines Ueberfalls verwahrte ich den Eingang nach Möglichkeit, und schlief recht sanft. In der That war ich mein Leben recht überdrüßig, nur schmerzte mich es, daß ich es auf eine schimpfliche Art verliehren sollte. Denn was veranlaßte doch den Alten hierzu, daß er einen Menschen, der ihm niemals einiges Leid zugefüget, aus dem Wege räumen wollte? da ich doch eben so viel Recht hatte, mich der Lebensmittel so uns die gütige Natur zuwarf, zu bedienen. Nicht ohne Zittern verfügte ich mich nach der Bucht, säete einen Theil Erbsen, nebst etwas Weitzen. Mit dieser Arbeit verstrich der ganze Tag, nachdem ich vier

Fische

Fische von mittelmäßiger Größe gefangen, gieng ich von lauter Furcht begleitet nach der Wohnung. Da ich nun noch alles in der zurückgelaßnen Ordnung fand, schöpfte ich noch einigen Trost, daß er sich nicht die Mühe nehmen würde, seinen Haß so weit zu treiben, mich in meinem Bezirk zu überfallen. Die Küche auf dem Winter, oder vielmehr einfallende Regenzeit nahm mir wieder acht Tage weg, ich mußte auch, um Salz nebst einigen Vorrath von den Castanienkörnern einzusammlen, eine Nacht mich außerhalb der Wohnung mich aufhalten. Es ist mir allemal das verdrüßlichste gewesen, wenn ich bey der schlechten Witterung das Ausgehen eine Zeitlang aussetzen mußte, doch diesesmal war es mir angenehm, weil zu vermuthen stund, daß sich der Alte ebenfalls innen halten mußte, mithin nichts Böses zu befürchten hatte. Täglich sann ich auf Mittel und Wege denselben auszusöhnen, die Art und Weise aber, wie es anzustellen sey, wollte mir nicht einfallen. Unter vielen Berathschlagungen gerieth ich auf den Einfall, meine Gedanken schriftlich wissend zu machen; allein es fehlte mir an allen hierzu erforderlichen Dingen. Wer sollte mir Feder, Dinte und Pappier dazu hergeben? das, so ich in der Kiste gefunden, war mir verbrannt. Eine Stange Bleystift war mir übrig blieben, aber er konnte nicht reden; außerdem war er mir zu nichts Nutze. Nach vielen Ueberlegen mußte es mir endlich doch gelingen, jedoch auf eine seltsame Art, einen schriftlichen Aufsatz zu machen, und zwar folgendergestalt:

stalt: Ich nahm ein Stückgen Brett, und schrieb mit Kohle darauf, es war gut zu lesen, allein diese Schreibart hatte keinen Bestand, ich konnte die Schrift wegblasen; hinfolglich war ein kleines Lüftgen hinreichend meine Schreiberey zu vernichten. Ich machte also mit dem Bleystift eine Probe, dieses gieng schon besser, doch nicht so kenntlich, daß man es ohne Anstoß lesen konnte. Ungleich besser gerieth es mir, als ich mit Hülfe des Messers dieselbe eingrub. Der Innhalt der Schrift selbst war folgender: Ehrwürdiger Vater! setzet doch euren Haß bey Seite, und erlaubet mir in dieser Einöde gesellschafftlich mit euch zu leben, ich erbiete mich in allem nach euren Befehlen zu richten. Dieses war mir so wohl gerathen, daß ich eine außerordentliche Freude darüber hatte. Nun kam es darauf an, ob er lesen, besonders aber ob er deutsch konnte; die Erfahrung mußte den Ausschlag geben. Je länger ich nun diese Art zu schreiben betrachtete, jemehr gefiel sie mir dergestalt, daß ich oft mehr als eine Stunde mich damit beschäfftigte, und zwar folgendermaßen: Ich legte das Brett an einen besondern Ort, gieng eine ziemliche Weile auf und ab, nachdem trat ich hinzu es zu lesen, so sollte es meinen Gedanken nach der Alte auch machen. Was es nun bey ihm vor einen Eindruck fand, wollen wir bald hören. So bald es die Witterung zu ließ, schaffte ich Lebensmittel ein, holte mir zwey Fische, dabey ich mit Vergnügen sahe, daß meine Saat vortrefflich stund. Nachdem ich dieß

dieß alles gehörig besorget, trat ich eines Tages in aller Frühe die Reise an, diese legte ich bey dem Stege, welcher wieder in seiner vorigen Ordnung war, gerade queer über, daß er sie bey einem Uebergang nicht verfehlen konnte. Auf dem Rückweg gieng ich zu oft besagten Pomeranzenbäumen, und ob die Stange gleich nicht wie das vorigemal vorhanden war, so wurden mir doch fünf Stück, so vermuthlich von dem Winde abgeworfen waren, zu Theil. Meine Bittschrift war also angebracht; nun kam es auf eine gute Resolution an, deren ich mit Verlangen entgegen sahe. Weil ich nun den Krahm so zu sagen aufs neue wieder aufgerühret, war ich auch mehr als jemals auf meiner Hut; allein es verstrichen fünf Wochen ohne etwas zu merken, das mir eine Furcht einjagen können. Da nun die Schoten wieder Körner gefaßt, machte ich mir etlichemal ein Gerüchte an die Fische damit. Und da ich glaubte es sey nun Zeit nach dem Brett zu sehen, gieng ich, mit Furcht und Hoffnung begleitet, eine erwünschte Antwort zu vernehmen. Dieses fand ich zwar an seiner vorigen Stelle, allein der Alte hatte es s. v. mit etwas besudelt, daß von der Schrift nichts mehr zu erkennen war; unten aber hieng ein Pappier, darauf zu meiner Verwundrung deutsch, aber sehr übel geschrieben, folgende Worte stunden: Du hast das Siegel vergessen. Hierdurch nun hatte er sein boshaftes Gemüth vollkommen zu erkennen gegeben, solchergestalt war alle weitere Mühe, so ich mir dießfalls

geben

geben konnte, umsonst. Der Verdruß über diese Beschimpfung war so groß, daß ich über den Steg lief, und mein Gewehr abfeuerte, und auf das geschwindeste mich aus dem Staube machte. Ich gestehe, das mir das Verfahren eines so alten boshaften Mannes sehr zu Herzen gieng, und da ich die Ursache nicht einsehen konnte, warum er seinen Haß gegen mich so weit trieb, so kränkte es mich um so viel mehr. Es wäre mir ein leichtes gewesen ihn auf den Dienst zu lauern, allein warum sollte ich mir ein beflecktes Gewissen machen, ich ließ daher nicht alle Hoffnung sinken, über lang oder kurz einen Vergleich mit ihm zu treffen. Dieses aber behielt ich mir vor, wenn es ihm ja einkommen sollte mich zu überfallen, mich meiner Haut zu wehren, und ihn wie es angehen wollte, aus dem Wege zu räumen; wie wohl das erstere immer die Oberhand behielt, nämlich einen Vergleich einzugehen. Die Unruhe, in die ich hierdurch gesetzet war, gestattete mir nicht, eine aufgeräumte Stunde zu geniessen, alles was ich vornahm, geschahe mit einem Widerwillen. Ich hätte mein Leben in dieser Einsamkeit in einer Zufriedenheit hingebracht, wenn der Dazwischenfall es nicht unterbrochen; so aber war alles was mir zu Gesichte kam, zuwider; ja ich saß oft zu ganzen Stunden, und gab mich dem Jammer Preis. Die Erndte rückte heran, ich mußte drauf bedacht seyn die Körner einzusammeln. Ich brach daher in der Frühe, weil es noch kühle war, auf, allein mit was Entsetzen mußte ich sehen, daß

alles

alles, bis auf den Grund verbrannt. Ich würde noch in Zweifel gestanden haben, ob mir der Alte den Schaden verursachet, wenn ich nicht zugleich den Fischhamen kurz und klein zerbrochen gefunden. Nun gehe elender Martin, sagte ich zu mir selbst, wohin du kannst, nunmehro ist es um dich geschehen, wie lange wird es anstehen, so steckt er mir die Wohnung, wenn er mir sonst nicht beykommen kann, in Brannt, und wer weiß, ob es nicht bereits in der Abwesenheit geschehen ist. Wohin sollte ich nun meine Zuflucht nehmen? hätte ich ein Fahrzeug gehabt, würde ich ohne Bedenken mich dem Meer anvertrauet, und lieber unter den Wellen mein Grab gesuchet, als hier auf eine so schimpfliche Art umgekommen seyn. Nach vielen Berathschlagungen bey meiner Heimkunft setzte ich mir mit einmal die Rache vor, ich wollte ihn durch eine abermalige Schrift zuvor ordentlich den Krieg ankündigen; nach reifer Ueberlegung aber unterblieb es, denn es wäre mir selbst nachtheilig gewesen. Er gewann Zeit sich in Gegenverfassung zu setzen, seine Wohnung hatte nicht mehr als einen Zugang, der mir bekannt; ich mochte daher kommen wenn ich wollte, fand ich den Wirth zu Hause. Ich wollte ihn ohne lange Anfrage beschleichen, ihm die Hütte anstecken, und wenn er zum Vorschein käme, eine Kugel durch den Kopf jagen. Es fiel mir aber auch ein, daß zugleich ein Vorrath von nutzbaren Sachen mit im Rauch aufgiengen, welcher ich mir bedienen könnte, also mußte ein anderer

Fund

Fund erdacht werden. Der hauptsächliche Stein des Anstosses aber war dieser, daß ich ihn immer noch vor einen Zauberer hielt; also konnte er durch seine getreuen Gehülfen meine Absichten, ehe sie zum Zweck kamen, vereiteln. War es ein leichtes mich bey meinem vollen Namen zu rufen, wie würde mir es gehen, wenn ich in Ernst seinen Untergang suchte. Ich beschloß, mich auf acht Tage mit Lebensmitteln zu versehen, und bey dem Steg an einem Orte so lange verborgen zu bleiben, bis es mir glückte, ihn habhaft zu werden. Hat er nichts bey sich, womit er mir einiges Leid zufügen kann, will ich ihn sein strafbares Verhalten nach der Länge vor Augen stellen, von diesem sollte sein Leben und Tod abhängen. Von da an schlief ich nicht mehr in meiner ordentlichen Wohnung, sondern schlief wo ich am sichersten zu seyn glaubte. Einen Tag um den andern setzte ich mir vor, die einmal beschloßne Rache auszuführen, es legte sich aber eine Hinterniß um die andere in den Weg. In dieser Ungewißheit verstrichen beynahe drey Wochen, und weil er mir weiter nicht zu Leibe kam, legte sich die Hitze gröstentheils, und ich schlief auch wieder in der ordentlichen Wohnung. Als ich nun meinen Gedanken nach nichts weiter zu befürchten hatte, dachte ich wieder auf einen Fischhamen, allein mit der Aussaat wollte ich mich vor dießmal nicht einlassen. Vor dem Eingang hatte ich eine Art einer Laubhütte gemacht, um der Luft zu genießen. Hier saß ich eines Tages und arbeitete an dem Netze, als sich wider Vermuthen über

mir

mir ein noch nie gehörtes Geräusche, oder vielmehr Prasseln erhub, ich war eben im Begriff nach der Flinte zu greifen, welche mir beständig zur Seiten stund, als ein Theil der Decke mit einem außerordentlichen Krachen einstürzte. Ein Fechtsprung war genug mich zu entfernen. Nun nahm ich dieses als eine bekannte Sache an, weil ich vorher gesehen, daß sich dieselbe an der einen Seite in etwas gesenket, daß sie aber dem Fall so nahe war, hätte ich mir nicht träumen lassen. Der Schade konnte also mit geringen Kosten wieder ersetzet werden, ja ich kann sagen, daß es mir einigermaßen lieb war, denn es war meine Absicht längst gewesen die Küche zu erweitern, um mir eine Wohnung daraus zu bauen, und weil in die bisherige wenig Luft konnte, so roch es dumpfig. Das eingestürzte Loch sollte dazu dienen, daß der Rauch einen freyen Ausgang hätte; ich gieng also in die Küche eine Schaufel zu holen, um die Decke nebst der Matratze unter dem Erdreich herfür zu suchen. Allein mit was Entsetzen sahe ich unter dem Schutt ein Paar Menschenbeine herfür ragen, welche sich jezuweilen bewegten. Ich war unschlüßlich was ich thun sollte, doch überwand ich die Furcht so mich bey dem ersten Anblick eingenommen, und fieng an zu räumen. Nebst den Beinen fand ich eine Flinte mit aufgestecktem Bajonet, so ich herfür zog, da ich denn einen kläglichen Laut vernahm. Das Bajonet war fast bis an dem Griff blutig, woraus ich urtheilete, es müsse sich der Mensch, welcher mit der Decke herabgestürzet,

stürzet, selbst verwundet haben. Ich arbeitete daher aus allen Kräften, dem Unglücklichen, so geschwind es möglich, Luft zu machen, damit er nicht unter dem Schutt ersticken möchte. Aber wie große Augen machte ich nicht, als ich den Alten vor mir liegen sahe, welcher nicht begehrte ein Auge aufzuthun; und hätte er sich nicht zuweilen gereget, würde ich ihn vor todt gehalten haben; nur setzte mich dieses in Verwunderung, daß ich weiter kein Blut sahe. Alter Vater! redete ich ihn an, wo thut es euch wehe, ich will euch aus allen Kräften beystehen; er würdigte mich aber keiner Antwort, ob es aus Schwachheit geschahe, oder aus Verstockung, wußte ich nicht, wiewohl beydes mit einander verknüpft seyn mochte; denn als ich ihn aus einem wahren Mitleiden bey der Hand nahm, riß er sich mit Gewalt los, ja seine Bosheit trieb ihn so weit nach mir zu schlagen. Hierdurch wurde ich ungedultig, und hielt ihm sein Bezeigen gegen mich nach der Länge vor. Was habe ich euch in den Weg geleget, sagte ich, daß ihr mich ohne die geringste Ursache bis auf den Tod verfolget? Das Unglück, so ihr mir zugedacht, ist über euch gekommen, es wäre euch zuträglicher gewesen, wenn ihr euch hättet gefallen lassen gesellschafftlich mit mir zu leben, ich würde euch in eurem Alter gepfleget haben, und unser beyder Elend würde hierdurch guten Theils erleichtert worden seyn. Jedoch wir wollen das Vergangene in Vergessenheit stellen, saget mir wo es euch fehlet, und womit ich euch dienen kann?

Dieß

Dieß alles war einem Stein geprediget, er blieb unempfindlich. Da er sich nun meiner Hülfe ganz entäußerte, konnte ich weiter nichts thun, als das fernere abwarten. Ich setzte mich von ferne, und gab genau Acht, ob er liegen bleiben oder aufstehen würde, denn ich hielt das meiste für eine Verstellung, und dieses bestärkte meine Meynung, weil er verschiedenemal die Augen aufthat, bey meiner Erblickung aber wieder zuschloß. Es war schon ziemlich spät in den Mittag hinein, daher erinnerte mich der Magen an seiner gewöhnlichen Abfertigung. Ich holete mir daher etwas kalte Küche, unterließ aber nicht den Alten genau zu beobachten. Das blutige Bajonet war wohl ein hinlänglicher Zeuge, daß er verwundet seyn müsse, demohngeacht trauete ich ihm doch nicht viel Gutes zu, es konnte eine Verstellung seyn, um mich sicher zu machen. Dieserwegen gab ich sehr genau acht, und erwartete mit Ungedult, was es vor einen Ausgang gewinnen würde; allein er blieb unbeweglich auf einer Stelle liegen. Mit einbrechender Nacht machte ich unweit dem Eingang ein Feuer, um nicht im Finstern zu sitzen. Um Mitternacht griff er in die Tasche, zog etwas heraus, und warf es über dem Kopf in einen Winkel, was es eigentlich war, unterstund ich mich nicht nachzusehen, um ihn nicht zu erzürnen. Gegen dem Morgen sahe er mich eine gute Weile mit unverwandten Augen an, ich fragte nach seinem Begehr, anstatt der Antwort aber reichte er mir die Hand, welche er fest in die meine schloß, und sich in dem Behältniß schüchtern umsahe. Mit der andern Hand griff er nach der Brust, und biß die Zähne zusammen, woraus ich schloß, daß er große Schmerzen empfinden mochte. Thut euch etwas weh, mein Vater! wiederholte ich die Frage? ihr könnet mir doch nicht helfen, sagte er endlich mit unterbrochnem Stöhnen. Hierauf sahe er mich mitleidend an, sein Zustand gieng mir dergestalt zu Herzen, daß mir die Thränen übers Gesicht rolleten. Er sahe mir eine gute Weile starr ins Gesicht, hub an und sagte, wiewohl sehr matt: Das Unglück, so ich euch zugeschworen, ist auf = = Er wollte mehr sagen, allein er verwandelte sich oft in dem Gesicht, und wies auf die Brust; da ich ihm aber den Oberleib entblösen wollte, um zu sehen wo ihm fehlte, stieß er mir die Hand weg. Noch konnte ich nicht einsehen was ihm fehlte; das Bajonet hatte ich blutig unter dem Schutt hervor gezogen, allein da ich an dem ganzen Körper nichts spührete, so mit Blut besudelt, wußte ich nicht was ich davon halten sollte, ich mußte also den Ausgang mit Gedult abwarten. Er fieng an ruhig zu werden, ja er schien in einen Schlummer zu fallen, welches mich beynahe auch überrumpelt hätte, nämlich der Schlaf wollte mit Gewalt den Meister spielen; mich aber desselben zu erwehren, steckte ich ein Pfeifgen Taback an. Mit Anbruch des Tages fieng er sich etlichemal herum zu wälzen, griff beständig mit der Hand nach der Brust; da ich näher hinzu trat, sahe ich nicht ohne Grausen, daß er die Augen in dem Kopf drehete; dieses dauerte etwa eine halbe Stunde, bis er endlich die Seele ausblies. Hatte ich vorher eine ziemliche Zeit in Lebensgefahr hingebracht, so war ich jetzo über den Tod des alten Mannes nicht wenig verlegen. Ihn unter die Erde zu bringen, war wohl meine erste Sorge, allein den Ort wo ich ihn einscharren sollte, konnte ich nicht bestimmen; zudem war ich unvermögend ihn weit zu schaffen, und in der Nähe war es mir nicht gelegen; denn aufrichtig zu bekennen, so nahm mich eine Furcht ein. Nach vielen Hin- und Hersinnen was ich mit dem Körper machen sollte, wurde ich mit einemmal schlüßlich, ihn da, wo er lag, einzuscharren; es konnte demohngeacht die Küche, wie ich mir vorgesetzt, bleiben. Ich fieng also an zu graben, und nachdem ich ein ziemlich Loch gemacht, überwog die Neubegierde die Furcht, um zu sehen, ob er von dem Fall, oder an einer Wunde gestorben sey. Ich machte ihn daher vorne das Schiffscamisol nebst dem Hemde auf, hier fand ich unter den Ribben einen Stich, der als eine Faust hoch aufgelaufen war; da nun die Wunde zugefallen, und das Geblüt seinen Lauf nicht gehabt, hatte es ihm allem Vermuthen nach das Herz abgedrückt. Das Hemde, so er an hatte, war noch gut und reinlich, dieses wollte ich ihm abziehen, dachte aber es möchte mir so wie mit der Uhr gehen, ließ es ihm also an, und besuchte die Taschen, fand aber nichts als ein Messer, so haarscharf war; dieses behielt ich, machte ein Loch beynahe zwey Ellen tief, aus der Absicht, die Küche daselbst aufzuschlagen. Nachdem ich hiermit fertig, wälzte ich ihn nicht ohne innerliche Furcht hinein, und verscharrte ihn unter Vergiessung vieler Thränen, dessen Ursache ich nicht angeben konnte. Hauptsächlich waren dieses meine Gedanken, warum er mich so ohne Ursach verfolget, da ich ihn doch nicht die mindeste Gelegenheit hierzu gegeben? Hätte er mich willig in seine Gesellschafft aufgenommen, würde es ihm zuträglich gewesen seyn, er hätte nichts zu thun gehabt, als mich zu unterrichten. Wir würden einander in der Einsamkeit das elende Leben gutentheils erleichtert haben. Bey alle dem hatte ich ein großes Vergnügen, daß ich den Anschlag ihn aus dem Wege zu räumen, nicht ausgeführet; ein beissendes Gewissen würde mich bey allen Handlungen begleitet haben, und dieses erweckte eine Art einer Zufriedenheit bey mir. Ich habe bereits erwähnet, daß er etwas von sich geworfen; im Nachsuchen fand ich ein ziemlich Gebund Schlüssel, welche ohnfehlbar zu seinem Behältniß gehören mochten. Ueber diesen Beschäfftigungen war der Tag meist verstrichen, da ich denn genöthiget war, mich nach einer Schlafstelle umzusehen. In der Küche hätte ich wohl ohne Bedenken schlafen können, allein ich spührte eine Furcht bey mir, so den meisten Menschen anhänget. Dieses war mir wohl bewußt, daß, wer einmal todt, den Lebendigen weder schaden noch nutzen könne; da er aber eines gewaltsamen Todes gestorben, erweckte es natür=

natürlicher Weise einen Abscheu bey mir. Ich machte mir mein Abendessen zurechte, unterhielt ein mäßiges Feuer, und legte mich, etwas auszuruhen, auf das zubereitete Lager, in der Absicht die Nacht so hin zu bringen, war aber, weil ich vorige Nacht kein Auge zugethan, vor Müdigkeit unvermerkt eingeschlafen, wunderte mich also nicht wenig, als es bey meinem Erwachen schon hoch am Tage war. Ich spührte an mir eine große Veränderung; war ich zeithero zu allem verdrossen gewesen, so hatte sich durch den Schlaf das vorige aufgeräumte Wesen wieder eingefunden. Ohne alles Bedenken gieng ich hin, des Alten Grabstätte zu besehen, es war zu meiner Verwundrung vorige Nacht wieder ein Theil von der Decke eingestürzt, gut war es demnach, daß ich unter der Zeit geschlafen, außerdem hätte ich wieder einen neuen Schreck auszustehen gehabt; es konnte auch natürlicher Weise nicht anders kommen, denn alles was ich im Anfang machte, geschahe nicht in der Absicht, so lange Dienste zu thun, anderntheils fehlte es mir an genugsamer Geschicklichkeit, dieses nach der erforderlichen Ordnung zu befestigen. Mich trieb die Neubegierde an, auf dessen Höhe zu steigen, ob nicht eine Spuhr zu sehen sey, wie der Alte selbige erklettern können, ohne eine Geräusch zu machen, da wegen der nur allzugegründeten Furcht ein rauschendes Blatt hinreichend war, mich aufmerksam zu machen. Oben fand ich zwischen zwey Bäumen niedergedrucktes Gras, woraus ich schloß, er müsse daselbst übernachtet haben, an dem einen Ast hieng eine von Leinwand gefertigte Tasche mit einem dergleichen Band zum anhängen, in derselben waren nachstehende Sachen: Erstens zog ich eine schöne beschlagne Tabackspfeiffe mit einen ziemlich langen Rohr heraus, über diesen Fund hatte ich eine außerordentliche Freude, weil ich mir ein dergleichen Stück längstens gewünschet; nebst dem fand ich ein groß Stück schönes frisch gebacknes Brod, o was vor eine Delicatesse ist dieses, wenn man es so lange entbehren müßen; eine mit einer Schraube versehene gläserne Flasche mit rechten guten Branntwein, war das dritte Stück, so ich heraus zog. Nebst einem Stück gebratnen Lamm oder Schöpsenfleisch, fand ich eine küpferne Dose mit Taback von ungleich feinen Geschmack, angefüllt, wovon ich stehenden Fusses eine Probe machte. Endlich waren in einem Lappen zwanzig scharffe Patronen beygefüget, welches mich muthmaßen ließ, daß er wirklich in der Absicht ausgegangen sey, mich aus dem Wege zu schaffen. Er hatte also den Stein über sich in die Höhe geworffen, welcher auf seinen eignen Kopf gefallen war. Mir galt es nun gleich viel, auf welcher Seite er hinauf geklettert, ich nahm also die Beute, oder einen Theil von seiner Verlassenschaft, und verfügte mich nach der Küche. Zu einem beständigen Aufenthalt war das Behältniß zu klein, in dem vorigen Wohngebäude getrauete ich mich nicht etwas sonderliches zu verrichten, aus Furcht, der übrige Theil könnte mich

plötzlich

plötzlich vergraben. Nun war ich wohl unstreitig der einzige Erbe über die ganze Verlassenschaft des Alten, also stund mir auch die Wohnung zu Dienste, und ich würde dieselbe ohne Anstand bezogen haben, wenn mir dieses nicht den Hauptscrupel gemacht hätte, daß man mich bey meinem Namen geruffen hatte. Sollte ich dieses einer Zauberey zuschreiben, oder hielte sich um selbige Gegend eine Art Geister auf? beydes konnte ich zwar nicht entscheiden, allein ich zog hieraus den Schluß, daß sich derselben ihre Dienstfertigkeit nicht allzuweit erstrecken müsse; außerdem würden sie ja den Alten gewarnet haben, von seiner Verfolgung abzustehen, weil er Gefahr liefe, dabey sein Leben einzubüßen. Es mochte nun seyn, was es wollte, so setzte ich mir doch fest vor, mit ehesten eine Untersuchung anzustellen, um aus dem Irrthum zu kommen. Zuvor aber wollte ich wieder etwas aussäen; allein die Zeit hierzu war schon versäumet. Vorzüglich mußte ich bedacht seyn, Lebensmittel einzuschaffen, denn das schlimme Wetter kam mir auf den Hals. Von ohngefähr fiel mir ein, vor langer Weile den Schuß aus der geerbten Flinte zu ziehen, weil ich ohne Noth keinen Lärm machen wollte. Daß er es im Ernst mit mir gemeinet hatte, konnte ich daraus abnehmen, weil er außer der Kugel acht Stückgen Bley, so groß als eine mäßige Bohne mit hinein geladen hatte; wäre es ihm gelungen mich zu faßen, so war die Dosis hinreichend mich in die andre Welt zu schicken. Das Verhängniß aber hatte ihm seinen Untergang bestimmt, weil er Absichten gehabt, ohne Noth unschuldig Blut zu vergiessen. So bald es nun die Witterung zuließ, trat ich die unterbrochne Reise an. Der Steg, so mich über den Fluß leiten sollte, war abgebrochen, dieses war mir eine große Hinderniß, weil ich einen ziemlichen Umweg nehmen mußte. Weil ich nun nichts mehr zu befürchten hatte, eilete ich in möglichster Geschwindigkeit nach der Gegend, wo ich das letztre mal so glücklich gewesen, mit leichter Mühe durchzuwaden, es gieng auch glücklich von Statten. Als ich jenseit des Flußes an den Ort kam, wo der ordentliche Uebergang gewesen, fand ich die Bretter bey Seite geleget, ich ließ diese in seiner Ordnung liegen, und gieng gerade, wiewohl nicht ganz ohne Furcht, nach des Alten Wohnung zu. Bey jedem Schritt hörete ich mit der größten Aufmerksamkeit, wenn man meinen Namen ruffen würde, allein es bewegte sich so zu sagen kein Blättgen auf den Bäumen. Das Faß, worüber ich das vorige mal gefallen, stund auf der vorigen Stelle, jedoch mit blutigen Wasser gefüllet. Da die Thüren alle sorgfältig verschlossen waren, gedachte ich, aber zu spät an die Schlüssel, welche ich mitzu nehmen vergessen, und da ich Gewalt zu gebrauchen nicht vor thunlich hielt, mußte ich mir gefallen laßen, den Weg noch einmal auf mich zu nehmen. Weil nun alles so ruhig, ward ich beherzter, ließ die Flinte, so mir nur beschwerlich war, zurück, den Umweg aber zu ersparen, versuchte ich

den

den Steg über den Fluß wieder herzustellen. Dieses gieng leicht von statten, denn der Alte hatte es so eingerichtet, daß man denselben mit leichter Mühe abtragen, und eben so geschwind wieder in Stand setzen konnte. Weil es noch hoch am Tag war, besuchte ich auch die Pomeranzenbäume, fand aber nicht mehr als zwey in dem Grase liegen, diese waren schon genug den Appetit zu stillen, ich gieng also mit ganz gelaßenen Schritten nach meiner Wohnung. Zur Abendmahlzeit verzehrte ich ein Stückgen Fisch, so ich des Tages vorher bey Kohlen gebraten. Die zwey annoch übrigen packte ich ein, legte mich zeitig schlafen, um desto früher auf zu seyn, welches auch geschahe; denn ich mußte beynahe zwey Stunden verziehen, ehe es Licht wurde. Ich trat also den Weg ganz leichte an, mit Wasser zum trinken durfte ich mich nicht tragen, Flinte und Munition hatte ich zurück gelaßen, hinfolglich gieng es noch einmal so geschwind. Letztres fand ich in der zurück gelaßenen Orddnung, welches für mich ein gutes Zeichen war Die erste Thüre nun, so ich vermittelst des Schlüssels öffnete, war die Küche, allein hier hatte ich schon einen Schreck auszustehen; es steckte nämlich ein Stück Fleisch an einen Spies, so ohne alle Hülfe von sich selbst umlief, aber kein Feuer war nicht dabey. Ich blieb beynahe eine halbe Stunde unbeweglich in der Thüre stehen, und sahe diesem Spiele zu, allein dieses blieb unverändert in einerley Bewegung. Länger in einer Ungewißheit zu stecken, hielt ich nicht vorrathrathsam, sondern setzte mir vor eine Untersuchung anzustellen, trat also etwas näher hinzu, jedoch so, daß ich mit einem Sprung wieder ins Freye seyn konnte. Hier sahe ich, daß zwar ein Loch durch die Mauer gieng, wodurch eine Stange, an welche der Spies fest gemacht, reichte, wer diese aber regierte, blieb mir noch ein Geheimniß. Ich ließ die Thüre offen, und gieng weiter Noch zwey Behältnisse, so an die Küche angebauet, gieng ich vorbey, hinter letztern gieng ein sehr schmaler Fußsteig etwas Berg ab. Diesen hatte ich kaum funfzig Schritte verfolget, als ich ein ununterbrochnes Klappern vernahm, welches mich wohl aufmerksam machte, aber bis zum Laufen kam es nicht, sondern ich verfolgte den Weg getrost. Eine kleine Krümme führte mich an den Fluß, welcher ebenfalls, jedoch mit einer Zugbrücke versehen war. Diesen gieng ich vorbey, und lenkte mich linker Hand, wo ich den Laut des gedachten Klappern vernahm. Ohngefähr hundert Schritte hinter der Brücke erblickte ich ein Rad, eine Rinne leitete das Wasser auf dasselbe, ich stieß die Rinne weg, mit einmal stund das Rad, und das Klappern hörete auch auf; hauptsächlich war es ein ordentliches Triebwerck. Diesem gieng ich nach, und kam unvermerkt hinter des Alten Wohnung. Da sahe ich mit Verwunderung, daß der Zug durch die Mauer gieng, welches nach genauer Untersuchung den Bratspies umtrieb. Es ist schade um den Mann, gedachte ich bey mir selbst, daß er auf eine so liederliche Weise sein Leben

ben geendet, er muß in der That ein sehr kluger Kopf gewesen seyn. Von da gieng ich wieder zurück nach der Wohnung, vorzüglich aber in die Küche, und fand den Braten stille stehend. Ich schnitt mit dem Messer hinein, er war völlig ausgebraten, roch aber sehr übel, woraus ich abnahm, daß ihn der Alte vor seiner Abreise angesteckt, und vielleicht bey der Zurückkunft davon habe speisen wollen. Auf dem Herd stund ein kupferner Kessel mit Wasser, dieß alles ließ ich unberührt, und gieng nach dem Wohngebäude. Als ich die Thüre geöffnet, sahe ich nicht ohne Erstaunen ein Zimmer, welches nach europäischer Art, sehr niedlich ausgeputzet war. Eine große Wanduhr war das erste, so meine Verwunderung vermehrte, und weil sie völlig abgelaufen, unterstund ich mich dieselbe aufzuziehen und zu stellen, so wie meine Taschenuhr, so noch immer gangbar war, zeigete, sogleich schlug dieselbe vier Vierthel und die Stunde. Neben an war ein Brettgen fest gemacht, worauf vier Paar Holländische Taßen, nebst ein dergleichen Känngen stunden. Den Tisch nicht zu vergessen, so war dieser mit einem Schieferblatt, und an den Seiten sehr sauber ausgelegt, da ich ihn nun diese Arbeit nicht zutrauete, so muste er ihm auf eine sonderbare Art in die Hände gerathen seyn. In einem andern Winkel war ein Schränkgen an der Wand fest gemacht, und gleichfalls verschlossen, ich schloß es auf, und fand in dem untern Fach oder Abtheilung vier silberne Becher, von verschiedener

Größe,

Größe, in dem einen war sehr feiner Zucker, dabey stund eine bleyerne Büchse mit Thee-Boy. Ueber dieß alles war ich vor Freuden fast außer mir selbst, ich ließ von weiter Untersuchung ab, lief in die Küche, nahm den Kessel, und holete frisches Wasser, mir einen Thee zu machen, denn der Appetit hierzu war außerordentlich. Vor Holz durfte ich nicht sorgen, weil nebst einem kleinen Handbeil ein ziemlicher Vorrath vorhanden. Mittlerweile als das Wasser zum kochen aufstund, wurde ich hinter der Küchenthüre eine kleine Thüre gewahr, welche ich nicht sogleich beobachtet. Diese ließ ich der fernern Untersuchung ausgesetzt, und goß das Känngen, so anderhalb Nößel halten mochte, voll Wasser. Diesen so herrlichen Trank, welchen ich so lange entbehren müssen, hätte ich in Wahrheit mit vielem Gelde nicht vertauschet, trank daher das Känngen zwey mal aus. Von da öffnete ich gedachte Thüre, es war aber so finster, daß ich keine Hand vor dem Gesichte erkennen konnte. Da nun der Alte alles, was zur Wirthschaft gehöret, in Ueberfluß hatte, dachte ich bey mir selbst, sollte er wohl die Zeit im Finstern hingebracht, und nicht vielmehr sich einer Art eines Geleuchtes bedienet haben? Ich gieng also wieder in die Stube zurück, und fand rechter Hand der Thüre eine Art eines Schränkgens jedoch unverschloßen. Hierinnen fand ich nicht allein eine Schiffslampe, auf einem hölzernen Fuß fest gemacht, mit Baumöl angefüllt, sondern auch eine etwas kleinere von Meßing mit einem Griff, in in welchen Talch, dem Vermuthen nach von den Schafen; diese zündete ich an, mich zu besehen. Gedachtes Thürgen, leitete einen Weg Berg ab, jedoch wie der Eingang sehr schmal in einen geraumen Keller. Gleich beym Eintritt stunden zwey Fässer, in dem einen fand ich eingesalznen Fisch, in dem andern aber, dem Ansehen nach, Schaffleisch, ebenfalls eingesalzen. Hinten qveer über lagen sieben Fässer, als fünf große und zwey kleinere. Wie diese alle durch einen so schmalen Weg, durch welchen ich mit Mühe kaum kommen konnte, an diesen Ort gekommen, war mir ein Geheimniß, besonders durch zwey Menschen Hände, allein hierüber den Kopf zu zerbrechen, war meine Sache nicht. Eines von den großen so angezapfet, und wobey auch über dieses ein kleiner silberner Becher stund, machte mir Lust davon zu kosten. Die Probe gereuete mich auch im geringsten nicht, denn es war ein vortreflicher Wein, und so ich recht urtheile, spanischer. Ob ich nun in der Sorte geirret, daran lieget nichts, genug es war ein vortreflicher Wein, aus den Geruch der beyden kleinern urtheile ich, daß es Branntwein seyn müsse, da ich nun von der ersten Sorte eine ziemliche Portion zu mir genommen, ließ ich denselben vor dieß mal unangefochten. Diesen zur Seite lagen sechs holländische Käse, und ein angeschnittner. Als ich im Begrif war wieder zurück zu gehen, sahe ich über dem Eingang ein Brett aufgemacht, darauf zehn Brode lagen, davon eines vier Pfund am Gewichte haben mochte. Da ich

ich eines herunter langen wollte, um mich dieses beym Abendessen zu bedienen, lag ohngefehr ein halbes dabey, so ich mitnahm. Die Probe hatte mir Muth gemacht, daß ich ohnmöglich den Keller verlassen konnte, ohne noch einmal zu kosten. Ein Stück von dem Brod, und etwas Käse vermehrte den Appetit, daß ich ziemlich berauscht den Keller verließ; würde mich auch noch nicht hierzu bequemet haben, wenn die Lampe mir nicht den längern Dienst versaget, weil ihr die gehörige Nahrung entgieng. Daß ich mich aber länger verweilet, als ich geglaubet, war hieraus abzunehmen, weil sich zu meiner Verwunderung die Sonne zum Untergang neigte. Also war der Tag unvermerkt verstrichen, nun kam es darauf an, wo ich die Nacht über schlafen wollte. In dem Revier hielt ich mich noch immer nicht recht sicher, denn die Furcht wollte sich noch nicht gänzlich verlieren, und nach meiner ordentlichen Wohnung zu gehen, war es zu spät. Ich legte mich daher hinter der Wohnung bey der Allee hinter das dicke Gebüsche schlafen, verschloß aber zuvor alle Thüren sorgfältig, hätte aber die Vorsicht nicht nöthig gehabt, denn es war die ganze Nacht hindurch alles ruhig, fand auch jedes in der zurück gelaßenen Ordnung. Meine erste Verrichtung nun war, mir zum Frühstück eine Taße Thee zu machen, nachdem ich diesen verzehret, schritt ich auch zur Mittagsmahlzeit. Diese bestund in einem Stück von dem eingesalznen Fleisch, welches ich in den gefundnen Kessel kochete. Mittlerweile

suchte

suchte ich in dem Keller unter dem Lager, wo die Fässer mit dem Wein lagen, und fand zu meinem Vergnügen fünf Rollen Taback, so dem Vermuthen nach Knaster war, wenigstens hielt ich ihn davor. Neben der Küche war noch ein ziemliches Gebäude mit zwey Thüren. In dem ersten Behältniß, so ich aufschloß, fand ich einen unglaublichen Vorrath an Küchengeräth; drenzehn Castrole, oder vielmehr Kessel, waren nach der Reihe aufgesetzt, neun zinnerne Teller, nebst vier dergleichen Schüsseln von verschiedener Größe, wie auch zwey Teller vom weißen Blech stunden auf einem an der Wand festgemachten Brett, ingleichen sechs blecherne Löffel. Darneben stunden fünf Hüte Zucker nach der Reihe, jeder sieben bis acht Pfund schwer. Unten in einem Winkel lag eine ziemlich große Coffeetrommel, nebst darzu gehörigen Mühle, welches, weil es mir zu nichts nutzen konnte, ich nur obenhin ansahe. Fünf Säcke stunden ebenfalls in dem Behältnisse, und als ich zwey hiervon aufmachte, fand ich dergleichen Bohnen, wie sie der Alte ausgesäet, ließ also die übrigen drey unberühret. Alles was daselbst aufbehalten war, halte vor überflüßig zu specificiren, es waren mit einem Wort nutzbare Sachen, von verschiedenen Gattungen. Allem Vermuthen nach mochte der Kessel, welchen ich auf dem Herd gefunden, lediglich hier zu dienen, warmes Wasser zu halten, um das Geschirr wieder zu saubern, denn es war alles so reinlich, als man es in einer Haushaltung nur immer finden kann. Unter diesen Beschäftigungen fiel mir ein, einen Versuch mit erwähnten Bohnen zu machen, nahm daher eine Portion nebst einem kleinen Kessel, um dieselben an das Fleisch zu kochen. Die Probe lief auch gut ab, sie waren überaus schmackhaft, gaben auch gute Nahrung. Da nun das Essen gut war, trug ich auf, und hielt Tafel, dieses war in Zeit von: sechstehalb Jahren das erste gekochte Essen, worüber ich eine außerordentliche Freude hatte. Ueber der Mahlzeit entdeckte ich unter dem Tischblatt eine Schublade, in welcher ein Tischtuch, eine Serviette, ein Paar Messer und Gabel, und ein silberner Löffel zusammen lagen. Ich dankte dem Alten in meinem Herzen, daß er so sorgfältig gewesen, alles was nur zur Bequemlichkeit erfordert wird, anzuschaffen. Woher aber diese Dinge alle in seine Hände gerathen, ließ ich unangefochten, genug, sie waren da, und ich konnte sie mir zu Nutze machen, allem Vermuthen nach mochte er sie auf gleiche Weise, wie ich die Kiste und das Flaschenfutteral, gefunden haben. Nach der Mahlzeit gieng ich mit dem silbernen Becher in den Keller, und nach Belieben einen Trunk Wein gelanget, war vor einen armen verunglückten Menschen in der That nicht zu schelten. Ich hätte zwar etwas sparsamer damit umgehen sollen; aber aufrichtig zu bekennen, wollte das Wasser nicht so wie bey meiner Wohnung zu Halse. Dieses bestund in keiner leeren Einbildung, denn da ich es schöpffte, wo es am nächsten war, konnte es nicht anders seyn, weil

weil es bey der Wohnung keinen starken Fall, mithin am Ufer, wo es beynahe stille stund, etwas faul schmeckte, unweit den Ursprung aber, wie die Erfahrung lehrte, frisch, auch am Geschmack ungleich beßer war. Die erste Mahlzeit war also vollbracht, es war mein Vorsatz, nach der alten Wohnung zu gehen, denn die Gewohnheit bildete mir ein, es sey gleichwohl in vielen Stücken besser, und gab zur Ursache an, daß die Gegend anmuthig, und was zum Unterhalt erfordert wird, in einem kleinen Bezirk beysammen wäre. Hätte mir der unvermuthete Tod des Alten mein Vergnügen nicht unterbrochen, so würde ich ohne Anstand meine alte Wohnung vorgezogen haben; die vornehmste Ursache aber war, daß ich mich noch nicht aller Furcht entschlagen konnte, weil mir je zuweilen vorkam, als ob man mich bey meinem Namen rufte. Die Stube einiger maßen zu beschreiben, stellete sie ein längliches Viereck vor, welches mit ordentlichen Fenstern versehen war, zwey davon giengen nach Westen, eines aber nach der Allee, welche man von da aus meist übersehen konnte. Die Wände waren von der Ostseite ordentlich getäfelt, da wo das Schränkgen angemacht war, schienen die Bretter nicht fest zu seyn. An einem derselben war ein Hacken, ich besahe denselben, konnte aber nicht einsehen, zu was er dienen sollte, und da ich denselben ohne weitere Absichten etwas in die Höhe drückte, sprang eine Thüre auf, worüber ich anfangs nicht wenig erschrack, nachdem ich

ich mich aber in etwas wieder erholet, sahe ich nicht ohne Verwunderung, daß es des Alten sein Schlafbehältniß gewesen. Ueberaus schöne Matratzen, baumwollne Decken, lagen fast in Menge da, jedoch war die Bettstelle besonders. Ein verschloßner Kasten stund unter dem Fenster, so ebenfalls nach der Allee gieng, ich holete sogleich die Schlüssel, welche ich an der Küchenkammer stecken laßen, und versuchte so lange, bis ich den rechten Schlüssel hierzu fand. Nach Eröffnung deßen sahe ich einen Vorrath von leinen und wollenen Geräthe, so ich nur mit Erstaunen betrachten konnte, ja ich werde nicht zu viel sagen, daß es vor eine ganze Haushaltung auf viele Jahre hinreichend war. Unter den vielen Sachen zehlete ich vier leinene Matrosenhosen nebst acht Hemden, die feinen ungerechnet, deren mehr als ein Dutzend waren, fünf Stück Cattune nebst so viel Bällgen guter Leinwand, wie auch sechs Paar Strümpfe, nur keine Schuhe waren vorhanden. Da ich nun eine beqveme Schlafstelle hatte, beschloß ich daselbst zu übernachten, nahm aber aus Vorsorge zwey geladene Flinten zu mir, und verschloß alles sorgfältig; konnte aber wegen Besorgung eines Ueberfalls wenig schlafen. Ich hatte Tages vorher über der äußersten Thüre ein viereckigt Loch gesehen, davor ein hölzern Gitter gemacht, dieses nahm ich mir vor, auf den Tag in Augenschein zu nehmen. Da es nun wenigstens in die vier Ellen hoch war, goß ich das Waßer aus dem erwähnten Faß, und setzte es umge-

stürzt

stürzt auf einen Stuhl. Das Gitter war leicht aufzumachen, und hier entdeckte ich mit einemmal ein Geheimniß, welches mir so vielen Schreck eingejaget hatte. Es lag nämlich ein todter Vogel in den einem Winkel, so ich vor einen Papagoy hielt, wiewohl er sehr klein war, gegen diejenigen, so ich in Holland gesehen, und da ihm allem Vermuthen nach das Futter eingegangen, hatte er nothwendig verhungern müssen. Allein wie es zugieng, daß er meinen Namen sehr genau wußte, dieses blieb noch ein unaufgelößtes Rätzel. Das arme Thiergen war dergestalt zusammen getrocknet, daß er wie ein ausgedorretes Holz schien. Im Voraus habe ich zu melden, daß, das folgende gehörig zu entwickeln, meine Erzählung etwas langweilig fallen wird, es ist um so viel nöthiger, weil solche Dinge vorkommen, welche durchaus eine Erläuterung erfordern, um alles in sein gehöriges Licht zu setzen; zumal da ich den Leser in keine Verwunderung, in kein Erstaunen hinein zu führen gesonnen bin. Man schaffe sich eine kleine Gedult an, es gehet alles ganz natürlich zu. Zu einem Beweis führe ich dieses an: Der Vogel ruffte mich bey meinem Namen, es war freylich keine Menschenstimme, desto fürchterlicher klange es in meinen Ohren; wie konnte ich es wissen, daß es ein unschuldiger Vogel war? noch weniger sahe ich ein, daß es anders als übernatürlich zugehen müsse, bey dem ersten Anblick mich zu ruffen. Aus dieser Angst war ich nun größten theils gerissen, ich sagte daher

her zu den nunmehr todten Furchtmacher, du und dein Herr habet beyde mir manche schlaflose Nacht gemacht, ja manchen Tropfen Schweiß ausgepresset, nun habet ihr einerley Schicksal. Du hast Hunger sterben müssen, und dein Herr hat, da er meinen Tod gesuchet, seinem eigenen gefunden. Habe Gedult, wenn ich nach meiner alten Wohnung reise, will ich dich auf seine Grabestätte setzen. Ich legte ihn also bey Seite, in der wirklichen Absicht, zum Andenken ihn dahin zu setzen. Neben dem Vorrathsgewölbe war, wie schon gedacht, noch eine größre Thüre, ob wohl unter einem Dache, ich schloß dieselbe auf, und blieb, wie versteinert über das häufige Geräthe, so daselbst aufbehalten war, stehen. Drey Fässer stunden gleich zur linken Hand, zwey hiervon waren noch zugespindet, von dem dritten hob ich Deckel auf, und fand es noch halb vollgeschlagnes Mehl, die andern zwey aufzumachen hielt ich vor überflüßig, weil sie mit dem ersten eine Gleichheit hatten, hinfolglich auch mit Mehl angefüllet seyn mußten. In der Mitte war eine Fallthüre, diese gieng, wie ich nach deren Eröffnung sahe, in den Keller. Nunmehro fiel die Verwunderung, wie, und auf was Weise der Alte die großen Fäßer hinein gebracht hatte, gänzlich weg. Handwerksgeräthe von allerley Art war in Menge aufbehalten, zur Rechten hinter der Thüre lag eine Leiter, so man zusammen legen konnte; oben gieng, wie ich sahe, eine Fallthüre auf den Boden; allein ich sahe noch eine Thüre am hintern Theil, welche ich

ich eröffnete, und den Wagen, welchen ehemals der Alte hinter sich herschleppte, daselbst fand. Nach einer kleinen Ebne von etwa dreißig Schritten an dem Fels, oder besser zu sagen, in demselben war ein ordentlicher Backofen gebauet, wobey alles hierzu gehörige Geräthe befindlich. Dieses war eine völlige Ueberzeugung, daß der Besitzer hiervon nie müßig gewesen seyn müsse. Ich stund von weiterer Untersuchung ab, um die Küche zu bestellen. Und als ich auf den Mittag gespeiset, stieg ich vermittelst der Leiter auf den Boden. Hier hatte der Alte die Felle von Schafen, als auch Tannböcken zum Trocknen aufgehangen. Eine Thüre führte mich auf den obern Theil der Küche, dieses nun war die Rauchkammer, welche mit so vielem Vorrath versehen, dem ich ordentlicher Weise in einem vierthel Jahre nicht verzehren konnte. Unter den Gattungen von kleinen Fischen waren welche so fett, daß, als ich eine Probe hiervon zu machen, einem die Haut abzog, mir dasselbe an den Fingern herunter lief, auch an Geschmack unverbeßerlich waren. Ich zehlete auch neun ziemlich große Stücke Federvieh, welche ungleich grösser als eine europäische Gans waren. Daß sich der Alte mit so vielem Vorrath versehen, zeigte wohl einiger maßen einen guten Wirth an, warum es aber in solchem Ueberfluß geschehen, waren mir deßen Absichten unbekannt. Vielleicht dachte ich bey mir selbst, hat er bey herannahenden Alter die Vorsicht gehabt, sich mit Lebensmitteln zu versorgen, daß er bey zunehmender Schwachheit sein Ende in Ruhe abwarten könne, welches keinesweges zu schelten war. Es sey nun diese, oder eine andre Ursach sein Zweck gewesen, hierüber wollte ich mir den Kopf nicht zerbrechen, genug es war da, und ich hatte das Vergnügen, nach Gefallen hiervon zu nehmen. Daß er ein besondrer Liebhaber von den Bohnen müsse gewesen seyn, konnte ich daraus schließen, weil, außer dem bereits erwähnten Vorrath in den Säcken, ein ziemlich Stück besäet, so in der schönsten Blüthe stunden. Es ist wahr, daß der Geschmack sehr schöne, allein ich zog meine Erbsen doch einiger maßen vor, jedoch hatte beydes zur Abwechselung seinen Nutzen, da nun den kommenden Tag nach meiner Rechnung der Sonntag einfiel, mußte ich die mir vorgesetzte Reise nach der alten Wohnung aufschieben, denn ich trug großes Verlangen, zu sehen, wie es da herum stünde. Es war also denselbigen Tag das Vergnügen doppelt, weil ich nunmehro außer Furcht den Tag in aller Stille begehen konnte. Ich zog mich daher ganz nackend aus, um mich einmal an dem ganzen Leib zu waschen, legte die bisher getragenen Kleider bey Seite, und bediente mich derjenigen, so ich hier gefunden. Sollte mir jemand von ferne zugesehen haben, ich glaube, er würde so wohl zum Lachen als Mittleiden bewogen seyn. Hierbey hatte ich nachgehends meine Betrachtung, glaube auch nicht unrecht geurtheilet zu haben, wenn ich sage, daß ein Mensch auch in den elendesten Umständen mit einem kleinen

nen Stolz begleitet wird, wenigstens schliesse ich es aus meinem eignen Bezeigen. Zum Exempel, ich wuste mich recht groß in ein Paar leinenen Schiffshosen, welches ich ehemals in Holland höchst übel genommen haben würde, wenn man mir dieselben anzuziehen gegeben hätte, ich begieng die Thorheit, vor den in der Stube befindlichen Spiegel zu treten, und mit verschiednen Wendungen meinen neuen Anzug zu betrachten. Es war auch in der That nichts kleines, nebst gedachten Hosen ein weisses Hemde, eine dergleichen baumwollene Mütze auf dem Leibe zu haben. Sollte meines Lehrherrn des Kauffmanns Tochter mich in diesem Anzug gesehen haben, so würde sich die Zuneigung um ein merkliches vergrössert, oder vielmehr vermindert haben. O du armer Martin, würden ihre Klagen gewesen seyn. Von dem Pfau saget man, daß wenn er in dem größten Stolz mit seinem bunten Kleide sich brüstet, er bey Anschauung der Füsse allem Muth mit einemmal sinken läßt; so gieng es mir auch. Ich hatte ein gestreift barchendes Camisol an, dieses ließ mir sehr wohl, allein in bloßen Füssen, welches mir der Spigel vorhielt, vor Scham lief ich aus der Stube, um den Kummer hierüber nicht zu vermehren. Dieses nun zu ersetzen, war eine pure Unmöglichkeit, ich mußte mir daher, was nicht zu ändern stund, aus dem Sinne schlagen. Wie schon erinnert, brachte ich den Sonntag in Stille hin, nur dieses wunderte mich, daß unter den häufigen Vorrath kein einziges Buch vorhanden, welches ich mir die sechs Jahr über unzehlige mal, wiewohl vergebens, gewünschet hatte. Den Montag in aller Frühe trat ich also die Reise nach der alten Wohnung an. Nunmehro durfte ich mein Geräthe nicht mehr auf dem Rücken tragen, sondern schleppte dasselbe wie der Alte auf dem Wagen hinter mir her. Den grossen Degen aber ließ ich weg, weil er mir weiter zu nichts nützte, als daß er im Gehen nur Verhinderung machte; allein eine Flinte schien unentbehrlich, weil ich gleichwohl nicht voraus einsehen konnte, was mir begegnen konnte. Daselbst nun traf ich alles in einer unveränderten Ordnung an. Ich war anfangs willens, bey der Bucht etwas Erbsen auszusäen, hatte aber bereits einen ziemlichen Vorrath, wollte auch lieber bey den Bohnen ein Stück umgraben, damit ich beydes an der Hand hätte. Ich legte also meine ganze Habseligkeiten auf den Wagen, daß ich eine volle Ladung hatte. Zur Abwechselung wollte ich etwas von den erwähnten Castanienkörnern mitnehmen, weil um die Gegend der neuen Wohnung dergleichen nicht anzutreffen waren, muste es aber anstehen lassen, weil es mir so viel Zeit wegnahm, und da ich über dieses, wenn mir das Salz abgieng, eine besondre Reise thun mußte, unterblieb es. Ich hatte zwar noch ein ziemlich Fäßgen voll Salz vorräthig, ich wollte es aber doch nicht gar abgehen laßen, wiewohl in Zeit von einem vierthel Jahre sehr wenig drauf gieng, weiln die Speise, deren ich mich bediente, meist in geräucherten Fleisch

und

und Fischen bestund. Auf dem Rückweg nahm ich mir ein halb Dutzen Zitronen mit, welche ich bey Veränderung der Speißen anwendete. Ich habe bereits einer Gegend gedacht, wo das Wasser etwas faul schmeckte, vor müßiger Zeit kletterte ich da herum, mir die Gegend bekannt zu machen. Besser nordwärts war eine Fingers dicke Leine an einen Baum gebunden, so in den Fluß hinein gieng, aus Neubegierde zog ich an derselben, und brachte mit nicht wenig Verwunderung zwey Körbe, oder vielmehr Fischreiße heraus, welche von Fischen wimmelten. Diese neue Entdeckung war mir so angenehm als zuträglich. Anfangs war meine Absicht nur ein Gerüchte hiervon zu machen, den andern aber ihre Freyheit zu schenken; allein die größte Hälfte waren von der Sorte, welche der Alte im Rauch aufgehenckt, und einen delicaten Geschmack hatten, wenigstens waren sie nach meinem Appetit vortreflich. Sie waren kaum einer Spannen lang, aber desto mehr an der Zahl, denn ich hatte beynahe zwey hundert Stück; allein sie sturben so bald sie aus dem Wasser kamen. Der Ordnung nach mußten sie vorher eingesalzen werden, dieses beobachtete ich auch, ließ sie bey acht Tagen stehen, hernach hieng ich sie nach dem Exempel des Alten an den leer gemachten Raum. Allein die Probe hiervon schlug nicht wie ich gehoffet aus, außerdem, daß sie weich blieben, hatten sie auch einen eckelhaften Geschmack, vermuthlich von dem vielen Fett. Dieses brachte mich auf die Gedanken, daß es

gar

gar nicht die rechte Sorte seyn müsse, ob sie denselben schon in allen gleichten; Es konnte aber auch seyn, daß sie im Anfang nicht Rauch genug gehabt. Da es nun überhaupt zur Leckerey diente, schlug ich es mir aus dem Sinn, zumal da mir andre Beschäftigungen vorfielen. Das Brod gieng auf die Neige, nun sollte ich einen Becker vorstellen, dieses war nun freylich ein Stück Arbeit, welches ich mir wo nicht gar unmöglich, doch sehr schwer vorstellete. Vors erste mußte das Mehl, weil es eingeschlagen, klein geklopfet, und hernach gesiebet werden, dieses gieng alles gut; ein Gefäß, in welchem der Teig eingemacht werden mußte, war auch vorhanden, die Probe mochte nun ausschlagen, wie sie wollte, so mußte doch zu Werke geschritten werden. Dieß alles gieng nach meiner Einsicht ziemlich von statten, der Teig gieng zu meinem Vergnügen sehr schön in die Höhe, das meiste hierzu mochte wohl beytragen, weil in dem Gefäß der Boden mit alten angedorreten Teig beynahe eines Fingers dicke überzogen war. Nun kam es darauf an, den Ofen die gehörige Hitze zu geben, denn hierauf bestund die meiste Kunst: Gespalten Holz lag in ziemlichen Vorrath unter einem nahe dabey verdachten Gebäudgen, oder vielmehr Schuppen, als ich nun Holz in den Ofen stecken wollte, fand ich in denselben wohl zwey Finger hoch halb verbrannte Gerste. Dieses erweckte nun wieder eine neue Verwunderung, was dieselbe vor Nutzen schaffen sollte. Dieses zu untersuchen litte die

Zeit

Zeit nicht, sondern ich holete geschwinde zwey Säcke, welche ich hiermit anfüllete, und den Ofen heitzete; mit einem Wort, ich verrichtete alles nach der Art und Weise, wie es die Magd bey dem Pfarr machte. Nach meiner Einsicht mochte ich wohl zu viel geheitzet haben, denn das Brod fieng zu zeitig an zu bräunen, ich ließ daher den Ofen offen stehen, allein die fordersten waren nicht recht ausgebacken, und die hintersten zu hart gerathen. In Einfällen war ich glücklich, setzte die erstern an der letztern Stelle, welche außer der maßen wohl geriethen, ich hatte in allen zwanzig Stück, aber etwas kleiner als sie der Alte gebacken. Ob nun die erste Probe gerathen, will ich nicht sagen, wenigstens war es zu genießen, und da nach dem Alten Sprichwort noch kein Meister vom Himmel gefallen, machte ich mir Hoffnung, daß der andre Versuch beßer ablaufen sollte, so auch geschahe. Nun sahe ich erst ein, daß der Alte wohl eine bequeme Lebensart gehabt, auch mit Lebensmitteln bis zum Ueberfluß versehen gewesen, dabey aber die Hände gewiß nicht in Schoos legen dürffen, dieß habe ich aus eigner Erfahrung. Mir wässerte das Maul nach einem Braten, und zwar von einem Schaf; dasselbe nun zu bekommen, machte nicht wenig Kopfbrechens; mit der Flinte eines zu erlegen, wäre ein leichtes gewesen, allein da ich gesehen, daß sie sehr schüchtern waren, würden sie durch den Knall nur noch furchtsamer gemacht worden seyn. Unter andern gerieth ich auf den Einfall,

den

den Weg, den sie nehmen würden, sehr genau zu beobachten, mich in einen Hinterhalt zu verstecken, jedoch so nahe als es möglich. Wenn sie nun wie das erste mal Heerden Weise ankämen, wollte ich eine Schlinge parat halten, und dem ersten dem besten dieselbe über den Kopf werffen. Dieses ins Werk zu richten, verfertigte ich eine Schlinge, so gut es angehen wollte, aus Vorsorge aber, wenn dieses mißlingen sollte, mußte ich doch ein übriges thun, und durch einen Schuß ein Schaf in meine Gewalt bekommen. Ich packte demnach noch den Abend auf, desto früher unter Weges zu seyn, dieses geschahe auch mit Anbruch des Tages. Vermuthlich kamen die armen Thiergen nach der Gegend in die Tränke, da ich nun bey dem Fluß keine Gelegenheit vor mir sahe, ihnen auf den Dienst zu lauren, gieng ich nach dem Wäldgen, wo ich sie das erste mal wahrgenommen, ein niedriges Gesträuch sollte nun der Ort seyn, wo ich eines erhaschen wollte, ob sie mir aber den Gefallen erweisen, und just den Weg erwählen würden, mußte die Zeit lehren. So viel sahe ich wohl an dem niedergelegten Gras, und daran, daß sie im Hin- und Hergehen etwas verlohren, so die Spuhr verrieth, daß sie dahin gekommen. Ich lauerte bey drey Stunden, ehe sie ankamen, sie verfolgten auch den ordentlichen Weg sehr geschwind, nach meinem Gesicht mochten es beynahe drey hundert an der Zahl seyn. Ihre Zurückkunft erwartete ich mit großem Verlangen, sie kamen auch mit bedächtlichen Schritten

ten den nämlichen Weg. Ich sprang mit der Schlinge mitten unter die Heerde, war auch so glücklich zweyen auf einmal dieselbe über den Kopf zu werffen. Die Heerde nahm in der größten Eilfertigkeit den Reisaus, da nun die zwey sich von den ihrigen verlassen sahen, machten sie, sich in Freyheit zu setzen, seltsame Sprünge. Einem gelang es den Kopf heraus zu ziehen, und den andern nach zu setzen, ich gönnete ihm die Freyheit von Herzen, und wollte mich an einem begnügen laßen, welches solche seltsame Capriolen schnitt, daß ich zu lachen genug hatte. Dem Spiel ein Ende zu machen, wollte ich es bey der Wolle anfaßen, da ihm dieses noch weniger gelegen mochte seyn, that es einen so unvermutheten Satz, daß ich nach der Länge ins Gras fiel, wodurch es mir zugleich die Leine aus der Hand rückte. Ehe ich mich wieder aufrafte, war es schon so weit, daß ich es kaum mehr erkennen konnte; gut war es, daß ich hierbey keinen Zuschauer hatte, anderer Gestalt wäre ich zum Gelächter worden. Ohnverrichteter Sache wieder um zu kehren, war mir nicht gelegen, ich beschloß daher den Ausreißer in seinem Lager aufzusuchen, oder das erste, so mir aufstieß, vor den Kopf zu schießen; daher verfolgte ich den Weg mit meinem Fuhrwerk, welchen sie, wie die Spuhr zeigte, genommen. Kaum daß ich eine viert hel Stunde Weges zurück gelegt, so sahe ich zu meinem Vergnügen das Schaf bey einen Gesträuch vorige Sprünge wiederholen, woraus ich muthmaßete,

es

es müsse sich die Leine an etwas verwickelt haben, welches auch seine Richtigkeit hatte. Das unschuldige Thier nicht länger zu martern, stach ich ihm die Kehle ab, ließ es ausbluten, und wanderte höchst vergnügt nach meiner Wohnung. Da ich nun dergleichen noch nie unter meinen Händen gehabt, konnte ich die ausserordentliche Fettigkeit nicht genugsam bewundern. Da es nun völlig ausgeschlachtet, wobey der Tag verstrichen, hieng ich es unter einen Baum, und legte mich schlafen; die Art den Braten ohne meine Hülfe zu wenden, gefiel mir aus der maßen wohl; Bey dieser Gelegenheit kam mir die Aufziehbrücke wieder zu Gesicht, was aber dieselbe vor einen Nutzen haben mochte, hatte ich noch nicht untersuchet, ja ich hatte sie vor lauter Beschäftigungen gar aus der Acht gelassen. Dieses sollte nach der Mahlzeit geschehen. Bey Ansteckung des Bratens sahe ich daß der Spies mittelst eines Stück Drathes mit leichter Mühe von der Stange gesondert werden konnte. Aufrichtig zu sagen, fand ich das Fleisch von den Tannböcken weit niedlicher am Geschmack, worzu die Gewohnheit ein vieles mit bey tragen mochte. Nach aufgehobener Tafel gieng ich nach erwähnter Aufziehebrücke, ließ dieselbe nieder, um jenseit des Flußes die Gegend zu besehen. Kaum daß ich den Fuß hinüber gesetzet, so zeigte sich schon etwas meinen Augen, so nicht wenig Verwunderung erweckte. Nicht weit von dem gedachten Rad war ein ausgehöhlter Klotz in die Erde gegraben, welches überhaupt

eine

eine Stampfe vorstellete, so ebenfalls durch das Rad getrieben werden konnte. Der Klotz war mit einem Deckel von Holz versehen, dieselbe allem Vermuthen nach reinlich zu verhalten. Eine Stange, so die Stampfe regierte, konnte bis an die Arme, so dem Rad beygefüget, gelenket werden. Aus Neugier hob ich den Deckel auf, und fand etwas Gerste, etwa halb so braun, als diese war, so ich in dem Ofen gefunden; zu was der Alte nun die Gerste genutzet, war mir zur Zeit noch unwissend. Weiter zu Rechten führte mich ein Fußsteig Berg ab, diesen hatte ich kaum eine halbe viertel Stunde verfolget, als ich auf einmal die Bucht sehr genau übersehen konnte. Es wäre ein leichtes gewesen, vollends hinunter zu steigen, da ich aber daselbst nichts zu schaffen hatte, unterblieb es. Dieses Geheimniß, wie der Alte so unvermerkt zu meiner Wohnung gelangen konnte, war nun auch entdecket. Dieses mochte auch wohl eine Ursache seyn, warum er sich so eifrig bemühet, mich aus dem Wege zu räumen, in Absicht dessen, weil er vermuthet haben mochte, ich möchte diesen geheimen Weg über kurz oder lang finden, mithin ihn in seinem Bezirk beunruhigen. Er hätte aber dieses nicht zu befürchten gehabt; denn gesetzt, es wäre mir gelungen, denselben zu finden, so würde ich nicht anders als durch ein freundschaftliches Betragen, ihn dahin zu bewegen gesuchet haben, mich in seine Gesellschaft aufzunehmen. Es kann auch seyn, daß ihm sein boshaftes Gemüth nicht vergönnet, sich n einen freündschaftlichen Umagang mit mir einzulaßen, außerdem würden meine beweglichen Vorstellungen bey ihm wohl Platz gefunden haben. Von da kehrete ich wieder zurück, um den Ursprung des Waßers zu untersuchen, dieses hatte mit der Quelle, so bey meiner alten Wohnung aus dem Felsen herfür drunge, gleiche Bewandniß, nur ungleich stärker. Außer den kleinen Nebenquellen sprützte es an zwey unterschiednen Orten, als die Dicke eines Mannsbeins aus dem Felsen, daß es wegen der Gewalt gar füglich eine Mühle treiben können. Am Geschmack aber war es nicht wie schon erwähnet von der vorigen Quelle unterschieden, außer daß es ungleich frischer war. Weil ich mir nun einmal vorgenommen, mir die Gegend vollkommen bekannt zu machen, so schlug ich mich nach den Ort, wo der Backofen befindlich war. Hinter der Hütte, worunter das Holz, nebst den zum Ofen gehörigen Geräthe vorhanden, fand ich einen ziemlich großen eingemauerten Keßel unter einer Verdachung, allem Ansehen nach stellte es ein Brauhaus vor. Eine ziemlich lange Rinne, jedoch von lauter Stücken sehr geschickt zusammen gefüget, leitete mich in eine Höhle, oder vielmehr in eine Art eines Kellers in den Felsen, etwan zehn Schritte lenkte sich der Eingang zur Rechten in die Krümme, und weil die Dunkelheit nicht verstattet weiter zu gehen, mußte ich ein Licht holen. Durch Hülfe deßen gelangte ich nach ohngefehr zwanzig Schritten in einem Keller, worinnen es so frisch, daß es mir recht durch die Haut drunge. Hieselbst nun lagen drey Fäßer, zwey hiervon waren noch so ziemlich voll, das dritte aber so angezapfet, mochte ohngefehr halb seyn, bey welchen auch ein Glas stund, dieses zapfte ich voll, es sahe wie der schönste Rubin, aber so stumpf, daß es mich recht schüttelte. Dieses war also eine Art von Bier, welches mich nicht in geringe Verwunderung setzte. Aus diesem allen war leicht abzunehmen, daß der Alte die Hände nie in den Schooß gelegt, ich konnte mir auch nicht einbilden, daß zwey Menschen Hände dieß alles, wie es gegenwärtig stund, vermögend gewesen auszurichten. Daß in den übrigen zwey Fäßgen eben dergleichen Getränke aufbehalten seyn müße, brauchte keines fernern Beweises. Da nun nichts vergeßen war, so zu einer ordentlichen Wirthschaft erfordert wird, so hieng an der Wand, an einen hölzern Nagel, so in einen Spalt des Felsen eingetrieben, ein ordentlicher Heber. Aus Neugier kostete ich aus dem einen von den vollen Fäßern, welches zum trinken noch so ziemlich war. Die Höhle oder Keller hatte einen ziemlichen Umfang, von ohngefehr richtete ich die Augen nach den hintern Winkel, und sahe daselbst gläserne Bouteillen, sechs und zwanzig an der Zahl, ebenfalls mit Bier angefüllet in Sand bis über die Hälfte vergraben, sie waren alle voll, und oben mit Pech gut verwahret, damit keine Luft hinein konnte. In den großen Vorrathsgewölbe hatte ich auch eine gewiße Anzahl von dergleichen gesehen, jedoch

 leere,

leere, woraus zu schließen war, daß er dieselben zu eben dem Gebrauch angewendet. Ich nahm also eine hiervon mit, um eine Probe zu machen; in der That gab es dem besten Bier, so ich jemals getrunken, nichts nach, über diesen Fund hatte ich, wie leicht zu erachten, eine ausnehmende Freude, welche sich aber guten Theils verminderte: denn da ich überlegte, daß den Abgang wieder zu ersetzen, vor mich etwas ohnmögliches war, verursachte es mir vielmehr Kummer. Vorjetzo gewöhne ich mich an den Trank, war meine Ueberlegung, nach dessen volligen Abgang wird das Wasser nicht zu Halse wollen. Nun hatte ich wohl in Wesel verschiedne mal brauen gesehen, allein dieß war bey weiten noch nicht hinreichend, mich zu überreden, daß das bloße Sehen einen Menschen hierzu geschickt machen sollte. Ich sahe also das gegenwärtige als ein Geschenke an, so mir, wie alles andre, zufälliger Weise zu Theil geworden, dieses aber zu erhalten, versuchte ich folgender Gestalt: Die annoch vollen Fässer füllete ich vollends mit Wasser an, und vermachte die Spondlöcher, so wie es mir gut zu seyn dünkte. In das angezapfte aber füllete ich einen guten Theil Wasser, kollerte dasselbe herum, in Absicht, daß sich beydes mit einander vermischen sollte, zog es hernachmals auf die leeren Bouteillen, da es denn wieder aufs neue anfieng aufzustoßen. Es hatte auch wirklich den verhoften Nutzen, der anziehende Geschmack hatte sich guten Theils verlohren, daß es also zum Trinken noch so ziemlich war.

Nun

Nun war ich noch nicht auf dem obern Theil des Hauptgebäudes gewesen, daran erinnerte ich mich, weil oben an den hintern Theil eine Thüre befindlich, ich stieg also vermittelst der erwähnten Leiter hinauf, und fand allda den ganzen Boden bey einer halben Elle hoch mit Gerste beschüttet, bis auf einen kleinen Theil, woselbst ein ziemlicher Haufe von den Bohnen, so er ausgesäet, lag. Er mußte dem Ansehen nach ein großer Freund hiervon gewesen seyn, weil ich außerdem nicht einsahe, was er sonst damit gemacht, sie waren auch vom Geschmack sehr gut, gaben auch Nahrung, allein bey mir hatten die Erbsen doch einen Vorzug. Bey dem Stücke Feld, wo die Bohnen ordentlicher Weise gesäet, war bis nach der Höhe eine ziemliche Fläche, woselbst ich ein Stück Gerste fand, welches ich aber, weil ich es noch nie besuchet, in ziemlicher Unordnung antraf, sie war ausgefallen, die Körner hatten auch schon wieder die Reiffe erlanget, aber ziemlich mager. Weil nun hiervon ein grosser Ueberfluß vorhanden, so überließ ich dieselbe den Vögeln, welche bey meiner Ankunft in ziemlicher Anzahl aufflogen. Die meisten waren von der Gattung, welche ich als Tauben angegeben, dieselben nahmen ihre Zuflucht nach der Höhe, welche ich ostwerts vor mir hatte. Ich folgte denenselben, in Hoffnung ihre Nester aufzusuchen, es fiel auch gar nicht schwer in einem engen Bezirk etliche dreyßig anzutreffen, sie waren alle mit Eyern belegt, aber keine Jungen. Je weiter ich nun kletterte, je mehr fand ich

Nester, daß ich ohne sonderliche Mühe wohl zwey hundert Eyer zusammen bringen können. Ich suchte aber nur etwa zwanzig Stück, so noch gut waren, aus, um mir ein Leckerbißchen zu machen. Ich hatte nun nach meiner Rechnung schon sechs Jahr in der Einsamkeit hingebracht, ohne die geringste Hoffnung meiner Erlösung zu haben. Ich gestehe, daß es mir bey allem Ueberfluß schwer fiel; gar oft verstreichen ganze Tage, in welchen ich nichts vornahm, sondern mich gänzlich dem Schmerz überließ. Niemand verarge mir, wenn ich sage, daß sich bey sogestalten Umständen sogar eine Schwermuth zu äußern schien, und darzu mochte auch wohl vieles mit beytragen, daß ich immer müßig war. Hätte es mir an Nahrungsmitteln gefehlet, oder ich hätte dieselben mit mehrer Mühe erlangen müßen, so würde die Sorge jenes unterdrücket haben; so aber hatte ich nicht Ursache über etwas zu klagen, als daß ich von aller menschlichen Gesellschaft abgesondert war. Hingegen wenn ich etwas zu verrichten hatte, so verstrich der Tag unvermerkt, ich aß mit mehrern Appetit, und schlief auch recht ruhig, welches ein unumstößlicher Beweis ist, daß eine erträgliche Arbeit einen Menschen das heilsamste Mittel ist, welches die Seelenkräfte sowohl als den Leib stärket. Das Getränke war das einzige, welches mich einiger maßen in Verlegenheit setzte. Der Wein, mit welchem ich doch sehr sparsam Haus hielt, gerieth ins Abnehmen, gleiche Bewandtniß hatte es mit dem Bier, dessen Abgang ich

ich aber wieder zu ersetzen mir Hoffnung machte. Alles was hierzu erfordert wurde, war vorhanden, sogar fand ich in einer eisernen Pfanne abgetrocknete Hefen, nur kein Braumeister war zu haben. In den Säcken, welche unten in dem Vorrathsgewölbe neben den Bohnen stunden, war nach Untersuchung Malz, dieses mußte vorzüglich geschroten, oder nach den Beyspiel des Alten gestampfet werden, da mein gänzlicher Vorsatz war, eine Probe zu machen, weil das vorräthige bis auf dreyzehn Bouteillen drauf gegangen. Eine jede derselben hielt ohngefehr drey Nößel, und hiermit hatte ich die Eintheilung so gemacht, daß jede zwey Tage hinreichend seyn mußte, und was etwa noch fehlte, sollte ein Trunk Wasser ersetzen. Den Anfang zu machen gieng ich in die Mühle, oder vielmehr Stampfe, und nach Verrichtung dessen bekümmerte mich am meisten das Wasser in den Kessel zu tragen. Dieses gieng etwas langweilig her, es fiel mir aber bey, daß es wohl möglich wäre, dasselbe durch die vorräthigen Rinnen dahin zu leiten, welches auch sehr wohl von Statten gieng; mit dem Uebrigen verfuhr ich so, wie es mir am besten angehen wollte. Alles lief gut ab, nachdem ich es zur Abkühlung in verschiedne allda befindliche Gefäße geschlagen, ließ ich es wie gewöhnlich, gähren, und füllete es auf die Bouteillen, weil es nur eine kleine Probe seyn sollte. Es wäre zum trinken noch so ziemlich gewesen, allein es blieb sehr dicke, und wollte sich nicht setzen, die Hauptursache mochte wohl diese seyn, weil ich das Malz allzu klar gestoßen hatte, überdieß fieng es auch nach acht Tagen an zu sauern; wie nun kein Meister vom Himmel fällt, so mußte ich mir dieses auch gefallen laßen. Ehe aber der andere Versuch unternommen wurde, grub ich ein Stück Erdreich um, und säete etwas Erbsen hinein, weil von den andern Sorten noch ein großer Vorrath vorhanden war. Ich hatte auch Willens etwas Weitzen auszusäen, denn ich gerieth auf die Gedanken, aus denselben Mehl zu stoßen; doch wollte ich es lieber bis zu einer Probe anstehen lassen. Beyläufig dienet zur Nachricht, daß es allda vor den Sturmwinden ungleich sicherer, als bey der alten Wohnung war, denn ich kann kein Exempel angeben, daß derselbe bey meinem ganzen Aufenthalt einmal so heftig gewesen, wiewohl der Regen mit eben der Gewalt einfiel, ja ich wollte fast sagen, daß er häufiger einfiel, wovon der Fluß dergestalt anwuchs, daß er verschiedne mal aus seinem Ufer zu treten schien. Da mir nun ein Schaf zu holen das erste mal sehr schwer gemacht wurde, holte ich mir einen Tannbock, und buck etwas Brod, um das Ausgehen zur Regenzeit nach Möglichkeit zu vermeiden. Um die Fische durfte ich keine sonderliche Mühe anwenden, weil in den gelegten Reißen allemal eine ziemliche Menge vorhanden. Um mir aber einen Zeitvertreib zu machen, fiel ich auf die Gedanken, die Begebenheiten, so Zeit meines Aufenthalts vorgefallen, aufzuzeichnen, hierzu gab mir

mir folgendes Anlaß: Ich fand in dem Bierkeller unter den Fässern ein Schubkästgen mit etliche dreyßig scharffen Patronen, dieses war das erste Pulver, so ich gefunden, dabey aber stund ein Fläschgen mit Dinte. Nun war mir noch in frischen Andenken, daß der Alte seine Meynung schriftlich entdecket, so konnte er sonder Zweifel nicht das letztre Stückgen Pappier hierzu verwendet haben; da mir aber zur Zeit noch keines zu Gesicht gekommen, wurde eine genaue Untersuchung erfordert. Den Kasten in meinem Schlafzimmer hatte ich noch nicht bis auf den Boden ausgeräumet, die Wäsche war nach ihren Sorten Ballenweise zusammen gewickelt, und unter diesen fand ich ohne Schwierigkeit acht Buch feines Pappier. Die Federn fiel nicht schwer zu bekommen, weil die großen Vögel, deren ich gedacht, zu Zeiten welche verlohren; ehe ich mir aber die Mühe gab, eine derselben auswärts zu suchen, hoffte ich in den Schränkgen, in welchem noch verborgne Fächer waren, eine zu finden. Zu unterst zog ich ein Fach, so breit als der Schrank heraus, und sahe auf einmal mein Wünschen erfüllt, vors erste, zog ich ein Futteral herfür, in welchem ein sehr sauber Reisebesteck, nebst allem Zugehör befindlich, die Arbeit daran war sehr kostbar, und ich habe nachgehends in Amsterdam fünf und vierzig Gulden dafür bekommen; Dintefaß nebst Streusandbüchse stund dabey, nebst etlichen Federn. Unter denselben Sachen lag ein ziemlicher Theil Pappier, welches ich ebenfalls

 heraus

heraus langete; eine Pappierscheere und Federmesser lag ebenfalls dabey. Dieses Pappier nun warf ich auf den Tisch, weil es anfieng zu dunkeln, genoß mein Abendbrod, und legte mich schlafen. Den folgenden Tag machte ich den Anfang, suchte unter dem Pappier, so ich auf den Tisch gelegt, aus Neugier. Vielleicht, dachte ich, hat der Alte auch etwas aufgesetzet, welches mir zu einer Belustigung dienen wird, fand mich auch nicht betrogen. Es war, wie schon erwähnet, schlecht geschrieben; allein der Leser mache sich bereit, etwas zu vernehmen, welches die Möglichkeit beynahe übersteiget, doch aber nicht ganz unmöglich ist, wie der Erfolg zeigen wird. Gleich die ersten Worte waren mir ein Schlag ins Herz. Ich, war der Anfang, Martin Speelhoven, = = Das Pappier sank mir aus den Händen, weil ich meinen Namen gleich in der ersten Zeile zu lesen bekam, ich gieng etliche mal in der Stube auf und ab, um mich in etwas wieder zu erholen, nahm das Pappier wieder in die Hand, um mich von einer Sache zu überzeugen, welche ich mir nicht überreden konnte. Es kann ja wohl zutreffen, machte ich die Ueberlegung, daß es Menschen in der Welt giebt, so eben den Namen führen; und in dieser Zuversicht las ich weiter, da es denn hieß: bin gebürtig aus dem Holländischen. Mein Vater war Dorfschulmeister, seine Einkünfte aber waren nicht hinreichend die Ausgaben in der Haushaltung zu bestreiten, daher er sich genöthiget sahe, ein Nebenwerk zu treiben, indem er des

Sonn=

Sonntags in der Schenke mit zur Aufwartung gieng. Bey heranwachsenden Jahren folgte ich seinem Exempel, und lernete den Baß spielen, wodurch wir einen doppelten Nutzen zogen. Ich hatte ein aufgeräumtes Naturel, welches den jungen Purschen außerdermaßen wohl gefiel, und sich ein Vergnügen machten, Brüderschaft mit mir zu trinken. Unter den häufigen Saufbrüdern nun fand sich ein Müller, welcher zwar ungleich älter als ich war, aber dennoch kein Bedenken trug, auf Du und Du mir eines auf den Pelz zu sauffen. Weil nun dieses schon ein Mann von den Angesehensten in der dasigen Gegend war, so machte ich mir eine Ehre daraus, legte zu verschiedenen malen einen Besuch bey ihm ab, und da ich ihm, wenn es etwas zu bauen gab, hülflich Hand leistete, wurden wir immer vertrauter, dergestalt, daß er einsmals zu mir sagte: Ich sehe, daß du geschickt bist, eine Sache ordentlich anzugreiffen, wenn du Lust hast, will ich dich in die Lehre nehmen; und da ich mich nicht entschließen konnte, sogleich darauf zu antworten, so fuhr er in seiner Rede fort; überlege es mit deinem Vater, die Lehrjahre vergehen geschwind, ich bin ebenfalls von armen Eltern, nun siehe was fehlet mir? eine andre Profeßion zu lernen, ist nunmehro zu spät, dein Vater läßet es genug seyn, daß du Sonntags etliche Stüber verdienest, dieses aber kann in die Länge nicht dauren, wenn dein Vater stirbt, was willst du hernach anfangen? Er hatte vollkommen recht, ich sagte daher: Höre Bruder,

wenn

wenn es dein Ernst ist, will ich heute noch antreten: Denn aufrichtig zu sagen, hatte ich große Lust dazu. Wir wurden, kurz von der Sache zu kommen, des Handels einig, und ich ward also mit Genehmhaltung meines Vaters ein Müller. Ein halbes Jahr lebte ich mit meinem Bruder Lehrmeister sehr vertraut, die vornehmsten Griffe hatte er mir schon vorher beygebracht, ja er war mit meiner Aufführung dergestallt zufrieden, daß er mir ins Gesicht sagte, wie ich ihn in Metzen weit überträfe. Seine Frau, welche er als Wittbe geheirathet, und keine Kinder mit ihr gezeuget, starb, und durch diesen Fall bekam die bisherige Lebensart eine ganz andere Gestalt. Er gieng, nachdem er sich die Thränen abgewischet, wieder auf die Heirath, es fiel ihm auch nicht schwer, das Jawort zu erhalten. Bey dem Besuchen, welche seine Braut unter der Hand ablegte, nahm ich mir alle Freyheit heraus; wir waren mit einander aufgewachsen, desto weniger kostete es, die Freundschaft, so wir als unschuldige Kinder gepflogen, bey reiffern Verstand wieder aufzuwärmen, ja es kam endlich dahin, daß der Lehrjunge seinem Lehrmeister beynahe den Vorzug streitig gemacht hätte. Jedoch war es weiter nichts, als ein flatterhaftes Bezeigen, so bey jungen Leuten ziemlich gemein ist; demohngeachtet nahm es mein Lehrmeister sehr übel. Seinen Verdruß zeigte er anfangs durch ein hartnäckiges Stillschweigen, welches endlich in einen Wortwechsel ausbrach. Es stehet mir deine Aufführung

rung gar nicht mehr an, sagte er einsmals, du maßest dich eines Rechts an, so dir als Lehrjunge keinesweges zukommt. Nun was habe ich denn gethan, vertheidigte ich mich, so straffällig ist? Du gehest mit meiner Braut um, nicht als deiner künftigen Lehrmeisterinn, erwiederte er, sondern siehest sie an, als ob du gleichen Anspruch an ihr zu machen hättest; über dieses läuft es wider den Wohlstand, mich als deinen Lehrmeister schlechthin Du zu heißen. Vors erste, gab ich zur Antwort, kenne ich die Braut viel eher als du, und vors andere habe ich die Brüderschaft ja dir nicht angetragen. Es ist beydes wahr, fieng er das Wort auf, allein die Umstände haben sich geändert; hiermit will ich dir, und zwar in Ernst untersaget haben, künftighin beydes zu lassen. Hierwider hatte ich zwar nichts einzuwenden, es wuchs aber hierdurch ein heimlicher Groll im Herzen, hätte er mir dieses gleich bey Antretung der Lehre angedeutet, so würde ich weniger Bedenken gemacht haben, dieses zu unterlaßen. Von der Zeit an, war ihm nichts mehr recht zu machen, da er vorher mein Betragen öffentlich gerühmet. Hierzu kam noch der Unfall, daß er sich mit seiner Braut entzweyte, welche ihm den ganzen Kauf aufkündigte, und weil ich nach der Hand bey derselben aus- und eingieng, mir auf den Kopf die Schult gab, wiewohl mir hier zu viel geschahe, da weder sie, nach ihre Eltern hiervon kein Wort erwähnten. Einsmals da ich Weitzen wusch, und zwar an einen Sonntag früh

unter

unter der Kirche, brach er, so zu sagen, eine Gelegenheit vom Zaun, um mit mir zu zanken. Mir entfuhr ein Wort so ihm nicht anstund, sogleich riß er mir die Schaufel unvermerkt aus den Händen, mit welcher er mir einen sehr empfindlichen Schlag versetzte; und da er wieder ausholte, sprung ich um etliche Schritte zurück auf den Steg, mit dem Bedeuten sich nicht weiter an mir zu vergreifen, sonst wollte ich ihm zeigen, daß er einen Lehrjungen ohne Ursach zwar geschlagen, aber es nicht wieder versuchen würde. Dieses hatte er kaum vernommen, als ich den zweyten Schlag schon weg hatte. Dieses machte mich meiner Schuldigkeit ganz vergessend, ich ergriff ihn ohne Anstand beym Leibe, und warf ihn ins Wasser. Er schrye mir zwar zu ihm heraus zu helfen, dazu aber hatte ich keine Ohren, sondern sprang in die Mühle, raffte das, was mir in der Angst von meinen Sachen in die Hände kam, zusammen, nebst fünf Gulden am baaren Gelde, und lief in möglichster Geschwindigkeit aufs freye Feld. Meine Kleider versteckte ich hinter dem Dorfe in das Korn, holte bey meinem Vater, der eben in der Kirche war, die Baßgeige; diese trug ich an vorerwähnten Ort, kleidete mich in möglichster Geschwindigkeit an, und wanderte mit gedachter Baßgeige auf dem Rücken nach Wesel zu, woselbst ich auch mit einbrechender Nacht eintraf. Die Thore waren bereits gesperret, ich lenkte mich daher seitwärts nach den vor mir liegendem Dorf. Es fiel mir nicht schwer

die

die Schenke, in welcher es lustig zugieng, zu finden, und kam eben wie gerufen. Die daselbst befindlichen Musikanten ruften mich gleich beym Eintritt, und fragten, ob ich Lust hätte Geld zu verdienen? man verlangte in einem Dorfe eine Stunde davon, eine Bande Spielleute auf eine Hochzeit. Ich nahm dieses Anerbieten ohne Bedenken an, und wanderte mit noch zweyen nach demselben Dorfe zu, woselbst wir sehr willkommen waren. Dieses dauerte drey Tage hintereinander, und zwar nicht ohne Nutzen, denn wir verdienten schönes Geld. Ehe aber diese zu Ende lief, wurden wir schon wieder von einem Hochzeitgast zwey Meilen weiter bestellt. Wir reiseten dahin, fanden aber viel Widerspruch, denn die in demselben Dorf wohnhaften Spielleute stritten dawider. Nach vielem Gezänke wurde uns von dem Richter im Namen der ganzen Gemeinde das Aufwarten gänzlich untersaget, daß wir also unverrichteter Sache wieder abziehen mußten. Jedoch schlug mir einer von der daselbst befindlichen Bande vor, wenn ich Lust hätte da zu bleiben, so wollten sie mich in ihre Gesellschaft aufnehmen. Da ich nun hierbey mehr gewonn als verlohr, denn es war meine Absicht, mich, so weit es möglich, von meiner Heimath zu entfernen, um nicht aufgesucht zu werden, so entschloß ich mich da zu bleiben. Ich hatte es auch nicht übel getroffen, denn in dem Dorfe wurde ich bald bekannt, und unter andern both mir eine Bauerfrau, mit welcher ich mich ganz gut zu vertragen wußte, an, es bey

ihrem

ihrem Mann dahin zu vermitteln, daß ich bey ihr freye Herberge hätte. Ich hatte es um so mehr Ursache mich dieses Vortheils zu bedienen, weil ich nebst der Herberge freyen Tisch genoß. Wir lebten acht ganzer Jahr in einer genauen Freundschaft, und dieses um so viel mehr, weil ihr Mann immer kränklich, und ich der Wirthschaft so, wie meiner eigenen vorstund. Der Mann starb, nun war nichts mehr übrig, als uns nach verfloßner Trauer zu verheirathen. Allein die Liebe zu ihr verlosch nach völligem Besitz unvermerkt; und ob sie schon nach der Zeit mit einem jungen Sohn ins Kindbett kam, so verlohr sich doch die Neigung zu ihr von Zeit zu Zeit gänzlich. Das Gut, wovon sie Besitzern war, trug schon so viel ein, daß ich nur anstellen durfte. Allein dieses war mein wenigster Kummer, daher es nicht zu verwundern, daß, da die Schulden unvermerkt anwuchsen, wir endlich dasselbe los schlagen, und es mit einen kleinen Häusgen verwechseln mußten. Meine Frau sahe sich genöthiget der Handarbeit nachzugehen, ich sollte ein gleiches thun; allein es war mir nicht gelegen, sondern ich suchte meine Baßgeige wieder herfür. Es wäre auch nicht ohne Nutzen gewesen, allein so gab ich dem Wirth meinen Verdienst ordentlich aufzuheben. Denn wenn es nichts zu verdienen gab, mußte er anschreiben, und was hernach übrig blieb, ließ ich auch nicht bey mir verschimmeln. Aus diesen folgete, daß ich allemal berauscht nach Hause kam, wiewohl ich es, wenn derselbe durch den Schlaf

wieder

wieder verrauchet, nachmals bereuete. Allein diese Reue langte mit aller Mühe kaum in die Schenke, hierdurch wurde unsere Wirthschaft immer enger eingezogen, dergestalt, daß wir unser Häusgen auch den Schuldnern überlassen mußten, und mit vieler Mühe kaum erhalten konnten, daß man uns noch die Herberge vergönnete. Der Leser wolle sich es gefallen lassen, daß ich ein wenig unterbreche, und sage, daß mir unter dem Lesen der kalte Schweis übers Gesichte lief; denn je weiter ich las, jemehr Merkmale äußerten sich, daß der Alte; so dieses aufgezeichnet, niemand anders, als mein leiblicher Vater gewesen seyn müsse, da der Name sowohl als die Geschichte mit demselben aufs genaueste übereintraf. Also, machte ich die Ueberlegung, sehe ich mein Verlangen in seine Erfüllung gesetzt: ich verließ meine Heimath ihn aufzusuchen, es ist mir zwar gelungen, aber auf eine Art, welche wohl kein Sterblicher vorher einsehen können. Ich habe zwar das Glück, oder vielmehr Unglück gehabt ihn zu sprechen; allein das bloße Andenken muß mir einen Schauer erwecken. Bey alle dem Betrübniß schöpfte ich noch den einzigen Trost, daß ich mein höchst strafbares Unternehmen nicht ausgeführet, denn da ich, wiewohl wider Wissen, einen Vatermord begangen, so wäre eine Verzweiflung die gewisseste Folge gewesen. Hätte ich ihn zu der Zeit da er mich aufsuchte, ehe er noch den unglücklichen Fall gethan, entdecket, so wäre ein Schuß hinreichend gewesen, sein Unterfangen zu vereiteln. Allein die Vorsicht hat es nicht gewollt, daß ich in mein eigen Eingeweyde hinein wüten möchte. War dieses nicht eine gewisse Ahndung, daß ich ihn bey aller Verfolgung dennoch nicht hassen konnte? Dieses unglückliche Papier ließ ich verschiedene Tage liegen, denn ich konnte es ohne Thränen nicht in die Hände nehmen, ja mein Vorhaben gieng so gar dahin es zu verbrennen, weil es mir doch weiter zu nichts diente, als den Schmerz, welchen ich über das unglückliche Ende meines Vaters empfand, immer zu verneuern; doch die Art einer Neubegierde trieb mich an, die Folgen seines ihm selbst zugezognen Unglücks zu vernehmen. Die Ursache seiner Flucht, wie ihm nämlich meine Mutter seine Baßgeige zerschlagen, und er dieselbe hernach in der Schenke so übel tractiret, ist in dem Eingang meiner Erzählung mit Umständen berühret worden; ich achte es daher vor überflüßig es noch einmal zu erwähnen. Es hieß ferner: durch den unglücklichen Schlag fiel sie zur Erden. So verfinstert auch mein Verstand damals wegen des überflüßigen Getränkes war, so prophezeihete ich mir doch nicht die besten Folgen; daher suchte ich in möglichster Geschwindigkeit einer gewissen Todesstrafe zu entgehen, und lief, oder daumelte vielmehr gerade nach Wesel zu. Der Rausch verlohr sich vermuthlich durch die Angst, den Ort aber vor einbrechender Nacht zu erreichen, war etwas unmögliches. Hinter dem letztern Dorfe, wo ich ein wenig ausruhete, hörte ich die Glocke

eilfe

eilfe schlagen. Die Gewissensangst vergönnete mir nicht einen Augenblick den Schlaf zu genießen. Denn so bald es nur ein wenig anfieng lichte zu werden, war ich schon wieder unter Weges; gelangte auch ohne Hinderniß in die Stadt. Allein ich war in nichts gebessert, denn meine ganze Baarschaft belief sich nicht höher als zwey Stüber; daher wurde ich, aus zwey Uebeln eines zu erwählen, ein Soldat, und bekam fünf Gulden Handgeld. Nun hatte ich es nicht genugsam überlegt, daß, wenn man mir als einen Mörder nachsetzte, man mich ohne Anstand ausliefern würde. Zwey von meinen neuen Cameraden merkten eine Bestürzung an mir, und glaubten ohnfehlbar, es gereuete mich daß ich ein Soldat geworden; dieserwegen suchten sie mir die Grillen bey einem Glas Branntwein zu vertreiben, oder vielmehr einen Genuß von dem Handgelde zu haben Wir tranken, oder soffen vielmehr einander ziemlich auf das Leder; bey dem allen aber verließ mich die Furcht keinesweges. Halb berauscht gieng ich unter einem Vorwand in den Hof; eine Thüre, so in eine andere Gasse wies, stund offen; die Desertion kam mir in dem Kopf, ohne die Gefahr dabey zu überlegen. Ich trat also zu erwähnter Thür hinaus, und taumelte nach dem Thore so nach dem holländischen Gebiete gieng. Ob mich jemand beobachtet, weiß ich nicht, denn vor Angst war mir alles finster vor den Augen. Mit Recht kann ich von der damaligen Begebenheit sagen, daß ich mehr Glück als Verstand hatte. Ich lief blindlings zu, die Angst machte mir Füße, und erreichte auch mit einbrechender Nacht das erste holländische Dorf. Weil ich mich aber so nahe an der Gränze nicht ganz vor sicher hielt, lief ich im Stockfinstern noch eine gute Meile ehe ich wieder ein Dorf erreichte. Daselbst lag alles im Schlaf vergraben, dennoch klopfte ich an einem kleinen Häusgen an, und da man nach meinem Begehr fragte, so bat ich, man möchte mir doch aufmachen und eine Nachtherberge vergönnen, ich sey ein Deserteur. Weil es nun daselbst nichts neues ist dergleichen Leute zu sehen, wurde mir aufgemacht, jedoch schienen sie sich zu verwundern, weil ich keine Mondirung an hatte Ich suchte ihnen aber den Verdacht, welchen sie wegen meiner Person schöpfen mochten, bald zu benehmen; und erzählte ihnen, daß sie mich mit List gefangen, ich aber auf gleiche Weise auch wieder entwischet wäre. Auf mein Anhalten gaben sie mir gegen Bezahlung zu essen, welches ich sehr nöthig bedurfte, legte mich nachgehends auf eine Bank, und schlief sehr wohl. Auf den Tag setzte ich meinen Stab weiter, lenkte mich nach dem Dorf meiner Geburt, um wegen des Vergangenen einige Nachricht einzuziehen. Ich gieng daselbst in das Wirthshaus, und dieses war schon ein Trost vor mich, daß ich niemand sahe der mir bekannt vorkam. Aus Neugierigkeit fragte ich den Wirth, ob wohl der alte Schulmeister Speelhoven noch leben müsse? Ich weiß es nicht, ertheilte er mir zur Antwort, weil ich noch

nicht

nicht gar zwey Monathe hier bin, meine Magd aber, welche aus dem Dorfe ist, wird es wohl wissen. Ich hatte nicht so viel Zeit ihm zu sagen, daß es überflüßig sey, als sie schon nach meinem Begehr fragte. Da ich die vorige Frage nun wiederholte, gab sie zur Antwort: O! der ist lange tod, er hatte wohl einen Sohn, allein der ist mit den Sch = = davon gelaufen, und ehe ein Jahr vergieng, lief Nachricht ein, daß er in dem Brandenburgischen sey aufgehenket worden. Der Titel und das Ende ist von einem Schlag dachte ich bey mir selbst. Da sie mich allem Vermuthen nach nicht kannte, wollte ich auch gerne wissen wie es mit dem Müller abgelaufen sey; hub daher zu dem Wirth an: Ich habe ehemals einen Mühlknappen gekannt, dieser soll sich hier niedergelassen haben und in eine Mühle geheirathet haben. Die Magd war geschwind mit der Gegenfrage fertig, wie er nach seinem Namen hieße? da ich ihr denselben genennet, gab sie zur Antwort: Er ist lange tod. Je stirbt denn alles, versetzte ich hierauf lächelnd. Ja er ist ertrunken, fiel sie mir in die Rede, wenigstens hat man ihn tod aus dem Wasser gezogen; eben der leichtfertige Vogel, der junge Speelhoven, lernte bey ihm. Und da er zu gleicher Zeit unsichtbar ward, gab man ihm auf den Kopf Schuld, er habe den Müller erschlagen, und nachgehends ins Wasser geworfen. Das muß ein Erzbösewicht gewesen seyn, setzte ich hinzu. Dieß alles lief gut ab, die Magd entfernte sich, und ich wollte nun auch meines Weges mit dem Ehrentitel auf dem Puckel gehen, als ein Mann in die Stube eintrat, den ich sehr wohl kennete; nach seinem Amt ihn zu vergleichen, war er so viel als ein Gerichtsvoigt. Nachdem er mich sehr genau betrachtet, fragte er; wer ich wäre und wo ich hin wollte? Ich bin ein Deserteur und reise nach Amsterdam zu meinem Bruder. Er strich den Bart und fragte weiter, wie denn mein Bruder hieße? Hier muste ich alle Kräfte zusammen raffen, eine Verstellung anzunehmen, gab ihm daher ganz trotzig zur Antwort: Just so wie ich. Hierauf wendete ich mich zu dem Wirth, und forderte ein Glas Branntwein. Jener gieng mit einem grimmigen Gesicht nach der Thür, der Wirth aber rief mich auf die Seite und sagte: Mein Freund, soll ich ihn rathen, so mache er sich aus dem Staube, dieses ist ein grundböser Mann, er wird keinen Anstand nehmen, ihm den grösten Verdruß auf den Hals zu laden, und wenn es weiter nichts auf sich hat, so macht er Unkosten, wovon er einen Theil zu genießen hat. Was will mir der alte Kerl thun? gab ich zur Antwort; allein einem Verdruß auszuweichen, werde ich mich seines Raths bedienen; kann man nicht bey ihm durch eine Hinterthür einen Abweg nehmen? ich wußte nur gar zu gut Bescheid, wollte mich aber nicht blos geben. Komme er, ich will ihm einen Weg zeigen, fiel er mir ins Wort. Hiermit führte er mich durch den Garten, und machte mir einen Begriff von dem Weg den ich nehmen sollte, welcher mir mehr als zu wohl bekannt war. Ich dankte vor seinen guten Willen, und verfolgte den Weg mit starken Schritten, einer unvermeidlichen Gefahr zu entgehen. Der alte Kerl sahe mich als eine verdächtige Person an, seine Muthmaßungen hatten auch Grund, und kam es nur einmal so weit, daß man mich in Verhaft nahm, so war ich so gut als verlohren. Ich hatte daher hohe Ursache alle Behutsamkeit anzuwenden, um nicht erhaschet zu werden. Zu mehrer Sicherheit nahm ich keinen gewissen Weg, sondern schlug mich bald links, bald rechts, bis ich endlich Amsterdam, wiewohl mit einem leeren Beutel, erreichte. Es kostete nicht viel Mühe unterzukommen, weil man eben beschäftiget war, eine Flotte auszurüsten. Als diese zu Stande, giengen wir mit fünf wohl ausgerüsteten Schiffen unter Segel. Wir trenneten uns bey den Vorgebirge der guten Hoffnung bey einen kleinen Sturm, vielleicht in einer gewissen Absicht, welche den Schiffsvolk verborgen blieb. Von da an schwärmeten wir neunzehn Tage auf der See herum, ohne Land, welches wir vielleicht suchten, zu entdecken. Der Mangel an frischen Wasser machte das Volk schwierig, das Volk drunge drauf, an dem ersten dem besten Ort eine Landung zu wagen, und da der Wächter auf dem Mast zwey mal in einem Tage Land entdeckte, der Commandeur aber hiervon nichts hören wollte, so erklärte sich fast die ganze Eqvipage wider ihn. Wir drungen in den Raum, und bemächtigten uns des Weins.

Der Commandeur brauchte sein Ansehen, und die, so es noch mit ihm hielten, unterstützten dasselbe. Einer nach dem andern wurde in Ketten geschlossen, wir waren unsre fünffe, welche hartnäckig blieben, ich frischete sie auf, nicht nachzugeben, ob gleich die Uebrigen zum Kreuz krochen, und um gut Wetter baten. Meine vier Consorten, welche sich verlassen sahen, folgten jener Exempel, ich blieb also alleine in der Falle sitzen. Man erklärte mich in einen gehaltenen Schiffsrath vor einen Aufwiegler, und wurde zum Tode verdammt, nämlich ich sollte bey dem großen Mast erschoßen werden. Bitten hatte ich auch gelernt, jedoch man führte mich aus, es wurde alles bis auf den letzten Abdruck vollzogen. Ich erhielt Pardon, wurde aber wieder in dem untern Schiffsraum hart gefesselt gesperrt. Wie lange dieser Aufenthalt gedauret, kann ich nicht sagen, endlich zogen sie mich wieder hervor, und ich mußte meinen Führern in ein ausgesetztes Boot folgen, welche, nachdem sie mich ans Land gebracht, mir die Fessel abnahmen. Nun sagte einer zu mir, hast du deine verlangte Freyheit, gehe hin wo es dir gefällt; beßer hin wirst du deine Habseligkeiten finden. Sie verließen mich, sprungen mit der größten Behändigkeit ins Boot, und fuhren davon. Das Schiff gieng schon wieder unter Segel, als ich noch auf der nämlichen Stelle stund, wo sie mich verlaßen, ich sahe demselben nach, bis es sich meinem Gesicht völlig entzog. Als ich nur wieder in etwas zu mir selbst kam, verfiel ich in eine Art einer Raserey, kein Schmähwort war mehr zu erdenken, so ich ihnen nachschickte, aber zu was nutzte es? sie hörten es doch nicht. Mich gereuete es wohl tausend mal, daß ich das Schiff nicht in die Luft gesprenget, hätte es mir gleich keinen Nutzen geschafft, so wäre es doch eine Rache gewesen; allein dieses war zu spät, ich mußte nunmehro auf meine Person bedacht seyn. Die Gegend, wo ich mich befand, war steinigt, hinter mir hatte ich einen rauhen Felsen von ziemlicher Höhe, daselbst stund auch, ohngefehr zwey hundert Schritte davon, mein ganzes Vermögen. Dieses muß ich ihnen noch nachrühmen, daß sie nichts vergessen hatten, was zur höchsten Nothdurft erfordert wird. Nebst meinen eignen Sachen hatten sie noch ein und zwanzig Stück Zwieback beygefüget, eine Flinte, nebst Pulver und Bley, eine Axt und Säge, ein Stück Segeltuch, etliche Bretter, Angelgeräthe, eine ziemliche Flasche Branntwein, zwey Castrole oder Kessel, Rauchtaback, nebst den hierzu erforderlichen Geräthe, und andre Kleinigkeiten mehr. Dieses in Sicherheit zu bringen, mußte ich mir einen bequemen Platz aussuchen, und ehe ich noch sonst etwas unternahm, war meine Absicht den Felsen, wo möglich, zu überklettern, um zu erfahren, was ich zu hoffen, oder zu befürchten hätte. Ob es gleich anfangs, wo nicht gar unmöglich, doch höchst gefährlich war, den Zweck zu erreichen, so wurde mir doch die Mühe reichlich belohnet, weil sich meinen Augen mit einmal ein mit Busch und

Auen vermischte Gegend darstellete, welche mich hoffen ließ, daß ich daselbst alles antreffen würde, was einem ins Elend verbannten Menschen zu seinem dürftigen Unterhalt nöthig sey; Ich hatte den Fuß nicht so geschwind in dieses irrdische Paradies gesetzet, als mir eine ziemliche Heerde Schafe, welche durch ein kleines Gehölze nach Osten liefen, so zu sagen einen Muth einsprachen, daß ich hier nicht verhungern würde. Eine Strecke nach Westen war der Fels ungleich niedriger, mithin viel bequemer, von einer Seite zu der andern zu gelangen. Die Sehnsucht nach frischen Fleisch gab mir gleichsam Flügel die Flinte zu holen, um eines von diesen lieben Thiergen zu erlegen. Es schien auch wie abgeredt zu seyn, denn bey meiner Zurückkunft nahmen dieselben den Weg den sie gekommen. Ich legte mich schußfertig, und weil sie den Weg sehr nachläßig verfolgten, fiel es nicht schwer eines vor den Kopf zu schießen, welches die übrigen bewegte mit der größten Behändigkeit den Reisaus zu nehmen. Ich gönnete ihnen ihre Flucht von Herzen, und brachte das erlegte an einen bequemen Ort, ihm das Fell über die Ohren zu ziehen. Hier sehe ich mich genöthiget abermal einen kleinen Abschnitt zu machen, um durch eine langweilige Erzehlung seiner Einrichtung dem Leser keinen Eckel zu erwecken; er würde doch weiter nichts finden, als was seine täglichen Beschäftigungen erfordert haben, nichts außerordentliches, nichts merkwürdiges ist dabey vorgefallen, es läuft mit meiner ordentlichen Erzehlung

zehlung fast in eins, daher will ich nur das, so etwa zu einiger Erläuterung dienet, anführen. Anfangs hatte er sich unweit den Pomeranzenbäumen eine Hütte gebauet, da es ihm aber beschwerlich gefallen, so weit nach Wasser zu gehen, hat er sich besser hin an den Fluß gemacht. Ich habe mich um die Zeitrechnung niemals bekümmert, heißt es ferner, meinen Gedanken nach mochte es wohl ein Jahr, auch etwas darüber seyn, als mich der Schein eines Feuers an dem Ufer gegen Nordwest aufmerksam machte. Es war wohl noch Mitternacht, daher stieg ich etwas auf die Höhe, um den Grund oder Ungrund zu erfahren. Ich entdeckte wirklich eine Reihe Feuer, sahe auch, so wie mir vorkam, Menschen dabey. Auf den Tag entdeckte ich eine grosse Menge Wilde, welche um das Feuer zu hüpfen schienen, wie denn auch am Ufer eine ziemliche Anzahl kleine Fahrzeuge oder Canoes, wie sie genennet werden, stunden. Weil ich nun einen Zuspruch befürchtete, und von demselben nichts gutes zu hoffen hatte, gedachte ich auf meine Sicherheit, welche nirgends besser, als jenseits des Flußes geschehen konnte Es war aber viel Gefahr dabey, weil die Noth nicht verstattete, lange zu verweilen. Dieses aber war noch nicht genug, daß meine Person hinlänglich geborgen war, sondern meine Habseligkeiten musten auch mit hinüber, wollte ich anders keine Spuhr zurück laßen, sie auf die Gedanken zu bringen, daß sich hier Menschen aufhalten müßten. Es gieng auch alles glücklich

von

von Statten ohne entdeckt zu werden, wiewohl sich um diese Gegend keiner sehen ließ. Ich gönnete ihnen ihre Freude, oder was es sonst vorstellen sollte, von Herzen, weil sie nur mich dabey nicht beunruhigten. Es wäre mir zwar ein leichtes gewesen, etliche über den Haufen zu schießen, wodurch die andern, wie zu vermuthen stund, abgeschrecket würden; allein der wenige Vorrath an Pulver war mir nur allzulieb, weil ich Ursache hatte, dasselbe mit weit bessern Nutzen anzuwenden. Die Schafe waren überaus schüchtern geworden, hinfolglich mußte ich alle Geschicklichkeit anwenden, keinen Fehlschuß zu thun. Nach zwey Tagen verlohren sich sich die Wilden, mich trieb eine Neubegierde an, den Platz ihres Aufenthalts zu besuchen, um zu sehen, ob sie nicht etwa ein Menkmal ihres Daseyns zurück gelassen, fand aber leider sehr betrübte Spuren ihres Aufenthalts. Unweit den Feuer, so noch rauchte, lagen viele Menschen Gebeine und Köpfe von Menschen in dem Grase herum, aus einem von gedachten Köpfen urtheile ich, daß es Menschen ihrer Nation gewesen, welches an den grausen Haaren, nebst schwarzen Gesicht abzunehmen war, wiewohl auch an verschiednen Orten wiederum sehr lange Haare herum lagen. Dieses war gleichsam eine vorgeschriebene Regel, fleißig auf meiner Huth zu seyn, ich habe aber von der Zeit an, nicht das mindeste wieder gespühret. Die Gegend meines jetzigen Aufenthalts gefiel mir dergestalt, daß ich sie zu meinem beständigen Sitz

erwähl=

erwählte. Am Strande des Ausflusses, wo sich der Bach oder Fluß ins Meer ergießet, war eine kleine Sandbank, daselbst fand ich oft eine ziemliche Menge Eyer, so die Schidkröten in den Sand gelegt, welche ich in einem Kessel sott, die mir denn sehr wohl bekamen. Ich habe auch verschiedne mal Schildkröten, so groß, daß ich sie kaum zu tragen vermochte, gefangen, welche auch sehr gut zu essen sind. Nun komme ich auf die Punkte einer glückseligen Lebensart, welche von der vorigen, ob sie gleich erträglich, und ich mein Leben, wiewohl kümmerlich fristen konnte, himmelweit unterschieden ist. Als ich mich einsmals bey einem annahenden Regenwetter, dabey es einige Tage ganz kühle war, meist inne gehalten, und nach aufgeklärter Witterung mich auf die Sandbank verfügte, Eyer oder Schildkröten aufzusuchen, fand ich ein fast noch ganz neues Boot, so eben nicht groß, mit dem Kiel fest sitzen, in demselben lagen zwey Beutel, einer mit Schrod, der andere mit Pulver angefüllt, nebst zwey schönen montirten Flinten, wie auch acht geschoßne Vögel, beynahe so groß als eine europäische Gans, wie auch ein Stück Segeltuch. Es hatte ein kleines Verdeck, in welchem zwey noch ganz frische Brode, und eine Flasche mit guten Branntwein, nebst einen Pfeiffenkopf mit Silber sehr sauber beschlagen, aufbehalten waren. Dieser so unverhoffte Fund erweckte bey mir eine außerordentliche Freude. Das Boot hatte, wo es auffaß, einen kleinen Leck, dieses war leicht wieder zu verbessern.

Nach-

Nachdem ich die darinnen gefundenen Sachen auf eine Seite geschafft, suchte ich das Boot flott zu machen, es hielt schwer, es mußte mir aber endlich doch gelingen, es hieng an demselben ein schwaches Stück Tau, wohl zwölf Klaftern lang, hiervon schnitt ich ein Stückgen ab, drehete es auf, und verstopfte den Leck, um das fernere Eindringen des Wassers abzuhalten. Nun war mir daran gelegen, es zu verwahren, ich zog es daher ganz nahe an den innern Theil, wo der Bach seinen Ausfluß hat, in einen Winkel, wo es vor den anschlagenden Wellen ganz sicher stund. Es dienet aber zur Nachricht, das Fluth und Ebbe ebenfalls hier seine Abwechselung hat, denn damals stund das Wasser um zwey Klaftern hoch, an den Orten, wo es hingegen zu einer Zeit ganz trocken ist. Meine Beute trug ich nach Hause, mußte aber zwey Wege machen, weil es auf einmal nicht fortzubringen war. Das Fleisch von den Vögeln war überaus fett, und an Geschmack etwas wildrich, jedoch gut zu essen. Nunmehr war ich mit Gewehr und Munition aufs neue wieder versehen, ich machte mir schon im Voraus ein Vergnügen, wenn den Wilden eine Lust ankommen sollte, sich meiner Wohnung zu nähern, über die wunderlichen Capriolen, die sie machen würden, wenn ich einen oder den andern das Fell voll Schrood schießen würde. Aber ist dieses nun der Punkt von der angepriesenen Lebensart, wovon ich so viel Wesens gemacht? Die acht Vögel und zwey Brode, konnten ja nicht ewig dauren.

Nur Gedult, das Boot hatte eine seltsame Wirkung, welche mir wunderliche Grillen in den Kopf setzte. Auf meinem Lager bey einer Pfeiffe Taback, welchen ich mir von gewißen Blättern zubereitete, bekam ich Reisegedanken, denn nach meiner Einsicht konnte die Insel, worauf ich mich befand, nicht aus der Welt, sondern in dieselbe mit eingeschloßen seyn. Ich will, war meine damalige Ueberlegung, mir Lebensmittel einschaffen, das Boot aber mit einer Art von Mast und Segel versehen. Wenn es nun die Witterung zuläßt, will ich mich mit demselben aufs Meer begeben, es kann mir vielleicht glücken, entweder ein Schiff, oder bewohnte Insel anzutreffen. Die Nation mag nun beschaffen seyn, wie sie will, wird sie doch wenigstens in Ansehung meiner elenden Umstände so viel Menschenliebe besitzen, daß sie mich aufnimmt. Sind es Holländer, werden sie mich pardoniren, weil ich vor mein Verbrechen genugsam gebüßet. Mit einem Wort, es war beschlossen, auch den folgenden Tag der Anfang gemacht. Mast und Segel war das Vorzüglichste, es kostete freylich Arbeit, und gieng auch ziemlich langsam her, doch ich hatte keine Vorschrift wenn es fertig seyn müßte, verlohr auch nichts dabey, ob es um etliche Wochen eher, oder später fertig wurde. Die erste Probe von Mast war allzu lang, und da ich ein Stück davon abgehauen, zu kurz gerathen, beynahe wäre ich den ganzen Kram überdrüßig worden; doch die süsse Hoffnung an einen bevölkerten Ort zu landen, spornete mich gleich-

gleichsam an, die Hände nicht sinken zu laßen. Desto beßer gerieth der andre, diesem fügte ich das Segel bey, und die Probe mußte zur Stelle gemacht werden, das Boot war flott, ich spannete das Segel auf, um zu sehen, ob es den verhoften Nutzen haben würde; mein Vorwitz aber wurde mir ziemlich versalzen. Der Wind bließ vom Lande aus südost, mein Boot schoß wie ein Pfeil ins Meer, zu allem Glück ergriff ich in der Geschwindigkeit das Messer, und schnitt die Leine an der Stange entzwey, hierdurch war doch dem Wind die Gewalt in etwas genommen, daß ich Zeit gewann, das Segel einzunehmen. Immittelst befand ich mich eine gute Strecke von der Insel ab, und mußte nur laviren, weil mir der Wind widerstund. Es war um den Mittag, da ich die verdrießliche Probe unternahm, die Sonne neigte sich bereits zum Untergang, als ich wohl noch einen Flintenschuß von der Sandbank hatte. Diese Plackerey dauerte bis in die späte Nacht hinein, ehe ich meinem Zweck völlig erreichen konnte, hinfolglich matt und kraftlos nach Hause kam. Also war das schwerste Stück Arbeit zu Stande, nun fehlte es weiter an nichts, als Lebensmitteln, zu welchen allmählich auch Rath wurde, denn gieng es an ein Einschiffen. Die Gegend, wo ich mich eine geraume Zeit aufgehalten, verließ ich, und schlug mein Lager nahe am Ausfluß auf, um bey ereignender Gelegenheit an der Hand zu seyn. Gleich die erste Nacht wurde es stürmisch, allein ich und mein Boot war von aller Gefahr sicher,

der

der Wind bließ die Nacht und den folgenden Tag aus Norden mit untermischten Schlagregen, dieses dauerte bis gegen die Nacht, da sich der Himmel aufklährete, und ganz ruhig ward; außer daß ein kleiner Wind von Norden etwas kühle gieng, welches ich bey dem ganzen Aufenthalt nicht so hart empfunden. Ich wickelte mich also in das annoch übrige Stück Segeltuch, unvermerkt war ich eingeschlafen, und da ich erwachte, war die Sonne bereits eine Stunde aufgegangen. Kaum aber, daß ich mir den Schlaf aus den Augen gewischt, entdeckte ich nicht ohne Schreck etwan zwey hundert Schritte vom Lande ein Schiff, aber ohne Mast; mit einem Sprung war ich auf der erwähnten Sandbank, legte mich nach der Länge nieder, um zu erfahren, was dasselbe vor Mannschaft aufhätte, ich sahe mich bald blind, es wolite aber niemand zum Vorschein kommen. Wie mir nun dieses etwas unmögliches schien, ein Schiff von Menschen gar entblößet zu sehen, so wollte ich Grund in der Sache haben, es möchte auch gehen, wie es wolle. Nach kurzen Ueberlegen ladete ich mein Boot aus, legte den Mast nieder, aus Vorsorge nahm ich meine Flinte nebst etlichen Patronen mit, und ruderte mit Gewalt auf das Schiff zu. Je näher ich demselben kam, je mehr Merkmale äußerten sich, daß es in einem Gefechte gewesen seyn müsse, denn der Keil war dergestalt durchlöchert, daß die Stücke umher hiengen, und am Spiegel hätte es gleichfalls große Oeffnungen. Das Schiff an sich selbst stund so tief unter Wasser, daß es kaum noch sechs Zoll Bord hatte. Nachdem ich verschiedene mal geruffen, so jemand darinnen wäre, sollte er sich melden, und sich niemand fand, der eine Antwort von sich gab, überstieg ich es am Steuerbord, stieg ohne Bedenken mit aufgespannten Hahn hinunter. In des Commandeurs Cajute hatte ich einen Schreck auszustehen, denn gleich beym Eintritt rief mir eine Stimme auf holländisch zu: Gieb doch zu trinken. Mit einem Sprung war ich wieder heraus, und schmiß die Thüre hinter mir zu; da sich aber weiter nichts hören ließ, fassete ich einen Muth, und trat wieder hinein, um zu sehen, wer meiner Hülfe benöthiget sey. Da es nun die vorigen Worte wiederholte, erblickte ich in einem Winkel einen Papagoy, welchem die Flügel bis auf die Erde hiengen. Das unschuldige Thiergen dauerte mich, ich langte es herfür, ohne weiter mich umzusehen, lief damit nach dem Boot, und fuhr nach dem Ufer. Mir galt es gleich viel, ob er die Freyheit suchen, oder treu bleiben wollte, daher setzte ich ihn an den Fluß auf einen Stein, er hatte aber kaum noch so viel Kräfte, mit dem Schnabel bis ins Wasser zu langen. Hierbey mich aufzuhalten, hielt ich vor überflüßig, denn mir war daran gelegen, einige Nothwendigkeiten aus dem Schiffe zu holen. Man verlange nicht, alles was ich daselbst gefunden, nach der Ordnung aufzuzeichnen, wem bekannt, was erfordert wird, ein Schiff zu einer so weiten Reise auszurüsten, wird gar leicht den Ueberschlag machen,

daß

daß es sich der Mühe verlohnet, wenn das Glück so etwas zuführet, zumal einem Menschen, der in eine Einöde verdammet ist. Vors erste fieng ich an abzudachen, nur verdrießt es mich, daß ich nicht gezehlet, wie vielmal ich mit den Boot hin und wieder gefahren bin. Ich muß aber den armen Papagoy nicht vergessen, dieser begehrte nicht von der Stelle zu fliegen, daher trug ich ihn in die von Brettern aufgebauete Hütte, und gab ihm Futter; mußte aber vielerley Arten versuchen, ehe ich das traf, was er gerne fraß. Wenn ich nun von meiner blutsauren Arbeit etwas ausruhete, machte mir der Vogel mit seinem Plaudern alle Ergötzlichkeit, ich sagte ihm etliche mal meinen Namen vor, welchen er gar bald merkte, und mir allemal, wenn ich zur Hütte eintrat, zurief, Martin Speelhoven, bist du wieder da? ich hatte ein so großes Vergnügen an dem Vogel, daß ich die Ducaten, so ich in einem Coffre fand, vor nichts dagegen achtete. Man erlaube mir ein wenig hier abzubrechen. Mein Vater erwähnte Ducaten, in einem Coffre, wo sollte ich diesen nun suchen? ohngeachtet ich in und um der Wohnung alle Winkel durchkrochen, ist mir weder Geld noch Coffre zu Gesichte gekommen. Dennoch legte ich das Pappier auf die Seite, durchkroch alles, und wenn ich mit Untersuchen fertig war, fieng ich es von vorne wieder an, ohne meinen Zweck zu erreichen. Endlich mußte ich meine Thorheit selbst belachen, und führte mir zu Gemüthe, zu was die Ducaten doch nutzen sollten? Dein Vater, hielt ich mir selbst vor, der doch ein Freund von diesem Metalle war, würde, wenn er sich Hoffnung gemacht, einmal seine Befreyung zu sehen, dieselben nicht so nachläßig auf eine Seite geworffen haben; allein, widersprach ich mir selbst, hätte ich sie zerstreuet in der Stube und Kammer auf der Erde gefunden, so könnte ich ihn mit mehrern Recht einer Nachläßigkeit oder Unachtsamkeit beschuldigen; allem Vermuthen nach hat er sie an einem mir noch unbewußten Ort sorgfältig aufgehoben. Das letztre fand Beyfall, aus dem folgenden wird man sehen, daß meine Muthmaßung Grund hatte. Ferner lautete es: Ich muß länger als ein halbes Jahr hingebracht haben, ehe ich das Schiff völlig ausleerte, denn weil mir die Beschaffenheit des Wetters zur Gnüge bekannt, bauete ich über den häufigen Vorrath, so in dem großen Waarenlager nicht Platz hatte, ein verlohren Dach. Das große Waarenlager; dieses war schon wieder ein unaufgelößtes Rätzel, es mußte also unstreitig noch ein dritter Ort seyn, wo das mehrste noch aufbehalten war. Das Schiff, hieß es ferner, mußte auf dem Grund fest gesessen haben, denn je mehr ich leichtete, je höher Bord bekam ich, dergestalt, daß ich mich genüßiget sahe, um mehrer Bequemlichkeit willen, die Wand an dem Steuerbord einzuschlagen. In dem untern Raum war durch das eingedrungene Wasser freylich verschiedenes verdorben, doch das Glück wollte mir sonderlich wohl; denn als das

Schiff

Schiff wieder flott war, trieb es ein nordwestlicher Wind immer dem Strand näher, bis es endlich, da die Fluth wieder nach überstandenen Regenwetter gänzlich gefallen, so nahe war, daß ich ohne Fahrzeug dahin gelangen konnte. Um das Wasser völlig heraus zu lassen, machte ich an den Packbord, so tief es angehen wollte, ein Loch, wodurch es ziemlich heraus lief, und ich ohne Gefahr in den untern Raum steigen konnte. Hier traf ich eine Erklärung an, warum das Schiff verlassen war, denn es hatte schon stark daselbst gebrannt, und zwar sehr nahe an der Pulverkammer; die verschiednen Löcher aber, so die Canonenkugeln gemacht, hatten das Feuer verhindert, daß es nicht überhand nehmen konnte, indem das Wasser durch die Oeffnungen sehr stark eingedrungen seyn mochte. Da es nun völlig ausgeräumet, gieng es auch über das Schiff selbst her; denn zu meinem Vorhaben ward Holz erfordert. Ich hatte fest gesetzt, weil mir die Reisegedanken mit einmal verschwunden, mir eine ordentliche Wohnung zu bauen, wozu bereits der Anfang gemachet war. Ich erhielt zwey und zwanzig schöne Canonen, welche ohne Lavetten noch am Ufer liegen, und wenn das Meer abgelaufen, noch zu sehen sind, außer daß sie durch die Länge der Zeit etwas verschlemmet, es kostete aber unbeschreibliche Mühe, ehe ich mir eine, zugeschweigen alle, aus dem Wege schaffte. Von denenselben nahm ich allein vier Räder zu meinem Wagen, welches eine große Hülfe war, das nöthige hin und her zu schaffen.

fen. Das Wohngebäude mit seinen Nebengebäudgen, die Beckerey, das Brauhaus, die Maschine den Braten zu wenden, das Malz zu schroten, muß man erlauben, daß ich sage, es sey nicht auf einmal fertig worden. Sechs europäische Hüner und einen Hahn in einem Behältniß fand ich auf dem Schiffe, aber verhungert, die dabey befindliche Gerste mochte das Futter gewesen seyn. Bey alle dem kam es mir nicht sauer an, weil es lohnete. Ich war Eigenthumsherr, von funfzehn Fässern Wein, vermuthlich spanischen; achtzehn Orhofen Branntwein, meist Franz, und einen grossen ordinairen; von mehr als zwey hundert Stücken Zwieback, alle noch gut, neun Fässern eingeschlagenen feinen Mehl, davon zwey verdorben waren, denn weil sie eine Canonenkugel getroffen, war das Wasser hineingedrungen, doch war der vierte Theil von dem einen noch zu gebrauchen; zwey Faß holländische Butter. Das Pulver war bis auf fünf Fäßgen naß, welches ich an die Sonne schüttete, und da es völlig trocken, anzündete, welches mich aber hernach gereuete, weil ich sahe, daß es noch seine Wirkung that. Das große Waarenlager wurde so gepfropfet voll, daß ich kaum die Thüre aufmachen konnte, ich sahe mich daher genöthiget, über den kleinen Keller bey meiner Wohnung noch ein Gebäude aufzuführen. Da nun das meiste zu Stande, hatte ich eine ganz gemächliche Lebensart, mein geschwätziger Vogel wurde, weil er gutes Futter bekam, geil, er wollte nicht mehr gehorsamen, endlich flog er mir gar davon. Beynahe

nahe vierzehn Tage ließ er sich gar nicht sehen, da er aber seinen Unterhalt nicht finden mochte, stellete er sich wieder ein, und verlangte Futter, allein er wollte sich nicht angreiffen lassen; da ihn aber der Hunger drückte, kam er zu mir in die Stube. Ihm nun das fernere Ausreissen zu verbieten, bauete ich ihm gerade über der Thüre ein Behältniß, und reichte ihm nur das halbe Futter, wodurch er ziemlich zahm ward, daß er mich endlich allenthalben begleitete. Thee, Caffee und Zucker hatte ich in ziemlicher Menge, allein ein Schlückgen Franz hatte jederzeit den Vorzug. Nun kam er auf die Historie, wie er mich das erste mal gesehen, und bedienete sich harter Ausdrücke. Man muthe mir nicht zu, einen Mann, der wirklich mein Vater war, auf einer Seite zu zeigen, welche ihm nicht allzu rühmlich ist, ich verehre ihn dennoch als meinen Vater. Als ich ihn das erste mal in seiner Behausung überraschelt, war er über die unvermuthete Gegenwart eines Menschen, wovon ihm kein Beyspiel bekannt, dergestalt entrüstet, daß er mir den Tod geschworen. Verschiedne Blätter hatte er aus seiner Beschreibung gerissen, aus was Absicht ist mir unwissend. Ob er mich aber als seinen Sohn gekannt, ziehe ich billig in Zweiffel, denn dazumal war ich in dem zehnten Jahre, als er uns verließ, und gegenwärtig hatte ich die männlichen Jahre erreichet. Außerdem muß man es als etwas übernatürliches ansehen, Vater und Sohn an einem so entfernten Ort, von aller menschlichen Gesellschaft aus geschlossen, beysammen anzutreffen. Am Ende seiner Erzehlung fügete er noch eine geographische Beschreibung von der Insel mit bey, diese lautete ohngefehr also: Nach ihrer Größe hält sie von Osten bis Westen gerne zwölf clevische Meilen in sich, die Breite von Norden bis Süden ist ungleich, auf der Mitte im Durchschnitt mag sie die Hälfte so breit seyn, beßer westwärts läufft sie etwas schmaler zu. In dem Winkel gegen Nordwest habe ich ein Ueberbleibsel eines Forts angetroffen, welches die Spanier erbauet haben mögen, dieses schloß ich daraus, weil ein spanisches Creuz aufgestecket war, nebst einer Seile, woran eine hölzerne Taffel hieng, in welche eine Schrift, vermuthlich in eben der Sprache eingegraben war; beydes habe ich kurz und klein zerschlagen. Daß ein Schiff seit meines Aufenthalts hier gelandet, stehet nicht zu vermuthen, weil sich niemals eine Spuhr hiervon geäußert, mache mir also die sichre Rechnung, allhier mein Leben zu beschließen. Und so wird es mir ebenfalls gehen, sagte ich am Ende dieser Geschichte mit nassen Augen; nur nicht auf eine so unglückliche Art. Vielmal habe ich mir gewünschet dieses Pappier niemals gesehen zu haben, denn mein Gemüthe war nachgehends eine geraume Zeit ganz niedergeschlagen; und ob mir schon das erwähnte große Waarenlager einfiel; war es mir doch höchst verdrießlich, einen Schritt darnach zu thun. Der Vorrath an Wein und Brannntwein war bis auf ein kleines Ueberbleibsel aufgegangen, es mußte aber

aber nach seinem Angeben noch etwas vorhanden seyn. Meine Nachläßigkeit hatte mir nicht vergönnet, die Gegend zu besuchen, dahingegen mein Vater alle Winkel in Augenschein genommen. Es würde mich eine Art von Furcht zurück gehalten haben, wenn mein Vater in seiner Erzehlung der Wilden mehr als einmal gedacht hätte, ja, ich zog es beynahe gar in Zweiffel. Der andre Versuch mit dem Bierbrauen gerieth schon besser, daß ich mir also die Gedanken das Waarenlager aufzusuchen fast gänzlich aus dem Sinn schlug. Da nun alle Thüren mit Schlössern versehen waren, ich auch die Schlüssel hierzu in meiner Gewalt hatte, so war noch einer übrig, der also zu der oft erwähnten Niederlage gehören mußte, und mir vorher schon viel Bedenken verursachet hatte. Nachdem ich zur gewöhnlichen Zeit wieder etwas Erbsen ausgesäet, welche ich meist grüne genoß, setzte ich mir vor zum Zeitvertreib die Gegend, wo der Fluß ins Meer fällt, zu besuchen, daselbst fand ich nebst dem erwähnten Boot ein plattes Fahrzeug, beyde aber waren ziemlich ins Alterthum gerathen. Auf der Sandbank lagen verschiedne Trümmer von einem gescheiterten Schiff, es konnte auch wohl ein Ueberbleibsel von denjenigen seyn, so mein Vater aus Unachtsamkeit hatte liegen laßen. Da es mir hauptsächlich darum zu thun war, das Behältniß, wovon ich den Schlüssel hatte, aufzusuchen, kehrte ich wieder zurück. An dem Ufer des Flußes befand sich eine Ebene von etwa hundert Schritten kießigten Boden, es

 schien,

schien, als ob sich eine Spuhr zeigte, wo ehemals eine Art eines Fuhrweges gewesen, diesen verfolgte ich, bis er sich endlich in dem Gras verlohr. Nordwärts fiel es etwas ab, und hatte das Ansehen, als ob durch Fleiß ein Weg bis an die Anhöhen abgestochen, so, daß er zu beyden Seiten durch die Anhöhe bedeckt war. Das Ende führte mich auf einen geraumen Platz, rings umher mit Gesträuch bewachsen, meines Erachtens sollte hier der Eingang zu den oft gedachten Waarenlager seyn, es wollte mir aber nicht gelingen, denselben zu entdecken; ich mußte also unverrichteter Sache wieder nach Hause gehen. Dem ohngeachtet ließ ich nicht ab, den andern Tag weiter Untersuchung anzustellen. Dieses dauerte bey vierzehn Tagen, in welcher Zeit ich fünf mal vergebens gesuchet; allein das sechste mal mußte mir es blindlings gelingen, da ich zuvor immer vorbey gegangen war. In dem gegenwärtigen Platz gieng hinter dem Gesträuche ein Abweg, dieses war, wie ich hernach sahe, der rechte Weg, durch welchen man fast um die Hälfte zeitiger als auf dem vorigen zu dem Boot gelangen konnte. Der äusserste Eingang war mit sehr dicken Gesträuch bewachsen, welche mein Vater dem Ansehen nach mit Fleiß dahin gepflanzet haben mochte, um den Zugang unkenntlich zu machen. Bey der Eröffnung sahe ich, daß mein Vater weniger angegeben, als sich wirklich allda befand. Acht Fässer Wein, neun Stück oder Oxhofe Branntwein waren noch vorräthig. Vielmal habe ich gehöret, wenn die Weinreben oder Stöcke im Frühjahr anfiengen zu thränen, der Wein in den Kellern sich von selbsten anfüllete, zu einer andern Zeit aber stärker als sonst gewöhnlich zehrete; ob dieses Grund hat, werden diejenigen, so mit demselben umgehen, am besten wissen. Dieses erwähne ich darum, weil die Fässer fast bis zum überlaufen angefüllet waren. Das gedachte große Faß Brauntwein war angezapfet, und beynahe halb voll, die Sorte hielt ich von der geringsten Art, so man im Clevischen Fusel nennete, fand ihn aber, nachdem ich denselben gekostet, sehr stark. Ueber dieses alles hatte ich nun eine unumschränkte Macht. Vier Säcke Caffeebohnen stunden zur Seiten, welche ich aber unberühret ließ. Hauptsächlich lagen mir die Ducaten an dem Herzen, welche ich endlich in einem Coffre fand. So groß das Verlangen darnach gewesen, war doch die Freude so außerordentlich nicht, als sie in der ersten Hitze gewesen seyn würde, sondern ich ließ es lediglich an dem genug seyn, daß ich Besitzer hiervon war. Es waren nunmehro schon sieben Jahr verfloßen, und jedes Jahr hatte fast etwas merkwürdiges in sich, ich wünschte mir nun, es möchte das achte Jahr mit dieser Merkwürdigkeit verknüpfet werden, das Glück zu haben, aus dieser Einöde einmal wieder erlöset zu werden. Ich gestehe, daß bey alle dem Ueberfluß, die Sehnsucht nach menschlicher Gesellschaft immer die Oberhand behielt. Ich hatte zwar von meiner Jugend an vielerley Arten und Gemüther von Menschen beynahe in allen

allen Ständen kennen lernen, und nach genauer Betrachtung leuchtete allenthalben ein verdorbenes Wesen merklich herfür. Dieses hätte mich billig abschrecken sollen, mir die geringste Gedanke einkommen zu lassen, unter einem Haufen Leuten mich zu wünschen, welche unter einen wüsten Geräusche kaum einen Augenblick Zeit anwenden, nur in etwas zu sich selbst zu kommen; da ich mich hier unter die Glückseligsten zehlen konnte. Unterdrückung, Neid, Verfolgung, dieß alles hatte ich nicht zu befürchten; allein der Mensch ist darzu geboren gesellig zu leben. Diesen unumstößlichen Grund wird wohl niemand antasten, er hätte denn alle Menschenliebe abgesaget. Ich konnte mein mir zugetheiltes Schicksal freylich weiter in nichts ändern, als in einigen oder andern Vorfällen erleichtern, oder beschwerlich machen, mußte mich daher in Gedult faßen. Seit der Zeit, als ich mit dem Schaf so wunderliche Begebenheiten gehabt, hatte ich mir keines wieder geholet, zur Abwechselung kam mir der Appetit an, eines zu belauren, und zwar wollte ich, wo möglich, eines mit dem Handbeil vor den Kopf schlagen, weil ich mich zum voraus nicht versichern konnte, ob mir der Schuß auch gelingen würde. Ich packte zu dem Ende das hierzu erforderliche Geräthe auf den Wagen, und fuhr mit gelaßenen Schritten bis an die bekannten Pomeranzenbäume, denselben aber ein Stück Weges zu ersparen, hieng ich die Flinte auf den Rücken, und das Handbeil an den Gürtel, und trollete ein ziemlich Stück gegen Nordwest, lediglich die Gegend

gend in Augenschein zu nehmen. Nach einem freyen Platz gelangte ich wieder in ein Wäldgen, oder vielmehr hier und da herumstehende Bäume. Nicht ohne Erstaunen fand ich daselbst die schönsten Feigenbäume von außerordentlicher Größe, ich warf mir meine bisherige Nachläßigkeit selbst vor, daß ich in so vielen Jahren mir nicht einmal die Mühe gegeben, eine Hauptuntersuchung anzustellen, wiewohl meine eigenen Angelegenheiten mir nicht verstattet, dieses zu unternehmen. Ich wünschte mir diese, so auf der Erde lagen, und verderben mußten, an einem europäischen Ort ins Geld setzen zu können, in der That sollte sich es der Mühe verlohnet haben, dieses aber war ein vergeblicher Wunsch. Ich hatte mich nachläßig an einen Baum gelehnet, und verzehrete etliche mit guten Appetit, da mir mit einem mal vorkam, als hörete ich eine klägliche Menschenstimme, und je genauer ich aufmerkte, desto wahrscheinlicher klang es in meinen Ohren. Das Herz schlug mir als ein Hammer; ich kann nicht sagen, ob aus Furcht, oder vor Freuden eine Menschenstimme zuhören. Zu gleicher Zeit fiel mir ein, daß man mir erzehlet, wie die Crocodille einen dergleichen Laut von sich hören ließen, um einen Menschen an sich zu locken, welchen sie hernach mit einem mal verschlingen, weil es aber eine gute Meile bis an den Strand war, und noch überdieß in dem Zwischenraum ein ziemlich hoher Felß war, welcher dergleichen Thier verhinderte, so tief ins Land zu dringen, so verlohr sich die Furcht verschlungen zu werden gänzlich

lich. Ich gieng also mit starken Schritten dem Schall nach, zu gleicher Zeit kamen die Schafe, jedoch ziemlich entfernt, welche ich ihres Weges laufen ließ, und vielmehr den Weg verfolgete, weil sich das Geschrey verdoppelte. Die Gegend hatte einige kleine Anhöhen, daß ich bald Berg auf, bald Berg ab steigen mußte. Da ich nun eine dergleichen Anhöhe erstiegen, sahe ich nicht ohne Entsetzen eine Mannsperson, so ein Frauenzimmer unter sich hatte, welche sich aus allen Kräften wehrete, dergestalt, daß es einigemal schien, als ob sie den Meister spielen würde. An einem bewohnten Ort würde es eine Lust mit anzusehen gewesen seyn, wie sie sich beyde herumbalgten Da mir aber vorkam, als ob der Kerl ihr mit einem Messer drohete, sprang ich in möglichster Geschwindigkeit hinzu, rief den Kerl an, mit den Worten: He da, was machet ihr hier? Dieses war genug ihn eine Furcht einzujagen, er ließ ab, sprang auf, stellete sich aber recht trotzig gegen mir über. Ich hatte das Basonet aufgepflanzet, und um ihn in Respect zu erhalten, stellete ich mich an, als ob ich ihm einen Stoß versetzen wollte, da er denn einige Schritte zurück wich. Mittlerweile hatte das Frauenzimmer Zeit gehabt sich aufzuraffen, sie redete mich in einer mir unbekannten Sprache an, ich gab ihr aber durch Kopfschütteln zu verstehen, daß ich sie nicht verstünde. Sie gab mir durch ein Zeichen zu verstehen nach dem Kerl zu schießen, ich trug aber Bedenken eine Mordthat zu begehen, ohne gnugsamen Bericht einzuziehen, reichte ihr daher die Flinte, welche sie nicht so geschwind in ihrer Gewalt hatte, als der Schuß geschahe. Der Kerl ergriff das Haasenpanier, lief aber kaum zwölf Schritte, als er über und über purzelte. Aus ihren freundlichen Gebehrten konnte ich schliessen, daß es ihr angenehm war. Sie reichte mir mit eben einem solchen Gesichte die Flinte, und gab mir zu verstehen noch einmal zu laden. Als dieses geschehen, wollte ich ihr die Flinte wieder zurück geben; sie hat mir nachhero gestanden, daß sie durch meine Bereitwilligkeit gleich ein Vertrauen in mich gesetzet; sie nahm dieselbe nicht an, gab mir aber durch einen Wink zu verstehen ihr zu folgen. Wir naheten uns dem Menschen, welcher sich in seinem Blute herum wälzte. Ihr Haß gegen denselben gieng so weit, daß sie ihn etlichemal mit dem Fuß ins Genicke trat, es mochten diese Art Liebkosungen sehr nachdrücklich seyn, denn er bließ innerhalb zwey bis drey Minuten die Seele aus. Als sie seines Todes gesichert war, zog sie ihm eine Uhr aus der Tasche und reichte mir solche, vielleicht zur Dankbarkeit, mit einem sehr freundlichen Gesicht, welches mir weit angenehmer war, als zehn dergleichen Uhren. Ich hatte noch nicht ganz aus der Acht gelassen, wie man sich Wohlstands wegen gegen ein Frauenzimmer aufzuführen hatte; allein die dermaligen Umstände hatten mein ganzes Gemüth in Verwirrung gebracht; wiewohl sie es nicht weniger war. Die Kleider hingen stückweise um den Leib, ja einige

Theile

Theile waren ziemlich entblößet, welches sie nicht sogleich beobachtet; da sie sich nun in etwas erholet, und sich selbst betrachten mochte, fieng sie bitterlich an zu weinen, raffte sich so viel als möglich zusammen, denn stunden wir eine gute Weile und sahen einander an. Das Schlimmste hierbey war, daß wir einander nicht verstunden, sondern mußten uns mit Zeichengeben behelfen. Ich glaubte es sey als Wirth meine Schuldigkeit den neuen Gast zu zeigen, daß er mir willkommen sey; nöthigte sie daher mit einem Compliment, welches vielleicht nicht recht gerathen war mir zu folgen. Sie lächelte, und gab mir einen Wink, und drollete gerade Nordwärts nach einem kleinen Gehölze, wo ich mit vieler Verwundrung ein aufgeschlagnes Zelt, nebst einer Hütte von Laubwerk gebauet, ansichtig wurde. Ich gestehe, daß sich ein Verdacht bey mir äußern wollte, weil ich glaubte mehr Menschen daselbst anzutreffen; allein es war überflüßig gewesen, denn ich sahe außer uns beyden keine lebendige Seele. Wir waren kaum daselbst angelanget, als das Frauenzimmer vor Mattigkeit sich nach der Länge in dem Zelt hinstreckte. Ich war hungrig und durstig, bis zu den Wagen, wo ich etwas Essen, wie gewöhnlich, mitgenommen, war es zu abgelegen; dahin zu gehen, schien nicht thunlich zu seyn, weil ich befürchtete, sie möchte es übel nehmen, wenn ich bey ihrem Erwachen nicht zugegen wäre, oder aufrichtig zu bekennen, sie möchte in meiner Abwesenheit entwischen. Ich besuchte indessen die

Laub-

Laubhütte, woselbst ebenfalls eine Schlafstelle befindlich, und überhaupt ein Behältniß ihrer ganzen Habseligkeiten war. In einem Winkel war ein Loch in die Erde gegraben, daselbst lag ein Fäßgen Wein, aber weder Glas noch sonst etwas vorhanden, um mich eines Trunks zu bedienen. Ich hob daher das Fäßgen mit leichter Mühe auf, weil es über die Hälfte leer, allein am Geschmack matt und sauer war. In einem Sack fand ich ziemlich weißes Brod, welches mir gut schmeckte; nachdem ich nun etwas weniges zu mir genommen, setzte ich mich vor das Zelt, und machte ein Pfeifgen Taback. Endlich stund sie auf, schien ziemlich aufgeräumt zu seyn, und blieb vor mir stehen, um vielleicht meinen Willen zu vernehmen. Mir war es höchst verdrüßlich eine stumme Person zu agiren, versuchte daher ob sie vielleicht deutsch verstund, und fragte, ob sie sich es wollte gefallen lassen, mich in meine Behausung zu begleiten? worauf sie zu meinem Vergnügen mit Ja antwortete. Hieran ließ ich mich begnügen, und wanderte nach der Gegend den Wagen mit zurück zu nehmen. Bey Erblickung des Fuhrwerks lachte sie herzlich, und drollete immer hinter mir her, blieb aber zu verschiedenenmalen stehen, welches ich einer Mattigkeit zuschrieb. Kurz, wir langten in meiner Behausung an; nachdem ich sie gebeten, auf einen Stuhl sich nieder zu lassen, lief ich in den Keller ihr einen Becher Wein vorzusetzen, welcher, da es einer von den silbernen war, nicht wenig Verwundrung verursachte. Ich ersuchte sie zu trinken, und fragte, ob sie etwa Lust zum Essen hätte? da sie mir nicht drauf antwortete, glaubte ich, sie würde mich nicht verstanden haben; holte daher ein Stück von dem Braten so dem vorigen Sonntag übrig geblieben war, deckte auf, und setzte es ihr vor. Alles was ich vornahm, schien sie mit Verwundrung zu betrachten, auf mein inständiges Anhalten nahm sie etwas zu sich, trank auch mit guten Appetit, sahe sich aber unter der Hand sehr schüchtern um. Ich merkte, daß sie einige Furcht hegete, sagte daher, Mademoiselle, Sie haben nicht die geringste Ursache sich zu fürchten, Sie sind außer aller Gefahr, verstehen Sie mich? Ja, gab sie zur Antwort; es war doch etwas. Meinen so angenehmen Gast nach Vermögen zu bewirthen, wollte ich etliche junge Tauben holen, weil sie nach meiner Rechnung reif seyn mußten, sagte daher, Mademoiselle, wollen Sie es wohl erlauben daß ich Sie auf eine kurze Zeit verlasse? anstatt der Antwort gab sie durch Zeichen so viel zu verstehen, daß sie mich begleiten wollte, welches ich mir sehr wohl gefallen ließ. Beym Hinausgehen wies sie auf die Flinte, mir vielleicht zu verstehen zu geben daß ich dieselbe mitnehmen sollte, ich bedeutete sie aber, daß es überflüßig sey. Was ich damals vor eine Rolle gespielet, ist leichter zu denken, als nach der Aehnlichkeit abzuschildern, so sehr ich mich auch in Acht nahm, mich nicht allzu blos zu stellen, war es doch nicht gar möglich hinter dem Berge zu halten. Unser ganzes Bezeigen lief dahin aus, daß

wir

wir se zuweilen einander ansahen, auch wohl beyde zugleich lachten. Ich stieg also in die Höhe, sie wollte mir ohne Anstand folgen, ich winkte ihr aber zurück zu bleiben. Es fiel mir nicht schwer vier Stück zu erhalten, welche ich zurück brachte, von da gieng ich nach den Schotenfeld, welche meist zur völligen Reife kommen waren, jedoch las ich doch noch ein Gerüchte zusammen. Nach unserer Zurückkunft nahm ich ihr die Tauben wieder ab, um dieselben zum Abendessen zurecht zu machen, als sie aber meine Absicht sahe, nahm sie mir selbige aus den Händen, mit den Worten: Ich Koch. Das wird gut gehen, dachte ich bey mir selbst; indeß war ich auch nicht müßig, trug Wasser, nebst andern Bedürfnissen herbey, und machte Feuer an. Sie erwieß sich gleich noch selbigen Tag so geschäftig, als wenn sie schon lange mit mir hausgehalten. Da nun das Essen fertig, trug sie auf, und wir setzten uns zur Tafel. Ich hatte ihr wieder einen Becher Wein vorgesetzt, ich aber bediente mich des Biers. An der Farbe sahe sie, daß ich eine andere Art Getränke hatte, weil ich es in ein Glas geschenkt, durch eine Verbeugung bat sie sich das Glas aus, kostete, setzte mir hernach den Becher vor, und behielt das Glas, daraus schloß ich, daß es ihr lieber als der Wein seyn müsse. Ueber der Mahlzeit hätte sie sich gerne um dieses und jenes befraget, allein wir verstunden einander nicht, wiewohl sie von den Deutschen viel verstund. Unter andern fragte sie, wie viel Mensch? ob sie wissen wollte, wie viel Personen zu meiner Haushaltung gehörten, oder überhaupt die Anzahl aller Einwohner darunter verstund, konnte ich aus so wenig Worten nicht abnehmen. Ich gab ihr aber folgende Antwort: Außer uns beyden, wobey ich zugleich auf sie und mich wies, ist auf der ganzen Insel keine lebendige Seele anzutreffen; und als ich sie fragte, ob sie mich verstanden? gab sie mit einem Seufzer zur Antwort: Versteh. Nach aufgehebner Tafel, wobey sie sich ebenfalls nicht müßig finden ließ, gieng sie mit gefalteten Händen in dem Zimmer auf und ab Von ohngefähr fiel ihr die Tabackspfeife ins Gesicht; nachdem sie dieselbe eine Weile betrachtet, reichte sie mir selbige, und wies, ich sollte mir ein Pfeifgen einstopfen, ich glaubte nicht anders, sie wollte eines schmauchen, machte sie daher in größter Eilfertigkeit zu rechte, zündete sie an, und reichte sie ihr; allein sie schlug es mit einer lächelnden Miene ab, und sagte: Sie selber schmauch. Ihr aber einigen Zeitvertreib zu verschaffen, führte ich sie zu den bekannten Fischreißen, zog zwey derselben heraus, welche von Fischen wimmelten, worüber sie einen besondern Wohlgefallen bezeigte. Von da führte ich sie zu dem Wasserrade, und machte ihr einen Begriff von dem Nutzen den es hätte. Desgleichen auch dem Backofen und Brauhaus; endlich führte ich sie auch in den Bier- und Weinkeller, welches sie alles mit großer Bewundrung in Augenschein nahm. In dem großen Vorrathsgewölbe neben der Küche, warf sie die Augen besonders

sonders auf die Coffeetrommel nebst der Mühle, da ich denn Gelegenheit nahm sie zu fragen, ob sie eine Liebhaberinn von dergleichen Getränke wäre, worauf sie mich lächelnd ansahe. Da ich ihr denn sagte, daß ein ziemlicher Vorrath Bohnen vorhanden sey, wies ihr auch die Hüthe Zukker, welches ihr alles angenehm war. Mit diesen Beschäfftigungen unterhielten wir uns bis zur Abendmahlzeit, sie genoß aber wenig. Nun mußte ich ihr auch ehe es noch völlig finster ward, einen Begriff von der Schlafstelle machen, führte sie daher in die Kammer, und zeigte ihr die vorräthigen Matratzen und Decken. Hier, sagte ich, ist bisher meine Schlafstelle gewesen, nunmehr überlasse ich es Ihrer Willkühr, wo Sie schlafen wollen, und wo ich künftig meine Schlafstelle haben soll. Nachdem sie eine Weile mit sich selbst zu Rathe gegangen, machte sie am hintern Ende der Kammer ein Bett zurechte, und neben dem Kasten das andere. Nachdem sie mit beyden zu Stande, bedeutete sie mich, daß das erstere vor sie, das andere aber vor mich zubereitet wäre. Zum Schlaftrunk holte ich ein Schlückgen Branntwein, mußte aber alle Beredtsamkeit herfür suchen, ehe sie sich bequemte hiervon etwas zu genießen. Hierauf legten wir uns zur Ruhe, wie viel ich aber geschlafen, ist mir am besten bewußt. Und wie konnte es anders seyn, man stelle sich einen Menschen in der besten Blüthe seiner Jahre vor, der sich bey einer andern Gelegenheit nicht würde haben überwinden

 können,

können, auf Thorheiten zu gerathen. Sie war ein Frauenzimmer von ohngefähr zwanzig Jahren, nach ihrer Gestalt war sie von einer mittelmäßigen Größe, sahe wohl aus, die Ruptur mit dem Kerl erweckte bey mir eine Ehrfurcht gegen sie, allem Vermuthen nach mochte er um wichtige Ursachen, so ihre Ehre anbetrafen, mit ihr in Zwistigkeit gerathen seyn. Ich wußte weder ihren Stand noch Vaterland, mit einem Wort, ich wußte nichts mehr, als daß sie dem Ansehen nach ein Frauenzimmer war. Die Uhr, welche sie dem Menschen aus der Tasche gezogen, repetirte; sonst merkte sie auch ordentlicher Weise durch ein kleines Glöckgen die Stunden an. Ich hatte sie neben meiner Schlafstelle aufgehenket, und vertrieb mir damit die Zeit. Das Frauenzimmer regte sich verschiednemal, welches mich bewog sie zu fragen, ob ihr etwas fehlte? Die Antwort aber war allemal: Nur schlaf Sie. Gegen den Morgen hatte ich doch zwey Stunden sehr wohl geruhet, bey meinem Erwachen war es schon helle, und da ich merkte, daß sie noch sanft schlief, schlich ich mich mit möglichster Behutsamkeit aus der Kammer, um den Thee zurechte zu machen; ehe ich aber noch damit zu Stande kam, stund sie schon in der Thüre und sahe sich um. Wir boten einander einen guten Morgen, wobey ich spührte, daß sich ihr Gesicht um ein merkliches ausgeheitert; ich trug den Thee auf, und wir verzehrten denselben unter einem Gespräch, so wie es angehen wollte. Sie war oft unwillig, daß sie sich nicht deutlich

deutlich ausdrücken konnte, und verlangte in der deutschen Sprache einigen Unterricht. Weil dieses ein Werk war, welches mehr als einen Tag Zeit erforderte, so machte ich den Anfang damit, daß ich ihr verschiedene Dinge, welche uns täglich vor Augen waren, nennen lehrte. Bey dieser Gelegenheit unterstund ich mich zu fragen, in welchem Lande sie zu Hause gehörte? worauf sie mich berichtete, daß sie eine gebohrne Engländerinn sey; also hatte ich ein englisches Frauenzimmer zur Gesellschaft. Es war mir vorige Nacht unter andern eingefallen, daß es gleichwohl der Christenpflicht gemäß, einen Menschen nicht wie ein unvernünftiges Vieh unter freyen Himmel liegen zu lassen, welches ich ihr ungescheuet entdeckte. Sie ließ sich es gefallen, und gab mir zu verstehen, daß es lediglich darauf ankäme, ob ich mich hierzu entschließen könnte. Da ich nun durch diesen Zwischenfall war abgehalten worden, ein Schaf zu holen, in dessen Absicht ich ausgegangen war, so sagte ich, daß, weil ich ohne dieß ein Stück Vieh in die Küche holen wollte, ich bey dieser Gelegenheit den Menschen mit begraben wollte. Sie hieß es gut, bat sich aber aus einen Gefährten mit abzugeben. Nachdem wir nun das Frühstück eingenommen, packte ich wieder auf, und trat die Reise in ihrer Gesellschaft an. Bey den Pomeranzenbäumen machte ich wie gewöhnlich, Halte, wir verzehrten jedes ein Stück, und dann gieng es nach der Gegend, wo ich ein Schaf zu belauren gedachte. Da es mir nun das erstemal mit der Schlinge gelungen, wollte ich den zweyten Versuch damit machen, oder widrigenfalls mit einem Schuß eines erlegen. Kaum daß ich die erforderlichen Anstalten gemacht, kamen sie schon daher gezogen; als sie mir völlig nahe waren, sprung ich aus meinem Hinterhalt hervor, und bemächtigte mich eines derselben ohne sonderliche Schwierigkeit; ich band ihm die Beine, und legte es auf den Wagen; hernach giengen wir den Körper aufzusuchen. Ich machte ein Loch nahe bey demselben, daß ich ihn mit leichter Mühe hineinwerfen, und mit Erde bedecken konnte; mittlerweile aber hatte sich meine Gesellinn verlohren; und kam nicht eher wieder zurück, bis ich völlig mit meiner Verrichtung zu Stande war. Sie reichte mir bey ihrer Ankunft eine Weintraube, welches mich in eine Art eines Erstaunen setzte, daß ich sie fragte, durch was vor ein Wunder sie zu den Trauben gekommen sey? Sie nahm mich bey der Hand, und führte mich nach der Gegend, wo ich etliche zwanzig Stöcke zählte, welche sich an Bäume angehänget, und so voll Trauben hiengen, daß man fast kein Blatt sahe. Von da verfügten wir uns an den Ort ihres vorherigen Aufenthalts, woselbst ich nach ihrem Verlangen das Zelt abbrach, die Hütte der Erde gleich machte, und alles was von Werthe war, mit zurück nahm. Nämlich eine Flinte, ohngefähr zwanzig Schüsse Pulver, und nebst dem Fäßgen Wein acht Stück schön weißes Brod, welches aber ziemlich hart war. Ingleichen gab sie mir

zu

zu verstehen, daß an dem Ufer ein Fahrzeug stünde, in welchem noch verschiedene Sachen seyn müßten; da wir uns aber nicht aufzuhalten hatten, sagte ich, daß wir es bis zu einer gelegnen Zeit verspahren wollten, weil ich ohne dem gesonnen wäre die Trauben abzuschneiden, wir müßten eilen, um das Schaf nach Hause zu bringen, welches sie sich gefallen ließ. Ich hatte also eine volle Ladung alle diese Dinge mitzunehmen; und nachdem alles aufgepackt war, gieng es nach unserer Wohnung zu. Hierbey ließ sie sich alles Widersetzens ohngeachtet nicht abhalten, mir das Fuhrwerk zu erleichtern, und half treulich ziehen. Es ist die Wahrheit, daß ich sowohl in diesem als andern Dingen eine große Erleichterung hatte. Bey unserer Heimkunft war dieses meine erste Verrichtung, die Stelle eines Metzgers zu vertreten, welches mir je länger je besser von statten gieng; meine Gesellinn trug indeß Wasser herbey, und bestellte die Küche. Es war nur eine Lust, daß alles in seiner Ordnung erfolgte, dergestalt, als wenn wir schon viele Jahre miteinander gewirthschaftet hätten. Ueber der Mahlzeit fragte sie mich, wenn ich gesonnen wäre die Trauben zu holen? worauf ich zur Antwort gab, daß es den Montag geschehen könnte. Also, erwiederte sie, haben Sie die Ordnung beybehalten, daß sie die Tage zu unterscheiden wissen? Ja, Mademoiselle, sagte ich, übermorgen ist Sonntag, welchen ich mir vorzüglich angemerket habe; ich sagte ihr auch, daß es beynahe acht Jahr sey, (welche

Zahl ich ihr an den Fingern wies,) daß ich mich allhier befände. Ihre Meynung hierauf war, daß sie kein Jahr überleben würde, wenn binnen der Zeit keine Erlösung erfolgte, ohngeachtet sie wohl einsähe, daß sie hier nicht Hunger zu sterben zu befürchten hätte. Es wird sich wohl geben, dachte ich bey mir selbst, mir war ein Monat zu lang, die Zeit aber und die Unmöglichkeit, bringet einen schon auf andere Gedanken, man stirbt in Wahrheit nicht sogleich als man wohl glaubet. Folgenden Tag, als den Sonnabend, machte ich das Fleisch zurechte, trug es bis auf ein Hinterviertheil in den Bierkeller, wo es frisch blieb. Gegen den Abend legte ich mir Wäsche heraus, solche kommenden Morgen anzuziehen; denn ich setzte mir vor, mich recht auszuputzen. Bey Erblickung der Wäsche vergoß das gute Kind die bittersten Thränen, weil ihr diese abgieng, worauf ich in Wahrheit nicht gedacht hatte. Hier mich lange zu besinnen wie dem Uebel abzuhelfen sey, wäre etwas überflüßiges gewesen, weil ich mit Leinewand versehen war; ich gieng also über den in der Kammer stehenden Kasten, und brachte ihre zwey Ballgen herein, in dem Schrank war alles, was zur Näherey erfordert wird, vorhanden, solches legte ich gleichfalls dabey, da denn die Freude so ausnehmend war, daß sie sich kaum zu fassen wußte. Sie drückte mir die Hand so fest, daß ich beynahe Wehe geschrien hätte, machte sich ungesäumt über die Leinewand her, und schnitt sich ein Hemde zu. Es war nur mit Lust anzusehen,

sehen, wie emsig sie darüber her war, ich glaubte dieses würde nur so bis in die Nacht dauern, ließ sie daher ungestöhrt, und gieng mit einem Pfeifgen Taback vor die Thüre, mich ein wenig umzusehen. Sogleich fiel mir ein, daß ich ihr versprochen Caffeebohnen zu verschaffen; weil ich nun glaubte, daß sie meine Abwesenheit nicht wahrnehmen würde, schlich ich mich in aller Frühe davon. Da aber der Hin- und Herweg mehr als eine Stunde Zeit erforderte, verdoppelte ich meine Schritte, nahm auch nur etwas weniges, um desto ungehinderter zu gehen. Allein ich hatte noch nicht die Gegend bey dem Steg erreichet, als ich ein durchdringendes Geschrey vernahm; da ich nun nicht so geschwind laufen konnte, als es die Nothwendigkeit erforderte, schrie ich aus vollem Halse, daß die ganze Gegend davon erschallte. In kurzem hörte ich hinter mir rufen, und beym Umsehen erblickte ich das Frauenzimmer, welche fast athemlos über erwähnten Steg gelaufen kam. Nachdem sie sich in etwas wieder erholet, gab sie mir einen harten Verweis, daß ich sie allein gelassen, und so heimlich davon geschlichen wäre; sie hätte nicht anders geglaubet, es sey mir ein Unfall begegnet. Mademoiselle, gab ich zur Antwort, daß ich heimlich, ohne etwas zu sagen, weggegangen, ist Ihnen zu Liebe geschehen! Ey, fiel sie mir in die Rede, wissen Sie denn das Wort Liebe auch noch zu nennen? ich glaubte, da Sie es in so vielen Jahren nicht in der Uebung erhalten, Sie würden sich hierauf nicht mehr zu besinnen wissen. Diesen Ausdruck mit seinem Zusammenhang, muß sich der Leser nicht vorstellen, als ob sie in etlichen Tagen der Sprache so kundig worden, als jemand, der sie von Jugend an als seine angebohrne Muttersprache in Uebung gehabt; um ihn mit keinem Mischmasch zu unterhalten, habe ich mich der Ordnung bedienet. Sie verstund mich vollkommen, hatte die Sprache auch ehedem nach ihrem Geständniß ziemlich wohl geredt; da aber ihre Lehrmeisterinn vor ohngefähr sieben Jahren gestorben, so hatte sie dieselbe ziemlich wieder aus der Acht gelassen. Hierzu kam noch dieses, daß erwähnte Frau eine hochdeutsche gewesen, ich hingegen als ein Niederländer mich etwas gebrochen ausdrückte; wiewohl mein Pflegevater der Pfarrer mir vieles abgewöhnte. Zu fernerer Vertheidigung zeigte ich ihr die Bohnen, und sagte, daß ich sie in ihren Beschäftigungen nicht hätte stöhren wollen. Ihre Person ist mir nur allzu kostbar, unterbrach sie, als daß ich es zugeben sollte, sich von mir zu entfernen, wäre ich nicht die unglückseligste von der Welt, wenn Sie mir durch einen Zufall, den man nicht allemal voraus sehen kann, entrissen würden? Meine Ducaten, welche mir doch sehr Werth waren, schätzte ich doch viel zu wenig gegen eine solche Erklärung, die ich zu meinen Vortheil auslegte. Dieser Streit ward endlich ohne Weitläuftigkeit geschlichtet, ich gelobete an, künftighin ohne ihr Wissen nichts zu unternehmen; allein sie hatte sich dergestalt abgemattet, daß sie sich verschiedenemal auf meine Achsel lehnte, um etwas zu ruhen. Die vorgesetzte Näderey war also vor dießmal unterbrochen, sie legte sich zeitig zu Ruhe, und ich war indessen beschäftiget etwas Coffee zu brennen. Da ich nun mich gleichfalls der Ruhe bedienen wollte, stund sie auf und sagte: zur Strafe müßte ich nun mit ihr wachen, welches ich mir von Herzen gefallen ließ, und mit einem Caffee die erste Probe machte. Durch ihren Fleiß brachte sie es doch noch vor Anbruch des Tages zu Stande; nachdem genossen wir noch ein Paar Stunden der Ruhe. Wie sie nun alles in Verwunderung setzte, so war nicht weniger die Art den Braten zu wenden, ihr ein ausnehmendes Vergnügen, weil wir uns hierdurch die Mühe erspahrten, einen langweiligen Wender abzugeben. Unterdessen da sie die Küche bestellte, zog ich mich, so reinlich als es zu haben war, an. Hierbey kann ich nicht umhin zu erwähnen, daß, als mir der Bart anfieng zu wachsen, ich sehr deswegen bekümmert war. Mein Vater hatte einen Bart, der ihn bis über die Brust gieng, dieses schien mir höchst beschwerlich; ich hatte aber eine gute Scheere, mit welcher ich denselben nach aller Möglichkeit verkürzte In Amsterdam kennete ich einen Juden, welcher mit dem seinen auf gleiche Weise verfuhr, und sich durch Hülfe einer Scheere das Gesicht so glatt machte, als nur ein Barbier mit dem Messer immer im Stande ist; durch die Uebung brachte ich es gleichfalls so weit. In dieser Verrichtung traf sie mich an, und gab einen stillen Zuschauer ab,

endlich

endlich lachte sie über diese seltsame Art den Bart abzunehmen. Als ich fertig war, trat ich vor sie hin und fragte, wie ich ihr gefiele? zweymal, gab sie zur Antwort, und verschloß sich in die Kammer; allem Vermuthen nach mochte sie sich auch anziehen wollen. Um sie nicht zu stöhren, gieng ich vor die Thüre; endlich kam sie, und sagte mit einem freundlichen Gesichte: Nun will ich mich auch unterstehen zu fragen, ob ich Ihnen gefalle? Es war genug mich vergessend zu machen; ich gab daher zur Antwort: warum sollte mir ein so englisches Bild nicht gefallen? Mit diesen Worten raubte ich ihr einen Kuß, und dieses war der erste so ich in meinem Leben einem Frauenzimmer gegeben. Ich dachte Wunder wie klug ich es gemacht hätte, aber diese Näscherey wurde mir ziemlich versalzen, sie stieß mich mit solcher Heftigkeit zurück, daß ich mich, weil ich mir es nicht versahe, ohnmöglich des Fallens enthalten konnte. Daß ihr dieses allzuhitzige Verfahren gereuen mochte, konnte ich daraus abnehmen, weil sie mir die Hand bot. Diese Kühnheit, sagte sie, hätte ich mir in Wahrheit von Ihnen nicht versehen. Ich entschuldigte meine Freyheit so gut es mir einfallen wollte, und versprach, künftighin durch eine gute Aufführung den Fehler zu verbessern. Es wurde von beyden Seiten nichts mehr gedacht, wir setzten uns zu Tische, allein es herrschete eine allgemeine Stille; und wiewohl ich durch eine gleichgültige Unterredung es in Vergessenheit zu bringen suchte, so ließ sie doch durch ein finster

Ge-

Gesicht ihren Unwillen nur allzusehr merken. Nach dem Essen setze sie sich mit niedergeschlagenen Augen in einen Winkel, und schien in ein tiefes Nachsinnen vergraben zu seyn. Es war mir etwas unmögliches, sie in solcher Stellung länger zu lassen, ich nahete mich ihr, wiewohl nicht ohne Furcht vor einen nochmaligen Stoß, und hub folgender gestalt an: Sagen Sie mir ums Himmels willen, wie Sie Sich entschließen können, um einer solchen Kleinigkeit willen, einen Haß auf mich zu werffen, da es doch in der größten Unschuld geschehen? Was hat denn die liebe Unschuld vor Antheil hieran? gab sie zur Antwort. Es ist mein Unglück ohnedem in höchsten Grad gestiegen, die schändlichste Aufführung eines Menschen hat mich zu Boden geschlagen, er hat mich den Armen eines Vaters entrissen, der mich zärtlich liebte, ich habe mich zwar gerochen, aber meine Hände mit Blut besudelt. Das Schicksal hat mich einem Menschen übergeben, zu dem ich alles gute Zutrauen gehabt; aber wollen Sie wohl glauben, daß sich dasselbe guten Theils vermindert hat? Wir haben kaum einen kleinen Anfang gemacht uns zu kennen, ich hielt mich unter Ihrem Schutz hinlänglich gesichert; aber habe ich mir von Ihnen nicht allzuviel versprochen? Wertheste Mademoiselle, gab ich ziemlich beschämt zur Antwort, in diesem allen muß ich Ihnen Recht wiederfahren laßen, ich hatte Dero Gütigkeit einigermaßen gemißbrauchet, allein sie erlauben, daß ich sage, sie gehen allzuweit. Daß ich mich erkühnet, Ihnen einen Kuß zu geben, ist aus einer reinen Absicht geschehen, noch niemals kann ein Frauenzimmer mir nachsagen, ich habe ihr die mindeste Gunstbezeigung erwiesen, am allerwenigsten daß ich ihr einen Kuß gegeben. Sonach fiel sie mir lächerlich ins Wort, bin ich die erste, aber vielleicht auf dieser Insel? Sie belieben bey alledem mit mir zu scherzen, redete ich weiter; allein ich versichere zugleich, daß es mir so leicht nicht wieder einfallen wird, weil mir der erste Versuch nur zu sehr vergället worden. Werther Freund, sagte sie nach Endigung meiner Rede, man nehme die gesunde Vernunft zu Rathe, ein Kuß verschmälert einem ehrliebenden Frauenzimmer ihre Ehre in mindesten nicht. Sie überlegen aber, was vor Nutzen würde uns bey diesen Handlungen zuwachsen? der ganze Krahm bestehet in nichts als einer leeren Einbildung, die Freundschaft, die wir uns schuldig sind, kann, und wird ohne dieß von Dauer seyn. Das Vergangene soll in Vergeßenheit gestellet seyn, ich sage mit aufrichtigen Herzen, Ihre Person ist mir werth, haben Sie für mich gleiche Achtung, so geben Sie mir die Hand, daß Sie, so lange es der Vorsicht gefällig, mich als eine wahre Freundinn ansehen wollen. Davor habe ich Sie bey dem ersten Anblick gehalten, gab ich zur Antwort, indem ich ihr gleichfalls die Hand reichte, welche sie mir aufs zärtlichste drückte. Das Versprechen war kaum aus dem Munde, als ich es schon wieder aus der Acht ließ, und zu mehrer Bestätigung ihr die Hand küßete. Die

Strafe

Strafe lief vor dieß mal gnädig ab, sie zog dieselbe zurück, und sagte, wir wollen, wenn es Ihnen gefällig, ein wenig spatziren gehen, und versprochnermaßen die gerühmten Reichthümer in Augenschein nehmen. Ich wollte, wie bisher geschehen, mit Complimenten um mich werfen, allein hier nahm sie Gelegenheit mir zu sagen, daß diese Eitelkeit bey unsern gegenwärtigen Umständen etwas überflüßiges wäre, künftig sagte sie, woll n wir uns schlechthin bey unsern Namen ruffen, und bey ereigneten Vorfällen können Sie mich Carolina ruffen, ich hingegen werde auf ihrer Seite den Geschlechtsnamen gleichfalls weg lassen. Dieses war mir um so viel angenehmer, hub daher an: Nun Carolingen so kommen Sie, ich werde alle meine Schätze aufthun. Hiermit wanderten wir nach der großen Niederlage, vermuthlich mochte sie das wenigste geglaubet haben, desto größer war also die Verwunderung. Nachdem wir eins und das andre betrachtet, setzten wir uns ein Gläßgen Herzstärkung einzunehmen. Da ich mich also werde gemüßiget sehen, hub sie zu mir an, länger als mir lieb ist allhier mich aufzuhalten, so werde ich Sie um verschiedenes bitten, um mir einen leichten Anzug zu Recht zu machen. Sie haben nicht zu bitten, unterbrach ich Sie, zu allem was in unsrer Gewalt stehet, hat eines so viel Recht als das andre. Als wir nun das meiste, welches so zu sagen im Angriff lag, besehen, verfügten wir uns wieder nach Hause. Ehe es noch völlig dunkel ward, geschahe wiederum ein neuer Auftritt.

Martin, sagte sie, allem Vermuthen nach wird es Ihnen nicht zuwider seyn, wenn ich sage, daß es nicht gut gethan ist, daß wir beyde in dem kleinen Kämmergen schlafen, eines fället dem andern wider Willen beschwerlich. Er mag verwichne Nacht einen schweren Traum gehabt haben, worüber er dergestalt auffuhr, daß ich vor Schreck beynahe überlaut geschrien, ich werde mir die Mühe nicht verdrießen laßen, alle Abend ein Bette in die Stube zu machen, nun gehöret ihm als Wirth der Vorzug, sich unter beyden eines zu erwählen. Hiermit sahe sie mich an, um meine Antwort zu vernehmen. Der Vorwand war nicht schlimm ausgesonnen, hierwider etwas einzuwenden, wäre so viel gewesen, mich auf der blossen Seite zu zeigen; Werthes Carolingen, das vermeinte Recht, welches Sie mir aufbürden, trete ich völlig ab, auf Sie kommt es an, eine Schlafstelle zu erwählen. Hierbey aber meine Gedanken aufrichtig zu sagen, sind sie daselbst beßer als in der Stube aufgehoben, weiln ein Frauenzimmer an einem noch unbekannten Ort mit einer Furcht begleitet wird, und obwohl dieselbe allhier nicht statt findet, so ist es doch allemal besser, einer etwanigen Vorstellung auszuweichen. Ich hege nicht die mindeste Furcht, fieng sie das Wort auf, jedoch da Sie sich von selbsten erboten, dem Platz, so mir als einen aufgenommenen Gast nicht zukommt, mir einzuräumen, so werde ich mich deßen Gütigkeit bedienen. Die wahren Absichten sothaner Veränderung konnte ich ohne Kopfbrechen errathen, mußte ihr

auch

auch dießfalls Recht wiederfahren lassen, also waren wir in so weit geschieden. Jungfer Carolingen nahm sich also, überhaupt von der Sache zu reden, der Hauswirthschaft treulich an. Nach meinem Vorsatz wollte ich den Montag die neuentdeckten Trauben abschneiden, in dem Brauhaus, oder vielmehr Hütte, stund ein Faß, welches ich sonst zu nichts zu gebrauchen wußte, und welches vermuthlich die Hälfte von einem Weingefäß war, so mein Vater mitten entzwey gesäget, dieses ladete ich auf den Wagen, um die Trauben hinein zu thun; Carolingen aber bat mich es einen Tag zu verschieben, weil sie sich von Cattun einen Habit zu rechte machte, denn sie wollte nicht zugeben, allein mich dahin zu verfügen, in der Absicht mir hülfliche Hand zu leisten, welches ich mir mußte gefallen lassen. Dieses muß ich ihr zum Ruhm nachsagen, daß sie sowohl in der Haushaltung als auch was das Nähen anbetraf, sehr fertig und geschickt war, da sonst viele ihres gleichen es vor etwas überflüßiges ansehen, in Betracht deßen, wenn sie wißen, daß durch eine ansehnliche Aussteuer sie in den Stand gesetzet werden, andern dergleichen Geschäfte zu überlaßen. Nach meiner Einsicht glaubte ich, es sey dieses einem Frauenzimmer allemal mehr rühmlich als nachtheilig. Doch da mir die Sache auszumachen nicht aufgetragen ist, will ich es nicht jemand zum Anstoß geschrieben haben. Wir fuhren also den bestimmten Tag nach erwähnten Weingebirge, waren aber noch nicht die Hälfte fertig, als das Gefäß schon gehäuft voll war, mußten also den andern Tag noch darzu anwenden; was ich aber mit den Trauben machen sollte, dieses wußte ich in der That nicht. Sonsten pfleget man zu sagen, vier Augen sehen mehr als zwey, dieses kann man auch bey andern Vorfällen gelten lassen. Jungfer Carolingen gab mir verschiedne mal Einschläge, wo ich in Wahrheit nicht hingedachte. Wir wollen, sagte sie, als ich meine Gedanken wegen der Trauben eröffnete, dieselben auspressen, und in das Fäßgen, welches mit herüber gebracht, füllen, wir werden ihn auf unterschiedne Art zum Nutzen verwenden können, wir werden hierdurch nicht allein eine Abwechselung der Speisen haben, sondern auch den Abgang in den großen Fässern in etwas ersetzen. Dieser Vorschlag war mir zu vortheilhaft, als daß ich dawider etwas einzuwenden hatte; hiermit aber verfuhr ich kürzlich also: Erwähntes Faß hatte unten ein Loch, mit einem Zapfen versehen, und vielleicht hat es mein Vater eben so gemacht, in demselben pressete ich die Trauben aus, von da zapfte ich es in erwähntes Weinfäßgen, dieses ward nicht allein voll, sondern ich behielt noch einen guten Theil übrig; welches auch nachgehends den vorbeschriebnen Nutzen hatte. Da es mir aber die Stöcke zu pflegen an der hierzu erforderlichen Wissenschaft fehlte, und ich dieselben zu sehr beschnitten haben mochte, war die folgende Lese bey weiten nicht so reichlich. Um aber nicht auf einmal einen großen Sprung zu thun, will ich in der Ordnung bleiben. Das Brodbacken gerieth mir durch die Uebung immer beßer, und hieraus ziehe ich den Schluß, daß die Erfahrung der beste Lehrmeister ist. Mit dem Brauen hatte es fast gleiche Bewandtniß, so lange nämlich das vorräthige Malz währete; dieses machte mir schon mehr zu schaffen. Da ich es nun durch viele Versuche so weit gebracht, die Gerste braun zu machen, wußte ich den Ofen die gehörige Hitze nicht zu geben. Da es denn nicht anders kommen konnte, als daß verschiedne Gebräude von Herzen schlecht geriethen. Da es aber sonst niemand als uns angieng, hatte es weiter nichts auf sich, als daß, wenn es gut gerathen, wir den guten Geschmack zum Besten hatten, wenn es aber verdorben, wir mit niemand zanken durften. Unter diesen Beschäftigungen verstrich die Zeit so unvermerkt, daß ein Jahr hingieng, ohne daß wir es vermutheten, welches ich Carolingen einsmals bey der Taffel hinterbrachte. Beynahe, gab sie mir zur Antwort, werde ich mich drein schicken lernen, und das, was mir weit unerträglicher als der Tod selbst schien, mit aller Gelaßenheit übersehen. Allein sind wir vielleicht nicht selbst Schuld? Wir haben, woran ich nicht zweifle, wohl verschiedne Gelegenheiten vernachläßiget. Sollte diese Insel wohl so weit entlegen seyn, daß nicht je zuweilen ein Schiff vorbey segelte, welches uns, wenn wir ihm ein Zeichen gäben, willig aufnehmen würde? Daß Sie so denken, werthes Carolingen, verarge ich Ihnen nicht, ich kann aber auch nicht sagen, wie nahe oder wie weit wir von einer bevölkerten Insel entfernet sind. Sie können versichert seyn, daß ich im Anfang ebenfalls die Gedanken geheget, ganze Tage habe ich am Strande hingebracht, ich sahe in der Ferne Schiffe, ich schrie, gab durch Schüße Losungen, ja ich begieng sogar die Einfalt, mit Steinen ins Wasser zu werffen, ich unterließ nichts, was jene etwa hätte können aufmerksam machen; es half mir aber weiter nichts, als daß mein Elend hierdurch nur vergrößert wurde. Die Schiffe, so er gesehen zu haben glaubet, gab sie nach Endigung meiner Vorstellung zur Antwort, sind dem Vermuthen nach so weit entfernet gewesen, daß die darauf befindlichen Leute von den Zeichen nichts gesehen, am allerwenigsten seine Person in Augenschein nehmen können. Aber in Absicht meiner Person hat es hingegen eine andre Beschaffenheit. Mein Vater, dem meine Entfernung nicht lange verborgen bleiben können, wird nicht ruhen, er habe mich denn aufgesucht, oder hinlänglichen Beweis, daß ich nicht mehr am Leben bin. Da ich glaube, daß zwischen meinem gegenwärtigen Aufenthalt kein allzuweiter Zwischenraum seyn wird, indem wir nicht länger als zwey mal vier und zwanzig Stunden auf der See zugebracht, als wir allhier landeten, so wird er weder Zeit noch Kräfte verspahren, mich aufzusuchen. Weil nun Carolingen in ihren jährigen Aufenthalt, sich die deutschen Sprache völlig bekannt gemacht, so bat ich, sie möchte sich es doch gefallen lassen, mir die Umstände ihrer Unglücksfälle

zu

zu erzehlen; worein sie ohne Weitläuftigkeit willigte. Meine Eltern, waren ihre eigne Worte, besaßen zwey und zwanzig Meilen von London ein kleines Landgut, und wir lebten allda in einer zufriednen Stille. Wider alles Vermuthen bekam mein Vater, so ehemals als Lieutenant zur See gedienet, die gemeßne Ordre sich zu stellen, um auf einer nach Amerika segelfertigen Flotte eine Reise zu unternehmen. Er reisete ab, und zwar so schleunig, daß er kaum Zeit übrig hatte, uns noch einmal zu sprechen. Die Wünsche einige Nachricht von ihm zu erhalten, waren eine geraume Zeit vergebens, endlich liefen in vier Monaten zwey Briefe ein, deren Inhalt einerley in sich hatte. Er hatte durch sein gutes Verhalten sich auf den Posten eines Capitains geschwungen, konnte aber die Zeit seiner Zurückkunft mit keiner Gewißheit bestimmen, ein dritter Brief aber brachte mit, daß er auf Jamaica als Vice-Commendant ernennet sey. Er lag meine Mutter an, das Gut ihrem Bruder auf Rechnung zu überlassen, und sich nebst mir dem Schiff, der Vorsichtige, anzuvertrauen. Die zärtliche Liebe, so meine Mutter gegen einen Gemahl hegte, der es vollkommen verdiente, sahe über alle Gefahr der sie sich dabey aussetzte, hinweg, verfügete alle hierzu erforderliche Anstalt, um mit dem bestimmten Schiffe abreisen zu können. Nur meine zarte Jugend gab ihr einigen Anstoß, weil ich das zehnte Jahr noch nicht völlig zurück gelegt, mich zugleich der Gefahr zu unterwerffen; da sie aber überlegte, wie unangenehm sie ohne mich seyn würde, blieb der Schluß festgesetzt, mich mit zu nehmen. Zu ihrer Gesellschaft, oder vielmehr zu meiner Erziehung hatte sie eine Frau gleich in meinen ersten Jahren aufgenommen, sie war eine Deutsche, ihr Mann war mit einem Gesandten nach London gekommen, aber daselbst verstorben. Sie hatte die Absichten meiner Mutter kaum vernommen, als sie beschloß, ihr zu folgen. Wir giengen zu Schiffe, und außer den ordentlichen Beschwerlichkeiten, so man auf einer so langen Fahrt unterworffen, begegnete uns nichts merkwürdiges. Unser Schiff legte sich in den Hafen unsrer Glückseligkeit vor Anker. Meinem Vater war die angenehme Post kaum zu Ohren gebracht, als er uns in einem Wagen abholete, und in das Schloß brachte. Ich will von dem rührenden Empfang nichts gedenken, welcher außerordentlich war. Die Lebensart war daselbst vor uns beynahe fürstlich, die unermüdete Sorgfalt meiner Aufseher ließ es an nichts ermangeln, mir alles dasjenige beyzubringen, was ein heranwachsendes Mädgen geschickt machen kann. In sogestalten Umständen erreichte ich das sechszehnte Jahr, da meine Mutter zu unserm allergrößten Leidwesen verstarb. Ich hätte dabey fast nichts verlohren, wenn ihr meine Pflegerinn nicht in anderthalb Jahren gefolget. Nun war ich schon so weit gekommen, daß ich anfieng, mich selbst kennen zu lernen, daher achtete es mein Vater vor etwas überflüßiges, mich einer anderweitigen Vor-

sorge

sorge anzuvertrauen. Er hatte einen Bedienten, einen Portugiesen von Geburth, welchen er seit seinem vierzehnten Jahre bey sich gehabt, und auf dessen Redlichkeit er sich verlassen konnte; er galt alles, ja er unterfieng sich mehr, als man sonst von ihm fordern konnte, er hatte sich mit einem Wort fast unentbehrlich gemacht. Sein Ansehen gieng so weit, daß er sich das Recht eines Hofmeisters über mich anmaßete. Ich hätte Ursache genug gehabt, deßhalb bey meinem Vater Beschwerde zu führen, wenn ich nicht hinlänglich überzeuget gewesen wäre, daß sein Verfahren von meinem Vater gebilliget würde. Es schien, als ob das Verhängniß beschloßen hätte, mir einen Stoß nach dem andern zu geben; die einzige Stütze meiner zeitlichen Wohlfahrt fieng an zu wanken, ich sage: Mein Vater verfiel in eine tödliche Krankheit Allem Ansehen nach war nichts mehr übrig, als daß die Seele den ausgemergelten Körper verlaßen solte. O wie gerne wollte ich die Welt gesegnen, sagte er verschiedne mal zu mir, wenn ich dich in deinem Vaterland wüßte. Die Aerzte verließen ihn, doch sein Ende war noch nicht beschloßen, er wurde mir zum Trost wieder hergestellt. Als er nun seine völlige Gesundheit erlanget, hub er folgender gestalt an: Meine Tochter, ich will nicht zweiffeln, daß es dir angenehm seyn wird, wenn ich sage, daß wir unser geliebtes Vaterland bald wieder sehen werden. In zwey bis drey Monaten werde ich erwünschte Briefe erhalten, ich habe um meine Erlassung angesu-

 chet,

chet, und der, so meine Stelle vertreten soll, ist ernennet. Das Schiff, so denselben mit bringet, wird uns zu der erwünschten Ruhe einführen, unser Oheim hat indessen Befehl, das Schloß von Grund aus neu zu erbauen, daselbst werde ich dich standsmäßig verheirathen. Zwey allhier befindliche Officiers geben sich alle ersinnliche Mühe um deine Person, meine Absicht ist ihnen verborgen, sie werden es auch nicht eher erfahren, bis es nicht mehr nöthig ist, zu verheimlichen; indessen vermeide, so viel es der Wohlstand leiden will, ihren Umgang. Die beyden Officiers erschienen oft, allein es wollte ihnen nicht gelingen ohne Zeugen mit mir zu sprechen. Seit dem Tod meiner Mutter war ich gleichsam in meinem Zimmer vergraben, außer der Gegenwart meines Vaters schlug ich ihre Besuche aus, mithin wurden ihre Absichten von Zeit zu Zeit vereitelt. Mein Vater nahm eine Reise tiefer ins Land vor, wobey sie ihm Gesellschaft leisten mußten, ich blieb also mit dem treuen Bedienten zurück. Gleich dem andern Tag schon gegen Abend überreichte mir derselbe einen Brief von meinem Vater, und sagte, ich würde sehr wohl thun, wenn ich denselben unverzüglich erbräche, er hatte auch einen offnen Brief in der Hand, und den Brief, so ich noch in Verwahrung habe, las ich sogleich vor seinem Angesicht; dieser war kürzlich also abgefaßet: Den Augenblick habe ich ersehen, daß die beyden Officiers einen Anschlag gemacht, in meiner Abwesenheit dich zu entführen, ich sehe mich also ge-

müßiget,

müßiget, dich auf eine kurze Zeit zu entfernen. Mein zurückgelaßener Bedienter hat gemeßne Ordre dich in Sicherheit zu schaffen, weil ich wegen nothwendiger Geschäfte vor dem neunten Tag nicht wieder zurück kommen kann. Nach Ueberlesung gab ich dem Kerl meinen Brief, dagegen er mir den seinigen einhändigte, in welchem es hieß: Da ich mich auf deine Treue verlassen kann, wirst du die vorgeschiebene Maaßregeln ergreiffen, und meine Tochter nach dem zwey Meilen von hier entlegnen Eylande bringen, daselbst aber so lange verweilen, bis ich dieselbe in eigner Person abholen werde. Was haben wir hierbey zu thun? sagte ich nach Lesung des Briefes. Nichts, gab er mir zur Antwort, als uns nach der Vorschrift des Herrn Papa aufs genaueste zu richten. Sie kleiden sich an, immittelst werde ich alle hierzu erforderliche Anstalten verfügen; Hiermit verließ er mich. Er kam, da es schon anfieng zu dunkeln, und sagte, ich möchte belieben ihm zu folgen. Er führte mich ans Ufer, allwo schon ein Fahrzeug in Bereitschaft stund, welches wir bestiegen. Mich befremdete, daß er sich unterfieng, dasselbe ohne andre Hülfe allein zu regieren, ich gab ihm auch meine Gedanken hierüber zu erkennen, er bedeutete mich aber, daß er keine Hülfe nöthig habe. Als wir die Höhe erreichten, spannete er ein Segel auf, der Wind blies ziemlich stark, desto geschwinder gieng es; ja ich glaube, daß ein Vogel die Luft nicht so geschwind durchschneiden kann, als unser leichtes Fahrzeig, gleichsam wie in vollem

lem Flug den Weg verfolgte. Werdet ihr auch bey so finstrer Nacht das beschriebne Eyland finden? fragte ich, als es mir zu lange werden wollte? Dafür laßen sie mich sorgen, gab er kurz zur Antwort. Zu meinem großen Schreck brach der Tag an, und ich sahe nichts als Himmel und Wasser. Ihr unbesonnener Mensch, fuhr ich ihn an, habet schlecht gesorget, Gott weiß, wo wir hingerathen. Wir würden noch Vormitternacht gelandet seyn, erwiderte er, wenn uns der Wind nicht etwas von der Fahrt abgetrieben hätte, doch getraue ich es bald wieder einzubringen. Allein der Tag verstrich, ohne sonst etwas als das fürchterliche Element zu sehen, wobey ich nicht anders konnte, als ihn auf das heßlichste auszuschelten, mit dem Anhang, er sollte wieder zurück kehren. Dieses ist eine pure Unmöglichkeit, bekam ich die trostvolle Antwort. Warum habt ihr Dummkopf euch aber so etwas unterfangen? fuhr ich ihn noch heftiger an. Ja, widersprach er mir, warum hat es mir der Papa befohlen; ich bin freylich kein Seemann. Um desto weniger hättet ihr es euch unterstehen sollen, fieng ich das Wort auf, unter Vergießung vieler Thränen. Es ist einmal geschehen, machte ich den Schluß. Es wurde zu meinem größten Leidwesen wieder Nacht, der Kerl ließ selbst einige Unruhe spühren, und ich legte ihm alle Schimpfworte so mir nur einfielen, bey, er hörte es mit der größten Gelaßenheit an, ohne sich zu verantworten; ja seine Verstellung gieng so weit, daß er sagte,

wenn

wenn er bey anbrechenden Tage seinen Zweck nicht erreichte, wolle er sich ohne alles Bedenken ins Meer stürzen. Dieses war mir vollends ein Schlag ins Herz, ich sahe mich also gemüßiget, es aus einem gelinden Ton zu geben; ja ich mußte alle Beredsamkeit herfür suchen, ihn von seinem Vorsatz abzuhalten. Endlich fragte er, ob ich nicht Appetit hätte etwas zu mir zu nehmen? Habet ihr etwas bey euch, war meine Gegenfrage; welche er nicht so geschwinde vernommen, als er mir ein Glas Wein, nebst etwas Gebacknes reichte. Ich genoß es, mehr aus Hunger als Appetit; er aß gleichfalls, genoß auch von dem Wein, vielleicht mehr als ihm dienlich, denn er wurde ziemlich aufgeräumt. Ohngefehr um Mitternacht überfiel mich der Schlaf, und bey meinem Erwachen sahe ich nicht ohne Erstaunen, daß sich der Kerl nach der Länge ins Fahrzeug gestrecket, auch so fest schlief, daß er kaum zu erwecken war. Unter was vor einem Wind wir segelten, weiß ich nicht, genug das Fahrzeug eilete mit eben der Geschwindigkeit als beym Auslaufen. Dieses dauerte beynahe den ganzen Tag wieder, in welcher Zeit wir keines dem andern ein Wort zusprachen. Da nun eben die Sonne sich zum Untergang neigte, schrie er aus vollem Halse: Mademoiselle, Land, und zeigte mir solches gerade vor uns, jedoch etwas zur Rechten. Ey so rühret euch doch, rief ich ihm zu. Das gehet nicht an, widersprach er mir, der Wind ist zu heftig, wir müssen die Insel vorbey segeln, so bald wir sie im Rücken haben, verliehren wir den Wind, da will ich das Segel einnehmen, und mit Rudern anzukommen suchen. Sein Vorgeben schien Grund zu haben, es wurde beynahe ganz stille, er nahm das Segel ein, und lavirte sachte nach dem Lande zu. Die Nacht verhinderte uns völlig anzulanden, das Fahrzeug lenkte er mit aller Geschicklichkeit zwischen zwey Sandbänke in eine kleine Bay, allwo wir die Nacht ruhig hinbrachten. Mit Anbruch des Tages machten wir uns wieder auf, an die andre Seite der Insel zu kommen, denn von dieser sahen wir nichts als einen rauhen, wüsten, und unersteiglichen Felsen, der Kerl lenkte sich gegen der Sonnen Aufgang, und fuhr ganz nahe am Ufer hin. Was zerbreche ich mir lange den Kopf, hub er endlich an, dieses ist die Insel, welche der Herr Papa uns bestimmt, und fuhr endlich so nahe ans Land, wo wir füglich aussteigen konnten. Das Fahrzeug machte er feste, räumete dasselbe aus, und sahe mit nicht geringer Verwunderung das viele Geräthe, so er mitgenommen Mit leichter Mühe erstieg er die Höhe. Ja, ja, rief er, das ist der rechte Ort, sprung als ein Pfeil wieder herunter, packte so viel auf, als er fortzubringen vermochte, nahm den vorigen Weg, und befahl mir ihm zu folgen. Ob es mir gleich verdächtig vorkam, mußte ich mich doch drein ergeben, um den Ausgang zu erwarten. Ich muß gestehen, daß mir der innre Anblick ein Vergnügen erweckte. Als wir das Thal erreichet, legte er

die

die Sachen unter einen schattigen Baum, diese sollte ich bis zu seiner Zurückkunft bewachen. Allein die Furcht an einem so unbekannten Ort verstattete es nicht, ich begleitete ihn bis auf die Höhe, damit ich sein ferneres Vornehmen im Gesichte hatte. Seine Beschäftigungen giengen dahin, die Sachen, so er mitgebracht herüber zu schaffen, welches er auch bewerkstelligte. Nachdem schlug er ein kleines Zelt auf, und deutete mir an, daß dieses zu meiner Bequemlichkeit geschähe. Wenn dieses der Ort ist, den mir mein Vater bestimmt, gab ich mit einer Befremdung zur Antwort, so sind alle diese Anstalten ja überflüßig. Wir werden uns genöthiget sehen, erwiederte er, einige Tage allhier zu bleiben, bis wir genugsame Kundschaft eingezogen, nach welcher Gegend der Insel wir uns zu wenden haben. Neben dem Zelt bauete er eine Hütte von Aesten, nicht allein den mitgebrachten Vorrath zu verwahren, sondern auch, weil er sich noch nicht unterstund mir zu nahe zu kommen, darinnen zu schlafen. Außer einer Heerde Schafe sahen wir nicht, woraus zu muthmaßen, daß der Ort bewohnet sey; er gieng aus, brachte mir verschiedene Früchte, aber niemals gedachte er ein Wort mich unter menschliche Gesellschaft zu führen. Den mitgebrachten Wein rührete er nicht an, unter dem Vorwand, er sey für mich bestimmt, holete sich aber täglich zwey Bouteillen voll Wasser, brachte auch verschiednes Flügelwerk, welches er zurecht machte, und mir zu essen auftrug; der kummervolle Zustand

Zustand aber, in welchem ich mich befand, vergönnete mir kaum etwas zur höchsten Nothdurft zu mir zu nehmen. Ich beschloß endlich dem Spiel ein Ende zu machen, es möchte nun ausschlagen wie es immer wollte, sprung einsmals voller Zorn mit dem Messer in der Hand auf und sagte: Kerl, sage den Augenblick die Wahrheit wie es um mich stehet, oder ich durchbohre dir dein verdammtes Herz. Er sprung erliche Schritte zurück, und sagte: Ich bin mit Ihnen ja in gleiches Unglück gestürzet, und wenn Sie nicht aufhören mir so schimpflich wie bisher geschehen, zu begegnen, suche ich bey erster Gelegenheit ein Loch, und lasse Sie zurück. Er wußte mich als ein Frauenzimmer, welches von Natur furchtsam ist, sehr geschickt auf der schwachen Seite anzugreifen. Ich wurde durch diese unerwartete Erklärung dergestalt in Furcht und Schrecken gesagt, daß ich auf die wehmüthigste Art zu bitten bewogen wurde, mir nur ungescheuet die Wahrheit zu entdecken, was ich zu fürchten oder zu hoffen hätte. Wir sind, war seine endliche Antwort, freylich nicht an dem uns bestimmten Orte, die Insel ist unbewohnt, hierbey ist weiter nichts zu thun, als die liebe Gedult zu Hülfe zu nehmen, Hunger werden wir hier nicht sterben, wir müssen uns also selbst berathen. Nun so thut einen Vorschlag, fiel ich ihm in die Rede. Wir müssen, fuhr er in seiner Rede fort, das, was nicht zu ändern ist, übersehen, ich werde dahin bedacht seyn Lebensmittel zu sammlen; kömmt in der Zeit kein Schiff, so wollen wir mit dem

Fahr-

Fahrzeug wieder auslaufen, und auf gut Glück unsre Heimath wieder suchen. Da nun diese Vorstellung ziemlich Grund zu haben schien, hatte ich dagegen nichts einzuwenden, sondern bat vielmehr, sein Vorhaben nach Möglichkeit zu beschleunigen. Ihm aber in der Güte zu erhalten, mußte ich mir alle Gewalt anthun, eine freundschaftliche Stellung anzunehmen, welche er aber zu seinem Vortheil auslegte, und sich erkühnte, einige Freyheiten gegen mich herauszunehmen. Anfangs verwies ich ihm dieses mit Bescheidenheit, da aber damit nichts auszurichten war, brauchte ich Ernst. Er bemühete sich zwar, wie bis anher geschehen, durch Drohungen, davon zu gehen, mir eine Furcht einzujagen; allein ich antwortete ihm, daß ich es nicht allein mit der grösten Gelassenheit ihm erlaubte, sondern vielmehr andeutete, mir aus dem Gesichte zu gehen. Da er sich nun auch von der Seite betrogen sahe, suchte er sich durch vernünftige Vorstellungen, wie er sich ausdrückte, auf den rechten Weg zu bringen. Was wollen Sie, hub er an, zum Vorwand nehmen, mir eine solche Kleinigkeit auszuschlagen? wir sind arme Insulaner, die Umstände in denen wir uns befinden, heben die Gesetze, so man an einem bevölkerten Ort zur Verschrift hat, völlig auf, wollen Sie die Ungleichheit des Standes vorschützen, so dienet zur Nachricht, ich bin eines Capitains Sohn, und Sie sind die Tochter eines Mannes von gleichem Range, ja, ich sage noch mehr, mein Vermögen in Portugal hält dem ihrigen allemal das

Gleichgewicht. Und wenn ihr eines Fürsten Sohn, und ich eines Tagelöhners Tochter wäre, soll mich dieses doch nicht blenden, euch nur die geringste Gunstbezeigung, so wider meine Ehre läuft, einzuräumen, versetzte ich dagegen Ey, fieng er das Wort auf, Ehre hin, Ehre her, wer wird es uns denn ansehen, wenn wir einmal befreyet werden? ich schwöre es Ihnen zu, niemand wird uns auf unsere beobachtete Keuschheit einen Heller werth borgen, es ist weiter nichts als ein närrischer Eigensinn. Der Eigensinn, war meine Gegenrede, mag so närrisch herauskommen als er nur will, so beharre ich doch auf meinem Vorsatz. Dieses Messer, fuhr ich fort, indem ich es aus der Tasche zog, soll euch eher das geile Blut abzapfen, ehe ihr euren Zweck erreichet. Nun so leben Sie wohl mit sammt ihrer Keuschheit, sagte er in Umwenden, und stieg gerade den Fels hinauf, sahe sich aber etlichemal um, allem Vermuthen nach zu vernehmen, ob ich ihn zurück rufen würde; er mußte aber diese Worte von mir vernehmen: Nun so gehe, und brich deinen verfluchten Hals du = = = Er war mir nicht so geschwind aus den Augen, als ich auf meine Knie nieder fiel, und dem Höchsten dankte, daß er mich aus einer so großen Gefahr errettet hatte. Hierauf gieng ich in die Hütte, um zu sehen, was mir noch etwa übrig geblieben, denn ich glaubte nicht anders, er würde alles nöthige heimlich auf die Seite geschafft haben; sahe aber, das nicht das mindeste fehlete, und daraus schloß ich, daß er sich nur

dieser=

dieserwegen entfernet, um von ferne ein Zeuge meiner Aufführung zu seyn, oder wenn ich am sichersten wäre mich zu überraschen. Unter andern Vorschlägen die ich mir selbst zu meiner Vertheidigung that, sollte die Flinte eine der hauptsächlichsten Schutzwehren seyn; nach der Untersuchung fand ich sie geladen, aber der Bösewicht hatte den Stein davon genommen, hinfolglich konnte sie mir die gewünschte Hülfe nicht verschaffen. Doch gab ich noch nicht alles verlohren, denn ich gieng an den Fels, und suchte unter den da herum liegenden Steingen so lange, bis ich einen fand, der mir hierzu am tauglichsten schien; er war schön helle, und schien sehr hart zu seyn. Nachdem ich ihn aufgeschraubet, machte ich einen Versuch, jedoch ohne Ueberlegung, er gab Feuer, das Gewehr gieng los, und that einen Knall, daß die ganze Gegend hiervon ertönete. Hierauf machte ich mir folgende Rechnung: Ist er noch gegenwärtig, gedachte ich bey mir selbst, wird er es zu seinem Besten auslegen, und glauben, es sey eine Losung, gab daher beynahe den halben Tag sehr genau Achtung, niemand aber wollte zum Vorschein kommen; daher war nichts gewissers, als daß er sein Heil weiter versucht. Ich gönnete es ihm auch von Herzen, und wünschte ihn nimmermehr wieder zu sehen. Die Einsamkeit war mir sehr angenehm, ich besprach mich mit mir selbst, und schöpfte den Trost, daß, weil ich alles in die Schanze geschlagen, um meine Ehre zu retten, so würde mich der Himmel auch nicht hülflos lassen, es würde sich wider mein Vermuthen eine Gelegenheit ereignen, welche mich in mein Vaterland führen würde. Bey allen dem aber war ich nicht ganz sorglos, und getrauete mich nicht des Nachts unter dem Zelt zu schlafen, sondern sahe mir unweit davon einen bequemen Ort aus, und wenn es finster war, nahm ich eine Decke, und legte mich, wiewohl nicht ohne Furcht, schlafen, stund auch noch vor Anbruch des Tages wieder auf, und sahe allenthalben umher, ohne etwas verdächtiges zu entdecken. Am Tage gieng ich mit der Flinte spazieren, sättigte mich meist mit Feigen, nur des Abends verzehrte ich ein Stückgen Brod, nebst etwas von dem Flügelwerk, so der Kerl noch vor seiner Abreise vorräthig gebraten; des Weins bediente ich mich nur im höchsten Nothfall. Von ohngefähr traf ich die bekannten Pomeranzenbäume an, deren Früchte mir eine rechte Stärkung gaben. Verschiedenemal setzte ich mir vor, frisches Wasser zu holen, weil mich der Durst je länger je heftiger plagte, aus Furcht aber eines Ueberfalls unterblieb es. Ich kann mich in Wahrheit nicht mehr erinnern, ob es acht oder neun Tage waren da ich in einer vergnügten Stille gelebet. Die Flinte war mir beschwerlich, auch meines Erachtens überflüßig, nahm daher die zwey leeren Bouteillen frisches Wasser zu suchen, und gieng nach der Gegend zu, wo ich glaubte, daß es der Kerl, auf dessen Tritte ich immer ein Augenmerk hatte, geholet; ich gieng also ganz nachläßig und hatte sehr gute Gedanken, als der Bösewicht hinter einem

einem Strauch hervorsprang, und mich in beyde Arme fassete. Was soll dieses vorstellen? redete ich ihn an; Nichts, Mademoiselle, gab er zur Antwort, als daß ich die Ehre habe Ihnen zu sagen, daß ein Boot auf Sie wartet. Das ist gut, unterbrach ich ihn, so lasset uns eilen. Wir haben noch etwas miteinander auszumachen, fiel er mir ins Wort. Und was ist es denn das wir auszumachen haben? versetzte ich hierauf. Aus Liebe für Sie, war sein Gegenbericht, habe ich mein Leben für nichts geachtet, auch nicht eher geruhet, bis es mir gelungen Jamaica zu finden; und Sie fragen noch was wir auszumachen hätten? Für dieß alles nun verlange ich weiter nichts als ein halb Dutzent Küßgen. O! du Schandfleck von allen Mannsbildern, schrie ich, packe dich den Augenblick aus meinem Gesicht! Dieses hatte ich nicht so geschwind ausgesprochen, als er mich anfassete und zur Erden warf; meine Gegenwehr aber war so tapfer, daß er mir nichts anhaben konnte. Was willst du Abschaum von allen Menschen mit mir machen? schrie ich. Es ist mir zwar leid, sagte er, dieses mit Gewalt zu fordern, was ich mit der Güte nicht erhalten kann; allein die hartnäckige Widerspänstigkeit nöthiget mich hierzu. Ich schrie aus vollem Halse um Hülfe, ob ich gleich überzeuget war, daß mir natürlicher Weise niemand beystehen konnte; er hielt mir das Maul zu, ich erwischte einen Finger, welchen ich ihm beynahe weg gebissen. Sie lassen ab, rief er dagegen, ich will Ihnen nichts thun. Laß mich aufstehen, erwiederte ich. Ja, das soll geschehen, war seine Gegenrede. Dieses aber that er lediglich darum, sich in etwas zu erholen, denn ich machte ihm in der That vieles zu schaffen, und was er sich zu Nutzen machen wollte, gereichte ebenfalls zu meinem Vortheil, denn ich bekam gleichsam neue Kräfte. Er setzte aus allem Vermögen wieder an, und dieses brachte mich in die äußerste Wuth, das Gesicht habe ich ihm dergestalt zerkratzet, daß er fast nicht aus den Augen sehen konnte. Ich bemühete mich zwar das Messer aus der Tasche zu ziehen, er merkte es aber und widerstund mir. Endlich verdoppelte ich mein Geschrey, wider mein Vermuthen sprang er auf; ich sahe Ihn, mein lieber Martin, in einer seltsamen Kleidung mit Gewehr versehen, vor mir stehen. Bey einer andern Gelegenheit würde Er mir eine Furcht eingejaget haben, allein die vom Himmel zugeschickte Hülfe war nur allzukostbar. Sein aufrichtiges Gesicht erweckte bey mir sogleich ein gutes Zutrauen zu Ihm, ich stund auf und sagte, Er sollte den Kerl vor den Kopf schießen; da Er mich aber nicht verstund, gab ich Ihm solches durch Zeichen zu erkennen. Was nun weiter vorgegangen, ist nur allzu bekannt, als daß es ein nochmaliges Wiederholen bedürfte Es war mir zwar ein Vergnügen den Kerl außer Stand gesetzt zu sehen, mir ferner zu schaden; wünschte aber zugleich, daß sein Tod nicht so geschwind erfolget, damit er Zeit haben möchte seine Bosheit zu bereuen, er ist aber in seiner Verstockung dahin gefahren. Ich dankte ihr am Ende ihrer Erzählung vor die gute Meynung so sie zu meiner Person trüge, und küssete ihr die Hand. Dieses ließ sie zwar ohne die mindeste Weigerung geschehen, sagte mir aber, daß dieses eine überflüßige Höflichkeit sey. Es geschahe in einer guten Absicht, erwiederte ich scherzend, denn das Kratzen hat mir eine abscheuliche Furcht eingejaget. Allein sie antwortete mit einem ziemlich finstern Gesicht: Ich will nicht hoffen, daß Er mich in die Nothwendigkeit setzen wird, dergleichen an Ihm zu unternehmen. Da ich nun sahe, daß sie es in einem ungleichen Verstand annahm, brach ich hiervon ab. Um aber einen kleinen Begriff von unserer dermaligen Lebensart überhaupt zu machen, so war derselbe nach allen Regeln des Wohlstandes eingerichtet, eines regierte das andere mit einer ununterbrochnen Zufriedenheit, alles Mißtrauen und Widerwillen war zwischen uns beyden verbannet, keines hob, so zu sagen, ohne des andern Zuthun die Hand auf. Carolingen bestellete die Küche, ich hingegen war Schlächter, Mälzer, Brauer und Becker, wiewohl sie mir in allen beystund. Erhub sich ja ein kleiner Streit zwischen uns, so geschahe es dieserwegen, daß sie mich in ein und andern Verrichtungen überheben wollte; ich auch niemals ohne ihre Gesellschaft etliche hundert Schritte von ihr oder der Wohnung gehen durfte. Ihre Vorstellungen, so sie dießhalb that, hatten auch einigermaßen Grund; es könnte Ihm, sagte sie oft, etwas widriges zustoßen, mein Beystand wäre nöthig, meine

Verabsäumung hierinnen hätte hernachmals den größten Theil an einem zugestoßnen Unglück, welches ich durch meine Gegenwart wo nicht gänzlich abwenden, doch aber in etwas vermindern können. Die Früchte hiervon legten sich nur allzubald am Tage. Auf ihr Anhalten hatte ich meine Lebensgeschichte auch erzählet, nur verschwieg ich, daß der Alte mein Vater gewesen, und ich von einen so niedrigen Herkommen sey; hierzu hatte ich meine Ursachen. Ich glaubte mir durch den Unterschied des Standes eine Geringschätzung auf den Hals zu ziehen, wiewohl ich eben nicht sagen kann, was es vor Eindruck bey ihr gemacht haben würde. Es ist doch leider allzu wahr, daß, wenn eine Person alle Verdienste besäße, sich aber keiner besondern Geburt rühmen kann, sie dennoch nicht leicht in Betracht gezogen wird. Allein hier ist nur die Rede von derjenigen Art von Leuten, welche von der Einbildungskraft eingenommen, hoch zu denken; diese Denkungsart verräth sie selbst, daß sie von sehr seichter Einsicht sind. Aus vorher gesetzten Grunde verschwieg ich meine Geburt. Nicht mehr als einmal konnte ich Carolingen dahin bewegen, meine alte Wohnung zu besuchen. Salz von dieser Seite hatte ich nicht mehr nöthig, weil an dem Felsen gegen Nordost dergleichen in Menge zu finden war, und wenn ich einen Tannbock holte, blieb sie entweder zu Hause, oder wir nahmen einen Umweg. Da sie aber an dem Schaffleisch einen ungleich bessern Geschmack fand, konnte ich sie nicht bewegen zurück zu bleiben, sondern sie

leistete

leistete mir allemal Gesellschaft. Es war unvermerkt wieder ein Jahr verstrichen, daß sie nunmehro völlig zwey Jahr zurück gelegt, und ich beynahe zehn Jahr. Wir hatten von der ersten Weinlese wieder zwey gehabt, die mittlere war nicht so reichlich, weil ich, wie schon erwähnet, die Stöcke allzusehr verschnitten gehabt, die dritte aber war, wo nicht ergiebiger, doch auch gewiß nicht schlechter, mithin wurde der Abgang immer wieder ersetzet; zumal, da wir uns auf eine vierte Lese, welche sich überaus reichlich zeigete, Hoffnung machten. Das Schaffleisch war völlig aufgezehret, und weil die Lese unter vier Wochen nicht zu hoffen war, machte ich Anstalt, den Abgang durch ein anders wieder zu ersetzen. Durch vieles Bitten ließ sie sich bewegen, daß ich dasselbe mir alleine holen durfte, sie setzte mir aber die Zeit wenn ich wieder bey ihr seyn sollte; ist er auf dem Mittag noch nicht hier, so soll mich nichts abhalten ihn aufzusuchen. Wir schieden von einander, ja ich kann sagen, daß ihr die Thränen in den Augen stunden. Hieraus schloß ich, daß sie eine ganz besondere Neigung zu mir haben müsse. Kaum war ich an dem gewöhnlichen Ort angelanget, als die Heerde schon auf mich zu kam, es war mir auch ein leichtes eines zu erhaschen. Dieses band ich, wie gewöhnlich, auf den Wagen, nachdem verfügte ich mich nach der Gegend, wo Carolingen ihr erster Aufenthalt gewesen, und zwar in folgender Absicht: Sie hatte von dem Flintenstein gesagt, welchen sie da herum gefunden, ich hatte

 densel-

denselben genau betrachtet, nach meiner Einsicht mußte es mehr als ein gemeiner Stein seyn, ich suchte daher eine gute Weile, wiewohl vergebens. Ich hätte gerne noch weiter fortgefahren, allein zum Verdruß hatte ich keine Uhr bey mir, und die mir gesetzte Zeit wollte ich nicht gerne versäumen. Allein, da ich im Begriff war wieder umzukehren, sahe ich mich von mehr als dreyßig Wilden umringet. Ein Unglück war es, daß ich die Flinte bey dem Wagen zurückgelassen, sonst sollte mir gewiß keiner auf den Leib gekommen seyn. Nachdem sie mich eine gute Weile sehr aufmerksam betrachtet, sprungen sie auf ein gegebenes Zeichen alle zugleich zu, griffen mich gewiß nicht zum Zeitvertreib an, und schleppten mich eine ziemliche Strecke westwärts mit sich fort, allwo noch ein Haufe um ein Feuer herum wie unsinnig sprungen. Die Ursache sahe ich mehr als zu zeitig, denn sie hatten einen Schwarzen an einen hölzernen Spies gebunden, welcher noch beym Feuer etwas zappelte. Hier vergieng mir fast Hören und Sehen, weil ich mir die sichere Rechnung machen konnte, daß sie mit mir auf gleichen Schlag verfahren würden. Daß ihnen die Beute angenehm seyn mochte, konnte ich daraus schließen, weil sie mit seltsamen Gebährden um mich herum sprungen. Nachdem sie sich mit ihren Freudensbezeigungen gnugsam ausgelassen, führten sie mich nach einer unweit davon aufgebaueten Hütte, zogen mich mutternackend aus, banden mir die Hände auf den Rücken, und stießen mich hinein, wo noch

noch fünf ebenfalls Schwarze unglückliche Schlachtopfer an Händ und Füßen gebunden ausgestreckt lagen. Einer, der sehr blutete, wurde kurz darauf herausgeschleppt, und wie ich sahe, gleich dem ersten am Feuer gebraten. Es dauerte kaum eine Stunde, als sie mich gleichfalls abholten. Wie mir zu Muthe war, weiß ich selbst nicht, kaum daß ich es mich noch erinnern kann, daß sie mich in eine andere Hütte hinein wiesen, und sechs Weibsstücken ihres Geschlechts zur Verwahrung übergaben. Die eingefleischten Bestien, als sie sahen, daß ich an Füßen nicht gebunden war, nahmen sie einen Strick von Baumbast zusammen gedrehet, und banden mich so fest, daß mir das Blut fast in Adern erstarrete, ja ich mußte es geschehen lassen, daß sie mich an dem ganzen Leib betasteten. Die Nacht brach ein, und ich hatte genug zu hören, wie unsinnig sie die Nacht mit ihren fürchterlichen Geschrey hin brachten. Hier hatte ich Zeit das unglückselige Ende meines kummervollen Lebens in Betracht zu ziehen, der gröste Schmerz war, Jungfer Carolingen in der Einsamkeit hinter mir zu lassen. Ihre Vorstellung, ihre Thränen, welche sie bey dem Abschied vergoß, waren eine Ahndung meines gegenwärtigen Unglücks, welches mir weit schmerzlicher als der zu gewartende schmähliche Tod selbst fiel. Meine Aufseher, so überzeuget waren, daß ich ihnen nicht entlaufen könnte, hatten mich verlassen, um vielleicht gleichen Theil an ihrem Freudenfest zu nehmen. Ohngefähr nach Mitternacht

kam

kam eine von denselben, und brachte mir ein Stück von ihren Braten, welches ich mit großen Ekel von mir stieß, da sie mich aber nöthigte dasselbe anzunehmen, gab ich ihr durch ein Zeichen zu verstehen, daß ich nicht zulangen könnte, weil mir die Hände gebunden wären; denn das eingeschierte Feuer brannte so helle, daß wir einander sehr genau erkennen konnten; nachdem sie sich etliche mal sehr genau umgesehen, band sie mir die Hände los, und gieng ihres Weges. Ich schob das Stück Braten, dessen Geruch mir schon ein Grauen erweckte auf die Seite. Die vermeinte Wohlthätern kam, und band mir die Hände wieder, aber sehr nachläßig, daß es wenig Mühe kostete, mich wieder frey zu machen. Noch leichter wäre es gewesen, die Füße wieder loszubinden, ich hatte es auch in willens, allein der öftre Besuch verhinderte es. Der Tag brach endlich an, mit demselben aber auch der unglückselige Augenblick, in welchem ich mein Leben auf die schmerzlichste Art enden sollte. Viere von den Wilden kamen, packten mich recht henkermäßig an, und wanderten mit mir nach einem ziemlich großen Feuer. Als wir etwa zehn Schritte von der Hütte waren, geschahe ein Schuß, da denn meine Träger mit einmal zu Boden stürzten, und mich sehr unsanft fallen ließen. Wo dieser Schuß herkam, konnte ich ohne Kopfbrechen errathen. Dieses machte mir Muth, ich richtete mich in die Höhe, und sahe einen dichte bey mir liegen, dem das Blut häufig aus der Brust drange. Der Knall hatte

die

die Uebrigen dergestalt erschrecket, daß sie entfernet bey einem Hauffen mit kreutzweis geschlagnen Händen über der Brust stunden, und sich nicht getraueten, näher zu kommen. Indem ich beschäftiget war, die Bande von den Füssen los zu machen, näherte sich ein Hauffen von ohngefehr zwanzig Mann mit bedächtlichen Schritten, da denn sogleich der zweyte Schuß erfolgte, wovon sie allesamt zur Erde stützten, ich hingegen stund auf, war aber kaum vermögend einen Fuß fort zu setzen, doch die Angst, und das ängstliche Zurufen meiner werthesten Caroline, gab mir gleichsam neue Kräfte, nach denjenigen Ort, wo der Schall herkam, in möglichster Geschwindigkeit zu eilen. Der wunderliche Aufzug aber, in welchem ich sie antraf, hätte mich beynahe zum Lachen beweget, sie hatte den alten Haudegen, dessen sich mein Vater bedienet, umgehangen, nebst einer Tasche von Leinwand mit Patronen angefüllt. Mit einer Flinte stund sie hinter einem Baum schußfertig, eine zweyte hatte sie angelehnet, aber ihr verblaßtes Gesicht gleichte mehr einem todten als lebendigen Menschen. Sie reichte mir die an dem Baum angelehnte Flinte, mit den Worten, laßet uns eilen, ehe sie sich wieder erholen. Hiermit giengen wir so geschwind als es die Beine, welche gleichsam als ein wankendes Rohr zitterten, leiden wollten. Das arme unschuldige Schaf, so noch auf dem Wege angebunden lag, gieng mir sehr nahe, allein es erforderten es die Umstände nicht anders, ich zog also den

Wagen

Wagen hinter mir her, Carolingen wollte ziehen helfen, allein sie war so schwach, daß sie kaum vermögend war, auf den Füßen zu stehen. Wir verfolgten also den Weg bis an den bekannten Steg, unterließen aber nicht uns oft umzusehen; diese Vorsicht war nöthig, aber dießmal überflüssig, weil wir von den Wilden nicht verfolget würden. Nach Paßirung des Steges brach ich, um mehrer Sicherheit willen, denselben hinter uns ab. Carolingen setzte sich auf den Wagen, rauften mit der Hand Gras aus, und hielt es dem Schaf vor, welches das arme Thier begierig annahm. Dieser Weg war dieserwegen merkwürdig, weil keines dem andern ein Wort zusprach. So bald wir in der Wohnung angelanget, warfen wir uns auf das in der Stube befindliche Lager, und weineten wie die Kinder. Aus einer unschuldigen Absicht umhalsete ich sie, welches sie nicht allein ohne die mindeste Weigerung geschehen ließ, sondern auch ihrer Seits nichts schuldig bleib. Mitten unter diesen Liebkosungen stieß sie mich von sich, und sagte, gehet ihr Unrath, ihr seyd ja nackend; hiermit sprang sie auf, und verschloß sich in die Kammer. Dieses war so bekannt als natürlich, da mir die Wilden nicht das Hemde auf dem Leibe gelaßen; allein beyde hatten in der Angst hieran zu gedenken nicht Zeit gehabt, weil wir nur dahin bemühet waren, unser Leben nach Möglichkeit zu retten. Die Wahrheit zu bekennen, so schämte ich mich vor mir selbst, sie warf mir endlich Sachen zu, den Leib wieder zu

bede-

bedecken, welches auch in größter Eilfertigkeit geschahe, denn ich stund noch immer in Furcht von den Wilden einen Besuch zu bekommen, Carolinchen kam wieder zum Vorschein, aber wir hatten kein Wasser getrübt. Sind wir auch ganz ausser Gefahr, sagte sie, daß wir so sicher seyn? Ich will zwar nicht hoffen, war meine Gegenrede, daß, da sie uns auf der Flucht nicht verfolget, sie sich einkommen lassen sollten, uns aufzusuchen; jedoch ist eine Vorsicht nicht gar überflüßig. Ich gestehe gar gerne, daß ich sehr matt bin, dem ohngeachtet wollte ich heute das Schaf noch schlachten. Ey, fiel sie mir ins Wort, laße Er es laufen, wir werden doch nicht Hunger sterben, ich werde nicht zu geben, daß er die erschöpften Kräfte ohne dringende Noth verschwendet. Die Beute ist mir nur allzu kostbar, widersprach ich ihr, als daß ich sie so schlechthin wieder sollte fahren lassen; Ich will aber dieses thun, und es an einer Leine fest machen, damit es grasen kann, mithin bleibet es in unsrer Gewalt; dieses ließ sie sich gefallen. Inmittelst ich mit dem Schafe beschäftiget, gieng sie durch die Alee sich ein wenig umzusehen. Dem armen Thiere gieng es eben so wie mir, es hatte über vier und zwanzig Stunden gebunden gelegen, daher blieb es da liegen, wo ich es hinlegte; und weil es in der Zeit auch nichts gefressen hatte, langete es nach dem umherstehenden Gras. Da ich nun sahe, daß es nicht Lust hatte, Hunger zu sterben, ließ ich es liegen, und suchte Carolingen auf, welche unweit dem Stege sich niedergesetzet, und die Augen allenthalben umher warf, mir aber sagte, daß sich nicht die geringste Spuhr zeigte, daß die Wilden bis in diese Gegend eingedrungen wären. Auf mein Anhalten gieng sie wieder mit mir zurücke, und ich gab ihr zu verstehen, daß sich der Appetit zum Essen bey mir einstellen wollte. Ich werde etwas zurecht machen, gab sie zur Antwort, ich habe in seiner Abwesenheit ebenfalls keinen Bissen in den Mund genommen. Indeß, als sie damit umgieng, muste ich auf ihr Anhalten Schildwacht stehen, und als das Essen aufgetragen, rief sie mich ab. Da wir nun den Abgang der Kräfte wieder ersetzen mußten, so trunken wir auch einen guten Becher Wein. Diese Mahlzeit wurde, wie leicht zu erachten, nicht ohne alle Furcht verzehret, unter andern Rathschlägen, die wir wegen unsrer Sicherheit entwurfen, fiel mir ein, aus Vorsicht solche Anstalten vorzukehren, wie ich es ehedem gemacht, als mir mein Vater nach dem Leben trachtete. Nach dem Essen verbaueten wir den Weg mit Brettstücken, so gut sich es thun ließ, vor dem Gemach aber legte ich wieder zwey geladene Flinten, wie ich es vormals gemacht, daß, wenn sie sich einkommen ließen, unsre Wohnung zu besuchen, sie durchaus an eine Schnure stoßen mußten, der Knall machte uns aufmerksam, und die Wilden würden über Hals und Kopf den Reisaus nehmen. Als ich damit fertig war, gefiel es Carolingen sehr wohl, sie konnte sich aber nicht entschießen, in der Wohnung zu übernachten; ich suchte ihr zwar die Furcht zu benehmen, und stellete ihr vor, wenn wir ja überfallen werden sollten, welches doch nicht zu vermuthen stünde, hätten wir Zeit genug, nach dem gehörten Schuß uns in Sicherheit zu begeben; Ist es aber ausgemacht, warf sie mir ein, daß sie den Weg kommen, welchen wir ihnen so zu sagen erlauben; da außerdem noch verschiedne Zugänge sind, können sie uns, wenn wir es am wenigsten vermuthen, überraschen, das Haus über dem Kopf anzünden, da wir denn elendiglich verbrennen, oder ihnen gerade in die Hände laufen müßten; viel lieber will ich unter freyen Himmel schlafen, als mich einer zu befürchteten Gefahr aussetzen. Der Abend rückte heran, hinfolglich mußten wir einen beqvemen Platz erwählen, wo wir die Nacht ruhig hinzubringen glaubten, nirgends aber wollte es sich also schicken, wie wir es wünschten. Ich schlug ihr also vor, daß der Bierkeller ein sichrer Aufenthalt für uns sey, er war von der Wohnung in einem Winckel gelegen, woselbst man nicht leicht den Eingang entdecken konnte, dieses wurde nach reicher Ueberlegung beliebet. Wir versahen uns mit vier Flinten und gnugsamer Munition, nahmen auch die Lampe mit, uns zu besehen, nebst ein Paar Matratzen, damit wir nicht auf der bloßen Erde liegen durften; Den Eingang aber verwahrten wir inwendig aufs beste; und in der That würde es Menschen gekostet haben, wenn sie mit Gewalt hätten eindringen wollen. Da nun alles in möglichen Vertheidigungsstand gesetzet, legten wir uns nicht sowohl zu schlafen, als der Ruhe in etwas zu genießen. Keines unterstund sich ein lautes Wort zu sprechen, das Licht aber hatten wir so verwahret, daß man von außen ohnmöglich einen Schein wahrnehmen konnte. Nach meiner Uhr war es halb zwey, als Carolingen unvermerkt eingeschlafen war, ich hatte ein Vergnügen darüber, stopfte mir ein Pfeifgen ein, und setzte mich nahe am Eingang nieder, um sie nicht zu stöhren, welches ich auch treulich hielt, denn ich war ebenfalls unvermerkt eingeschlafen. Es faßete mich etwas bey der Hand, worüber ich ganz erschrocken auffuhr, der Schrek ward aber bald wieder gemindert, als ich Carolingen vor mir stehen sahe, welche fragte, ob wir unser Gefängniß nicht wieder verlassen wollten? Wie lange habe ich denn geschlafen, war meine Gegenfrage? ja das weiß ich nicht, erwiederte sie, ich sahe nach der Uhr, welche mich nicht ohne Verwunderung überzeugte, daß ich beynahe acht Stunden geschlafen. Wir krochen daher, weil die Sonne schon ziemlich hoch stund, aus unserm unterirrdischen Hinterhalt hervor, und fanden alles in der zurückgelaßenen Ordnung, das Schaf hatte sich auch erholet, welches bey unsrer Ankunft seltsame Sprünge machte, ich schenkte ihm noch selbigen Tag das Leben, und wir spießeten auf dem Mittag ein Geruchte Fische. Nach dem Essen giengen wir bis fast an den Steg, setzten uns an einen etwas erhöheten Ort, unter einen schattigen Baum, wo wir ein ziemliches Stück von dem flachen

flachen Land übersehen konnten. Zu unserm ausnehmenden Vergnügen sahen wir nicht daß mindeste, wofür wir uns zu fürchten Ursache gehabt. Ich mußte ihr die Umstände, wie ich den Wilden in die Hände gerathen war, erzehlen, und am Ende bat ich, sie möchte mir auch erzehlen, auf was Art sie meine Gefangennehmung erfahren. Ihm wird erinnerlich seyn, daß die Abrede war, wie ich auf den Mittag seine Zurückkunft erwartete, da nun die Zeit heranrückte, machte ich mir ein Vergnügen ihn einzuholen, bey dem Steg verzog ich wohl länger als eine Stunde, allein kein Martin wollte kommen. Es ahndete mir, es müße ihm etwas widriges zugestoßen seyn, gieng daher, wiewohl mit bedächtigen Stritten, bis an die Pomeranzenbäume, weil dieses der ordentliche Weg war, fand aber nirgends keine Spuhr. Das Blöcken eines Schafes machte mich aufmersam, ich fand auch dasselbe auf dem Wagen angebunden, nebst der Flinte. Hier verzog ich eine gute Weile, in Hoffnung, daß er sich einstellen würde, aber umsonst. Der Kummer pressete mir Thränen aus, ich gieng auf die Weinberge, ihn allda zu finden, ich sahe von ferne einen Rauch aufgehen, daher kletterte ich von einer Anhöhe auf die andre, bis es mir gelung, die Unsache des Rauchs zu entdecken, aber der Anblick eines so großen Hauffen Wilder drunge mir durchs Herz, weil ich nicht anders schließen konnte, als daß er denselben in ihre Klauen gerathen seyn müsse. Hätte ich die Flinte bey der Hand gehabt, so würde dieses

ses das wenigste gewesen seyn, daß ich hinter sie Feuer gegeben, ich fieng vor Angst an zu zittern, daß ich kaum vermögend war, auf den Beinen zu stehen. Ehe ich die Gegend, wo der Wagen stund, erreichte, bin ich vier mal vor Mattigkeit umgesunken, dem ohngeachtet war der feste Vorsatz mit der Flinte gerade auf sie los zu gehen, und Feuer unter sie zu geben. Allein nach reifer Ueberlegung, daß dieses Verfahren mehr thöricht als klüglich sey, unterblieb es. Konnte wohl ein Schuß, wenn er auch nach Wunsch gerieth, und etwa einen Wilden weniger machte, ihn aus den Händen der Uebrigen befreyen? Gleichwohl war mir daran gelegen, ihn zu retten, oder zu sterben. Ich gieng also unentschloßen, wie die Sache am thunlichsten anzustellen sey, nach unsrer Wohnung zurück, und schmeichelte mir noch immer ihn daselbst anzutreffen, hier aber hatte ich keine Ruhe, sondern setzte mir vor, ihn zu erlösen oder zu sterben. Ich rüstete mich also, wie er mich gesehen, zum Streit, und es war bereits dunkel, als ich kaum zwey hundert Schritte von den Wilden anlangete. Wie ich es aber anstellen sollte, meinen Zweck zu erreichen, wollte mir nicht einfallen. Die ganze Nacht sahe ich dem heßlichen Geschmeiße zu, endlich brach der Tag an, dieser legte mir so zu sagen einen Zwang an, ein desperates Mittel zu ergreiffen, weil ich mich ihnen so unvermerkt genähert, daß sie mich gar leicht entdecken können, die geringste Bewegung hätte mich denselben blos gestellet. Die zwey Flin-

Flinten waren geladen, der erste, so sich mir nä-herte, sollte das Ziel meiner Rache seyn. Aus einer ihrer Hütten brachten sie etwas getragen, vor dem großen Getümmel aber konnte ich nichts eigentliches erkennen, allein die unvermuthete Wendung, so sie machten, zeigte mir einen weis-sen Menschen. Dieses war genug zu urtheilen, daß es niemand anders als mein verlohrner Martin seyn müsse, ich legte daher an, und drückte los mit so gutem Erfolg, daß beynahe alles auf die Erde stürtzte. Nun mochte der Schreck vor den Knall die beste Wirkung hierbey thun, denn es war nicht wohl zu glauben, daß durch einen Schuß so viele auf einmal getödtet seyn würden, welches der Erfolg lehrte. Da sie sich meist wieder aufrafften, allem Vermuthen nach der Beute sich zu versichern, so mußte der zweyte Schuß, wie bekannt, dem ganzen Uebel sein gehöriges Gewicht geben. Das Weitre ist uns nur noch in allzu frischen Andenken, welches ich nebst dem ganzen Zusammenhang zeitlebens nicht vergeßen werde; und also hoffe ich, sagte sie am Ende ihrer Rede schmeichelnd, werden wir einander nichts vorzuwerffen haben. Er hat meine Ehre gerettet, welches nicht anders, als durch den Tod meines Gegners geschehen konnte; ich hingegen habe ihn einem unvermeidlichen Tode mit Hintenansetzung meines Lebens entrissen. Was ich gethan habe, werthes Carolingen, erwiederte ich, war ein ungefehrer Zufall; Sie hingegen haben etwas gewaget, welches schwerlich ein Bruder für den andern unternehmen würde, hieraus ziehe ich den Schluß, daß dieses Verfahren mehr als eine gemeinschaftliche Neigung zum Zweck haben muß. Diese, versetzte sie hierauf, habe ich durch mein bisheriges Betragen gegen seine Person nur allzu sehr an den Tag geleget, als daß ihm noch einiger Zweifel übrig seyn könnte. Die Erklärung entfuhr ihr vielleicht wider Willen, eine Röthe trat ihr ins Gesicht, und sie wollte aufstehen, dieses griff mir nach dem Herzen, und ich zog sie wieder zurück. Er laße mich gehen, sagte sie in einem ernsthaften Ton, aber da war kein Gehör; ich drückte sie mit solcher Heftigkeit an mich, daß wir endlich beyde fast Othem los ablassen mußten. Da sich die Sonne zum Untergang neigete, verließen wir unsern Posten, speiseten zu Abend ziemlich vergnügt, hernach begaben wir uns wieder in den Bierkeller, um allda Sicherheit halber zu übernachten. Am Morgen, da es Freytag war, schlachtete ich das Schaf, unterließen aber keinesweges auf der Hut zu seyn, dieses trieben wir beynahe vierzehn Tage, daß wir nämlich am Tage fleißig acht hatten, ob sich etwa die Wilden eineinstelleten, und des Nachts in dem Keller schliefen, hernach aber wieder in der Wohnung uns der ordentlichen Ruhe bedienten. Es rückte nun die Zeit heran, die Trauben abzuschneiden, es war freylich Gefahr dabey, weil man nicht wußte, ob sie die Insel völlig verlassen, oder sich nur etwas zurück gezogen hatten; wir wußten nicht, ob sie dieselbe nur je zuweilen besuchten, oder in der

westli-

westlichen Gegend ihren ordentlichin Sitz hatten; wiewohl das Letztre schwerlich zu glauben, weil mein Vater, der die ganze Insel durchstrichen, hiervon nichts erwähnet, es wäre denn, daß sie von einem andern Ort, entweder von ihrer eignen Nation, oder von Europäern verjaget, und sich hier niedergelaßen hätten: wäre das letztre, so würde uns dieses unmenschliche Geschlecht über lang oder kurz endlich aufreiben. Der Nutzen von den Trauben war nur allzu groß, als daß wir dieselben um einer ungegründeten Furcht willen in Stich lassen sollten, wir berathschlagten uns hierüber, wie es am füglichsten anzugreiffen sey. Einen ordentlichen Sitz konnten sie wohl nicht haben, weil weder vorher, noch nach dem Besuch keine Spuhr vorhanden war, mein Vorschlag war also dieser: Wir wollen, sagte ich, mit Untergang der Sonne aufbrechen, der Weg ist uns bekannt, in einer gewißen Weite können wir Halte machen, und da die Wilden mehrentheils ihren Aufenthalt durch ein unterhaltenes Feuer verrathen, so wird es uns ein leichtes seyn, sie zu entdecken, und uns in möglichster Behutsamkeit nach der Wohnung zu verfügen; welchen Vorschlag sie auch billigte. Hierzu nun machten wir alle erforderliche Anstalt, und aus Vorsorge, wenn wir ja etwa aller Aufmerksamkeit ohngeachtet angefallen werden sollten, hackte ich Bley in keine Stückgen, damit es sich desto mehr ausbreiten möchte, und hiermit geschahe der Aufbruch um die festgesetzte Zeit. Das kleine Zelt, welches Carolingen mit herüber gebracht, nahm ich mit, und schlug es in dem Gebüsch hinter einer kleinen Anhöhe auf, bedeckte es mit grünen Zweigen, damit es nicht leicht zu erkennen war, daselbst übernachteten wir. So bald es licht ward, giengen wir gerade auf den ersten Berg los, und fiengen an zu lesen, er war hoch, mithin konnten wir die umliegende Gegend ein großes Stück übersehen, nahmen aber zu unserm Vergnügen nicht die mindeste Spuhr von den Wilden wahr. Dieses mal brachten wir drey Tagereisen zu, ehe wir alles Eingesammelte nach Hause bringen konnten, nahmen auch zuletzt ein Schaf, weil die gewöhnliche Witterung bevorstund, zu unserm Unterhalt mit. Seit dem Vorfall mit den Wilden gewann unsre Lebensart eine ganz andre Gestalt, ihre guten Gesinnungen gegen mich machten einen solchen Eindruck, welcher in Vergleichung mit dem vorherigen Betragen nicht die mindeste Aehnlichkeit hatte, und was soll ich sagen, wir beobachteten eine genaue Vertraulichkeit. Zum Exempel: Die gefundenen Ducaten, so ich ihr verschwiegen, zeigte ich ihr, in Absicht, ihr eine Art eines Vergnügens zu erwecken, sie gab mir aber zur Antwort; müßen wir unser Leben in dieser Einöde beschließen, so sind sie uns nichts nütze, und wenn wir deren so viel hätten, daß man Berge davon aufbauen könnte. Sollte sich es aber fügen, daß wir durch ein anlandendes Schiff erlöset, und in mein Vaterland geführet würden, so hoffe ich daselbst so viel zu finden, als zum menschlichen Unterhalt hinrei-

hinreichend ist. Gleiche Bewandniß hatte es mit dem erwähnten Flintenstein, worüber ich ihr meine Gedanken entdeckte, allein sie gab mir, wie bey den Ducaten, ganz gleichgültig zur Antwort; Ist es mehr als ein gemeiner Stein, wird er zu seiner Zeit seinen Nutzen haben, nur hier ist er kaum des Aufhebens werth. Wir hatten, wie schon vielmal erwähnet, alles vollauf, aber eines fehlte Carolingen, welches mir sehr zu Herzen gieng, nämlich ihre Schuhe, ob sie dieselben gleich nach Möglichkeit geschonet, waren völlig zerrißen, und weil sie sich nicht angewöhnen konnte, barfuß zu gehen, führte sie über den Abgang die bittersten Klagen. Ich sann lange vergebens auf Mittel, ihr eine Erleichterung zu verschaffen, doch endlich glückte es mir eine Art von Schuhen zu erdenken. Den Anfang machte ich mit Verfertigung eines Leisten, nach dem Muster der alten Schuh, sie rieth mir zwar an, hiervon abzustehen, weil es an allen hierzu erforderlichen Dingen fehlete, allein ich ließ nicht ab. Da nun dieser zu Stande, auch nach meiner Einsicht ziemlich gerathen war, schritte ich zur Hauptsache. Von blauen holländischen Tuch schnitt ich den Ueberzug, und zum Unterfutter nahm ich Cannefaß, an statt der Sohlen nahm ich daß Leder von Patrontaschen, deren etliche zwanzig Stück in dem großen Vorrathsgewölbe lagen. Es gieng freylich mühsam her, weil es, wie gedacht, an allem gebrach, endlich kamen aber ein Paar zur Welt, welches doch den Nutzen schaffte, daß sie nicht mehr mit bloßen Füssen gehen durfte. Da ich nun sahe, daß der erste Versuch nicht gar umsonst war, machte ich mich über das zweyte Paar her, welche mir dergestalt geriethen, daß ihres gleichen auf der ganzen Insel nicht anzutreffen waren. Der Leser halte mir zu gute, daß ich mit solchen nichts bedeutenden Dingen aufgezogen komme, es ist freylich von keiner Wichtigkeit, allein ich mache mir ein Vergnügen, nichts zu vergeßen, was zur Erleichterung unsers Elends dienen konnte. Hierbey ziehe ich in Betracht, daß die Noth einen Menschen zu Dingen geschickt macht, woran er sonst in seinem Leben nicht gedacht haben würde. Nebst diesem mußte ich auch dem Schneider ins Handwerk greiffen, meine Beinkleider waren dergestalt zerfleischet, daß ich mir nicht getrauete, einen Schritt mehr zu thun, hierbey aber zeigte Carolingen meist ihre Geschicklichkeit, sie geriethen freylich nicht nach der neuesten Façon, allein es war ein Werk der Nothwendigkeit, und thaten doch eben diese Dienste, als wenn sie von Paris verschrieben wären. Dieses gab uns Gelegenheit von dem eingerißnen Uebel in Europa in Ansehung der unendlichen Verändrung der Kleidertracht, unter dem Behuf des Wohlstandes zu reden. Noch närrischer und abgeschmackter würde es heraus kommen, ließ Carolingen sich hierüber heraus, wenn es Mode würde, (denn alles stehet wohl, wenn es Mode ist,) daß sich jedes seine Kleidung selbst nach seinem eignen Gutdünken verfertigte, niemand würde sich über diese kleine Be-

mühung

mühung beschweren. Man siehet, höret und lieset wunderliche Auftritte, so in einer Zeit von hundert Jahren eingeführet werden, allein auf nur erwähnten Einfall ist noch niemand gerathen. Und so würden wir auch eine Stelle in dieser Claße in Anspruch haben, fiel ich ihr in die Rede, meine nur verfertigte Schuh, nebst den Beinkleidern, würden gewiß in dem ersten Range mitlaufen, ja, erwiederte sie, was aus Noth geschiehet, ist keinem Gesetze unterworfen, anderer gestalt würde es Ihm wohl nicht eingefallen seyn, der Schumacherzunft einzugreiffen. Dieses waren ohngefehr unsere Gedanken, womit wir uns oftermals die Zeit vertreiben. Ueberhaupt war Carolingen eines aufgeweckten Naturels, die geringste Kleinigkeit wußte sie sich zu Nutz zu machen, und trieb ihren Scherz darüber. Anfangs schien es ihr unmöglich, nur ein Jahr hinzubringen, wie nun alles endlich zur Gewohnheit wird, lernete sie sich auch in die Zeit schicken, so daß sie es zu vergessen schien, daß sie ihr Vaterland mit keinem Wort mehr erwähnte. Auf einmal aber änderte sie ihre ganze Gemüthsart, wozu ich ihr ohne mein Wissen zwar selbst Gelegenheit gab. Es waren unvermerkt drey Jahr verstrichen, welches ich einsmals nur von ohngefehr erwähnte, sie gab hierauf keine Antwort, ließ aber einen tiefen Seufzer fahren, und wurde ganz niedergeschlagen. Weil nun dieses zu mehrmalen geschahe, aber bald wieder in Vergessenheit gerieth, glaubte ich, es würde dieses mal auch wieder so vorüber gehen,

gehen, und nahm es also nicht sonderlich zu Herzen; allein in der Folge zeigte es sich ganz anders. Da sie vorher nicht gerne zwanzig Schritte von mir wich, suchte sie nach aller Möglichkeit sich zu entfernen, ihre ganze Handlungen zeigten ein gezwungnes Wesen, verschiedene mal schlich ich ihr nach, hinter die wahre Ursach ihres niedergeschlagenen Gemüths zu kommen, nicht ohne Rührung sahe ich, daß sie die Hände rang, und Thränen vergoß. Dieses mit gleichgültigen Augen anzusehen, war mir unmöglich, sie hatte mich wahrgenommen, ich gieng auf sie zu, sie wollte eine Verstellung annehmen, und reichte mir mit einer lächelnden Miene die Hand, mit der andern aber suchte sie unvermerkt die Thränen abzutrocknen. Hat er mich gesuchet? hub sie an. Ey werthes Carolingen, erwiederte ich, was soll dieß bedeuten, daß Sie Thränen vergießen? welches sie zwar leugnen wollte, ein neuer Bach von Thränen aber, welcher sie sich nicht erwehren konnte, verrieth nur allzusehr, was sie zu verbergen suchte. Ach! beklagte ich mich, womit habe ich es doch versehen, daß Sie das zeitherige Zutrauen zu verbannen suchen, und warum bin ich denn Ihr Feind worden! Seine Muthmaßungen finden hier keines weges statt, antwortete sie, das gute Zutrauen, so ich jederzeit gegen ihn geheget, hat sich noch in nichts gemindert; daß ich aber Thränen vergieße, habe ich nur allzu gegründete Ursachen. Gegenwärtig zwar hätte ich über weniger als nichts Ursach zu klagen, allein wo will es endlich mit uns hinaus?

Nach

Nach seinem eignen Geständniß ist es schon drey Jahr ohne mir die geringste Hoffnung machen zu können, daß das sehnliche Verlangen einmal erlöset zu werden, endlich seine Erfüllung erreichen möchte. Da wir beyde noch jung und bey Kräften sind, werden wir zwar an nichts Gebruch leiden, allein, wie viel tausend widrigen Zufällen sind wir nicht unterworfen? Das Exempel mit den Wilden ist ein untrüglicher Beweis, daß wider unser Denken das wandelbare Glück uns einen Streich versetzen kann, der eines oder das andere in den erbarmungswürdigsten Zustand stürzen kann. Was hätte ich nun anfangen sollen, wenn ihn das Verhängniß mir entrißen hätte? Wäre wohl eine unglückseligere Creatur unter der Sonnen als ich? Nun so sage er mir, ob ich nicht höchst Ursach habe, den elenden Zustand, in welchen ich mich gegenwärtig befinde, mit Thränen, ja wenn es möglich mit blutigen Thränen zu benetzen. In diesem allen, werthes Carolingen, gab ich nach Endigung ihrer Rede zur Antwort, muß ich Ihnen Recht wiederfahren laßen; allein wenn ich zugleich in Betracht ziehe, daß unser gegenwärtiger Zustand, in welchen wir uns leider befinden, von höherer Hand kommt, und wir durch unser eignes Verschulden nicht darein verfallen sind, so lebe ich der gewissen Hoffnung, wenn es demselben gefallen wird, wir zu unsern Vergnügen der so sehnlich gewünschten Hülfe gleichsam in die Armen fallen werden. Ach! versetzte sie hierauf, wir schmeicheln uns mit einer leeren Hoffnung, wir müßen

dem

dem Anschein nach von aller Welt abgesondert seyn, außerdem würde es ja wohl einmal zutreffen daß ein Schiff landete, und was sage ich zutreffen, es ist lediglich eine Saumseligkeit die wahre Ursache, daß wir das Elend bauen müssen. Sie gehen zu weit, unterbrach ich sie, thun Sie einen Vorschlag durch was wir unsere Befreyung bewirken können. Wollen wir auf ein Geradewohl ein Boot ausrüsten, und uns blindlings dem wilden Meer anvertrauen? dieses ist mein Vorhaben oft gewesen, tausend Hindernisse aber haben es vernichtet. Wenn es gut gienge, würden wir auf dem nassen Elemente herum schwärmen, und nach Abgang der Lebensmittel eines elenden Todes sterben müssen. Hierauf schwieg sie eine gute Weile stille, vielleicht war sie unschlüßlich hierauf zu antworten, oder einen Einwurf zu machen; endlich hub sie an: Dieses wäre freylich ein Unternehmen, so bis zur Thorheit hinaus liefe. Daß es dem Bedienten von meinem Vater gelungen hier zu landen, war nur ein ungefährer Zufall, der tausend andern fehlschlagen würde; vielleicht war es von dem Verhängnisse also bestimmet, daß ihm der wohl verdiente Lohn allhier gereichet werden sollte, den er auch nach Würden einpfangen. Warum sind wir aber nicht längst auf ein Mittel bedacht gewesen, eine Art eines Zeichens zu erdenken, damit, wenn, wie zu vermuthen stehet, ein Schiff vorbey segelt, sich dasselbe der Insel nähert, und uns aufnimmt? Zum Exempel, man könnte auf einer gewissen Anhöhe ein Feuer unter-

unterhalten, welches bey der Nacht sehr weit zu sehen seyn muß; dieses würde jenen zu erkennen geben, daß sich hier Menschen aufhielten, welche ihrer Hülfe benöthiget; hätten wir dieses längst gethan, so befänden wir uns ohnfehlbar mitten in Europa. In diesem allen haben Sie ganz recht, sagte ich am Ende ihrer Rede, ein Feuer zu unterhalten, wäre das einzige Hülfsmittel, worauf man sich noch sichere Rechnung machen könnte, aber auch zugleich das Werkzeug uns in das gröste Unglück zu stürzen. Ein unterhaltendes Feuer würde Freund und Feind zu erkennen geben, daß sich allhier Menschen aufhielten; der Wilden nicht zu gedenken, welche dasselbe in großer Anzahl herzulocken würde. Was nun ein christliches Schiff anbetrift, so ist deren Betragen ofternmals weniger als christlich. Gesetzt, wir geriethen einer Nation in die Hände, welche mit unsern Obern, unter deren Herrschaft wir gehören, in Krieg verwickelt, sie würden uns aufnehmen; aber unter was vor einem Charakter? wir würden gezwungen seyn uns ihrer Willkühr zu überlassen. Gewiß, Carolingen! Sie würden am allerwenigsten ihre Rechnung dabey finden. Also, fieng sie das Wort auf, müssen wir alle Hofnung aufgeben, jemals erlöset zu werden. O! wenn doch der Urheber meines Unglücks noch zwanzigmal leben könnte, so sollte er auch so vielmal mit der ersinnlichsten Marter von meinen Händen sterben. Jedoch was würde es mir nutzen, widersprach sie sich selbst, ich würde mich zwar

rächen,

rächen, aber mein Schiksal in nichts verbessern. So muß denn unter einer so unzehlbaren Menge Menschen, so den Erdboden bewohnen, ich die einzige seyn, welche nicht würdig ist gesellschaftlich mit ihres gleichen umzugehen? womit habe ich doch dieß alles verschuldet? Sie gerieth fast außer sich, und war nicht mehr vermögend sich zu fassen; ja die Heftigkeit womit sie sich ausdrückte, war außerordentlich, daß es einer Verzweiflung ähnelte. In der That hatte ich alle Hände voll zu thun, um sie nur einigermaßen wieder zu sich selbst zu bringen; ich fassete sie daher in die Arme, und brachte sie nach der Wohnung zurück. Durch Schmeichelen und vieles Zureden brachte ich es doch so weit, daß sie sich guten Theils wieder besänftigte, wiewohl sie noch immer darauf beharrete, sie sey die unglückseligste Person unter der Sonnen. Nein, widersprach ich ihr, vielmehr können Sie sich in die Zahl der Glückseligen mitrechnen. Ist das keine Glückseligkeit, hielt ich ihr vor, daß Sie nach Ihrem eignen Geständniß mit einem so leichten Fahrzeug auf den wilden Meer erhalten, und das Leben gerettet? Ist das, sage ich, keine Glückseligkeit, daß Sie hier landen müssen? Gegenwärtig befinden Sie Sich unter einem Schutz. O du unvergleichlicher Schutzengel, fiel sie mir in die Rede, in wie weit wird sich aber der Dank erstrecken, welchen ich dieserwegen abzustatten habe? Nicht den mindesten, fieng ich das Wort auf, es ist vielmehr eine Schuldigkeit. Ums Himmels willen, schrie sie, breche

breche Er ab, ich mag hiervon kein Wort mehr hören. Ist Ihm aber an meiner Freundschaft gelegen, so habe Er die Gefälligkeit, und rechne mir niemals wieder die Zeit, wie lange wir hier sind, vor; ich suchte den Kummer wo nicht gänzlich zu verbannen, doch nach Möglichkeit zu unterdrücken; hierdurch aber ritzet er mir die noch nicht geheilte Wunde aufs neue wieder auf. Um den Handel ein Ende zu machen, bekennete ich meinen Fehler, und versprach, hiervon kein Wort mehr zu gedenken; also wurde der Streit noch in der Güte beygelegt, und die Freundschaft aufs neue befestiget. Wir lebten also wie zuvor in einer einsamen Zufriedenheit, wir aßen und trunken, säeten und sammleten ein, vergaßen auch keinesweges die Trauben nach ihrer völligen Reife sorgfältig zu lesen; denn der Wein fieng an abzunehmen, weil wir manch Bechergen auf unser eigenes Wohlseyn ausleerten. So legten wir noch ein Jahr zurück, daß ich nunmehro Carolingen ihre Gesellschaft vier Jahr genossen. Wir hatten wieder eine gesegnete Lese zu hoffen, welches uns nicht wenig erfreuete, machten auch bereits die hierzu erforderlichen Anstalten, und brachten auch zwey Fuhren glücklich ein. Als wir mit der dritten auf dem Rückweg begriffen, und bey oft erwähnten Pomeranzenbäumen gewöhnlich ausruheten, klagte Carolingen über Kopfschmerz, welcher mit einemmal so heftig ward, daß sie kaum vermögend war die Wohnung zu erreichen; sie hatte auch dieselbe kaum erreichet, als sie gezwungen war sich nieder zu legen. Mit einbrechender Nacht überfiel sie zugleich eine Hitze, welche sie beynahe aller Sinne beraubete. Verschiedenemal sprang sie auf, und sagte, laß mich, ich muß fort, welches mir nichts gutes prophezeihete; und dieses trieb sie so beynahe vier und zwanzig Stunden; hernach fiel sie in eine Mattigkeit, dergestalt, daß nichts mehr übrig war, als daß ich mich alle Augenblicke versahe, wenn die Seele den matten Körper vollends verlassen würde. Wie mir damals zu Muthe gewesen, bin ich nicht vermögend genugsam auszudrücken. Ich sollte eine Person sterben sehen, welche ich fast höher als mein eigen Leben hielt, ja ich will noch mehr sagen, ich liebte sie, und zwar mit solcher Heftigkeit, daß ich ihr Ende, wenn es erfolgen sollte, nicht zu überleben gedachte. Ohne sie sollte ich nun wieder meine Zeit in der Einsamkeit hinbringen, hätte ich sie niemals gesehen, so würde mir die Lebensart, weil ich derselben schon gewöhnet, erträglich gewesen seyn. Sie hatte sich bey mir unentbehrlich gemacht, wir hatten uns bemühet, einander die Arbeit auf alle Art zu erleichtern; und wenn sich zwischen uns ein Widerwille äußerte, so geschahe es lediglich dieserwegen, daß eines das andere überheben wollte. Ich kann aufrichtig sagen, daß ich mir, wiewohl es kein Ruhm ist, vorsetzte, ihr in dem Tode zu folgen. Ihre Schwachheit, welches ein matter Schlummer war, hielt beynahe zweymal vier und zwanzig Stunden an; endlich schien sie sich in etwas zu erholen, bekam aber ein starkes Nasenbluten, welches mir anfangs Hofnung zu ihrer Genesung machte: doch, da es zu lange anhielt, mich in neue Verlegenheit setzte; doch, es ließ zu meinem Vergnügen nach. Sie sahe, daß mir die Thränen in den Augen stunden; gebe Er sich zu frieden, sagte sie mit einigen Liebkosungen, ich werde nicht sterben, gebe Er mir doch nur einen Trunk frisches Wasser, ich kann vor Mattigkeit den Mund nicht aufthun. Und wenn der Tropfen einen Ducaten kostete, gab ich zur Antwort, sollen Sie ihn haben; allein ich fürchte es möchte Ihnen schädlich seyn; haben Sie noch einige Achtung vor mich, so lassen Sie sich es gefallen vorher eine Tasse Thee zu trinken. Nun so gehe, mein lieber Martin! hub sie an, ich will so lange noch schmachten. Der Ausdruck, welches sie sich noch niemals bedienet, gab mir gleichsam Flügel; ich röstete auch zugleich etwas Brod, und warf es in einen Becher voll Wasser, welches meines Erachtens nicht schädlich seyn konnte. Weil sie nun überhaupt eine Freundinn vom Thee war, so trunk sie vier Tassen, worauf sie sich ziemlich munter bezeigte, mir aber andeutete, daß, weil ich allem Vermuthen nach in etlichen Nächten nicht geschlafen, ich mich der Ruhe auf etliche Stunden bedienen sollte. Ich wollte dawider einwenden; da sie aber unwillig zu werden schien, mußte ich gehorsamen, und mich neben ihrem Bette niederlassen, aus Vorsorge, daß, wenn ihr etwas zustoßen sollte, ich sogleich bey der Hand sey. Bey meinem Erwachen schlief sie sehr sanft, und hielt meine Hand in die ihrige fest eingeschlossen. Nachdem sie ebenfalls erwachet, sagte sie zu meinem Vergnügen, daß sie Appetit habe etwas zu essen. Der Tag war kaum angebrochen, als ich um die Gegend, wo die Stampfe war, ein Paar Vögel so den Schnepfen ziemlich gleichten, nur daß sie etwas kürzere Schnäbel hatten, holete, dieselben mit einer Weinbrühe zurichtete, und ihr vorsetzte, wovon sie einen guten Theil genoß. Allem Ansehen nach war sie außer Gefahr, nur daß sie über Verstopfung klagte. Hier fiel mir sogleich die Gesundheitsquelle bey meiner alten Wohnung ein, welcher sich mein Vater mit gutem Nutzen bedienet; dieselbe schlug ich ihr vor, sie ließe sich es auch gefallen, und der Gebrauch that die erwünschte Wirkung. Nun war bey diesem Umstand die Weinlese unterbrochen, welche ich nicht gerne im Stich lassen wollte; ich sagte ihr daher meine Gedanken, sie hegte zwar gleiche Meynung, konnte sich aber lange nicht entschließen, ohne ihre Gesellschaft mich dahin gehen zu lassen. Da ich ihr aber die Nothwendigkeit vorstellte, und daß ganz keine Gefahr hierbey zu befürchten sey, ließ sie sich es gefallen, mit der angehängten Erinnerung, ja vorsichtig zu seyn; und wenn ich gegen den Mittag nicht zurück käme, sie sich auf den Weg machen würde, wenn es auch mit Verlust ihres Lebens geschehen sollte. Diesem nach machte ich mich in aller Frühe auf, und schnitt so viel Trauben ab, als ich nur fortbringen konnte. Auf dem Rückweg begegneten ken mir die Schafe, welche ganz nachläßig in dem Wäldgen, wo die Pomeranzenbäume stunden, herum spazierten; es war mir also ein leichtes eines davon in meine Gewalt zu bekommen, welches ich mit aufpackte, mithin eine gute Ladung hatte. Drey Stück außerordentlich schöne Pomeranzen brach ich ab, Carolingen ein Geschenk damit zu machen. Weil ich mich nun nirgend sonderlich verweilet, traf ich viel eher als um die bestimmte Zeit ein. Meine Patientinn saß vor der Thüre, sie empfieng mich mit offnen Armen, und hatte über meine so geschwinde Ankunft eine große Freude. Nun bin ich vollends überzeuget, sagte sie, daß er mir mit ungefälschter Liebe zugethan ist. Ich glaubte, gab ich zur Antwort, Sie hätten schon mehr als eine Probe hiervon. Ey deine Proben sind nicht weit her, unterbrach sie. Ich wollte weiter reden, allein sie hielt mir mit den Worten, daß sie nichts hören wollte, den Mund zu, und fragte, ob ich die Trauben hier alle hätte? Nein, war der Gegenbericht, ich habe noch eine volle Ladung, und bin willens sie morgen vollends zu holen. Nach dem Mittagsessen schlachtete ich das Schaf, trug die Trauben an ihren Ort, womit der Abend völlig herbey kam; weil ich nun frühe wieder auf seyn wollte, so begaben wir uns zeitig zur Ruhe. Wie schon erwähnet war die Lese so reichlich als sie noch niemals gewesen, den ausgepreßten Most schaffte ich an seinen Ort, und setzte meine Verrichtung, wie gewöhnlich, in der grösten Zufriedenheit fort, weil sich Carolingen vollkommen wieder hergestellet fand. Da sich nun die nasse Witterung wie ordentlich einstellete, warteten wir dieselbe in unserer Wohnung mit aller Gelassenheit ab. Mit Fleisch und Brod hatten wir uns versorget, daß wir das Ausgehen gänzlich vermeiden konnten, legten aber gleichwohl die Hände keinesweges in den Schoos, sondern besserten an unsern Kleidungen und was etwa sonst im Trocknen verrichtet werden konnte. Seit ihrer Unbäßlichkeit lebten wir so zufrieden, als es nur zu wünschen war, keines erwähnte etwas, so etwa die Aehnlichkeit gehabt, als trüge es Verlangen einmal seine Erlösung zu sehen, wenigstens unterstund ich mich nicht nur ein Wort dieserwegen fahren zu lassen, und was in ihrem Herzen vorgieng, konnte ich nicht wissen. Hinter der Allee ostwärts hatte ich auf einer kleinen Anhöhe ein verdeckt Lusthäusgen gebauet, so nun dichte mit Laubwerk bewachsen war, daselbst trunken wir oft Coffee. Die Aussicht war so vortrefflich, weil man von dem flachen Lande einen guten Theil übersehen konnte, daß wir daselbst oft die Zeit bis zu einbrechender Nacht hinbrachten. Da wir uns nun wegen des schlimmen Wetters eine Zeitlang inne halten müssen, so war das Vergnügen doppelt. So, wie man sich in Europa die angenehme Frühlingszeit zu Nutze machet, da die fast unzehlbaren Gattungen von Vögeln das Angenehme vermehren, daß man wie neu belebet wird; so saßen wir daselbst unter dem Grünen, und hatten unsere unschuldige Gedanken. Es ist wahr, sagte

Carolingen, wir genießen eine vorzügliche Glückseligkeit, welche tausend andere entbehren müssen. Die Einsamkeit ist bey mir zur Natur geworden, ich würde mir Gewält anthun müssen wieder unter dem Geräusche vieler Menschen zu leben; und wäre ich genugsam gesichert, daß ich eher, als Er, mit Tode abgienge, so wäre kein Fürstenthum vermögend mich dieser glückseligen Einsamkeit zu entreißen. Dieses, werthes Carolingen! gab ich zur Antwort, sind Dinge, so wir nicht anders als einer höhern Vorsicht anheim stellen können. Sollte ich das Unglück haben Ihr Ende zu sehen, so würde mir ein Augenblick zur Last seyn; ja ich schwöre es Ihnen zu, daß ich mich in kurzem vor Kummer selbst verzehren würde. Wir wollen hiervon abbrechen, fiel sie mir in die Rede, es nützet weiter zu nichts, als daß wir einander das Herz schwer machen, stopfe Er sich noch ein Pfeifgen Taback ein, wir wollen ein wenig in der Allee spazieren gehen. Ich gehorsamte, und war eben im Begriff dieselbe mit Hülfe eines Brennglases anzuzünden, als wider unser Vermuthen ein Canonenschuß geschahe, und zwar von Norden her sehr nahe. Wir stunden beyde wie versteinert, und sahen einander an, ohne daß eines vermögend gewesen ein Wort aufzubringen. Sie brach am ersten das Stilleschweigen, und sagte, wie stehet es Martin, haben wir zu hoffen oder vielmehr zu fürchten? Dieses wird die Zeit lehren, gab ich zur Antwort, allein wollen wir nicht sehen was dieser Schuß wohl zu bedeuten haben mag? Ja, ja fiel sie mir in die Rede, ich sterbe fast vor Begierde, die Ursache zu erfahren, oder wollen wir hier bleiben, und sie nach ihren Gefallen schießen laßen? Ich hielte vor thunlich, war meine Gegenrede, daß wir wenigstens Kundschaft hiervon einziehen möchten. Allem Vermuthen nach sind es Christen, und diese werden auch, sie mögen nun von einer Nation, als sie immer wollen, seyn, nach ihrer Schuldigkeit mit uns verfahren. Der Himmel gebe, sagte sie hierauf, daß es zu unserm Wohl ausschlägt, hiermit giengen wir mit gelaßnen Schritten nach der Gegend zu, wo der Schall herkam. Wie wir nun von der Zeit an, als wir von den Wilden einen Besuch gehabt, nicht leicht funfzig Schritte ohne Gewehr uns von der Wohnung entfernten, also hatten wir diesesmal auch zwey Flinten nebst Pulver und Bley bey uns, diese nahmen wir aus Vorsorge mit. Kaum hatten wir die Höhe erreichet, als wir ein Schiff vor Anker liegen sahen, und zwar so nahe, daß man das Volk auf dem Verdeck sehr genau erkennen konnte, wir schossen beyde kurz hintereinander los, um sie aufmerksam zu machen. Zum Ueberfluß bande Carolingen ihre weisse Schürze an die Flinte, und gab ihnen hierdurch ein Zeichen, mit so gutem Erfolg, daß in kurzen ein ausgesetztes Boot nach dem Lande zueilte. Die Freude, daß uns der Ansehnlichste unter den aufhabenden Leuten in englischer Sprache anredete, ist unbeschreiblich. Im Namen des Commandeurs, sagte er, habe ich die Ehre sie zu fragen, ob ob sie seiner Hülfe benöthiget, oder mit was er sonst aufwarten könne? Sagen Sie ihm zurück, gab Carolingen zur Antwort, er solle ein Werk der Barmherzigkeit erweisen, und zwey verunglückte Personen aufnehmen. Darf ich mich wohl erkühnen zu fragen, wer Sie sind? hub er nach Endigung ihrer Rede an. Mein Herr, erwiederte sie, ich bin die Tochter des Stadthalters von Jamaica; Mehr mochte er nicht wissen, denn nach einem kurzen Compliment fuhr er eben mit der Geschwindigkeit nach dem Schiff, als er nur vor kurzem dem Lande zugeeilet. Wie ist Ihm zu Muthe? fragte sie mich. Aufrichtig zu bekennen, erwiederte ich, äußert sich eine Bangigkeit, welcher ich mich nicht entschlagen kann. Mein lieber Martin, war ihre Gegenrede, ich zittre, und weiß keine Ursache anzugeben; ich muß mich niedersetzen, weil die Füsse mich nicht tragen wollen. Nachdem wir uns unweit dem Ufer niedergesetzet, lehnte sie sich mit dem Kopf an meine Brust, mit den Worten:. Ach! daß wir der Neubegierde keinen Platz gelaßen! wir werden hierbey nichts verliehren, tröstete ich sie, in Ansehung, daß es Landsleute von ihnen sind. Die Zeit wird es lehren, sagte sie mit Ausstoßung eines tiefen Seufzers. Weil das Schiff ziemlich nahe geankert, brauchte es nicht viel Zeit, daß das abgeschickte Boot die Nachricht von uns überbringen konnte, wie denn kurz darauf noch mehr Mannschaft einstieg, und dem Lande zueilete. Als sie eben in Begriffe waren, auszusteigen, giengen wir ihnen ein Stück entgegen, und als sie noch etwa zwanzig Schritte von uns enfernet waren, that Carolingen einen lauten Schrey, und sank ohnmächtig zur Erden. Was mich aber am meisten in Erstaunen setzte, war, daß der Ansehnlichste unter ihnen, ein schon etwas bejahrter Mann, den Degen zog, und mit solcher Heftigkeit nach Carolingen, so vor tod bey seinen Füssen lage, stieß, daß wenn ihm die Näheſten nicht in den Arm gefallen, er sie mit einem mal durchbohret haben würde. Dieses war noch nicht genug, er zog zugleicher Zeit eine Pistole aus dem Gürtel, und schoß nach mir, daß die Kugel an der linken Seite streifete, und die Haut in etwas verletzete, wie ich hernach gesehen. Da er sahe, daß ihm der Schuß gemißlungen, sagte er, führet den Bösewicht aus meinen Augen, morgen früh soll er an dem ersten dem besten Baum henken. Ich wollte eben nach der Ursache fragen, als sechs bewaffnete Soldaten mich mit sich fortführten; was mit Carolingen vorgieng, konnte ich nicht sehen, weil wir weiter als vier hundert Schritte davon entfernet an den Felsen Halte machten. Freunde, redete ich die um mich herumstehenden Soldaten an, saget mir doch ums Himmels willen, aus was Absicht euer Oberer so barbarisch mit mir verfähret, da ich ihn in meinem Leben nicht gesehen, noch weniger einiges Leid zugefüget? dieses werdet ihr vielleicht am besten wissen, gab der eine mir zur Antwort, oder vielleicht bald erfahren. Ich wollte weiter reden, allein er legte mir ein Stilleschweigen auf, und gab

gab zu verstehen, daß ich meine Worte bis an gehörigen Ort spahren sollte. Die Sonne war bereits im Untergange, da dieses vorgieng, ehe es noch völlig finster ward, kam ein Kerl, und legte mir Fesseln an, wobey mir die hellen Zähren übers Gesicht liefen. Ich klagte über Gewalt, niemand aber war zugegen, deme es zu Herzen gieng, daher beschloß ich bey mir den Ausgang in Gelassenheit abzuwarten. Es mochte ohngefehr um Mitternacht seyn, als man mich nach einem angemachten Feuer führete. Unweit davon stund ein aufgeschlagnes Zelt, nach einem kurzen Verweilen wurde ich hinein geführet, da bey einem kleinen Tischgen ein Mann saß, welchen ich vor einen englischen Geistlichen hielt. Nachdem er mich eine gute Weile sehr aufmerksam betrachtet, hielt er mir eine ziemlich lange Gesetzpredigt, der Grundtext war, wie ich als ein grundboßhafter Mensch die Gnade meines Herrn gemißbrauchet, einen Meineyd an ihm begangen, welcher nicht anders, als mit dem Leben bestraft werden könnte. Hierbey hätte ich nun weiter nichts zu thun, als mich zum sterben geschickt zu machen. Als ich nun mit Gedult zugehöret, dieselbe aber in die Länge nicht mehr hinreichen wollte, hub ich an: Ehrwürdiger Herr, nun vergönnen Sie mir auch ein Wort zu reden. Es soll euch erlaubet seyn, gab er zur Antwort, daß Sie mir so viel vom Tod und Sterben vorschwatzen, fuhr ich in meiner Rede fort, dieses ist so alt als die Welt, man wird mir nichts besonders machen; allein daß ich

eines

eines gewaltsamen und schimpflichen Todes ster ben soll, ohne mir die Ursache zu zeigen, diese sage ich, wird so wenig bey der englischen Nation bräuchlich seyn, als es in der ganzen Christenheit etwas unerhörtes ist. Sie sagen von Meineyd den ich gegen meinen Herrn begangen, ich sage Ihnen aber, daß Sie falsch berichtet sind. Er wollte mir hier ins Wort fallen, ich bat aber mich vollends zu hören, hernach wollte ich wiederum einen geduldigen Zuhörer abgeben. Mein erster Herr war ein Kaufmann in Embden, wiewohl ich denselben vielmehr als meinen Vater anzusehen habe, auf deßen Recommendation reisete ich nach Amsterdam, und mit Consens des dasigen Herrn bin ich unter dem bekannten Admiral Spilberg in See gegangen; hier in dieser Einöde lebe ich beynahe vierzehn Jahr, in der Zeit bin ich selbst Herr und Diener gewesen. Ich kann mir wohl einiger maßen vorstellig machen, was vor eine Person Sie in mir suchen, aber wahrhaftig nicht finden; ich glaubte also, der Herr, so Sie abgeschickt mich zum Tode zu bereiten, hätte sehr wohl gethan, wenn er den Zorn etwas mehr Einhalt gethan, und zuvor die Sache untersuchet hätte, in wie weit es Grund habe. Was ist aber hierbey zu thun, fiel er mir in die Rede, wenn sich die Sache wirklich also verhält, wie ihr vorgebet? Nur Sie, war meine Gegenrede, können das Beste hierbey thun. Ich bin unschuldig, retten Sie dieselbe, ich beschwöre Sie also bey ihren hohen Amt, daß sie sich meiner annehmen, und das

mir

mir zugedachte Todesurtheil so lange verschieben, bis sie von meiner Unschuld völlig überzeuget sind, oder wegen meines angemutheten Verbrechens hinlänglichen Beweis haben. Durch was wollet ihr euch aber rechtfertigen? warf er die Gegenfrage auf; ich will es auf mich nehmen, und die Sache dem Herrn Lord von D*** vortragen, ich muß aber der Sache ihr gehöriges Gewicht geben können, außer dem würde ich nicht nur weniger als nichts ausrichten, sondern mich auch selbst in Verlegenheit setzen. Sie haben die Gefälligkeit mich anzuhören. erwiederte ich. Hierauf fieng in meiner Erzehlung folgender maßen an: Ich habe mich zwar keiner hohen Geburt zu rühmen, bin aber von einem Kaufmann in Embden an Kindes statt angenommen worden, bey dem ich auch die Kaufmannsschaft erlernet. Hier erzählte ich ihm die Folge meiner Begebenheiten mit allen Umständen, durch was für ein Schicksal ich auf die Insel kommen, wie lange ich daselbst hausgehalten, auch wie ich Jungfer Carolingen mit einem Kerl angetroffen, den sie erschoßen, und ich auf der Stelle begraben, welches ich auf Verlangen vorzeigen wollte, im übrigen würde gedachte Jungfer hiervon ein untrüglich Zeugniß ablegen können; zu noch mehrerer Bekräftigung würde man in meiner Wohnung eine Art eines Tagebuchs finden, welches mich hinlänglich rechtfertigen würde. Ueber diese Erzehlung war die Nacht verstrichen, der Pastor oder Schiffsprediger, rief den Unterofficier, und sagte, er möchte

sich

sich doch gefallen lassen, einen Mann an den Herrn Commandeur abzuschicken, dem er ersuchen ließ, ein Wort mit ihm zu sprechen, welches auch geschahe. Ehe der Abgesendete aber wieder zurück kam, stelleten sich etliche zwanzig Soldaten bewaffnet vor das Zelt. Der Lieutenant hiervon trat herein, und sagte, er hätte Ordre, mich abzuholen, und das zuerkannte Urtheil an mir vollziehen zu lassen. Hierüber erschrack ich dergestalt, daß ich beynahe von mir selbst nichts mehr wußte, der Prediger aber sprach mir einen Muth ein, mich zu faßen, er stehe vor mein Leben. Zu dem Lieutenant aber sagte er: Mein Herr, Sie stehen so lange in Gedult, bis der Bothe, so ich an den Lord abgesendet, wieder zurück kommt; der Mensch ist unschuldig. Nach meiner vorgeschriebenen Ordre, erwiederte jener, kann ich nicht anders, als derselben auf das strengeste nachleben. Dieses lasse ich unangefochten, versetzte der Prediger hierauf, ein kleiner Verzug hebet den Gehorsam keinesweges auf. Indem sie nun beyde in einen Wortwechsel, der immer ernsthafter wurde, geriethen, kam der Soldat mit einer versiegelten Ordre an den Lieutenant. Nachdem er dieselbe erbrochen und gelesen, sagte er, ich habe Befehl mit meiner Mannschaft wieder abzumarschieren. Hierauf wurden mir sogleich die Fesseln abgenommen, der Prediger hatte auch Erlaubniß bey dem Lord zu erscheinen, und ich wurde unter eben der Bedeckung, welche mich anher gebracht, zurückgelaßen. Ohngefehr nach Verlauf

zweyer

zweyer Stunden kam eben derselbige Lieutenant, und kündigte mir an ihm zu folgen, ich würde, die Ehre haben dem Lord meine Aufwartung zu machen. Ich bin niemals ehrgeizig gewesen, gab ich zur Antwort, indem ich ihn begleitete, am allerwenigsten vorjetzo. Der Lord ist ein gnädiger Herr, fuhr er weiter fort, darum ist es billig, daß er ihm, weil er ihn pardoniret, schuldigen Dank abstattet. Daß er ein gnädiger Herr seyn kann, daran ist nicht zu zweifeln, fieng ich das Wort auf; allein ich habe hiervon eine schlechte Probe, und wenn ich, wie Sie Sich auszudrücken belieben, die Ehre habe ihn zu sprechen, werden die Danksagungscomplimente sehr trocken seyn. Unter diesem Wortwechsel waren wir an eine Art eines kleinen Lagers angelanget, denn es waren längst dem Ufer verschiedene Zelter aufgeschlagen. Das erste, so mich wieder neu belebte, war, daß vor einem großen Zelt verschiedene Personen um den Herrn Lord herum stunden, hauptsächlich aber Carolingen, welche mir mit offenen Armen entgegen kam, und fast ununterbrochen rief: O du armer Martin. Unter diesen Worten nahm sie mich bey der Hand, führte mich dem Lord entgegen, und sagte: Sehen Sie Papa, dieser ist es dem ich mein Leben und alles zu danken habe. Auf einmal wurde ich in Erstaunen gesetzet, da ich vernahm, daß der Lord von D*.** ihr Vater war; ich näherte mich demselben, er war so bescheiden, kam mir etliche Schritte entgegen, und reichte mir die Hand; ich unterstund

mich

mich dieselbe küssen zu wollen, er nahm es aber nicht an, sondern umhalsete mich mit den Worten: Herr Martin, ich habe Sie beleidiget, Sie rechnen es mir nicht zu, in Betracht dessen, daß ich in Ihnen eine andere Person gesucht habe. Die große Liebe vor mein einziges Kind, war durch die Bosheit eines Menschen gänzlich unterdrücket, ich hatte beyden den Tod geschworen, aber der Himmel, so die Unschuld allemal rettet, hat es verhindert, daß es mir nicht gelungen ist; diesen Fehler werde ich künftighin auf alle Art zu verbessern suchen. Unter diesen Worten führete er mich ins Zelt, und bat auf einem Stuhl Platz zu nehmen. Niemand bezeigte sich hierbey geschäftiger als Carolingen, welche gleich ein niederschlagendes Pulver brachte, und es mir eingab. Der Vater sowohl als die anwesenden Officiers gaben Zuschauer ab, und vielleicht machten sie sich einen wunderlichen Begriff von uns beyden; sie schenkte mir eine Tasse Thee ein, stopfte eine Pfeife Taback und reichte mir selbige. Du hast, wie ich sehe, sagte ihr Vater, gut serviren gelernet. Allerliebster Papa, gab sie zur Antwort, in einer Zeit von fünf Jahren kann man in Wahrheit so viel lernen, sich in eine Person zu schicken. Die umstehenden Officiers hatten ihren Scherz, worauf sie aber nicht sonderliche Acht hatte. Es ist Ihm nicht wohl, sagte sie zu wiederholten Malen; ich wollte es verbergen, es war aber nicht möglich Die Pfeife fiel mir aus den Händen, die Augen wurden so finster, daß ich fast niemand mehr

mehr erkennen konnte; der Lord rieth mir an, ich sollte aufstehen und ein wenig herum gehen, allein hierzu fehlte das Vermögen. Der Prediger rieth, man sollte mir eine Ader öffnen, und ich mußte dieses wider Willen geschehen lassen. Ohngefähr eine Stunde hierauf erholte ich mich meist wieder, bat daher mir zu erlauben nach meiner Wohnung zu gehen. Dieses soll Ihnen nicht allein erlaubet seyn, sagte der Lord, sondern ich werde mir auch die Freyheit nehmen einen Gefährten abzugeben. Hier geschahe nun der Aufbruch. Der Prediger und Carolingen führten mich unter den Armen, denn ich war nicht vermögend hundert Schritte zu gehen, daß ich Schwachheit halber ruhen mußte. Der ganze Haufe folgte, vielleicht aus Neugierigkeit, den Ort unsers Aufenthalts in Augenschein zu nehmen. Als ich dieselbe erreichet, streckte ich mich nach der Länge auf mein Lager, war auch bald eingeschlafen, und bey meinem Erwachen fand ich außer Carolingen keinen Menschen Wie ist Ihm? fragte sie mit nassen Augen Mir ist ganz wohl, gab ich zur Antwort, außer daß mir die Seite, wo die Kugel gestreifet, sehr wehe thut. Und wer ist denn so boshaft gewesen nach Ihm zu schießen? fiel sie mir erschrocken in die Rede. Dieses hätte ich billig verschweigen sollen, denn da ich ihr sagte, daß ihr Vater in der ersten Hitze nach mir geschossen, bediente sie sich solcher Ausdrücke, welche den kindlichen Respect ziemlich auf die Seite setzten. O! sagte sie unter andern, wo ist die vorige Zufriedenheit? wo sind die glückseligen

ligen Augenblicke, da alles von unser beyden Willen abhienge? Ihre Klagen wurden von einem Besuch unterbrochen, denn zwey Matrosen brachten in Begleitung eines Officiers, welcher jenen vermuthlich zum Wegweiser gedienet, in einem Korb frisch gekochte Speisen, nebst einer ziemlichen Flasche Wein. Der Lord ließ zugleich wissend machen, er sähe gerne, wenn seine Tochter, in so ferne es meine Gesundheitsumstände verstatteten, welche er so lange entbehren müssen, zu ihm käme. Aus diesem Compliment konnte ich ohne Kopfbrechen errathen, daß er es nicht zum Besten aufnehmen müsse, daß dieselbe mich ihm vorzog; ich ließ daher meinen Gegenempfehl machen, er möchte diesen Fehler ihr zu gute halten, es wolle ihr schwer fallen sich in einer zahlreichen Gesellschaft aufzuhalten, diese Art des Eigensinnes würde sich wohl in kurzen legen. Mittlerweile, als die Matrosen auspackten, schlug ich ihr vor, wenn sie es vor thunlich hielt, wollte ich ihrem Herrn Vater ein paar Bouteillen von unserm Bier überschicken. Wir werden schon zu einer andern Zeit Gelegenheit haben, widerlegte sie, hiervon zu gedenken. Das Essen nun bestund hauptsächlich in einem Stück Rindfleisch aus dem Salz, welches uns, weil wir dieses so lange entbehren müssen, außerordentlich wohl schmeckte. Dem Officier, so mit uns speißete, sagte ich, als er nach meinen Gesundheitsumständen fragte; daß ich einen Streifschuß in die Seite bekommen, welcher mir viel Schmerzen verursachte; bat daher, man

möchte

möchte mir den Schiffsbarbier zusenden, denn ich merkte, daß die Contusion sich anfienge zu erhitzen. Ey, fiel er mir ins Wort, warum haben Sie dieses nicht gleich erinnert? Zu der Zeit, war meine Gegenrede, würde man nicht viel darauf gesehen haben, den rechtschaffnen Prediger habe ich es zu danken, daß ich den Schmerz noch fühle, hätte er sich nicht der letztern Ordre mit Heftigkeit widersetzt, so wäre ich aus dem Lande der Lebendigen geräumet; zu der Zeit, sage ich, würde es lächerlich herausgekommen seyn, wenn ich verlangt hätte, man solle mich verbinden; just wie jener, welcher, als ihm der Kopf abgeschlagen werden sollen, gebeten, man möchte ihm die Augen verbinden, er könne kein Blut sehen In Wahrheit, Herr Martin, sagte er, Sie sind glückselig, und das auf eine doppelte Art. Vors erste besitzen sie die Eigenschaft, welches nur selten angetroffen wird, daß Sie über ein Unglück, welches so gar mit Leben und Tod verknüpfet war, nur scherzend gloßiren; vors andre, welches ich beneide, ist dieß eine der vorzüglichsten Glückseligkeiten zu nennen, das ein so vollkommen schönes Kind bey Erwähnung dero Unfalls Thränen vergießet. Carolingen lehnte diese spitzige Höflichkeit folgendergestalt von sich ab: Meine eignen Umstände sind nur allzu betrübt, als daß ich Gelegenheit nehmen sollte, mir eine Sache, wobey ich nichts hinzu thun noch davon nehmen oder abändern kann, zu Herzen zu nehmen; wiewohl es alle Grausamkeiten übersteiget, daß mein Vater ohne einige Untersuchung mir den

Degen durch die Brust stoßen wollte, und den Herrn Martin als einen Missethäter zu einem schändlichen Tod verurtheilte. Sie müssen dieses, werthes Fräulein! erwiederte er, nicht auf der schlimmen Seite betrachten, dero Herr Vater war nach den falschen Berichten einmal aufgebracht, nach denselbigen hätten Sie sich eines Verbrechens schuldig gemacht, wodurch seine Ehre und sein Ansehen litte, die große Liebe, so er zu Ihnen trägt, ließ ihm nicht Ruhe; er hatte sich vorgesetzt Sie aufzusuchen, und nicht eher abzulassen, er habe denn seinen Zweck erreichet, oder sein Leben verlohren. Ja, er hat mir heute noch zugestanden, daß er in der Person des Herrn Martin niemand als seinen untreuen Bedienten zu sehen geglaubet, mit dem Zusatz, er wolle ein Glied von seinem Leibe darum hergeben, wenn er sich in der ersten Hitze etwas mehr gemäßiget. Diese Reue wird wohl hinreichend seyn, das Vergangene vergessend zu machen. Es ist mein Vater, fieng sie das Wort auf, der kindliche Gehorsam den ich ihm schuldig bin, hebet alles auf, nur kann ich es mir selbst nicht verwehren, daß über diesen Vorfall mir noch jezuweilen eine Gedanke aufsteiget. Unter diesem Gespräch verbrachten wir die meiste Zeit bey dem Essen, der Lieutenant bewunderte unser Getränke, und fragte, ob wir mit Vorrath versehen wären? Ich kann Ihnen von beyden mit etwas aufwarten, war meine Antwort. Mit Wein sind wir wohl noch versehen, war seine Gegenrede, allein das Bier, so dem besten

in

in England den Vorzug streitig machet, ist von besondern Geschmack, Sie würden dem Lord einen großen Gefallen erweisen, wenn sie ihm eine Flasche überschickten. Nach aufgehabner Tafel gab ich jedem Matrosen einen Becher Wein, worüber sie eine außerordentliche Freude bezeigten. Auf Verlangen des Lieutenants packte ich zwey Flaschen Bier nebst einem von meinen nur vor acht Tagen gebacknen Broden ein, um den Lord hiermit ein Geschenke zu machen, welches er, wie ich hernach erfahren, mit großem Vergnügen angenommen. Bestelltermaßen kam der Barbier, legte ein Pflaster auf, da sich denn der Schmerz merklich legte. Carolingen kam selbige Nacht nicht zu Hause, es ist schwerlich zu glauben was die Gewohnheit thut; ich konnte fast kein Auge zuthun, alles schien mir zuweit um mich herum, ja es wollte sich eine Art der Eifersucht äußern. Wir hatten eine freye und ungezwungene Freundschaft beobachtet, diese ward nun auf einmal unterbrochen. Wir liebten uns, ohne zu untersuchen was Liebe sey, nun fühlete ich erst wo mich der Schuh drückte. Ich werde sie nicht mehr sehen, beklagte ich mich selbst, noch weniger sprechen, ohne in Gegenwart ihres Vaters. Der Unterschied des Geschlechts verbindet sie, sich standsmäßig zu verheyrathen, ich werde es als eine besondere Gnade ansehen sollen, daß ich mit Ihnen zugleich Europa wieder betrete; allein, da mir das angenehme entzogen wird, bin ich daselbst überflüßig; Ihr Anerbieten, daß sie mich mit an Bord nehmen wollen, will ich großmüthig ausschlagen, es ist um ein vierthel Jahr zu thun, so ist alles vergessen. Ich setzte mir vor, diesen Schluß Carolingen mit Gelassenheit zu entdecken, in so ferne ich die mindeste Kaltsinnigkeit an ihr spührte. Zwar hatten wir noch niemals von einer Art einer Verbindung gedacht; wir ließen es lediglich hierbey bewenden, daß wir das Innere unsers Herzens durch alle Arten der Achtung so wir vor einander hegeten, uns zu erkennen geben. Der Barbier, so dazwischen kam, unterbrach die Gedanken, welchen ich die ganze Nacht nachgehangen; nachdem er mich verbunden, versicherte er, daß nicht mehr als noch ein Pflaster nöthig seyn würde, dieses könne ein paar Tage aufliegen. Als er sich wieder hinweg begeben, redete ich mich folgendergestalt an: Nun Martin, gewöhne dir wieder an, dich der Geschäfte selbst anzunehmen; O! wie ruhig werde ich seyn, wenn ich mich in meiner ehemaligen Glückseligkeit wieder sehen werde! Hier hatte ich nun meinen Gedanken nach alle Berge überstiegen, wußte mich auch schon groß damit, daß ich Carolingen mit gleichgültigen Augen ansehen könnte. Ich mußte nun darauf bedacht seyn, für das Mittagsessen zu sorgen, und dieses sollte ein Gerüchte Fische seyn. Ich holete mir daher in dem schon erwähnten Fischhälter zwey von ziemlicher Größe, diese machte ich zurechte, und wie es mir Zeit zu seyn dünkte, machte ich Feuer dieselbigen zu sieden. Es war freylich ein großer Abfall gegen den vorigen Zustand, da ich mich genöthiget sahe um alle

Klei-

Kleinigkeiten zu bekümmern; doch der Vorsatz, alles mit Großmuth zu überwinden, erleichterte alle Schwierigkeiten so ich mir dieserwegen machte. Als ich eben im Begriff war den Kessel vom Feuer zu heben, trat Carolingen in die Küche, sie fiel mir um den Hals, mit den Worten: O du allerliebster Martin, was für Sorge habe ich verwichne Nacht um dich getragen! Dieser so unverhoffte Besuch rührte mich dergestalt, daß mir wider mein Naturell einige Thränen entfielen. Wie, Martin, hub sie erschrocken an, du vergießest Thränen? was ist dir begegnet? Hier wollte ich ihr die an mir begangene Untreue vorhalten, ich sagte aber, warum sollte ich nicht Thränen vergießen, da ich einen so großen Verlust mit Stilleschweigen verschmerzen muß? Es ist nicht Zeit umständlich hiervon zu reden, unterbrach sie mich, den Augenblick wird mein Vater der Lord erscheinen. Ach! ja, gewiß zu keinem andern Ende, als mir dieses zu sagen, was ich fürchte, war meine Gegenrede. Und was fürchtet Ihr denn, mein lieber Martin? fieng sie das Wort auf. Sie zu verlieren, war ich mit der Antwort heraus. Habet ihr denn ein so kurzes Gedächtniß, sagte sie hierauf, daß Ihr vergessen, wie ich für Euch ja nur alles gethan, was uns = = Hier, sagte sie im Umwenden, ist der ehrliche Martin. Der Lord kam mir so geschwind auf den Hals, daß ich kaum im Stande war, ihm mit gehöriger Achtung zu begegnen. Nun, mein lieber Insulaner, redete er mich mit einem freundlichen Gesicht an, wie stehet es um die Küche? ich werde mir die Freyheit nehmen bey Ihnen mich heute zu Gaste zu bieten. Unter diesen Worten reichte er mir die Hand, welche ich küssen wollte, solche aber mit diesen Worten zurückzog: Dieses sind überflüßige Höflichkeiten, wir wollen sie bey Seite setzen, und als Freunde leben. Ich wollte ihm antworten, daß der allzu große Unterschied des Geschlechtes mir nicht erlaubte, solche Freyheiten herauszunehmen. Ey was, widersprach er, ehe ich noch recht zum Wort kommen konnte, im Puncte sind wir doch alle Menschen, bey dem Geräusche der Welt muß ein so nothwendiges Uebel freylich beybehalten werden, hier aber wollen wir es aussetzen. Mittlerweile als wir von gleichgültigen Dingen sprachen, hatte sich Carolingen verlohren; endlich kam sie wieder zum Vorschein und sagte, sie habe die Tafel zubereitet, wir könnten, wenn es dem Papa gefiel, uns setzen. Unter diesen Worten nahm sie ihn bey der Hand, und führte denselben in die Stube, wo ich mit Verwunderung sahe, daß bis zum Ueberfluß aufgetragen war; der Lord aber sagte, ich werde von dem allen nichts anrühren, bevor ich von des Herrn Martin seinen Fischen etwas gekostet. Es sahe sich also Carolingen genöthiget dieselben anzurichten, welche er von einem besondern Geschmack fand, und von dem übrigen nur noch etwas weniges genoß. Nachdem wir völlig abgespeiset, brachte Carolingen einen Korb aus der Kammer, und fieng an auszupacken. Das erste, so mir in die Augen fiel, war eine völlige

völlige Officiersmondirung, überhaupt ein völliger Anzug von Fuß bis auf den Kopf, ich wußte noch nicht was dieses vorstellen sollte, als der Lord folgendergestalt zu mir anhub: Es hat mir meine Tochter von Ihnen einen so vortheilhaften Begriff gemacht, daß ich Ursache habe, alle Arten der Gegenerkenntlichkeit herfür zu suchen; hiervon nun einen kleinen Anfang zu machen, will ich Sie zum Unter-Schiffslieutenant ernennen, und zugleich gratuliren; gegenwärtiger Kleidung können Sie Sich bedienen. Der gnädige Herr Lord belieben mit mir zu scherzen, gab ich bestürzt zur Antwort. Nein, Herr Lieutenant, schrie Carolingen, es ist in Ernst gesprochen, Sie sind gestern im Schiffsrath dafür erkläret worden, welches der Lord wiederholte, mit dem Zusatz; morgen werden Sie das Mittagsmahl bey mir einnehmen. Also war ich mit Wamst und Hosen ein Lieutenant. Ich warf zwar nochmals ein, daß ich dessen unwürdig sey, weil dieses eine Stelle wäre, welche nur denjenigen gegeben würde, so sich in ihren Diensten besonders herfür gethan, ich hingegen hiervon noch nicht einmal einen kleinen Anfang gemacht hätte. Es half aber kein Einwenden, kurz, ich war der Herr Lieutenant Speelhoven. Hierauf giengen wir bey einer Pfeife Taback spazieren, da ich denn hierbey Gelegenheit nahm, ihm eines und das andere, was es vor Nutzen schaffte, zu erklären. Die Officiers waren ohne mein Wissen auf unser Sommerhäusgen, so ich nur kürzlich erwähnet, zum Coffee eingeladen; wir begaben uns dahin, und als wir noch etwas zu zeitig daselbst eintrafen, nahm er Gelegenheit mich folgendergestalt anzureden: Ich habe gestern mit meiner Tochter wegen Ihnen nach der Länge gesprochen, ich drang in sie, mir zu sagen, wie weit sich die Bekanntschaft zwischen Ihnen beyden erstreckte, und ob sie sich in eine Verbindung eingelassen? Sie hat mir alles zugestanden, die Umstände in welche Sie Sich gesetzt sahen, entbunden Sie von den Gesetzen. Dieses alles bey Seite gesetzet, muß ich Ihnen sagen, daß ich meine Tochter vorlängst an den Lieutenant, mit dem Sie gestern gespeiset, versprochen, ich würde mein Wort diesen Augenblick zurückziehen, in Ansehung Dero Person; allein, es wollen es die Umstände nicht leiden. Wir müssen in etwas nachgeben, außerdem sind wir unglücklich, es ist in einem so entlegnen Welttheile nichts leichters, als eine Menge unbändiges Schiffsvolk zur Meiderey anzufrischen. Der Lieutenant stehet bey der Equipage in Ansehen, diese würden sich nicht lange bitten lassen auf die liederlichste Art auszuschweifen, kommen wir glücklich nach England, so will ich mein Wort bestätigen. Wir mußten unterbrechen, weil uns die erwarteten Officiers auf den Hals kamen; er lenkte daher die Unterredung auf den morgenden Tag, weil er gesonnen war, der ganzen Equipage ein Tractament zu geben. Ich erwiederte, daß meine Person eben so unumgänglich nöthig dabey nicht seyn würde, weil meine Absicht wäre zu brauen, wozu ich bereits die erforderlichen Anstalten gemacht. Sie

sollen

sollen brauen, gab er zur Antwort, und wenn sie es unterließen, so wollte ich darum bitten, denn ich finde einen besondern Geschmack an dem Geträncke, glaube aber, daß es um einen Tag ausgesetzt werden kann; über dieses will sich dergleichen Geschäfte zu Ihrem Character nicht wohl reimen, ich habe Leute, welche sich auf das Brauwesen wohl verstehen, Sie sollen zwey Mann zu Gehülfen haben, damit aber das Bier nicht ausartet, sollen sich dieselben lediglich nach ihrer Vorschrift richten. Unter diesem Gespräche waren die Gäste angelanget, welche mir mit aller nur ersinnlichen Höflichkeit begegneten, von dem neugebacknen Lieutenant aber wurde nichts erwähnet. Mittlerweile Coffee getrunken ward, trug ich etliche Flaschen Wein aus meinem Keller auf, nebst einem halben holländischen Käse, welcher, weil er in Bley gefüttert gewesen, noch so ziemlich den Geschmack behalten. Es gieng außer gleichgültigen Reden nichts besonders vor, der Aufbruch geschahe zugleich, jene verfügten sich nach ihrem Lager, Jungfer Carolingen aber, nebst dem barfüßigten Lieutenant blieben zurück. Wir brachten alles wieder in seine Ordnung, nachdem waren etliche Augenblicke übrig, welche wir uns zu Nutze machten, und uns an den vorigen glückseligen Zeiten ergötzten; da es aber anfieng dunkel zu werden, verfügte sie sich nach zärtlich genommenen Abschied zu ihrem Vater; ich aber nach meiner Wohnung. Auf meinem Lager, welches ich bald suchte, hatte ich Zeit Ueberlegung zu machen,

chen,

chen, was vor Absichten des Lords Verfahren doch zum Grunde haben müßte? Alle Unterredungen, so wir diesen Tag gepflogen, hielt ich gegen einander, der Schluß aber fiel allemal zu meinem Vortheil aus. Weil nun mein Gemüth ziemlich beruhiget, schlief ich selbige Nacht ziemlich wohl, und stund in aller Frühe auf, mich anzukleiden. Alles gieng gut von statten bis auf die Schuh, da nun in so vielen Jahren keine an meinen Füsse gekommen, mußte ich mich an denen Wänden anhalten, und beynahe hätte ich sie wieder ausgezogen, als ein Unterofficier kam, und mir andeutete, er habe Ordre, mir zu sagen, daß ich beym Rapport erscheinen sollte. Ich mußte in der That alle Kräfte zusammen nehmen, um mich des Ueberlautlachens zu enthalten, gut war es, daß sich der martialische Bothe wieder entfernte, und mir die Freyheit ließ, mich dichte satt zu lachen. Dieser war noch keine vierthel Stunde weg, als ein und zwar weit angenehmerer Bothe ankam. Ich war nunmehro völlig angezogen, und suchte mit den Schuhen ein wenig in den Gang zu kommen, um das Auslachen zu vermeiden, als Carolingen zur Thüre eintrat, und sich ziemlich unnütze machte, am Ende aber sagte: In der That, Ihr gefallet mir in euren unschuldigen Anzug ungleich besser, kommt mein lieber Martin, ich habe von dem Lord, meinem Vater, Erlaubniß, Euch abzuholen. Hiermit nahm sie mich bey der Hand, aber laufen müssen Sie nicht, sagte ich, sonst falle ich in der That nach der Länge hin. Nun so gehen

hen wir sachte, gab sie zur Antwort. Wir fußeten also mit bedächtlichen Schritten nach dem Lager zu, welches auf der Ebene von dem Steg an gerade nach Westen zu einen guten Büchsenschuß entfernet war. Sie schienen meiner zu warten, denn der Lord nebst denen Officiers stunden beysammen, und sahen mir entgegen. Als ich mich denselben genähert, glaubte ich, es der Schuldigkeit gemäß zu seyn, einen Kratzfuß zu machen, wäre aber beynahe auf die Nase gefallen, wenn mich Carolingen nicht erhalten, welches freylich ein Gelächter verursachte, mich aber ziemlich verdroß, jedoch Wohlstandswegen mußte ich zurück halten, konnte es gleichwohl nicht gar verschmerzen, da einer unter den Umstehenden fragte, ob ich nicht wohl zu Fuße sey? daß ich ihm zur Antwort ertheilte, er sollte so lange als ich ohne Schuh gehen; er ließ mich aber nicht ausreden, sondern nahm mich bey der Hand, und sagte; er hoffe, ich würde es ihm nicht übel auslegen. Der Lord nebst den Uebrigen unterbrachen uns, und wünschten mir zu dem neuen Character Glück. Weder an der Ehrenstelle, noch an den Complimenten, welche den wenigsten von Herzen gehen mochten, war mir etwas gelegen, denn ich sahe zum Voraus, daß es mir weniger als nichts helfen würde. Es wurde gespeiset, und ziemlich auf den neuen Rock losgetrunken. Tausend andere würde dieses vielleicht zum Hochmuth verleitet haben, allein mich blendete es in der That nicht, vielmehr hatte ich meine Gedanken hierüber; den vorigen Tag

galt

galt ich in ihren Augen weniger als nichts, den nämlichen Tag aber wurde ich mit Höflichkeiten fast überhäufet, meiner Person konnte es nicht gelten, denn ich hatte mich in nichts geändert, als daß ich um einen Tag älter geworden; so mußte es lediglich in Absicht auf die etlichen Ellen Tuch, so den Leib bedeckten, geschehen. Der Lord fragte zu verschiedenen malen, ob mir etwas fehlte? er habe sich geschmeichelt, ich würde, da ich mich unter Menschen, und zwar unter den Schutz einer solchen Nation befände, von der ich alles erwünschte hoffen könnte, mehr Vergnügen daraus schöpfen, als es leider geschähe. Meine Antwort hierauf war, daß mich die vielen Gnadenbezeigungen, damit man mich fast überschüttete, dergestalt betäubten, daß ich noch nie recht zu mir selbst kommen könnte, sähe auch kein Mittel, wodurch ich mich derselben einiger maßen würdig machen könnte, über dieß alles trüge die Lebensart, welche ich so viele Jahre gewohnt vieles bey, und habe mich untüchtig zu allen menschlichen Umgang gemacht. Am Ende bat ich um Nachsicht, indem ich mir mit Ernst angelegen seyn lassen wollte, die bisherigen Fehler auf alle mögliche Art zu verbessern. Diese Entschuldigung, welche ganz natürlich, auch einigen Schein der Wahrheit bey sich hatte, fand durchgehends Beyfall Nachdem ich nun mit allen dabey üblichen Ceremonien zum Schiffslieutenant erkläret, wurde gespeiset. Nach Endigung dessen ward wegen der Anstalten zur Abreise berathschlaget. Ich sagte,

sagte, daß noch ein ziemlicher Vorrath an Mehl, so noch gut sey, nebst einem ziemlichen Vorrath von Malz, wovon ich wenigstens zwanzig Faß Bier zu brauen gedächte, übrig; es stünde alles zu ihren Diensten, was in der großen Niederlage befindlich, nur einige geringe Kleinigkeiten wollte ich mir zu meinem Gebrauch ausbitten. Da ich hiervon noch nichts erwähnet, sahe eines das andre verwundernd an. Der Lord fragte, was ich durch die große Niederlage verstünde? Sie können dieselbe, wenn sie befehlen, in Augenschein nehmen, war meine Antwort. Außer den Waaren, so meines Erachtens alle noch brauchbar sind, nebst verschiednen Lebensmitteln, bin ich dergestalt mit Wein versehen, daß mir derselbe, weil ich jährlich einen ziemlichen Zuwachs habe, niemals abgehen konnte. O! so wundert mich es nicht, fieng er das Wort auf, daß der Herr Lieutenant nebst meiner Tochter so wohl aussehen, es ist Ihnen also im mindesten nichts abgegangen, und wenn der Wein durchgehends von dem Geschmack ist, wovon sie mir bereits eine Probe gegeben, entsinne ich mich in Wahrheit nicht, einen bessern getrunken zu haben; gefällt es Ihnen, wollen wir nach der Tafel die Kellerey besuchen, welches auch geschahe. Alles was sie daselbst sahen, setzte sie in eine neue Verwunderung, wir fiengen an zu kosten, daß unter der Gesellschaft nicht einer war, welcher nicht ein Räuschgen mit heraus brachte. Von denen in Bley eingefütterten Käsen machte ich dem Lord ein Geschenke, welches er mit vielem Ver-

Vergnügen, weil er hiervon ein besondrer Freund war, annahm. Was aber die daselbst befindlichen Waaren anbetraf, erklärte er sich folgendergestalt: Wir wollen, sagte er, dieselben untersuchen, und was noch gut ist, mit nach England zurück nehmen, daselbst können wir sie mit gutem Nutzen losschlagen, das gelößte Geld wird Ihnen mehr Nutzen schaffen, als wenn wir die Waaren allhier verderben liessen, und was den Wein anlanget, so will ich mir zwar denselben ausgebeten haben, allein gegen richtige Bezahlung. Es stehet alles zu Dero Diensten, sagte ich nach Endigung seines Antrags, bis auf einige Kleinigkeiten, welche ich mir zu meinem Gebrauch ausbitte. Sie, als der Eigenthümer, haben nur zu befehlen, machte er den Schluß, ich habe weiter keine Absichten; meinen Vorschlag aber, den ich gethan, können Sie nach eigenen Gefallen einrichten, unter diesem Gespräch schieden wir von einander. Carolingen bat sich aus, mich bis nach meiner Behausung zu begleiten, der Lieutenant, welchen ich nur erwähnet, warf sich auf, uns Gesellschaft zu leisten, da sie aber durch ein finster Gesicht ihren Widerwillen zu erkennen gab, blieb er zurück, und ließ uns das Vergnügen, einander ohne Zeugen zu sprechen. Um keinen Argwohn zu erwecken, machten wir es kurz, ich gab es auch nicht zu, daß sie mich völlig nach meiner Behausung begleitete, denn ich sahe, daß der Lord, ihr Herr Vater, kein allzu freundliches Gesicht machte, welches ich ihr auch entdeckte. Es thut zur Sache nichts, sagte sie dagegen, ich muß euch sagen, daß wir uns wegen eurer Person, fast entzweyet, ja es gieng also scharf her, daß er mich meiner Schuldigkeit erinnern mußte, und mir vorhielt, ich sollte gedenken, mit wem ich es zu thun hätte. Ich werde die kindlich Pflicht niemals aus den Augen setzen, gab ich zur Antwort, lebe aber der Hoffnung, Sie werden als ein würdiger Vater in dem Punct nach der Billigkeit mit mir verfahren; da Martin nach allen Rechten. = = = Hier fiel er mir mit vieler Heftigkeit in die Rede, und sagte, die Rechte, welche du mir vorrückest, habe ich als Vater in Händen, reitze mich nicht weiter zum Zorn; unter diesen Worten gieng er aus dem Zelt. Ich muß freylich in etwas nachgeben, sagte sie beym Abschied, so viel aber ist bey mir beschlossen, daß, so er sich unsrer Verheirathung widersetzet, wenigstens kein andrer die Ehre haben soll, die Stelle zu vertreten. Am Ende versprach sie mir morgen bey dem Thee Gesellschaft zu leisten. Ich gedachte recht früh aufzustehen, allein, ehe ich das Lager verließ, hatte sie schon einen Kessel mit gesodtenen Wasser in Bereitschaft. Nach eingenommenen Frühstück machten wir zum Brauen Anstalt; in diesen Beschäftigungen wurden wir überraschet, allein wir kehrten uns hieran weniger als nichts; und da uns der Vorrath am Brod war eingegangen, wurde auch hierzu die erforderliche Anstalt gemacht. Damit ich mich aber bey Kleinigkeiten nicht zu lange aufhalte, will ich mit kurzen sagen, daß ich in zehn Tagen vier mal gebrauet, und drey mal gebacken habe, und ob Carolingen gleich hierbey die Hände nicht in den Schoos legte, so wurden mir doch zwey Matrosen zugegeben, welche das Brauwesen verstunden. Auf Verlangen des Lords wurde eine Reise, die Insel nach ihrer eigentlichen Beschaffenheit in Augenschein zu nehmen, beschlossen, welche aber von einem Tag zu dem andern verschoben ward. Inmittelst, da ich das Brauen und Backen besorgte, waren jene mit Ausbesserung des Schiffes beschäftiget, welches zu einer weiten Reise auch nöthig war, der Herr Lieutenant ward hierbey fast gänzlich vergessen, es war mir auch an dem leeren Titel, aufrichtig zu sagen, weniger als nichts gelegen, ich lebte mit meinen zugegebenen Gehülfen sehr vertraut, und diesen war auch in der That nicht übel dabey; denn da ich Meister von dem Weinkeller war, konnte ich nach Belieben heraus langen, und Carolingen besuchte mich, so oft es der Wohlstand zuließ. Als wir unter andern einsmals mit einem Gebräude bis fast gegen den Tag zubrachten, legte ich mich schlafen, als ich ein paar Stunden geruhet, weckte mich Carolingen zum Frühstück auf, nachdem sie den Thee aufgetragen, fragte ich, was sie bewogen, mit ihrer angenehmen Gegenwart mich zu beehren? Es entstund heut in aller Frühe ein seltsames Lermen, gab sie zur Antwort, die ausgestellten Posten berichteten ein, daß sie von der Seite nach Nordwest ein starkes Canoniren vernommen, es wurde sogleich die Chalouppe bemannet, um die Höhe zu recognosciren, ein andrer

Theil

Theil der Mannschaft sind zu Lande nach der Gegend geeilet, wobey mein Herr Vater selbst gegenwärtig ist, diese Zeit habe ich mir zu Nutze machen wollen, um dieselbe in den Schatten der vorigen Zufriedenheit hinzubringen. Bey diesen Worten giengen ihr die Augen über, welches sie zwar nach Möglichkeit zu verbergen suchte, aber nicht gar unterdrücken konnte. Warum vergießen Sie Thränen? fragte ich mit einer Verwunderung. Die Ursache, mein lieber Martin, gab sie zur Antwort, kann Ihm so wenig als mir verborgen seyn, und so Er Acht gehabt, da ich von dem Schatten der vorigen Zufriedenheit sprach, wird sich das Rätzel von ihm selbst auflösen. Es ist wahr, ich trug ein sehnliches Verlangen, meinen Herrn Vater zu sehen, mein Wunsch ist zwar in seine Erfüllung gegangen. allein halte ich die gegenwärtige Lebensart gegen die vorige, welche wir in einer Einsamkeit, jedoch in einer zufriednen Stille hingebracht, so kann ich nicht anders sagen, als wir sind einer Glückseligkeit beraubet. Derselbigen länger zu genießen, wollte ich alles Uebrige, was tausend Andre als eine Glückseligkeit anpreisen, mit dem größten Vergnügen ausschlagen, und in diesem irrdischen Paradies mein Leben beschliessen. Ich fürchte, und das nicht ohne Grund, es wartet in England ein Ungewitter auf uns, ja ich sage noch mehr, es thürmet sich vielleicht schon auf. Mein Herr Vater giebt mir immer unter der Hand zu verstehen, daß er es gerne sähe, wenn ich dem Lieutenant mit mehrer Achtung begegnete, allein ich bemühe mich, denselben bey aller Gelegenheit zu zeigen, wie sehr ich ihn hasse. Ich traue Dero Herrn Vater nur allzuviel Einsicht zu, sagte ich nach Endigung ihrer Rede, als daß er Ihnen hierinnen einen Zwang anlegen sollte. Ja, versetzte sie hierauf, wo die eingebildete Ehrsucht die Triebfeder ist, wird Wohlstands wegen, wie man sich ausdrücket, die Einsicht mit ganz andern Augen betrachtet Ich bin meinem Vater zwar allen kindlichen Gehorsam schuldig, allein in diesen Punct weiche ich von meinem Entschluß um kein Haar breit. Daß ich die Sache aber ins Kurze fasse, so erklärten wir uns beyde vor einander in so deutlichen Ausdrücken, als noch niemals geschehen, nebst dem Anhang, sie habe den Vorsatz gefasset, unsre Verbindung künftighin nicht zu verheimlichen. Selbigen Mittag speiseten wir beyde in allem Vergnügen, ehe wir aber noch von der Tafel aufstunden, bekamen wir von ihrem Herrn Vater, wiewohl ohne die geringste Begleitung, einen Besuch. Er bezeigte über unser unschuldiges Vergnügen, wie er es nennete, eine Zufriedenheit, Carolingen wollte sich dieser Gelegenheit zu Nutze machen, und gab ihm unsre Verbindung ganz deutlich zu verstehen. Hiervon zu reden, gab er zur Antwort, werden wir noch überflüßige Zeit haben, vorjetzo haben wir Dinge von grösserer Wichtigkeit zu besorgen. Unsere ausgelaufene Chalouppe, welche nur gelandet, hat mir die Nachricht überbracht, daß auf der Höhe nach Nordost, ohngefehr zwey Seemeilen von hier, zwey

zwey Schiffe, welche sie vor Spanier halten, kreutzen, ein drittes wollen sie, aber in einer ziemlichen Entfernung gesehen haben. Bey diesem Zufall haben wir alle Vorsicht anzuwenden, kommt es den Spaniern, wofür man sie ausgiebt, ein, hier zu landen, so sind wir gefangen; lassen sie uns aber nur so lange Zeit, bis wir das Schiff wieder flott gemacht, so bin ich dieser wegen außer Sorge. Sie können sich also, Herr Lieutenant, immer Reise fertig machen, da wir nach meiner Rechnung nicht gerne vierzehn Tage mehr hier seyn werden. Unter diesen Worten nahm er nach gemachten Compliment seinen Abmarsch, seiner Tochter aber gab er durch einen Wink zu verstehen, daß sie ihm folgen sollte. Nach seiner Vorschrift sollte ich nun alles, was mir etwa lieb war, zusammen suchen, in der That aber bezeigte ich schlechte Lust hierzu, denn in allen meinen Handlungen hatte es das Ansehen, als ob an keine Abreise wäre gedacht gewesen. Zum Ueberfluß fieng ich an aufs neue zu malzen, weil der Vorrath völlig verbraucht war, und ob ich schon unter der Hand anfieng einzupacken, waren es doch nur solche Sachen, die mir auf der Insel entbehrlich schienen. Geld und Silbergeschirr packte ich zwar sorgfältig in einen Coffre, allein diesen setzte ich nur zur Hand, damit wenn die Spanier, wofür man sich fürchtete, landeten, ich denselben in Sicherheit bringen, mich aber, bis zu ihrem Abmarsch nach Möglichkeit verbergen wollte. Die Furcht aber für einen Ueberfall verschwand, als den vierten Tag

 die

die Chaloupe, welche ausgelaufen war die Höhe zu recognosciren, mit der Nachricht zurück kam, daß sie kein Schiff um die Gegend gesehen. Bey dem allen wurde die Einschiffung nach Möglichkeit beschleuniget, hinfolglich sahe ich mich gemüssiget, meine Habseligkeiten an Bord bringen zu lassen. Die in dem großen Vorrathsgewölbe befindlichen Sachen wurden in Gegenwart des Lords auf einen großen Platz geschafft, was noch tauglich, zusammen gesetzet, und taxiret, das Uebrige aber wieder an seinen vorigen Ort in Verwahrung gebracht. Erstre wurden um einen billigen Preis angesetzet, und mir hiervon eine ordentliche Specification eingehändiget, nebst der Versicherung, daß ich in England das Geld dafür erhalten sollte. Nachdem nun das meiste bis zur Abfahrt veranstaltet, rieth mir der Lord an, etwas schriftliches zu hinterlassen, daß wenn nach unsrer Abreise jemand durch Unglück diese Insel betreten sollte, er doch wenigstens eine Art einer Vorschrift fände, wornach er sich zu richten habe, und welcher gestalt er seinen Unterhalt bewirken könne. Dieses that ich in drey Sprachen, nämlich, deutsch, englisch und holländisch, so viel ich derselben mächtig war. Dieses war ein Stück Arbeit von vierzehn Tagen, ehe ich damit zu Stande kam. Mittlerweile hatte das Schiffsvolk auf der Insel alle Winkel durchkrochen, brachten auch die Nachricht, daß an der Seite von Südwest Pfeffer wüchse, aber sehr mager, und nicht von Erheblichkeit. Da nun nichts mehr zu erwarten übrig war, als ein

ein günstiger Wind, stellete mir der Lord frey; ob ich bis zur Abfahrt an dem Ufer unter einem Zelt die Zeit abwarten, oder in meinem Quartier, wo ich es schon gewohnt, so lange verziehen wollte, und wenn das gewöhnliche Zeichen mit einem Canonenschuß schähe, sollte ich mich nach dem Ufer begeben. Da es mir frey stund, erwählte ich das lettre, richtete aber meine Wirthschaft dergestalt ein, als ob an die Abreise noch nicht gedacht wäre, denn nach dem Betragen der Equipage schien es noch sehr weitläuftig zu seyn, weil, wie schon gedacht, sich dieselbe auf der ganzen Insel zerstreuete. Ich bekam täglich Besuche, Carolingen, welche mir fast nie von der Seite kam, sagte zu verschiednen malen, daß einem Missethäter, welcher zu seiner Bestrafung keinen sichern Tag mehr vor sich habe, nimmermehr banger ums Herze seyn könne, als sie empfände; wiewohl sie keine Ursache anzugeben wisse, weil ihr Herr Vater bey aller Gelegenheit auf das vortheilhafteste von mir spräche Ob dieses nun eine Ahndung war, lasse ich dem Leser selbst beurtheilen. Wie ich nun gewohnet war, früh aufzustehen, um meinen Besuch mit einem Thee zu bewirthen, so geschahe es, gleich an einem Sonnabend, daß, als ich das Frühstück in Bereitschaft hatte, niemand sich hierzu einstellen wollte. Es wollte mich fast verdrießen, daß ich die Zeit umsonst angewendet, außerdem galt es mir gleich viel, nur dieses kam mir bedenklich vor, daß Carolingen ebenfalls weg blieb; desto mehr ward ich aufmerksam, um den Canonenschuß nicht zu verhören. Immer war ich auf dem Sprung, da aber nach meiner Uhr die Mittagsstunde verflossen, fieng sich an ein Argwohn bey mir zu äußern; da ich es mir aber dennoch nicht überreden konnte, daß der Lord abgesegelt, ohne mich aufzunehmen, nahm ich das Mittagsmahl, welches in kalter Küche bestund, ein. Da mir aber die Zeit zu lang werden wollte, gieng ich bis an den Steg, mich aus einer Ungewißheit zu reissen. Nicht ohne Erstaunen mußte ich sehen, daß der Platz, wo die Zelte aufgeschlagen gewesen, ganz leer, und nicht mehr als noch eines zu sehen war. Als ein Unsinniger lief ich nach demselben zu, verschiedne Sachen befanden sich wohl in demselben, welche ich aber nicht anzusehen würdigte, sondern nur Menschen suchete, lief also nach dem Strand, in Hoffnung das Schiff allda anzutreffen; allein es war weg. Ich rieb mir die Augen, sahe allenthalben umher, konnte aber nichts entdecken, das einem Schiffe ähnelte, noch weniger einen Menschen ansichtig werden. O Himmel! schrie ich, sie sind fort, ja, ja, sie sind gewiß fort, meine treue Caroline ist mir nun auch untreu geworden; O du falsche betrügliche Welt! O wäre doch das Schiff in den Abgrund gesunken, ehe es hier gelandet, so wäre mein Schicksal erträglich. Ich hätte mich in dasselbe schicken gelernet, nun soll ich wieder ohne Hülfe eines Menschen das Elend bauen; zudem haben sie mich von meinem ganzen Vorrath entblößet. Doch tröstete ich mich wieder mit den Worten: was hattest du denn, als

du

du hier landetest? O die gütige Vorsorge, welche dich so viele Jahre reichlich erhalten, wird auch für das Künftige sorgen. Nur dieses gieng mir nahe, daß Carolingen mich so schändlich hintergangen; bey reifer Ueberlegung aber mußte ich ihr das Wort selbsten reden, und zwar auf eine doppelte Art: Vors erste konnte ich ja nicht wissen, ob es mit ihrer Genehmhaltung geschehen, daß man mich zurück gelassen; andern theils aber war ihr nicht zu verübeln, daß sie ihren Stand beobachtet, da ihr Vater in England eine zu ansehnliche Rolle spielete, als daß sich die Tochter von demselben bis zu einem ... nen Kaufmannsdiener herunter lassen sollte. Nur dieses kränkte mich, daß es mit einer List geschahe. Ich gestehe es offenherzig, ich war ihr gewogen, ja ich will noch mehr sagen: unsre bisherige Freundschaft hatte mehr als eine Gewogenheit zum Grunde, mit einem Wort: wir liebten einander. Da ich nun keine Spuhr mehr sahe, gleichwohl mich noch nicht überreden konnte, daß sie wirklich fort wären, verfolgte ich das Ufer nach West von Norden, bis die untergehende Sonne mich erinnerte auf den Rückweg bedacht zu seyn; es war mir aber nicht möglich die Gegend, wo das aufgeschlagne Zelt stund, zu erreichen; ich mußte also mein Nachtlager unter einem Baum erwählen, es kam mir aber, wie leicht zu erachten, wenig Schlaf in die Augen. So bald es der Tag vergönnete mich umzusehen, erkannte ich den Irrthum, daß ich nämlich das Zelt schon ein ziemlich

lich Stück hinter mir hatte; ich gieng daher aus Neubegierde auf dasselbe zu, und hätte ich Feuer machen können, so würde ich es in der ersten Hitze mit allen darinnen befindlichen Sachen verbrannt haben. Die Ursache, welche mich hierzu veranlasset, wollen wir gleich hören. Außer meinem Coffre und Kisten, so mir bekannt, war noch ein ziemlicher Vorrath vorhanden, hauptsächlich aber lag auf einem kleinen Feldtische ein offener Brief folgendes Innhalts: „Werthester Herr Lieutenant Speelhoven! Sie werden, wie ich vermuthe, sehr ungehalten auf mich seyn, daß ich Sie, nach Ihrer Beurtheilung, so fälschlich hintergangen. Ich sehe mich, aus Noth gedrungen, aus zweyen Uebeln eines zuerwählen, in Ansehung meiner Tochter, welche fast darauf bestund, Sie beyde nach den ordentlichen Gesetzen zu vermählen, oder auf eine Art zu trennen. Wie konnte ich anders als dieses Mittel ergreifen? Ich verspreche aber auf meine Ehre, Sie längstens binnen Jahr und Tag mit einem Schiffe abholen zu lassen. Dero Großmuth ist mir nur allzuwohl bekannt, als daß Sie über eine solche Kleinigkeit viel Aufhebens machen sollten. Sie haben ein Verzeichniß von alle dem was wir von ihren Sachen eingeschiffet, und was wir behalten, ist nach den Taxen richtig bezahlet, das Geld werden Sie in einem Beutel finden; was ich aber zu Ihren Bedürfnissen noch hinzu gethan, unterstehe ich mich damit Ihnen ein Geschenke zu machen. Ich werde, wenn wir nach England

England kommen, dero Wohl mit Ernst zu befördern suchen, auch durch eine anderweitige Heirath Sie glücklich machen. Geschrieben am Bord. Der Lord *** Commandeur." Hier hatte ich nun das ganze Rätzel mit einemmal aufgelöset, wie schon gedacht, wollte ich den ganzen Plunder verbrennen, wiewohl es eine große Thorheit gewesen wäre. Was war nun hierbey anders zu thun, als mich in Gedult zu fassen? Da hatte ich nun wieder ein Stückgen Arbeit vor mir, nämlich meine Sachen wieder in Ordnung zu bringen, vorzüglich aber mußte ich auf Lebensmittel bedacht seyn. Unter den zurückgelaßnen Sachen fand ich ein Fäßgen mit eingesalznen Fleisch, nebst sechs Broden die ich selbst gebacken, dieses nahm ich, und trug es nach meiner Wohnung. Dieser Weg war mir einer der sauersten, den ich in meinem Leben gethan, ja ich muß sagen, daß ich denselben mit Thränen benetzte. Wo ich nur hinsahe, war alles wüste und leer, ja mein Bezeigen selbigen Tag lief fast auf eine Desperation hinaus, was ich nur in die Hände nahm, gab mir Stoff zu neuen Jammer, besonders solche Sachen, welcher sich Carolingen bedienet. Ich muß bis diese Stunde noch, so oft ich mich dessen erinnere, über meine damalige Aufführung lachen. Alles zu erzehlen muthe man mir nicht zu, denn es würden sehr abgeschmackte Dinge heraus kommen. Hier bitte ich den Leser, er setze sich nur einen Augenblick an meine Stelle, er überlaufe die vorige Lebensart, und stelle die jetzige, in welche ich wider alles Vermuthen gesetzet

setzet ward, dargegen; bey alle dem ist es doch nicht möglich, sich einen rechten Begriff hiervon zu machen. Wollte man mir aufrücken, der Lord hätte das nothwendigste Stück Hausrath, nämlich seine Tochter zurück lassen sollen, und ich wollte mich in diesem Punct entschuldigen und sagen, es geschähe mir zu viel, so würde ich bey den wenigsten Glauben finden. Das aber sage ich; Carolingen war mir zwar werth, wir hatten uns an einander gewöhnet, ganz natürlich gieng es also zu, daß ich nach ihrer Person seufzete. Ich mußte mich der ganzen Wirthschaft nun wieder annehmen, da ich vorhero, wenn ich das Feld bestellt, oder andern Verrichtungen obgelegen, ordentlicher Weise meine zubereitete Mahlzeit fand, jetzo aber Koch und Kellner, Herr und Knecht seyn mußte. Ehe ich mich nun wieder in dieß alles gehörig schickte, fiel es mir sehr beschwerlich. Es war also an einem Sonnabend da ich mich wieder von aller menschlichen Gesellschaft ausgesondert sahe. Den folgenden, als den Sonntag, hatte ich alle Hände voll zu thun, nur das nothwendigste in Ordnung zu bringen, ja, es wollte bereits dunkel werden, ehe ich mit der Mittagsmahlzeit, so in einem Gerüchte Fischen bestund, zu Stande kam. Den Montag in aller Frühe fuhr ich mit dem Wagen nach dem Zelte, mir das nöthigste wieder herbey zu schaffen. Bey alle dem muß ich dem Lord doch nachrühmen, daß er nichts vergessen was zur Bequemlichkeit erfordert wird. Unter andern hatte er mir verschiedene Gattungen von Gartengesäme

zurück-

zurückgelassen, mein Flaschfutter war auch mit einem guten Branntwein angefüllt; allein ein Umstand setzte mich sehr in Verlegenheit. Die Schafe waren sehr dünne gemacht, und die noch übrigen dergestalt schüchtern, daß ich mit aller Mühe keines habhaft werden konnte. Gleiche Bewandtniß hatte es mit den Tannenböcken, welche ebenfalls vor mir den Reisaus nahmen, daß ich fünf Tage vergeblich lauerte, ehe es mir glückte einen in meine Hände zu bekommen. So gieng es auch mit dem Flügelwerk, alles flohe vor mir mit der größten Behändigkeit. Ich muste mich also an den Fischen und jungen Tauben erholen. Als die Anstalt zur Abreise gemacht wurde, hatte ich Erbsen und Gerste ausgesäet, welches der Lord zwar vor etwas überflüßiges ansahe, nunmehro aber seinen guten Nutzen hatte. Die Winterwitterung stellete sich ein, da ich eben noch mit dem Einsammlen beschäftiget war, und da allem Vermuthen nach der Wein auch zeitig seyn mußte, so wollte ich denselben auch gerne nicht im Stich lassen; es wurde mir daher blutsauer dieß alles zu besorgen, jedoch kam ich noch mit allem zu Stande. Ohngeachtet es mir beschwerlich fiel, in der Regenzeit etwas zu unternehmen, so sahe ich mich doch genöthiget zu brauen und zu backen. Dieß alles hatte den Nutzen, daß mir die Gelegenheit zum Nachdenken benommen ward. Nach Verlauf drey Wochen war alles meist wieder in der vorigen Ordnung, daß ich also meine Zeit im Trocknen hinbringen konnte. Nun fieng ich erst

an

an meine Meublen wieder auszupacken; den Herrn Lieutenant, oder vielmehr dessen Anzug, würdigte ich kaum das Ansehen, sondern packte den ganzen Plunder in eine Kiste, und schaffte dieselbe, so bald es die Witterung zuließ, in das große Vorrathsgewölbe. Mit der angenehmen Witterung stellete sich auch meine vorige Gemüthsruhe wieder ein, ja, mich beseelete so zu sagen eine neue Zufriedenheit, und wenn ich mich ja etwa noch an das vorige noch erinnerte, so geschahe es mit ziemlich kalten Blute. Mein fester Vorsatz war, wenn nach dem Versprechen des Lords ein Schiff ankommen sollte, mich abzuholen, wollte ich ihr Anerbieten mit der größten Verachtung ausschlagen. Was vor Nutzen wird dir hierbey zuwachsen? machte ich den Ueberschlag; in Europa habe ich weniger als gar nichts zu suchen, was vor eine Person soll ich daselbst vorstellen? Mein Bißgen Geld ist wohl etwas, aber nicht hinreichend mich Zeitlebens damit zu unterhalten. Soll ich als ein Handelsdiener mich wieder einem Herrn unterthänig machen? dieses ist mir noch weniger gelegen; es wird also am besten gethan seyn, nachdem es mir mit Carolingen fehlgeschlagen, ich bringe meine annoch übrige Lebenszeit allhier in Ruhe hin, wer mich nach meinem Tode begraben wird, darum lasse ich mich unbekümmert, fühlet doch der Körper nichts von alle dem was ihm nur widriges begegnen möchte. Dieses war also der Schluß, und davon wollte ich keinen Finger breit abgehen. Das Zelt, welches mir eben sonderlich nichts nutzte,

ließ

ließ ich stehen; den Steg über den Fluß trug ich ab, weil ich jenseits wenig zu schaffen hatte, und wenn es ja die Nothwendigkeit erforderte, allenfalls durch den geheimen Weg dahin gelangen konnte. Als ich aber wieder müßig wurde, denn da alles wieder in die alte Ordnung gebracht, hatte ich wenig zu thun; fehlte mir, die Wahrheit zu bekennen, mein Carolingen, und warum sollte ich es läugnen? Wer würde es mir glauben, wenn ich mich vor die liebe Unschuld selbst ausgäbe, angesehn ich auch ein Mensch bin. Wenn mir nun eine Grille in den Kopf kam, saß ich oft bey Stunden unweit dem Steg auf einer Anhöhe, wo ich das Meer nach Norden ein ziemlich Stück übersehen konnte; da sollte sie nun meinen Gedanken nach herkommen, mußte aber, wenn ich mich satt und überdrüßig gesehen, so klug als ich hinauf geklettert, wieder herunter steigen. Einsmals sahe ich meiner Einbildung nach ein Schiff aus Nordwest daher segeln, die Freude hierüber war unbeschreiblich, ich hätte auch gerne durch einen Schuß eine Losung gegeben, da es mir aber an einer Flinte fehlete, wollte ich nach dem Strand zu laufen; vor allzu großer Uebereilung aber purzelte ich den ganzen Hügel herab. Lange zu liegen war keine Zeit, ich raffte mich daher in möglichster Geschwindigkeit auf. Hier mußte ich einen Fehler bereuen, daß ich den Steg abgetragen, verfolgte also den Fluß, um an einem Ort durchzubaden; da aber derselbe stark angelaufen, mußte ich es mir vergehen lassen. Ich kletterte also von einer Anhöhe zu der andern, in Hoffnung sie durch ein gegebenes Zeichen an mich zu locken; da es mir nun hierdurch nicht gelingen wollte, fieng ich aus vollem Halse an zu schreyen: Heh da, nehmet mich auf. Allein hier hatte ich wieder eine Art eines neuen Schrecks auszustehen; denn ich hörte die letzten Worte: mich auf, ganz vernehmlich. Da ich nun nicht anders glaubte, als es müsse außer mir noch ein Mensch zugegen seyn; rief ich: Ist jemand zugegen? zugegen, erfolgte die Antwort. Mir brach ein eiskalter Schweiß aus, vor Furcht und Hoffen, ich setzte mich hinter einen dickbelaubten Strauch, und sahe nach der Gegend wo die Stimme herkam; da sich aber niemand weiter melden wollte, wurde ich ungedultig, und rief aus vollem Halse, wer bist du? Ist du, hörete ich ganz vernehmlich. Ich würde die Gedult des Lesers mißbrauchen, wenn ich die ganze Unterredung, so ich eine gute Weile mit mir selbst führte, nach der Länge hersetzen sollte, ich habe gesagt mit mir selbst, denn nach genauerer Untersuchung war es ein Echo, welches ich noch niemals beobachtet; ich war diese Gegend oft paßiret, allein, es gieng allemal stille zu. Dieser Vorfall hatte verursachet, daß ich das Schiff ganz aus der Acht gelassen, und nunmehro auch aus dem Gesicht verlohren. Ich überließ mich daher der Wehmuth gänzlich, und gieng unter Vergießung häufiger Thränen nach meiner Behäusung. Allda überlief ich meinen ganzen Lebenswandel von Jugend auf, und beklagte mich über

das

das allzu harte Verhängniß. Alles, was ich nur ansahe, war mir zuwider, mit einem Wort, alles geschahe mit Verdruß; und da die Trauben zeitig waren, konnte ich mich kaum entschließen dieselben einzusammlen. Ehedem hatte ich mir das Essen nur mit Lust zugerichtet, vorjetzo aber geschahe es mit lauter Widerwillen. Bey alle dem verstrichen doch unvermerkt acht Wochen, in welcher Zeit ich mir nicht die Mühe gegeben den Bart abzunehmen, hätte dieses so fortdauern sollen, so würde ich sowohl am Leibe als am Gemüthe ganz verwildert seyn. Verschiedenemal forderte ich mich zwar selbst zur Rechenschaft über mein damaliges Bezeigen auf, unterdrückte es aber ehe es zur Reife kam, selbst wieder. Von ohngefehr trat ich einsmals vor den Spiegel, beynahe hätte ich mich vor mir selbst gefurcht; denn der Bart hatte mich dergestalt unkenntlich gemacht, daß ich mich beynahe selbst angespien hätte. Schäme dich, sagte ich zu mir selbst, bist du gleich von allen Menschen ausgeschlossen, so stehest du doch unter Gott, der alle deine Handlungen gewiß nicht ohne Verdruß, wenn ich anders so reden darf, mit ansiehet. Elender Mensch! was unterstehest du dich den allweisesten Schöpfer zu trotzen? Gedenkest du ihn mit deiner unbesonnenen Aufführung etwa was abzugewinnen? Laß ab, du kömmst zu kurz, denn hierdurch verschlimmerst du nur deine Umstände. Hierbey stellete ich mir das Leben nebst dessen unglückseligen Ende meines Vaters vor. Ein Fünkgen von dem Christenthum, welches sich noch bey mir verhalten, bekam hierdurch so zu sagen frischen Zunder, oder vielmehr Nahrung, mich wieder zurück zu rufen; denn ich verrichtete, welches ich zu meiner eignen Beschämung sagen muß, das erstemal mein Gebet wieder, so ich bisher unterlassen. Hierauf wurde ich fast wie neu belebt, nun wollte ich auch den Körper von außen eine andere Gestalt geben, der Anfang hierzu geschahe in Abnehmung des Bartes, und als ich mich betrachtete, gefiel ich mir selbst, ja, ich begieng die Thorheit zu sagen: Ich bin doch gleichwohl ein artiger Mensch, Carolingen hat sich nichts Unrechtes ausgelesen. Man halte mir meine Eitelkeit, so ich hierbey begehe, zu gute, welche sonder Zweifel bey vielen beyderley Geschlechts herrschet. Die Eigenliebe hat in der verderbten Natur nur allzu tief gewurzelt, als daß man sich im Stand befinden sollte, das Unkraut gänzlich auszurotten. Nachdem ich mir dieses selbst verwiesen, mußte ich selbst gestehen, daß ich in dem großen Register der verliebten = = = einen Platz verdiente. Ja wenn ich in der ersten Hitze meinen Coffre bey der Hand gehabt, so würde ich völlig in den Herrn Lieutenant hineingekrochen seyn; ich gieng auch in der That denselben zu holen, überlegte aber unterweges, daß dieses nicht den mindesten Nutzen hätte. Damit nun der Weg nicht gar umsonst war, trunk ich auf Gesundheit der Jungfer Carolingen, welcher ich, ob sie mich gleich hintergangen, dennoch nicht abgünstig seyn konnte, ein Gläßgen Wein um das andere, daß ich ziemlich

lich berauscht meine Behausung und daselbst mein Nachtlager suchte. Den Morgen drauf, als ich den Rausch ausgeschlafen, nahm ich mich der häußlichen Geschäfte wieder nach der Ordnung an, das Brod war mir eingegangen, gleiche Bewandtniß hatte es auch mit dem Getränke. Backen und Brauen war also das erste so ich wieder vor die Hand nahm, es gieng auch alles, wie ehedem, gut von statten. Fielen mir ja sezuweilen Gedanken ein, unterdrückte ich sie doch aus allen Kräften. Es waren nun wieder vierzehn Tage, und in allen zehn Wochen verstrichen, daß ich also das vorige meist vergessen. Den Sonntag, als ich eben die Mittagsmahlzeit verzehret, und vor langer Weile mich aufs Lager gestrecket, kam mir ordentlich vor, als hörte ich einen Canonenschuß, ich sprung daher fast mit gleichen Füßen in die Höhe, nach reifer Ueberlegung aber nahm ich meinen vorigen Platz wieder ein. Gilt es mir, waren meine Gedanken hierbey, werden sie schon näher kommen, oder sich deutlich erhören lassen, schlug es mir also aus dem Sinn, und hielt mich ruhig. Verschiedenemal war ich willens nach den Steg, welchen ich wegen der Weinlese wieder hergestellet, aber nicht abgetragen, zu gehen, unterließ es aber, und legte mich mit einbrechender Nacht schlafen, um, weil ich brauen wollte, desto früher auf zu seyn. Stund auch noch vor Anbruch des Tages auf, das nöthigste zu veranstalten. Als ich eben noch mit dem Frühstück beschäftiget, bekam ich wider Vermuthen einen Zuspruch; es trat nämlich derjenige

Matrose, so mir ehedem bey dem Brauwesen hülfliche Hand geleistet, zu mir hinein, nach abgelegten Gruß, sagte er; Er habe von seinem Commandeur, dem Lord, ein Compliment abzustatten, mit dem Beyfügen, ich möchte mir es gefallen lassen, mit ihm nach dem Ufer zu gehen, weil man mich zu sprechen verlangte. Ich glaube, mein Freund, gab ich zur Antwort, daß es von keiner großen Wichtigkeit seyn wird. Meine Geschäfte wollen es nicht vergönnen, dieselben auszusetzen. Ich habe Befehl, erwiederte er, so lange zu verziehen, bis der Herr Lieutenant mit mir gehen. Es wollte mich beynahe verdrießen, daß er mit dem Lieutenant um sich warf, gab ihn daher keine Antwort; und da er es noch einmal wiederholte, mit dem Zusatz, ob ich ihn verstanden? so antwortete ich: Wenn er mit mir redet, so lasse er einen leeren Titel, an welchen mir weniger als nichts gelegen, weg. Wenn Sie nicht mit mir gehen wollen, verfolgte er seine Rede, so muß ich doch meinem Herrn Antwort bringen. Dieses stehet bey ihm, war mein Gegenbericht, und reichte ihm eine Schaale Thee, welche er mit einer vergnügten Miene annahm. Dieser Mensch sahe so elend aus, als wenn er schon im Grabe gelegen, dieses bewog mich zu fragen, ob ihm nicht wohl seyn? Ich bin noch einer von den Gesundesten, erhielt ich zur Antwort. Hiermit gieng er seines Weges. Anfangs war ich Willens, nach Carolingens Befinden zu fragen; unterließ es aber. Aufrichtig zu sagen, hiel hielt mich ein kleiner Stolz zurück. Da nun der Abgeordnete wieder weg, stritt ich mit mir selbst, ob ich zu dem Lord gehen, oder zurück bleiben sollte, das Letztre behielt die Oberhand. Er will mir, machte ich den Schluß, gewiß noch eine Nase aufdrehen, er soll aber das Vergnügen nicht haben. Gefällt es der allweisen Vorsehung, mich aus dieser Einöde zu erlösen, kann es ja ohne den Lord geschehen, soll ich aber allhier mein Leben beschließen, so habe ich mich schon darein ergeben. Die Welt ist ja voller List und Betrug, dieses sind nur eine Hand voll Menschen, und begegnen mir so hämisch, da ich ihnen doch nicht das mindeste zugefüget, so einer Beleidigung ähnelte; wie wird es vollends unter dem großen Haufen hergehen? Er wird die Verachtung gewiß nicht mit günstigen Ohren anhören, er muß es aber erfahren, daß mir auch ein Kopf zwischen den Schultern stehet. Seine an mir erzeigte Wohlthat kann ich leicht vergessen, weil dieselbe in nichts bestehet, es wäre denn, daß ich ihm eine Erkänntlichkeit schuldig wäre, weil er mir bey seiner ersten Ankunft das Leben, so in seiner Hand stund, schenkte; da er nach reifer Ueberlegung mir noch zum Ueberfluß allen Dank schuldig war, daß ich seiner Tochter Ehre und Leben gerettet. Er wird mir nicht viel zu sagen haben, machte ich den endlichen Schluß. Bey allen dem äußerte sich eine kleine Sehnsucht zu wissen, wie es um Carolingen stünde, blieb aber bey dem Vorsatz, mir hierinnen einen Zwang anzulegen, und fieng an getrost zu brauen. Es war schon ziemlich in den Mittag hinein, da ich mir das Essen zurecht machte. Als ich eben damit beschäftiget, trat der Lord unter Begleitung vier Mann, welche alle so wie der erste Bothe aussahen, zu mir in die Küche. Ey, Herr Lieutenant, redete mich erster an, Sie müssen in der That sehr hoch wider mich aufgebracht seyn, daß Sie mich nicht einmal eines Besuchs würdigen. Wenn ich gegen Ew. Herrlichkeit einigen Unwillen hegete, gab ich ziemlich trocken zur Antwort, würden die Ursachen geltend genug seyn; allein da ich glaubte, daß es Anstand haben könnte, so zog ich meine Geschäfte, welche zurück zu setzen nicht wohl angehen wollte, vor. Außer dem würde Dero Befehlen auf das schleunigste mich unterzogen haben. Herr Lieutenant, fiel er mir ins Wort, dieses sind Complimente für einen Staatsmann, in der That hätte ich mir von Ihnen die Antwort nicht versehen. Diese spitzige Antwort, nebst dem Mißbrauch des Titels, womit er mich meines Erachtens nur aufzog, verdroß mich dergestalt, daß ich ihn mit einem bittern Lächeln ansahe. Warum lachen Sie? hub er an. Die Ehrentitel, womit Ew. Herrlichkeit mich überhäufen, war meine Verantwortung, hätten mich beynahe zu einen kleinen Stolz verleitet, da ich aber zu allem Glück wie der Pfau auf die Füsse sahe, brachte dieses mich auf einmal zu mir selbst zurück; ein barfüßiger Lieutenant, möchte in den Staatsgeschäften wohl keinen Platz verdienen. Dieß alles ist, sagte der Lord hierauf,

noch

nach Beschaffenheit der Umstände für ihren Character gar nicht nachtheilich. In England werden Sie weder Backen noch Brauen zu besorgen haben, in der Welt muß man alles versuchen; dieß alles wollen wir jetzo bey Seite setzen, kommen Sie, und trösten meine Tochter, welche sich etwas unbäßlich befindet. Ich werde mir vielleicht heute noch die Kühnheit nehmen, Derselben aufzuwarten, versetzte ich hierauf. Sie haben sich in kurzer Zeit angewöhnet, erwiederte er ziemlich ungeduldig, alle Worte auf Schrauben zu setzen, eilen sie, es ist mir dran gelegen, ich werde so lange verziehen; mit diesen Worten verfügte er sich in die Stube. Dieses war genug, mir gleichsam Flügel zu machen, damit aber dem Lord die Zeit bis zu meinem Anzuge nicht zu long fallen möchte, setzte ich ihm eine Bouteille Bier nebst einem frischen Brod und etwas holländischen Käse vor, welches ich seinen Begleitern, so sich nach der Länge ins Gras gestrecket, auch reichte. Allem Ansehen nach hatte ich den rechten Fleck getroffen, weil der Erste sowohl als die Letztern mit der größten Begierde zulangten. Ohngeachtet ich noch nichts gegessen, kleidete ich mich in möglichster Geschwindigkeit an. Des Lords Sorgfalt für seine Leute kann ich nicht umhin zu erwähnen, denn da er nur einmal getrunken, wanderte er mit der Bouteille nebst dem Brod zu ihnen, stutzte aber ziemlich, als er sahe, daß sie bereits damit versehen waren. Allem Vermuthen nach muß euch der Hunger wieder hieher getrieben haben, dachte ich bey mir selbst, außer dem würdet ihr den armen Martin in seinem Elend wohl haben stecken lassen, welches auch, wir wir bald hören werden, seine gute Richtigkeit hatte. Als ich mit dem Anzuge, so wie ich es bey der Hand hatte, fertig, sagte ich, daß ich bereit sey, zu folgen. Ey warum bedienen Sie Sich nicht der gewöhnlichen Montirung? hub er an. Der Lieutenant lieget im Coffre, und dieser stehet in dem großen Vorrathsgewölbe, war mein Gegenbericht. Nun so wollen wir uns auf den Weg machen, sagte er im Aufstehen. Ich hatte die Vorsicht gebraucht, eine Bouteille Getränke in Bereitschaft zu halten, dieselbe Carplingen mitzubringen, woran ich sehr klüglich gehandelt. Wir giengen oder schlichen vielmehr, weil es jenen an hinlänglichen Kräften fehlte, nach dem Lager zu, und gewiß, es war rührend anzusehen, in was vor schlechter Verfassung das ganze Schiffsvolk sich befand, einige lagen wie halb tod in dem Grase, andre schlichen herum als Kinder, so nur erst anfangen zu laufen. Endlich gelangeten wir zu dem Zelt, allwo Jungfer Carolingen sich befand, welche so blaß als eine Leiche auf einem Feldbettgen lag. Die Thränen, welche ihr bey Erblickung meiner aus den Augen stiegen, gaben das Innerste ihres Herzens nur allzu deutlich zu erkennen, ich reichte ihr die Hand, welche sie ohne ein Wort zu sprechen zum Munde führte, und fast unzehliche mal küssete. Mir giengen hierbey die Augen über, ohne es verhindern zu können. Ihr

Herr

Herr Vater, so einen Zuschauer bisher abgegeben, ward selbst hierdurch gerühret. Ich befehle sie meiner Tochter, hub er mit gefalteten Händen an, sorgen sie für ihre Gesundheit nach Möglichkeit, ich werde es annehmen, als geschähe es mir selbst; unter diesen Worten verließ er uns. Vor allzu großer Wehmuth war uns beyden die Sprache gehemmet, daß wir in langer Zeit kein Wort aufbringen konnten. Endlich brach sie das Stilleschweigen, und sagte: Mein lieber Martin, gebe Er mir doch ein Glas frisches Wasser. Ist es Ihnen gefällig, war meine Gegenrede, will ich Ihnen ein Glas von meinem Getränke, welches ich aus Vorsorge mitgebracht, reichen; Ach der ehrliche Martin, antwortete sie hierauf, nur ist zu bedauern, daß seine ungefälschte Aufrichtigkeit bisher so schlecht belohnet worden; und als sie ein Glas mit gutem Appetit getrunken, sagte sie: Ach dieser liebe Trank, den ich so lange entbehren müssen, hat mich recht gestärket; darf ich mir aber wohl eine Gefälligkeit von Ihm ausbitten? Und da ich sagte, daß sie nur zu befehlen hätte, fuhr sie fort: Ich möchte meinen armen kranken Vater hiervon wohl ein Glas wünschen; unter diesen Worten sahe sie mich lächelnd an. Werthes Carolingen, war mein Gegenbericht, es ist geschehen, er hat in meiner Wohnung beynahe eine Bouteille ausgetrunken. Als wir noch hiervon redeten, kam er mit dem Schiffschirurgo; dieser, als er die Flasche auf dem Tisch stehen sahe, fragte gleich beym Eintritt, ob ich der Patientinn Bier zu trinken gege-

 ben?

ben? Und da ihn berichtete, daß sie dem Augenblick ein Glas getrunken, sagte er: Nun so bin ich vor ihr Leben nicht mehr gut, und gieng aus dem Zelt. Ja, vielleicht ein Glas stinkend Wasser, rief sie ihm nach, um meinen Tod zu befördern. Ihren Herrn Vater aber redete sie folgendergestalt an: Gnädiger Papa, wollen sie mir wohl eine Bitte gewähren? Ja meine Tochter, fiel er ihr in die Rede, alles soll dir erlaubet seyn, in soferne es nur deiner Gesundheit nicht schadet. Ich wollte, sagte sie zu verschiedenen malen, aus Scham aber mochte sie Bedenken tragen, sich weiter zu erklären. Da er sie nun angieng, sich ihm ohne Scheu zu entdecken, hub sie an: Ich glaube, daß es meiner Gesundheit weit zuträglicher seyn würde, wenn ich in Herrn Martinen seiner Behausung mich befände. Dieses, meine Tochter, soll dir von Herzen vergönnet seyn, fiel er ihr ins Wort, wenn du nur Kräfte genug hättest, bis dahin zu gehen. Ich will mir Zeit nehmen, erwiederte sie, und was lieget daran, ob wir eine Stunde eher oder später dahin kommen. Ich wollte zur Sache auch etwas beytragen, und schlug ihr vor den Wagen zu holen; nein, gab sie mit einem kleinen Lächeln zur Antwort, es würde dieser seltsame Aufzug bey dem Schiffsvolk ein ziemliches Gelächter verursachen, es wird, wie ich hoffe, schon gehen. Unter diesen Worten stund sie auf, und versuchte; dem ehrlichen Mann giengen die Augen über, als er sahe, daß sie sich aus allen Kräften bemühete, sich stark zu machen, es gieng auch in der That

besser,

besser, als ich vermuthete. Wir fasseten beyde unsre Patientinn unter dem Arm, und drolleten mit gelassenen Schritten nach meiner Behausung zu. Es mochten die vier Matrosen, so diesen Morgen den Lord begleitet, gesagt haben, wie herrlich ich sie tractiret hätte, wodurch sie der ganzen Equipage einen ziemlichen Appetit erwecket hatten; diese schrien mich an: O! Herr Lieutenant, lassen sie uns doch auch etwas Bier zukommen, wir wollen es reichlich bezahlen. Kinder, sagte ich zu ihrer Befriedigung, habet Gedult, ich werde den letzten Trunk mit euch theilen, es können morgen etliche zu mir kommen, und so viel als ich entübrigen kann, will ich unter euch austheilen lassen; welches sie beruhigte. Als uns der Lord bis über den Steg begleitet, sagte er: Es will mir beschwerlich fallen, weiter zu gehen, befahl mir seine Tochter aufs beste, mit der Versichrung, daß mich diese Bemühung niemals gereuen sollte. Also spatzirten wir Schritt vor Schritt nach meiner Behausung zu, und wenn es uns gefiel, ruheten wir ein wenig aus, mithin war es fast dunkel als wir daselbst ankamen. Nachdem ich ihr eine Lagerstätte zurecht gemacht, war ich besorgt, mir das Essen, wovon ich gestöhret worden, vollends zurecht zu machen, dieses bestund in einem paar jungen Tauben mit Schotenerbsen, sagte daher: Werthes Carolingen, ich sehe mich gemüßiget, Sie auf einige Augenblicke zu verlassen, weil ich von heute früh an keinen Bissen zu mir genommen. Gut, mein lieber Martin, gab sie zur Antwort,

richte

richte was Gutes zu, ich esse auch mit. Ich nahm dieses vor einen Scherz an, da ich aber das Essen auftrug, reichte sie mir mit den Worten die Hand, ich möchte ihr aufhelfen, sie wollte in Gesellschaft meiner etwas zu sich nehmen. Nicht ohne Verwunderung sahe ich, daß sie beynahe eine halbe Taube verzehrte, sich auch überhaupt so, wie es ihre Umstände leiden wollten, sehr aufgeräumt bezeigte. Nach der Mahlzeit sagte sie: Nun so schmauche ein Pfeifgen Taback, ich gab ihr aber zu verstehen, daß ich, weil ich heute in aller frühe gebrauet, das Getränke vorzüglich abwarten müßte, gieng auch, nachdem ich sie auf ihr Lager geführet, und brachte es in seine gehörige Ordnung. Nach diesem genossen wir der Ruhe, und zu meinem Vergnügen schlief Carolingen die ganze Nacht sehr wohl. In Absicht auf ereigneten Fall bey der Hand zu seyn, hatte ich mein Lager dichte neben dem ihrigen gemacht. Mit Anbruch des Tages stund ich auf, und machte den Thee zurechte, wovon sie mit guten Appetit drey Schaalen genoß, und mich dabey erinnerte, ein Pfeifgen Taback zu schmauchen, ich sagte ihr aber, daß ich es, weil er ihr zuwider seyn möchte, unterlassen wollte. Als ich aber im Begriff war, frisches Wasser aufzugießen, war sie aufgestanden, und hatte mir ein Pfeifgen, wie sie ehemals gewohnt gewesen, gestopfet. Nach genossenen Frühstück sagte ich, daß es dem Wohlstande gemäß, den Herrn Vater meine Aufwartung zu machen, und mich nach dessen Gesundheit zu erkundigen,

digen, welches sie vor genehm hielt. Ich kleidete mich also an, ehe ich aber den Steg erreichte, kam er mir schon entgegen, fragte auch nach abgelegten Guten Morgen sogleich nach dem Befinden seiner Tochter, darauf ich ihm den Bescheid gab, daß sie vorigen Abend mit mir gespeiset, auch die Nacht ganz ruhig geschlafen, und diesen Morgen schon etliche Tassen Thee zu sich genommen. Worüber er eine außerordentliche Freude bezeigte. Dieselbe wurde um ein merkliches vermehret, als wir sie bey unserer Ankunft vor der Thüre antrafen, sie kam uns auch ein gut Stück entgegen, und küssete ihrem Herrn Vater die Hand. Nicht ohne Erstaunen muß ich sehen, redete er sie an, daß sich deine Gesundheitsumstände zu meinem Vergnügen um ein merkliches gebessert, ich sehe also, daß dir nichts als dein lieber Martin gefehlet. Wie sollte ich ihn hassen können, gnädiger Papa, gab sie zur Antwort, da er meine Ehre, ja mein Leben gerettet, ich würde ein strafbares Laster begehen, wenn ich dieses mit Undank belohnete. Unter diesem Gespräch hatten wir in der Stube wieder Platz genommen, da er denn folgende Anrede an mich hielt: Herr Lieutenant, hub er an, unsre unglückliche Fahrt hat mich sehr in Verlegenheit gesetzet, indem die meisten meiner Leute erkranket, auch einige ihr Grab in der See gefunden, wie denn nur vorige Nacht wieder einer gestorben; ich sehe mich also genöthiget, die Abfahrt so lange zu verschieben, bis sich das Volk wieder erholet. Lassen Sie Sich einen kleinen

Ver-

Verzug gefallen, und da wir aufs neue zur Last werden, verspreche ich alles auszugleichen, und daß ich, wenn wir nach England kommen, meine Maaßregeln nach beyder Wunsch und Willen einrichten werde. Vier ankommende Matrosen unterbrachen ihn, welche er vor sich kommen ließ, und nach ihren Begehr fragte. Wir wollten, gab der eine zur Antwort, den Herrn Lieutenant auf ein Wort sprechen. Ihr Anbringen ist mir schon bekannt, berichtete ich den Lord, welcher den Grund ihres Anbringens zu wissen verlangte; sie werden das ihnen versprochne Geträncke abholen wollen. Haben Sie etwas übrig, ließ er sich heraus, so wollte ich bitten, ihnen etwas zu reichen. Nun war ich wohl mit Vorrath ziemlich versehen, meine Flaschen nebst dem Gefäße waren meist gefüllt, und das letzte Gebräude noch auf der Kühlung, daher gab ich ihnen ein Fäßgen, so noch über hundert Kannen clevisches Maaß hielt, nebst zwey Flaschen für den Lord, welches sie zugleich mitnehmen mußten. Nach dieser Abfertigung wurde noch unterschiedenes von unserer künftigen Einrichtung gesprochen, hauptsächlich wegen des Brods, so ihnen eingegangen. Hier bekam ich mein völlig Stückgen Arbeit, zwey, so die gesundesten waren, mußten mir helfen, hinfolglich hatte ich bey zehn Tagen alle Hände voll zu thun, ehe die Sache in ihren Gang kam. Mittlerweile fand sich Corolingen dergestalt gestärket, daß sie die Küche besorgte, wiewohl wider meinen Willen, sie aber bedeutete mir, daß eine Bewegung ihre Gesundheit mehr befördern, als verhindern würde. Nur wunderte mich bey alle dem, daß ich von den übrigen Officiers noch keinen zu Gesicht bekommen, da doch nicht leicht ein Tag verstrich, in welchen ich nicht bey dem Lord, jedoch meist unserer Geschäfte wegen mich mit demselben zu unterreden, einsprach, ich wollte mich auch nicht unterstehen ihn zu fragen. Da nun meine getreue Gehülfinn Carolingen wieder völlig hergestellt, daß sie, ohne ihrer Gesundheit zu schaden, frey herum gehen konnte, gieng ich sie an, mir zu erzehlen, was ihren Vater wohl bewogen in aller Stille abzuseegeln, und warum das Schiff wider Versprechen so zeitig eingelaufen sey? Mein lieber Martin, ertheilte sie mir zur Antwort, ich werde, wenn ich alles mit Umständen erzehlen soll, Ihn in nicht geringe Verwundrung setzen; ich will also von unsrer Abfahrt den Anfang machen: Wie Ihm bewußt, sollte sich auf das abgeredete Zeichen alles an Bord begeben, an einem Abend wurden die Zelte abgebrochen, bis auf eines, worunter sich mein Herr Vater, nebst zwey Officiers und einer kleinen Bedeckung aufhalten wollten, ich mußte mich gleichfalls an Bord begeben. Zu gleicher Zeit wurden zwey Matrosen abgeschicket, Ihm die Ordre zu hinterbringen, daß Er sich ungesäumt bey meinem Herrn Vater einfinden sollte, um allda das weitere abzuwarten. Man unterhielt mich mit einem Discours die Fahrt betreffend, da mir aber die Zeit zu lange werden wollte, fragte ich, ob mein Herr Vater noch nicht

am

an Bord gekommen wäre? worauf sie mir den Bescheid gaben, daß es nicht eher geschehen würde, bis ihn das Zeichen dazu erinnerte. Ich gerieth in einen Schlummer, nach meinem Erwachen sahe ich meinen Herrn Vater vor mir stehen, welchen ich sogleich fragte, wo der Lieutenant Speelhoven wäre? Dieser ist wohl aufgehoben, gab er mir lächelnd zur Antwort. Wenn wir noch nicht unter Seegel gehen, erwiederte ich, warum haben wir uns denn so zeitig aufs Schiff begeben? ich glaube, wir werden noch Zeit genug haben mit Ekel die Wände zu betrachten; hiermit stund ich auf, in der Absicht, mich ans Land bringen zu lassen; ich erschrak aber nicht wenig, da wir schon mit vollen Seegel auf der See herum schwammen. Mir ahndete sogleich nichts Gutes, ich drang mit Macht darauf mir zu sagen, was dieses zu bedeuten, und wo Er sich befände? du sollst beydes zu seiner Zeit erfahren, erwiederte mein Herr Vater ziemlich kaltsinnig. O! schrie ich mit Händeringen, das ist Verrätherey, man hat mich hintergangen, Martin ist vielleicht tod, ach! der ehrliche Mensch, sein guter Wille ist mit Undank belohnet. Ich wollte noch mehr Klagen vorbringen, er fiel mir aber ins Wort, und sagte: Schäme dich vor der honetten Welt dich zum Gelächter zu machen. Nach allen Rechten sollte er freylich nicht mehr leben, er lebet, und hat Zeit seinen unverschämten Mund ein Gebiß anzulegen. Nein, gnädiger Papa, überschrie ich ihn, es ist Verrätherey, Martin hat nichts gethan, so straf-

straffällig ist. Und wenn er weiter nichts gethan, warf er mir ein, so ist dieses schon genug, daß er von dir auf das schimpflichste gesprochen, welches man keiner öffentlichen H = = = nicht leicht nachsaget. Willst du aber deinem Vater, welcher alle Achtung für dich heget, nicht glauben, so will ich dir ein paar Zeugen aufstellen, mache dich aber gefaßt etwas zu hören, welches ich gerne in eine ewige Vergessenheit vergraben wissen wollte; und ich fürchte nicht ohne Grund, man wird dich in England dieserwegen in allen Gesellschaften herumtragen. Er kann sicher glauben, daß ich nicht wenig darüber stutzte, und weil ich Seine Gemüthsart weit besser kannte, konnte ich es mir nicht überreden, daß Er einen Meineyd an mir begangen haben sollte; sagte daher, ich will es hören. Dieses hatte ich kaum ausgesprochen, als er befahl, daß die beyden Matrosen, welche Ihm bey dem Backen und Brauen hülfliche Hand geleistet, unverzüglich bey ihm erscheinen sollten. Diese nahm er sogleich, nebst mir, mit in die Cajute, und sagte, ihr sollet meiner Tochter ein aufrichtiges Bekänntniß von dem, was Martin gegen euch gesprochen, ablegen; aber, setzte ich hinzu, redet die Wahrheit. In wie weit sich die Bekanntschaft zwischen ihnen beyden erstrecket, hub einer, so das Wort führte, an, werden Sie wohl am besten wissen, den Abriß aber, den uns Martin hiervon gemacht, so kann diesem zu folge, zwischen zwey Eheleuten keine genauere Verbindung beobachtet werden. Hierwider hätten wir zwar nichts einzuwenden; allein, da er Dero gnädigen Papa, und überhaupt die ganze Equipage an Ehre und Würden angegriffen, konnten wir dieses nicht wohl mit Stilleschweigen übergehen, indem er oft sagte: Dero Papa sey nichts als ein Seeräuber, und die Herren Officiers von gleichen Schlag, sie wären dieserwegen an einen entfernten Ort entwichen, um der wohlverdienten Strafe zu entgehen; nur sey zu bejammern, daß ihm das Unglück betroffen, wie sie denn, nach ihrer Gewohnheit, auf der Insel alles aufgeräumet, ihm das Seine genommen, dafür er sich in England, wie sie ihm schmeichelten, keines Cajutenjungenlohn getröstete. Was endlich die Verheirathung, oder das große Glück, so er durch das M = = = machen könnte, wollte er dem Lieutenant, welchem das Maul so gewaltig darnach wässerte, von Herzen gönnen, auch in Voraus darzu Glück wünschen. Wir haben vor Dero Person nur allzu viel Hochachtung, außer dem würden wir uns etwas deutlicher heraus gelassen haben. Ich gestehe, es gieng mir durch die Seele, die Matrosen nahmen wieder Abtritt, ich hingegen badete mich fast in Thränen. Als wir uns wieder allein befanden, sagte mein Herr Vater; wie gefällt dir die Aufführung deines so angepriesnen Martins? Ich kann es mich bey alle dem noch nicht bereden, was ihm veranlasset haben sollte, so niederträchtig zu sprechen, und sollte es ja geschehen seyn, warum hat man ihn nicht zur Verantwortung gezogen, und nach hinlänglicher Ueberzeugung den

Proceß

Proceß gemacht? Dieses wäre sonder Zweifel geschehen, antwortete er, denn da es mir zu Ohren gebracht wurde, gab ich Befehl, ihn geschlossen vor mich zu bringen; Die Officiers aber verbaten es, und sagten, sie wollten einen unvorgreiflichen Vorschlag thun. So bald sie vernahmen, daß ich es hören wollte, sagte einer; was wollen Sie Sich lange mit einem so lumpichten Kerl aufhalten, er würde sich mit Hartnäckigkeit aufs Leugnen verlassen, es würde zur Weitläuftigkeit gedeihen, und sie endlich unschlüßig machen. Das beste wird wohl seyn, wir lichten in möglichster Stille die Anker, und überlassen ihn die Insel, wovon er sich die Herrschaft anmaßet, wie denn zu vermuthen stehet, daß er um eines Verbrechens willen von den Holländern, oder einer andern Nation allhier ausgesetzet ist. Damit er aber bey einer etwanigen Befreyung nicht sagen darf, wir haben ihn beraubet, wie er sich ohnedem deutlich genug heraus gelassen, so wollen wir ihm das, was ihm zugehöret, zurück lassen, was wir aber etwa selbst behalten, reichlich bezahlen. Diesen Vortrag hielt ich so wichtig als billig, und gab Befehl, ihn, jedoch in aller Stille, zu Werke zu richten, welches auch mit der größten Behutsamkeit, ohne daß jemand etwas gewahr wurde, geschahe. Sie hatten noch einen langen Brief beygefüget, und in demselben seine Person aufs heßlichste abgemahlet; allein da mir dieses Verfahren zu hart schien, riß ich denselben entzwey, und schrieb mit eigner Hand ein paar Zeilen, mit der

 ange-

angehängten Versicherung, ihn binnen Jahresfrist abholen zu lassen, welches ich auch treulich halten werde. Hieraus siehest du, meine Tochter, daß es rathsam ist, sich eines Menschen zu entschlagen, welcher dich und mich an seinen Ehren auf die niederträchtigste Art angegriffen. Durch diesen überzeugenden Beweis, wie es schien, hatte ich freylich Ursach, an mich zu halten, damit meine Ehre nicht vollends zerscheiterte. Ich glaubte zwar immer noch, daß der Lieutenant, welchen mir mein Herr Vater zugedacht, einen Betrug gespielet, um Ihn aus dem Wege zu räumen, setzte mir auch gänzlich vor, denselben künftig mit aller ersinnlichen Verachtung zu begegnen, er gieng mir aber nicht allein nach Möglichkeit aus dem Wege, sondern tractirte mich, wenn er sich gemüßiget sahe, um mich zu seyn, so schlecht, daß es mir durch die Seele drang; ließ es mir aber nicht merken, um mich nicht zum Gelächter zu machen. Am Ende der nur gedachten Unterredung mit meinem Papa, sagte ich: was wird uns dieses helfen, daß wir diesen gefährlichen Menschen, wie sie ihn nennen, ledig sind, wer wird es aber denen Officiers und Matrosen verwehren, in England diese Begebenheit auszuposaunen, mithin mich der größten Beschimpfung auszusetzen. Diesem allen ist genugsam vorgebeuget, gab er zur Antwort, die Officiers haben mir auf Cavaliers-parole zugesagt, ein ewiges Stillschweigen zu beobachten, die Matrosen aber haben sich eidlich verbunden, es bey sich ersterben zu lassen, dafür

ich

ich ihnen in England ein Stück Geld auszuzahlen versprochen habe. Nun will ich Ihm dem schlechten Erfolg unserer Fahrt erzehlen; So viel ich mich zu erinnern weiß, war es schon der fünfte Tag, daß wir die Insel immer noch im Gesichte hatten, weil uns der Wind aus allen Kräften widerstand, niemand konnte mit Grund sagen, was die eigentliche Ursache sey, ja, einige geriethen auf die Thorheit, Ihm einer Zauberey zu beschuldigen, welches aber bey den wenigsten Beyfall fand, endlich drehete sich der Wind, jedoch hatten wir schlechten Vortheil dabey, weil er sich fast alle Augenblicke veränderte. Wir schwärmten also ganzer zwölf Tage mit schlechtem Erfolg auf dem Meer herum, den dreyzehnten Tag rief der Wächter auf dem Mast, Land, und zwar nordwärts, welches wir auch um den Mittag erreichten, und vor einer kleinen Bay ankerten. Ein Boot wurde ausgesetzt, um eine Landung zu wagen, denn wir litten auch Mangel an frischen Wasser, vierzehn Freywillige bestiegen es, brachten auch alsbald die Nachricht zurück, daß sie einen sehr fruchtbaren Strich Landes angetroffen, verschiednes Wild gesehen, aber von Einwohnern nichts entdecken können, noch weniger frisches Wasser. Nach reifer Ueberlegung ward beschlossen, um besserer Bequemlichkeit willen, mit dem Schiff ein Stück zu umsegeln, das benannte Boot aber sollte sich vor uns hin nahe an der Küste halten, und wenn sie eine Anzeige von frischen Wasser hätten, solches durch ein Zeichen kund

 machen.

machen. Es dauerte auch nicht lange, so kam das Boot an uns, mit dem Bericht, daß von einer kleinen Anhöhe, sich sehr süßes Wasser herab stürzte, welches eine grosse Freude verursachte. Allein es ward uns ziemlich versalzen, denn das Boot hatte kaum angelegt, und die Leute mit Mühe ein Gefäß mit Wasser angefüllt, als dasselbe wie ein Pfeil vom Lande stieß, und mit einem großen Geschrey nach dem Schiff eileten, dieses machte alles auf dem Schiff rege, mich selbst trieb die Neubegierde auf das Verdeck, die Ursache zu erfahren, etliche Flintenschüsse, so auf dem Boote geschahen, vermehrten unsre Aufmerksamkeit, sogleich erblickte man mit Erstaunen an dem Ufer eine unglaubliche Menge Wilde, welche mit Pfeilen nach gedachten Boot schossen. Bey völliger Annäherung desselben gieng der Bericht ein, daß zwey verwundet. Mein Vater ließ in der ersten Hitze zwey Canonen auf die Schwarzen abfeuern, wovon etliche getödtet, aber auch von ihren Cammeraden aufgehoben, und mit fortgeschleppet wurden. Der Schiffsbarbier, so die Pfeile ausgeschnitten, berichtete, daß dieselben vergiftet, mithin die Verwundeten nicht lange leben würden, welche auch noch selbigen Tag an ihren Wunden starben. Hierauf wurde Schiffsrath gehalten, und in demselben beschlossen, sich in etwas zurück zu ziehen, einen zu besorgenden Ueberfall zu vermeiden, diesem zufolge wendeten sie das Schiff besser nach Südwest, wir machten zu einer Gegenwehr alle erforderliche Anstalt, und

die

die Mannschaft mußte die ganze Nacht hindurch wechselsweise im Gewehr stehen. Mit Anbruch des Tages war das Ufer nicht nur mit Wilden bedeckt, sondern es schwammen auch bey vier Hundert mit ihren kleinen Schiffgen, welche man Conos nennt, um uns herum. Einer von den Matrosen, welcher ihre Sprache ziemlich verstund, rief ihnen zu, daß einer oder zwey näher kommen sollten, um mit ihnen Friede zu machen, welches auch geschahe. Allein, ehe man sich es versahe, schossen sie ein paar Pfeile aufs Schiff, und entfernten sich in möglichster Geschwindigkeit. Dieser Frevel sagte meinen Papa völlig in Harnisch, er ließ mit kleinem Gewehr unter sie feuern, welches sie mit ihren Pfeilen beantworteten, die aber alle fehleten, unsre Leute hingegen hatten verschiedne vor die Köpfe geschossen. Die am Ufer machten ein entsetzliches Geschrey, und sprungen wie rasend umher. Nachdem drey Canonenschüsse auf dieselben abgefeuert, um ihnen eine Furcht einzujagen, segelten wir ein ziemlich Stück nach Norden, um zu untersuchen, ob es nicht möglich sey, an einem andern Ort zu landen. Hier fand der Lothsmann nicht gar fünf Faden Wasser, dieses verursachte, daß wir in einer ziemlichen Entfernung ankern mußten. Es warfen sich sogleich an die etliche zwanzig Freywillige auf, eine Landung zu wagen, welches auch bewilliget und zu Werke gerichtet wurde, da sie aber, als sich die Sonne zum Untergang neigete, sich nicht wieder einstelleten, gaben wir sie verlohren. Niemand war hierbey verlegner, als mein Papa, in Ansehung des grossen Abganges an der Mannschaft, jedoch kamen sie zu unsrer aller Vergnügen, und hatten drey Stück Ochsen, welche auf den Rücken einen Höcker hatten, die sie von einem Schwarzen, welcher unter einem Baum schlafend gefunden worden, gegen einen Beil und einen Spiegel vertauschet. Dieser hatte ausgesaget, daß sich Weisse jenseits befänden, mit denen sie aber in Unfrieden lebten, weil sie ihren Feinden beständig beystünden. Dieses sahe mein Papa vor ein gutes Zeichen an, und beschloß kommenden Morgen sich ans Land bringen zu lassen, um zu erfahren, von was vor Nation die Weissen wären. Die Freude auf dem Schiff war allgemein, man sahe nichts als Braten und Kochen die ganze Nacht, jedoch vergaß man nicht auf seiner Hut zu seyn. Am Morgen, da sich alles hierzu anschickte, den Fuß ans Land zu setzen, kam wider alles Vermuthen ein Schiff mit vollen Seegel hinter einer ziemlichen Anhöhe nordwärts auf uns zu, sie machten aber auf einmal Halte, dem Vermuthen nach, weil sie gesehen, daß auf dem Unsrigen alles in Bewegung war. Hätten sie uns in der Furie angesprenget, so waren wir so gut als verlohren, denn an dem Gebäude wurde es vor einen Spanier erkannt, welches auch in der That war. Sie dreheten sich mit ihrem Schiffe treflich herum, in der Absicht uns an sie zu locken, die unter dem Wasser herfürragenden Klippen verhindertens aber, wir riefen ihnen durch ein Sprach-

rohr

rohr zu, sie sollten uns vor Geld Lebensmittel am Bord schicken, anstatt der Antwort aber feureten sie eine Canone ab, daß uns die Kugel die Brahmstange entzwey schoß. Wir erwiederten diese Höflichkeit zwar mit einer halben Lage, was es aber für Wirkung gehabt, blieb uns unbekannt, denn sie zogen sich außer Schuß, und kamen nicht wieder zum Vorschein. Weil sie nun sahen, daß wir das Schiff nicht, wie sie wohl wünschten, verfolgten, wischten sie wieder in ihr Schlupfloch hinein. An deren statt kamen eine ziemliche Menge Wilde in ihren Canos, unter Begleitung einer Chalouppe, welche mit Spaniern besetzet, zum Vorschein, sie getraueten sich aber nicht, an uns zu kommen. Es wäre ein kühnes Unterfangen gewesen, dieselben anzugreifen, wir zogen uns daher zurück, um die Höhe zu gewinnen, und machten nach kurzer Ueberlegung wieder Seegel, verlohren auch das Land noch vor Untergang der Sonnen gänzlich aus dem Gesicht. Es verstrichen wieder fünf Tage, ohne Land ansichtig zu werden. Man trug sich mit Charten, man maß die Höhe, allein da ich mit mir selbst zu thun hatte, bekümmerte ich mich nicht sonderlich darum; denn die Historie, welche die beyden Matrosen ausgesaget, setzte mich dergestalt in Verlegenheit, daß ich nicht mußte, was ich hiervon glauben sollte. An einem kleinen Eylande wurden die Anker geworfen, auf welchem verschiedne Gattungen von Vögeln angetroffen und geschossen wurden, aber süsses Wasser war nicht zu bekommen, man entdeckte wohl eine Quelle, allein das Wasser hatte einen faulen Geschmack, mithin war es zum Trinken untauglich. Nachdem wir daselbst zwey Tage ausgeruhet, gieng es wieder unter Seegel, aber mit schlechten Erfolg; in dreyzehn Tagen mußten wir zwey ziemliche Stürme aushalten, und der letztre zerbrach uns den Fockmast, welcher aber, nachdem sich derselbe geleget, wieder hergestellet wurde. Mit dem Regenwasser hatte das Schiffsvolk wohl einige Gefäße angefüllet, allein es wollte auch nicht viel helfen, das Volk fieng an schwierig zu werden, einige erkrankten, und das Elend vollkommen zu machen, äußerte sich der Schaarbock. Das Volk rottirte sich zusammen, fieng an zu murren, welches endlich in eine Art einer Empörung ausbrach. Mein Papa mischte sich unter den Haufen, weil sie den Lieutenant Waarwoth in der Mache hatten, und fragte was es gäbe? Gedachter Lieutenant stund mit entblößten Degen auf dem Verdeck, und drohete dem ersten, welcher sich ihm näherte über den Haufen zu bohren. Ein Bootsknecht hatte sein Messer im Zuge, und da er eben im Begriff war mit demselben nach dem Lieutenant zu werfen, hielt ihm mein Papa den Arm zurück. Es gieng schwer zu das aufgebrachte Volk zu besänftigen, noch schwerer aber hielt es, die wahre Ursache des Aufruhres zu erfahren, bis endlich einer von oft erwähnten Matrosen hervor trat, und meinen Papa ersuchte, er wolle ihm auf einige Augenblicke Gehör geben. Nachdem er die übrigen bedeutet, sich ruhig zu halten, hub er fol-

gender-

gendergestalt an: Wir haben unsere unglückliche Fahrt niemand als dem Lieutenant zu danken; und allem Ansehen nach werden wir einer nach dem andern elendiglich umkommen, lediglich darum, daß wir den ehrlichen Martin so fälschlich hintergangen. Ihr habet euch ja als Zeugen aufgestellet, widersprach ihm mein Papa. Es ist freylich an dem, verfolgte jener seine Rede, ein nichtiger Geiz hat uns dahin verleitet; der Lieutenant machte uns nicht nur große Verheißungen von der Belohnung, welche wir in England zu gewarten hätten, sondern machte auch hierzu einen wirklichen Anfang, indem er jedem fünf Guineen reichte. Wir bekennen und bereuen unser Unrecht; unterziehen uns auch willig der Strafe, wenn hierdurch dem ehrlichen Martin nur geholfen wäre. Ich konnte nicht länger zuhören, sondern gieng mich dem Schmerz völlig überlassend in die Cajute, allwo ich fast in Thränen zerfloß. Mein Papa kam endlich mich zu trösten, nebst der Erinnerung, mich dem Volk nicht bloß zu stellen, sondern den Kummer, so ich etwa dieserwegen schöpfte, nach Möglichkeit zu verbergen; es sey noch nichts verlohren, der Ober-Steuermann hätte ihn auf das Theuerste versichert, daß er sich getrauete, binnen drey Tagen, wenn der Wind ihm nicht widerstünde, vor der Insel die Anker fallen zu lassen. Was hat aber den Lieutenant bewogen, sagte ich nach Endigung seiner Rede, den ehrlichen Menschen, welcher ihm nie etwas zu Leide gethan, bey Ihnen so anzuschwärzen. Es ist nichts als eine närrische

Ein-

Einbildung hieran Schuld, antwortete er, er hat gesehen, daß du demselben mit mehrerer Achtung als ihm begegnet, und geglaubet, es geschähe ihm hierdurch einiger Abbruch. Und was vor Anspruch hat er denn an mir? fieng ich das Wort auf. Dieser gründet sich darauf, da er aus eignen Trieb sich mit mir an Bord begab, unter der Versicherung, Glück und Unglück mit mir zu theilen. Er hat in England eine beträchtliche Erbschaft zu fordern, welche ich ihm nach meinem Gefallen schwer oder leicht machen kann. Er suchet durch eine Verbindung mit dir sich derselben zu versichern. Er hat aber die Rechnung ohne den Wirth gemacht, warf ich dagegen ein, ich soll mich mit einem Menschen verheirathen, der aus einer Staatsmaxime oder vielmehr Geiz sich hierzu verstehen muß, ohne sich vorher zu untersuchen, ob er mich lieben kann, noch ungewisser war es, ob ich lebendig oder todt sey. Es erfordert zwar der kindliche Gehorsam, Dero Befehle meine Richtschnur seyn zu lassen; allein, wie kann ich anders als die reine Wahrheit bekennen: Martin hat meine Ehre, ja mein Leben gerettet, wir befanden uns an einem Ort, wo wir allem Vermuthen nach unser Leben, ohne eine Erlösung zu hoffen, beschliessen sollten; Papa, ich kann nichts mehr sagen, als wir lieben uns, das Band unserer Verbindung ist unzertrennlich. Geliebte Tochter! sagte er nach Endigung meiner Rede, ich kann nicht anders glauben, eure Vereinigung müsse von höherer Hand beschlossen seyn, denn es gehet alles den Krebsgang.

Wir

Wir haben nun schon viele Wochen auf dem wilden Meer herum geschwärmet, ohne unsern Zweck im mindesten zu erreichen; der Steuermann versichert, daß wir kaum zwanzig Seemeilen uns von der Insel, wo wir den ehrlichen Martin so schändlich zurück gelassen, befänden, ich habe befohlen Seegel darauf zu machen, das Schiffsvolk erkranket, und ich sehe kein ander Mittel vor mir, als wo möglich uns daselbst vor Anker zu legen. Der Lieutenant, so mir den Possen gespielet, soll mir in England Rechenschaft davon geben, der Wohlstand aber erfordert es so lange anstehen zu lassen. Unter diesen Worten verließ er mich, um die Parthien auseinander zu setzen. Gedachter Lieutenant drang darauf, die Aufwiegler zur gebührenden Strafe zu ziehen; mein Papa aber widerlegte es ihm, und stellete vor, daß er das einmal aufgebrachte Volk in der Güte zu erhalten suchen müsse. Die mehresten, sagte er, sind fast außer Stand gesetzt Dienste zu thun, und die annoch übrigen Gesunden haben wir nur allzunöthig, als daß wir dieselben einem Eigensinn aufopfern sollten. Von da an herrschete zwischen beyden ein Widerwille, der noch nicht gehoben ist, sie sehen einander mit Verdruß. Er wurde in ein nicht geringes Erstaunen gesetzet, als er sahe, daß die Anker an einem Ort geworfen wurden, welchen er niemals wieder zu sehen geglaubet hat. Desto größer aber war die Freude unter dem Schiffsvolk, welche bey Erblickung derselben ein großes Geschrey machten, und bey aller ihrer Schwachheit zu wiederholtenmalen

malen ruften: Es lebe der ehrliche Lieutenant Speelhoven, unser redliche Proviantmeister, wobey jener vor Zorn die Zähne zusammen biß, dennoch aber den Widerwillen nach Möglichkeit unterdrücken muste. Unsere Ankunft wurde durch einen Canonenschuß kund gemacht, da Er aber nicht, wie wir hoffeten, zum Vorschein kam, überfiel mich der Schreck dergestalt, daß man mich in die Cajute tragen mußte. Bey dem Lieutenant aber hatte es eine ganz andere Wirkung, sein finster Gesicht fieng sich auf einmal wieder aufzuklären, er unterstund sich sogar wieder Besuche bey mir abzulegen, meine häufigen Thränen aber gaben ihm sattsam zu erkennen, wie angenehm er mir sey. Es ließ mein Papa ein Boot aussetzen, um wegen seiner Person Gewißheit einzuziehen; die Abgeschickten kamen aber mit der trostlosen Antwort zurück, daß sie das zurückgelassene Zelt an seinem Ort, aber bis auf ein Feldtischgen ausgeräumt gefunden, sie hätten sich auch über den Steg gewaget, aber von seiner Person nicht die geringste Spuhr gesehen. Wir verzogen vergebens bis auf den Abend, aber niemand wollte zum Vorschein kommen; daher wurde beschlossen, auf den Tag eine genauere Untersuchung anzustellen, und, o! wie lang wurde mir selbige Nacht nicht. ich befurchte das Schlimmste, und machte mich auch schon fertig den Urheber alles zu sagen, was mir der Zorn eingab. Der Tag war kaum angebrochen, als die Abgeordneten schon nach dem Ufer zueileten; unter der Zeit wurde Anstalt zum Aussteigen

steigen gemacht. Nicht ohne Rührung war es mit anzusehen, wie freudig sich das abgemattete Volk bezeigte; viele, so kaum vermögend auf den Füßen zu stehen, reichten einander die Hand, wiewohl keiner dem andern sonderliche Hülfe leisten konnte. Ich selbst hatte die Kräfte nicht zu stehen, mein Anbeter bot mir die Hand, allein ich stieß sie mit Verachtung zurück, und ließ mich durch zwey Matrosen leiten, welche doch eben sowohl wie ich einen Führer nöthig hatten. Ich und mein Papa sahen den abgeschickten Bothen mit Verlangen entgegen, welche zwar mit der erfreulichen Nachricht zurück kamen, daß sie Ihn in den besten Umständen angetroffen, Er aber in keine Weise zu einem Besuch zu bereden sey; welches mein Papa nicht allzuwohl aufnahm. Durch mein inständiges Bitten ließ er sich bereden in eigner Person zu Ihm zu gehen, sagte aber: Ich lasse mich allzuweit herunter, dir zu Liebe aber will ich mich überwinden. Hat er nun so viel vor mich gethan, wird er um das Uebrige keine Schwierigkeit machen, daß also dem Anschein nach nichts mehr zu befürchten seyn wird. Dem Leser nun meine Gedanken ganz frey zu entdecken: so hatte ich zu ihr so viel Liebe, als nur eine Mannsperson vor ein Frauenzimmer haben kann, ihre Entfernung schien mir unerträglich, ja, wir schienen, so zu sagen, eine Seele zu seyn. Bey dem allen aber war es mit mir bis zu einer wirklichen Verheirathung, weder mit dieser, am allerwenigsten aber mit einer andern noch niemals so weit gekommen.

Hätte

Hätte der Lord, ihr Herr Vater, uns damals mit dem Schiffsprediger trauen lassen, so würde ich es mit allen Freuden angenommen haben, aber meinem Carolingen lediglich zu Gefallen; denn zu einer Verheirathung habe ich jederzeit eine Abneigung gespühret. Doch wieder in die gehörige Ordnung zu kommen; sie wurde zu meinem Vergnügen wieder hergestellt, welche Glückseligkeit auch das ganze Volk genoß, bis auf zwey, welche sturben, weil sie die gehörige Mäßigung nicht beobachtet. Ich durfte meine Hände gewiß nicht in den Schoos legen, weil der Vorrath auf dem Schiff ziemlich ins Abnehmen gerathen war, wiewohl mir der Lord Gehülfen zuschickte, mehr als ich benöthiget war. Das Fräulein Carolingen wurde zu unser aller Vergnügen in einer Zeit von achtzehen Tagen völlig wieder hergestellt, welches den Schiffsmedicum in nicht geringe Verwundrung setzte, und dieses um so mehr, weil sie seinen vorgeschriebenen Regeln gerade entgegen gelebet, wozu ihre gute Natur nebst der erlangten Gemüthsruhe, vieles beytragen mochte. Da nun die Schafe nebst den Tannböckgen ziemlich dünne geworden, und die übrigen sehr schüchtern gemacht, also kostete es Mühe, so viel, als zum Unterhalt erfordert wurden, habhaft zu werden, welche das Volk mit Bohnen kochte, und sich sehr wohl dabey befand. Mittlerweile stellete sich die gewöhnliche Regenzeit ein, welche gemeiniglich Sturmwinde begleiteten; diesemnach brachte man das Schiff nach Mögichkeit in Sicherheit, um es,

wo

wo es Schaden gelitten auszubessern. Die Officiers, welche sich ganz gelassen aufführten, hatten sich unweit den erwähnten Pomeranzenbäumen von Aesten eine Hütte gebauet, ich schickte ihnen verschiednemal etwas von meinem Getränke, welches sie mir durch den Bothen, alles Widersetzens ohngeachtet theuer bezahlten. Ich kann nicht sagen, daß sie bey unserm ganzen Aufenthalt mir die Ehre eines Zuspruchs gegönnet; daher erforderte der Wohlstand, auf Anrathen des Lords meine Aufwartung bey Ihnen zu machen. Sie empfiengen mich zwar sehr höflich, außer dem aber ließen sie eine ziemliche Kaltsinnigkeit gegen mich merken; ich ließ mich aber im geringsten nichts anfechten, weil ich der Gewogenheit des Lords, so wie es schien, versichert war. Dieser drang mit Macht darauf, beym Ausgehen mich der Uniform zu bedienen, um den Respect des Volks zu erhalten, daher sahe ich mich gemüßiget den Herrn Lieutenant aus dem Coffre zu holen, der bisher daselbst eingesperret gewesen. Als sich das Wetter wieder anfieng aufzuklären, gieng es an ein Einschiffen, welches mit Gewalt betrieben wurde. Auf der Seite nach Westen hatte ein Matrose Austern entdecket, welche sich sowohl an den Steinklippen, als auch an dem Gesträuche, so einzeln da herum stund, fest angeklammert; und da sie der Lord von guten Geschmack fand, ließ er vier Fäßgen damit anfüllen, welche auch bis an das Vorgebirge der guten Hoffnung ihren Geschmack behielten. Wie nun nichts mehr übrig, begab sich alles an Bord. Diesesmal hatte ich die Ehre, in Gesellschaft meiner Carolingen mich an Bord zu begeben, denn sie gieng mir niemals von der Seite, wobey sie ihr Herr Vater ziemlich aufzog. Ja, gab sie zur Antwort, Papa, ich traue den Landfrieden nicht, hätte ich vorher die Vorsicht gebraucht, wären wir allem Vermuthen nach in England. Weil das Wetter angenehm, blieb ich so lange auf dem Verdeck, bis wir die Insel gänzlich aus dem Gesicht verlohren. Es gieng mir, die Wahrheit zu bekennen, nahe, einen Ort zu verlassen, woselbst ich zwar bey meinem achtzehenjährigen Aufenthalt vieles Ungemach ausgestanden, aber auch, nachdem ich der Lebensart gewohnt, meine Zeit in einer stillen und ruhigen Zufriedenheit hingebracht. Mein ganzes Temperament war so zu sagen, umgeschmolzen, besonders hatte sich der Eigenwille dergestalt festgesetzt, daß es mir in langer Zeit schwer fallen wollte, in allen meinen Handlungen einen etwanigen Widerspruch zu ertragen; alles gieng nach meinem Kopf, denn es war mir niemand zugegen, der sich nur in dem geringsten mir zuwiderstehen unterfangen, niemand konnte mir etwas recht machen, die Speisen nebst dem Getränke waren gar nicht nach meinem Geschmack, wenn ich nicht selbst mit Hand anlegte. Gesellschaften waren mir verdrüßlich, niemals war ich aufgeräumter, als wenn ich ganz allein in dem Gärtgen, welches ich mir, wie folgen soll, zu meiner Bequemlichkeit außer der Vorstadt angeleget, mich eingeschlossen befand. Da ich nun einen ziemlichen Sprung gethan, muß ich der Ordnung zu folgen wieder nach dem Schiff zurück kehren. Es gieng mit unsrer Fahrt, weil wir den Wind zum Vortheil hatten, nach Wunsch und Willen; und ob wir schon ganzer vier Tage, als nämlich von dem siebenten Tag nach unsrer Abfahrt gerechnet, bey dem Winde seegeln mußten, avancirten wir doch glücklich. Den neunzehnten Tag entdeckten wir Land nach Süden, auf welches wir Seegel machten. Wir hatten nicht so geschwind die Anker fallen lassen, als wir ein Boot nahe am Ufer erblickten, aus welchem ohngefähr funfzehn Mann stiegen, und über Hals und Kopf Landein eileten, sich aber nach Osten hielten. Acht Freywillige nebst einem Officier fuhren mit einem Boot dahin, in der Absicht süßes Wasser zu suchen. Nach ohngefähr zwey Stunden kamen sie wieder zurück, und schleppten das Boot, welches jene verlassen, hinter sich her, brachten auch die Nachricht mit, daß sie mit zwey Schwarzen gesprochen, welchen sie durch Zeichen zu verstehen gegeben, Lebensmittel zu bringen, sie hätten auch jedem ein Messer verehret, welches sie mit vielem Vergnügen angenommen, und wie ein Pfeil davon gesprungen wären, hätten auch gut Wasser gefunden, welches ihnen besagte Wilde gewiesen. Was nun das erbeutete Boot anbetraf, so war dasselbe mit Wein und frischen Brod nebst zwey Fäßgen Pulver beladen. Der Lord war anfangs Willens, das Boot mit allem Zugehör wieder nach dem Ufer bringen zu lassen, wollte

 aber

aber zuvor abwarten, was man sich von den Wilden zuversehen habe. Zu dem Ende wurde das Boot mit zwanzig bewafneten Mann nebst unterschiedlichen Waaren für die Wilden abgesendet. Diese waren nicht so geschwind nach dem Ufer, als das erbeutete Boot ausgeräumet, mit acht Mann besetzet, und jenen nachgeschicket wurde, um denenselben wenn es die Noth erforderte, beyzustehen, als auch die Einnehmung des frischen Wassers zu beschleunigen. Alles sahe den Ausgang mit Verlangen entgegen, und da ihre Zurückkunft sich verzögerte, wurde der Muth ziemlich wankend; in Ansehung, weil das Schiff von der besten Mannschaft entblößet, und wir bey einem Ueberfall so gut als verlohren waren. Endlich sahe man beyde ankommen, sie hatten nebst zwey Ochsen verschiednes Flügelwerk, welches sie um ein Stück verlegnen Cattun nebst fünf Taschenspiegeln vertauschet. Ein Bootgeselle, welcher ihrer Sprache ziemlich kundig war, brachte folgende Relation mit: Nach Aussage der Wilden, war sein Bericht, sollen sich südwärts Spanier befinden, welche daselbst ein Fort haben, von den Einwohnern aber allen Abbruch leiden müssen. Unsere Gegenwart hätte eine große Freude unter ihnen verursachet, und uns angemuthet ans Land zu kommen; mit unsern Zuthun wollten sie ihre abgesagten Feinde, die Spanier, überfallen, und alles tod machen, hernach sich unter unsern Schutz begeben. Es wurde aber nicht gebilliget. Ich habe weder Beruf noch hinlängliche Mannschaft dieses

dieses auszuführen, sagte der Lord, zudem weiß man nicht wie stark oder schwach sie sind, wir müssen sie ihrem Schicksal überlassen. Es ist auch überhaupt einer so hämischen Nation, wie die Wilden mehrentheils beschaffen, nicht wohl zu trauen, wer kann uns gut dafür seyn, daß es nicht eine gelegte Falle ist, um uns sicher zu machen. Wir vergnügten uns, daß wir zufälliger Weise mit frischen Fleisch, Wasser und Wein versehen waren. Ehe wir noch die Anker lichteten, war die Frage, was mit dem Boot anzufangen sey? nach kurzen Ueberlegen ward beschlossen es zuzerstücken, wenn etwa Holzmangel einrisse; allein da wir eben hiermit zu Werke schritten, entdeckten wir auf einmal zwey Chalouppen stark besetzet, aus einem Winkel von südost auf uns zu eilen, sie machten aber zu unserm Glück in einer gewissen Entfernung Halte; denn wären sie in der Furie auf uns angeprellet, so würden wir schlechten Widerstand geleistet haben, weil wir gar nicht in einer Verfassung waren uns zu vertheidigen. Diese Verzögrung gereichte aber zu unserm Vortheil, die Schießlöcher wurden geöffnet, und alles griff nach Gewehr; die Anker wurden aufgewunden, wir hatten den Wind, daß es also ein leichtes gewesen eine von den Chalouppen zu erobern; wir wollten aber vorher ihre Absichten abwarten, allein sie blieben in einer Stellung und schienen unser zu erwarten. Der Lord wurde des Dinges überdrüßig, befahl in das Boot Feuer zu werfen und treiben zu lassen. Ich habe erwähnet daß wir den Wind

 hatten,

hatten, dieser trieb das Boot, so wie ein Wisch Stroh brennete, gerade auf die erwähnten Chaluppen, worauf sie denn in möglichster Geschwindigkeit den Reisaus gaben. Wir vergnügten uns, daß sie uns der Mühe überhoben ein paar Canonen abzufeuern, und machten Seegel um die Höhe zu erreichen. Wider alles Vermuthen erhub sich unter den Matrosen eine Zwistigkeit, und es fehlete nicht viel, sie wären einander in die Haare gerathen. Der Commandeur mischete sich dazwischen, und fragte nach der Ursach? da denn einer herfür trat, und demselben anzeigete, daß einer von denen, welche mit gelandet, einen ledernen Beutel mit Geld von dem Boot heimlicher Weise entwendet, anfangs zwar sich anheischig gemacht, es mit ihnen zu theilen; nunmehro aber sich in keine Weise hierzu verstehen wollte. Dieser mußte sogleich herzu, um seine Verantwortung anzuhören. Ich habe ihn nicht in dem Boot gefunden, vertheidigte er sich, sondern an dem Strande, allwo ihn die Flüchtigen sonder Zweifel verlohren haben. Unter diesen Worten stieg er in den Schiffsraum, und brachte denselben. Hier ist er, sagte er zu dem Lord, Sie nehmen ihn hin, jene sollen so wie ich keinen Scherf davon haben. Nach Eröffnung des Beutels fand man nach Ueberzehlung hundert und sechs und funfzig Piasters, nebst einem Brief in spanischer Sprache, folgenden Innhalts: „Mein lieber Herr Lieutenant! Es ist mir unmöglich die verlangte Mannschaft zu schicken, weil mir die Wilden viel Händel machen,

ich

ich bin aber eben im Begriff einen Vergleich mit ihnen zu machen; sie schreiben mir zwar Gesetze vor, ich will ihnen alles einräumen, und auch halten, so lange ich es vor gut befinde; so bald ich Lust habe, will ich Ihnen die verlangten zwanzig Mann schicken. Sie reichen ihren unterhabenden Leuten doppelt Tractament, damit sie einen Muth bekommen; und da ich mit Wein in Ueberfluß versehen, können Sie der Besatzung täglich eine Portion reichen. Halten Sie Sich wohl; Dero Tapferkeit ist zur Gnüge bekannt, als daß ich Sie hierzu erst aufmuntern sollte. Gegeben im Fort Don Roding.„ Nachdem der Lord den Brief gelesen, sagte er: Nach Anzeige dieses Schreibens sind es königliche Gelder, ich könnte mich derselben anmaßen, damit ihr aber sehet daß ich unintereßiret bin, will ich folgende Eintheilung machen: Sechs und siebenzig, als die Hälfte, zog er ab, die andere Hälfte reichte er denen, welche mit dem Boot gelandet, mit der Beyfügung: dieses habet ihr unter euch zu theilen, der aber, so das Geld gefunden, soll doppelte Portion haben. Das übrige nun, so er vor sich abgezogen, theilte er unter das übrige Schiffsvolk, damit wurde der Handel mit einemmal gestillet; nur daß jene scherzweise sagten, sie möchten auch den Wein welchen sie zugleich erbeutet, kosten. Dieses kann geschehen, bekamen sie zur Antwort, da wir aber nicht alle Vorfälle voraus einsehen können, mithin nicht wissen, ob wir denselben vielleicht nöthiger als jezt haben, so wollen wir den

Appetit noch in etwas unterdrücken; worauf sie erwiederten, daß sie es nur in Spaß gesagt, und legten vor das empfangene Geld ihre Danksagung ab. Andere kleinere Vorfälle von geringer Wichtigkeit will ich weglassen, glaube auch, daß ich den wenigsten meiner Leser einen Gefallen erweisen werde, Dinge zu berühren, welche ohne Noth wegbleiben können; ich will vielmehr den noch übrigen Raum zu der Haupthistorie anwenden. Ehe es noch völlig Nacht wurde, hatten wir das Land schon aus dem Gesichte. Der beständig günstige Wind beschleunigte unsere Reise nach Wunsch. Etliche kleine Windstillen, so aber nicht lange anhielten, waren vielmehr zur Ergötzlichkeit als zur Last, weil das Volk sich mit Fischen die Zeit verkürzte. Je näher wir dem Cap kamen, je unruhiger wurde das Meer, es gieng aber weit besser als wir befürchteten. Nicht mehr als zwey kleine Stürme hatten wir auszuhalten, welche jedoch nicht von Erheblichkeit waren; da uns der Wächter auf dem Mast ankündigte, daß er Land sähe, und zwar den sehr bekannten Pico. Vor Freude ließ der Lord, wie er versprochen, Wein austheilen, mußten uns aber von dem widrigen Winde ganzer sechs Tage aufhalten lassen, ehe wir gehöriges Orts die Anker fallen lassen konnten. Daselbst trafen wir Schiffe von verschiedenen Nationen an, unter andern einen Engländer, so durch Sturm von seinem Geschwader abgekommen. Der Capitain verwunderte sich höchlich den Lord anzutreffen, welchen man in England schon unter die

Todten

Todten fehlete, weil niemanden nicht bewußt wo er hingekommen sey. Wir lagen eilf Tage vor Anker, um das Schiff auszubessern, und einen günstigen Wind abzuwarten. Den zwölften Tag, als wir eben im Begriff waren uns zur Abreise anzuschicken, kam der Untercapitain eines holländischen Schiffes, und verlangte mit dem Lord, als unsern Obercommandeur, zu sprechen. Sie giengen beyde auf das Verdeck, und hielten eine lange Unterredung; endlich wurde ein Matrose mit Namen Stephan gerufen, welcher bey Erblickung des Holländers herzlich erschrack. Anfangs gieng es noch stille zu, bis es endlich zu einem ziemlich harten Wortwechsel gediehe. Der Holländer verlangte die Auslieferung des Matrosens, der Lord aber schlug es ihm rund ab, und sagte, dieses sind Dinge, welche nicht hier, sondern in Europa vor Gerichte ausgemacht und entschieden werden müssen. Der Holländer verließ das Schiff in vollem Zorn, und drohete es anhängig zu machen; wie denn auch nach Verlauf ohngefehr zweyer Stunden ein Officier nebst 6 Mann Wache kamen. Ersterer sagte, daß er Befehl habe den Bootsknecht Stephan abzuholen; der Lord aber schlug es ihm ab, welches der Officier zum höchsten übel aufnahm, und sagte, wenn er sich nicht in der Güte hierzu bequemen wollte, habe er Ordre Gewalt zu brauchen, worauf jener erwiederte: In so ferne er von seinen Forderungen nicht abstünde, sehe er sich gemüßiget Gewalt mit Gewalt zu vertreiben, nebst den Anhang: Mir ist an dem

Kerl nichts gelegen, da aber die Sache so wichtig nicht ist, Feindseligkeiten dieserwegen auszuüben, bin ich im Stande mein Recht auf alle Art zu behaupten Sie sollen ihn wieder haben, versetzte der Officier hierauf, so bald man den Kerl dieserwegen, was man ihn beschuldiget, gerichtlich vernommen. Ich will alles thun, fieng der Lord das Wort auf, nur zur Auslieferung kann ich mich nicht verstehen; wollen der Herr Commendant aber auf Verlangen des Capitains ein Verhör anstellen, so kann es bey mir am Bord geschehen, jedoch daß letztgedachter selbst gegenwärtig ist. Nach einer kurzen Ueberlegung gieng der Officier wieder nach der Stadt, ließ aber die Mannschaft zurück, mit dem Versprechen, so bald es möglich, gehörigen Bescheid zu überbringen. Dieses erfolgte auch eher, als wir vermutheten. Nur erwähnte Beyde kamen und brachten einen Actuar mit, und weil die Witterung angenehm, so wurde das Verhör auf dem Verdeck angestellet. Stephan wurde gerufen, welchen der Actuar folgender gestalt anredete: Du wirst der hohen gegenwärtigen Gesellschaft die Ehre geben, und über das, was man dich fraget, die reine Wahrheit bekennen. Zum ersten frage ich, ob du gegenwärtigen Herrn Capitain kennest? Sehr wohl, gab er zur Antwort, und habe auch eine geraume Zeit bey ihm in Diensten gestanden, dieses kann ich nicht leugnen. Aber was hat dich darzu bewogen, verfolgte der Actuar seine Rede, die an dir erzeigte Wohlthaten mit Füssen gleichsam zu treten;

treten; indem du mit dessen Gemahlinn ein heimliches Verständniß aufgerichtet, die Untreue an deinem Herrn begangen, und dich mit derselben in einer höchst strafbaren Handlung betreten lassen, mithin eines Ehebruchs betreten lassen? Ich habe nichts mehr gethan, fieng er das Wort auf, als eine alte Schuld abgezahlt. Wie ist das zu verstehen? war die Gegenfrage. Man erlaube mir, fuhr Stephan in seiner Rede fort, mich deutlicher zu erklären, und sahe den Capitain mit einem Lächeln an, welcher sich im Gesicht verwandelte, und die Augen niederschlug, endlich aber sagte: Es ist ein ertzböser Kerl. Hier wurde eine allgemeine Stille, der Officier sahe mich mit einer lächelnden Miene an. Der Actuarius aber fuhr mit einer runtzlichten Stirne auf, und sagte, weißt du nichts mehr? O ja, sehr viel, erwiederte der Bootsknecht, ich habe nur gefragt, ob mir es erlaubet sey, mich deutlicher zu erklären. Schaffen Sie Sich Gedult an, weil ich es von weiten herholen muß: Denn hub er folgender gestalt an: „Ich habe die Ehre zu sagen, daß ich von meinem sechszehnten Jahre an bey gegenwärtigem Herrn Capitain in Diensten gestanden, erwarb auch durch meine Treue und Fleiß seine völlige Gewogenheit, Er, oder sollte ich sagen, dessen Gemahlinn hatte eine Magd, ein junges und wohl gebildetes Mägdgen,„ Das sind nur Lappereyen, fiel ihm der Capitain ins Wort, und nicht werth, daß man die Zeit hierzu verschleudere. Man muß seine Gegenverantwortung auch anhören, versetzte der

Actuar

Actuar hierauf, = = = mit welcher ich bekannt war, hub jener wieder an. Dieses gediehe endlich dahin, daß wir einander die Ehe zusagten, aus Furcht aber vor meinem Herrn noch eine gute Zeit geheim hielten. Dieser aber redete mich wider mein Vermuthen also an: Aus deinem Bezeigen sehe ich, daß du dich mit der Catharina ziemlich verstehest, hast du Absichten sie zu heirathen, sollte es nicht übel gethan seyn, in Ansehung daß es ein häusliches Mensch ist; seyd ihr beyde in dem Punct einig, so will ich auf Vorbitten meiner Frau die Kosten zur Hochzeit bestreiten, und beyden in meinem Hause ein Quartier einräumen. Ich als ein junger Mensch von zwey und zwanzig Jahren schlug dieses nicht aus, wornach mir das Maul treflich wässerte, und bat vielmehr, sein einmal gethanes Versprechen so geschwind es möglich zu erfüllen, denn nach meiner damaligen Einsicht war es sehr nothwendig. Zu unsrer beyder Vergnügen wurden wir getrauet. Mein Herr, welcher uns täglich neue Proben seiner Großmuth zu erkennen gab, setzte auch zu meinem ausgemachten Gehalt noch einen Theil hinzu. Meine Frau ließ er gleichfalls nicht müßig gehen, denn sie mußte, weil seine Gemahlinn so ziemlich bey Jahren, auch immer kränklich war, die Hauswirthschaft über sich nehmen, sie war mit einem Wort Alles in Allen, wobey ich mich nicht übel befand. Nicht gar lange nach der Hochzeit kündigte mir meine Frau an, daß sie sich in gesegneten Umständen befände, dieses war mir eine höchst erfreuliche Post,

Post, weil ich mir nunmehro die Rechnung auf ein gut Pathengeschenke machen konnte. Ich wurde zu Verrichtungen gebraucht, die mich nöthigten, wöchentlich ein, auch wohl zwey mal außerhalb zu bleiben. Einsmals hatte ich nach Amsterdam einen Brief von Wichtigkeit, wie mein Herr sagte, zu bestellen, und eine schriftliche Antwort zurück zu bringen; ein Bedienter aber begegnete mir am Ende der Stadt, welchen ich sagte; daß ich an seinen Herrn einen Brief zu bestellen, worauf er mir den Bescheid gab, daß er selbst gegenwärtig, und ihn alleweile seiner Geschäfte halber zu einen gewissen vom Adel begleitet, ich könnte allenfalls bis nach seiner Zurückkunft mit in sein Quartier gehen. Es verfloß eine Stunde um die andre, ohne daß er kam, da mir nun die Zeit zu lange wurde, sagte ich, daß ich dessen Daseyn meinem Herrn hinterbringen wollte. Der Bediente nahm mir den Brief ab, und sagte, ich sollte so lang verziehen, er welle denselben seinem Herrn überbringen, und fragen, ob ich warten sollte, er kam aber endlich mit der Antwort zurück, daß sein Herr bald zu Hause seyn, und mir weitere Verhaltungsbefehle ertheilen würde. Er traf aber erst auf den Abend ganz spät ein, da er mich sogleich vor sich kommen ließ, und mir den Bescheid gab, daß er meinen Herrn morgen selbst sprechen würde. Mit dem Bedienten hatte ich indessen eine ziemliche Flasche Wein ausgestochen, daß ich also halb aufgeräumt nach Hause eilete, und mein liebes Weibgen zu überraschen gedachte,

ehe

ehe ich die Anwort überbringen wollte. Ich schlich mich also ganz leise in die Stube, und da ich sie daselbst nicht fand, in die Kammer, wo ich sie nebst meinem Herrn, in dem Bette antraf, und zwar in einer solchen Stellung, welche nur mir zugehörete. Letzter wollte einen Spaß draus machen, allein ich nahm es ganz anders auf, und wollte mit dem in der Hand habenden Stock drein schlagen. Du wirst ja kein Narr seyn, sagte er, indem er sich in die Beinkleider und Schlafrock warf, und deinen Herrn prügeln wollen; aber sie können sich es einkommen lassen, mich zum Hahnrey zu machen, gab ich nur zur Antwort, indeß ersahe er die Gelegenheit zu entwischen. Meine Frau sollte es nun entgelten, welche sich unter das Deckebett verkrochen, welches ich herab riß, und ihr etliche Streiche versetzte, warauf sie aus dem Bette sprang, mich alles Wehrens ohngeachtet umhalsete, und unter Vergießung vieler Thränen mich zu beruhigen bat. Du ehrvergeßnes Weib, hub ich an, was hat dich darzu bewogen, mir untreu zu werden? Ach! allerliebster Mann, verantwortete sie sich, es ist wider meinen Willen geschehen, er hat mich überfallen und mit Gewalt gezwungen. Da er Gewalt gebraucht, fiel ich ihr in die Rede, so hättest du ja um Hülfe schreyen können; ich wollte es thun, erwiederte sie, allein ich konnte = = = diese letztern Worte wiederholte sie etliche mal. Du wirst ohnfehlbar sagen wollen, redete ich ihr endlich drein, du hättest vor Lachen darzu nicht kommen können. Ach nein, wider-

sprach

sprach sie mir, er hielt mir den Mund fest zu; so hättest du ⸗ ⸗ ⸗ zuhalten sollen, gab ich mit Lachen zur Antwort. Dieses machte sie sich zu Nutze, und nennete mich wohl tausend mal ihren allerliebsten und allerbesten Schatz. Aus angebohrnen Mitleiden gab ich ihr nach, und ließ mich meist wieder besänftigen.„ Hier muß ich einen kleinen Abschnitt machen, denn wir glaubten alle vor Lachen zu bersten, nur der Capitain nicht, welcher vor Zorn die Zähne zusammen biß. Er sagte ferner: „Wir wurden also noch selbigen Abend wieder gute Freunde. Am Morgen gieng ich meinem Herrn weges des Briefes gehörigen Bericht abzustatten, worauf er sogleich in der Geschwindigkeit ein paar Zeilen an den Herrn schrieb, welche ich auch unverzüglich überbringen mußte. Bey meiner Zurückkunft fand ich in meiner Behausung ein noch ganz gutes Kleid, so mein Herr getragen, nebst vier Ducaten, das Schneiderlohn damit zu bestreiten, mit einem Wort, er gab mir bey aller Gelegenheit zu erkennen, wie er gesonnen sey, durch Wohlthaten mich auszusöhnen. Meiner Frau ihre Niederkunft rückte heran, und meines Herrn seine Gemahlinn lag hart darnieder. Erstre brachte nach einem schweren Stand zwey todte Töchter zur Welt, welches ihr auch das Leben kostete. Nachdem sie sich in etlichen Stunden nach ihrer Entbindung etwas wieder erholet, sahe sie mich mit einen sehr beweglichen Blick an, reichte mir die Hand, und hub mit niedergeschlagenen Augen an: Mein lieber Mann,

ich

ich sterbe, bedaure mich nicht, ich war Dein nicht werth. Schon vor unsrer Verheirathung lebte ich mit dem Herrn in einer verbotenen Lust, und da ich ihm die Veränderung, so sich bey mir äusserte, entdeckte, schlug er mir vor, dich zu einer Verheirathung zu bereden. Es gelunge ihm zwar, allein hier hatten wir bessere Gelegenheit, uns auszulassen. Vergib deinem untreuen Weibe, ich kann nicht eher sterben, bis du es mir zugesagt. Nicht die verzweifelte Begebenheit, sondern die Worte, in welchen sie es vorbrachte, bewegten mich, daß ich wie ein altes Weib granzete, und sie auf das theuerste versicherte, alles in Vergeßenheit zu stellen. Sie wurde fast zusehens schwächer, und folgende Nacht starb sie in meinen Armen. Es gieng mir ihr Tod sehr nahe, denn ich konnte dem närrischen Dinge bey alle dem nicht gram seyn. An dem Tage ihrer Beerdigung starb die Gemahlinn meines Herrn, mithin wurden wir beyde in den betrübten Wittwenstand versetzet.„ Meine Herren, unterbrach der Capitain, dieses ist ja kein Verhör, sondern nur ein bloßes Gewäsche, welches sich besser in einen alten Weiberspital, als hieher schicket. Ich würde ihm ein Stillschweigen aufgelegt haben, sagte der Actuar, wenn ich nicht gedächte den Gouverneur hiermit zu belustigen, die Historie ist so seltsam, als ich dergleichen kaum gehöret habe. „Nun komme ich auf den Hauptpunct, hub Stephan wieder an; Nach verfloßner Trauer vermählte sich mein Herr, und zwar mit einem noch jungen und raschen Frauenzimmer,

mir

mir aber war zu einer zweyten Verheirathung alle Lust vergangen. Von da an liefen meine Verrichtungen in der vorigen Ordnung, man war auch mit meiner Aufführung sehr wohl zufrieden. Ohngefehr ein Jahr nach ihrer Vermählung, gerieth ich mit dessen Gemahlinn unvermerkt in eine Bekanntschaft, welche endlich immer genauer wurde. Allein das erste mal wurden wir gleich überraschet, und weil er im Schlafgemach nichts hatte, womit er mir einen Vorschmack seines Zorns empfinden lassen konnte, so schlug er mich mit einem Pantoffel, den er vom Fusse zog, ins Gesicht, daß das Blut hernach floß. Sie halten inne, rief ich ihm zu, ich habe sie ja auch nicht geschlagen, wir sind nun quitt. Nein, Interesse, schrie er dagegen. Ich bin nicht intereßiret, erwiederte ich, da er den andern Schlag anzubringen gedachte. Zu meinem Glück sprang die Frau des Capitains aus dem Bette, fiel ihm in die Arme, und sagte ihm einige Worte, so ich ehrenthalben, weil sie zur Sache nicht gehören, weglassen will. Dadurch gewann ich Zeit, die Beinkleider anzuziehen, das übrige nahm ich unter den Arm, und wanderte nach meiner Stube, allwo ich mich in möglichster Geschwindigkeit anzog, meinen Vorrath an Gelde zu mir steckte, und zum Hause heraus wanderte. Dieses ist also, meine Herren, sagte er am Ende, der ganze Verlauf unsrer Zwistigkeit nach den wahren Umständen., Haben Sie hierwider etwas einzuwenden? fragte der Adjutant den Capitain? Er hat nicht allein vieles weggelassen, gab er zur Antwort, sondern auch nach seiner Bosheit da, wo es ihm gefiel, etwas hinzugethan. Vors erste habe ich bey einem halbjährigen Verdacht ihn verschiedne mal mit meiner Frauen in einer mir nicht gefälligen Stellung angetroffen, wodurch ich sein boshaftes Unternehmen zwar in etwas aufgehalten, aber nicht gar verhindern können. Vors andre hat er sich dadurch strafbar gemacht, daß er aus meinen Diensten gelaufen, und eine noch ganz neue Liverey diebischer Weise entwendet, welche er mir ohne Abgang bezahlen soll. Dieses war ein Fehler, verantwortete sich Stephan, daß ich nicht Macht hatte, ihm Geschäfte aufzutragen, sonst würde ich eben so, wie der Herr Capitain verfahren haben, da er mich, so oft es ihm einfiel, einen Besuch bey meiner Frau abzustatten, verschickte. Was aber die Liverey anbetrift, kann ich es nicht leugnen, allein wie konnte es anders kommen, da er mich durch die Schergen allenthalben aufsuchen ließ, mithin mir die Gelegenheit benommen war, ihm dieselbe auszuliefern. Und wenn mir die Zahlung zugesprochen wird, verstehe ich mich ohne Weigerung hierzu. Hiermit hatte das Verhör sein Ende. Der Adjutant sagte im Aufstehen: Sie könnten, Herr Lord, diesen Augenblick die Anker aufwinden lassen, allein Sie werden noch einen kleinen Verzug belieben, es wird dem Herrn Commendanten ein großer Gefälle geschehen, wenn sie ihm bey dieser Gelegenheit zusprechen wollen. Da heute aus der Abfahrt ohnedem nichts

nichts wird, erkühne ich mich meine Aufwartung zu machen. Immittelst er sich nun in der Festung befand, schickte der Schiffsschreiber, welcher vorigen Tag einen Blutsturz gehabt, und ließ mich auf ein Wort zu sich bitten, denselben fand ich in äußerster Schwachheit, seiner Sprache war er nicht wohl mehr mächtig, aber noch bey völligen Verstand, der Schiffsprediger saß bey ihm; erster reichte mir ein Pappier, so er in der Hand hatte, und wies auf den Prediger, welcher sagte: Herr Lieutenant, der ehrliche Mensch hat Sie zum Erben über seine Verlassenschaft eingesetzet, auf dem Pappier werden sie alles aufgezeichnet finden; zu mehrer Bekräftigung habe ich mich unterschrieben, wir wollten sie rufen lassen, allein der Bothe kam mit der Nachricht zurück, daß sie sich bey dem Verhör befänden, und da der Patient von Augenblick zu Augenblick schwächer wurde, schien mir der Verzug etwas zu lang; er verlanget dabey den Cajutenwärter etwas nach eignen Gefallen zuzuwerfen. Der Patient, oder vielmehr der Sterbende reichte mir die Hand, und hielt sie so lange eingeschlossen, bis er die Seele ausbließ. Als ich mich hierauf mit dem Prediger in eine Unterredung eingelassen, ward ich gerufen, weil mich jemand zu sprechen verlange. Dieses nun war vorerwähnter Adjutant, welcher mir die Ordre überbrachte, augenblicks bey dem Commendanten zu erscheinen, und den Bootsknecht Stephan mitzubringen. Nachdem er gerufen ward, deutete ich ihm an, mit mir ans Land zu

 gehen.

gehen. Ey, sagte er, das Ding hat einen Knoten, ich bleibe hier. Der Adjutant, welcher etwas unwillig ward, sagte: Ich gebe dir mein Wort, daß dir kein Haar gekrümmet werden soll. An Dero Parole habe ich zwar nichts auszusetzen, gegenredete er, so lange ich unter ihrem Schutz bin. Wäre an deiner Person etwas gelegen, unterbrach er ihn, so wäre es dem Commendanten ein kleines dich abholen zu lassen. Ich gab ihn durch einen Wink zu verstehen, keine Weitläuftigkeit zu machen, da er denn, wiewohl nicht ohne Furcht, gehorsamte. Wir waren nicht so geschwinde in dem Vorsaal angelanget, als wir vorgelassen wurden. Es befand sich aber außer dem Lord und dem Capitain niemand in dem Zimmer. Die Registratur hatte er in der Hand. Du heißt Stephan? hub er mit einer lächelnden Miene an, und da dieser es mit Ja beantwortete, fuhr er fort, ey du Schalck, was hast du mit gegenwärtigen Herrn Capitain seiner Frau vorgehabt? Ew. Excellenz halten zu Gnaden, erwiederte jener, nichts mehr, als was derselbe mit meiner Frau vorgenommen. Der Commendant mußte, um sich des Lachens zu enthalten, so wie ich sahe, alle Kräfte anwenden. Nach einer kurzen Ueberlegung hub er wieder an; Da dieses nicht in meinem unter mir stehenden District geschehen, kann ich auch in der Sache nicht richten, allein der Herr Capitain machet eine Anforderung von vier und zwanzig Gulden wegen der Liverey, die du bey der Flucht mitgenommen. Diese will ich

den

den Augenblick bezahlen, war Stephan seine Antwort; allein, wir haben eine starke Abrechnung. Meine zurückgelaßne Meubeln, welche dem niedrigsten Preis noch gerne zwey hundert Gulden am Werth betragen. : : : Hier begieng der Capitain einen Fehler, daß er ohne es zu überlegen, mit der Antwort heraus fuhr: dem Plunder habe ich meist verschenkt, und was ich ihm etwa zugeworfen, verkauft, weil ich das Revier selbst gebrauchte; darauf er die unangenehme Nachricht hören mußte: Sie werden, Herr Capitain, sehr wohl thun, wenn Sie dem Menschen das Geld, mit Abzug ihrer Anfordrung ohne fernere Weitläuftigkeit auszahlen, weiter kann ich mich nicht einlassen. Er wollte Einwürfe machen, allein er wurde nicht gehöret, sondern beyde mußten, unter Begleitung des Adjutanten, ihren Abmarsch nehmen. Hier nun kam die Reihe an mich, und hatte ein hartes Examen auszustehen. Er ist ein Holländer? war seine erste Anrede. Ich bin aus Embden, gab ich mit einer Verbeugung zur Antwort. Aber doch in holländischen Diensten gestanden? Ja, war meine Beantwortung, wiewohl nur mittelbar, denn ich gieng als ein freyer Paßagier mit zu Schiffe, nahm aber die Schiffsschreiberstelle, ebenfalls Bedingungsweise über mich, jetzo aber stehe ich in englischen Diensten. Vielleicht auch mittelbar, oder Bedingungsweise, warf er mir ein. Dieses bey Seite gesetzt, verfolgte er seine Rede, dazumal war er mittelbarerweise ein Holländer, in dessen

Diensten ist er unter Seegel gegangen, ihm hat das Unglück, oder vielmehr Glück betroffen, an eine unbewohnte Insel, oder Eyland geworfen zu werden, daselbst ist er als ein Holländer ausgestiegen, und hat verschiedne Jahre daselbst hingebracht. Nach dem Bericht, so mir der Herr Lord hiervon gemacht, soll der Ort sehr fruchtbar, mithin gut zu wohnen daselbst seyn. Will er sich es gefallen lassen, die kleine Reise zu unternehmen, so will ich ihn heute noch zum Capitain machen, ja, ich will noch mehr thun, und ihn zum Commendanten daselbst erklären. Hier hielt er inne, um meine Gedanken zu vernehmen. Ew. Excellenz geruhen mich anzuhören, antwortete ich, da ich in meinem Leben keine Stunde Soldatenbrodt gegessen, sondern der Kaufmannschaft zugethan bin, so unterstehe ich mich nicht, in solche Sachen zu mischen, wozu ich nicht die mindeste Fähigkeit besitze, zudem rufen mich meine eigne Angelegenheiten nach Hause, ich verspreche aber, wenn dieselben in Richtigkeit gesetzt, in Holland bey den Herrn Bewindshabern mich dießfalls zu melden, und auf Dero Person zu beziehen. Dieses ist sehr weit hergesucht, erwiederte er, ich werde ihn keinesweges hierzu zwingen, es war nur meine Absicht, ihn glücklich zu machen, und in der That wäre es ein großer Ausschlag, gegen dasjenige, was er auf Ungewißheit zu Hause dem Vorgeben nach zu fordern hat. Ew. Excellenz danke ich zwar für die hohe Gnade, entschuldigte ich mich, welcher Sie Dero Knecht zu würdigen geruhen, bedaure

daure aber zugleich, daß ich mir dieselbe nicht zu Nutze machen kann. Sie reisen glücklich, fiel er mir ins Wort, hiermit verließ er uns, und gieng in ein Nebenzimmer. Hier waren wir nun freylich nichts nütze, eileten daher beyde mit- vergnügt, obwohl jeder in einem ganz wider einander laufenden Verstande aus dem Schloß. Desto aufgeräumter trafen wir den Stephan an, welcher sein Geld richtig empfangen hatte. Auf den ganzen Weg stelleten wir beyde, ich und der Lord ein paar stumme Personen vor, er vielleicht aus Scham, daß ihm sein Anschag nicht gelungen, ich aber vor Zorn, weil ich ihn in Verdacht hatte, als ob er mich vielleicht unter einem Vorwand mit guter Manier los werden wollte. Als wir beynahe das Ufer erreichet, brach er endlich mit diesen Worten los: Ey, Sie haben sich gewaltig in Lichten gestanden, wie haben Sie Sich doch so weit vergessen, die Gnade eines so großen Mannes gleichsam mit Füssen von sich zu stoßen, da tausend andre dieses auf den Knien suchen würden. Wollen es Ew. Herrlichkeit wohl glauben, erwiederte ich ziemlich kaltsinnig, daß es nichts als ein Gespött war, indem ihm so einfiel, sich mit mir zu belustigen, außerdem traue ich demselben nur allzuviel Einsicht zu, als daß ihm einkommen sollte, einem Menschen ohne alle sein Verdienst solche wichtige Chargen anzuvertrauen. Er hätte denn nach dem Exempel der jetzigen neuern Einrichtung verfahren wollen, daß man nämlich sonder Umstände einen Menschen mit einem Amte versorget, da es

 doch

doch thunlich wäre, wenn das Amt einen Menschen suchte. Dieses sind Moralien, versetzte er ziemlich trocken, welche bis zur Grillenfängerey hinauslaufen. Gut war es demnach, daß wir am Ufer uns befanden, und eben einstiegen. Als wir über Bord, ließ er gleich auf erhaltne Nachricht, daß der Schiffsschreiber gestorben sey, Anstalt zur Beerdigung machen, und als man ihm desselben letzten Willen vorzeigte, händigte er mir das Pappier ein, und wünschte mir zur Erbschaft Glück. Nunmehr lag mir nichts so sehr am Herzen, als meinem Carolingen, von dem, was bey dem Commendanden vorgegangen, Nachricht zu geben, der Vater aber schnitt uns hierzu eine geraume Zeit alle Gelegenheit ab Er ließ uns zwar die Freyheit, einander ungehindert zu sprechen, aber niemals ohne seine Gegenwart. Damit ich aber von dem Erbtheil etwas gedenke, so war dasselbe nach des Verstorbenen seinen Umständen ansehnlich genug. Unter seinen Pappieren fand sich ein ordentliches Tageregister, von der ganzen Reise, welches sich der Lord ausbat, es hat mich aber nachgehends vielmal gereuet, daß ich es nicht zum wenigsten abgeschrieben, zumal, da ich mich fast wie gedrungen sahe, meine Lebensgeschichte aufzuzeichnen, es würde mich dieses an vieles erinnert haben, so ich aus der Acht gelassen. Der Leser wird sich es haben gefallen lassen, daß ich wegen des Vorfalls mit dem Stephan mich etwas zu weitläuftig aufgehalten, es wollte aber nicht wohl angehen, dieselbige weg zu lassen, weil ich bey dieser Gelegenheit auch am Ende zum Vorschein kam. Da nun diese kleine Zwistigkeit gehoben, und der Lord, weil er für seinen Aufenthalt Genugthuung gefordert, von erwähnten Capitain ein Geschenke von Wein und andern Erfrischungen erhalten, wurden die Anker gelichtet, und wir stachen unter Begleitung drey holländischer Schiffe ins hohe Meer. Von der Zeit an, als der Lord mit dem Engländer, welcher gleich an der Rehde vor Anker lag, gesprochen, begegnete er dem Lieutenant Waarwoth ungleich höflicher, hielt auch oft ein sehr langes Gespräch mit ihm. Und da es mir glückte, Carolingen ohne Zeugen zu sprechen, erzehlte ich ihr mit Umständen, was mir der Commendant angetragen, und entdeckte ihr auch den Argwohn, den ich dieserwegen schöpfte. Dieser ist nur allzusehr gegründet, pflichtete sie mir bey, denn das gegenwärtige Bezeigen stellet die geheime Unterredung, welche oft zu Stunden dauert, dergestalt bloß, daß im mindesten nicht zu zweifeln, daß wir durch eine List getrennet werden sollen, wiewohl ihre Anschläge bishero fruchtlos abgelaufen, ich will noch mehr sagen, alle Elemente haben ihnen widerstanden. Wir mußten dieses mal unterbrechen, und die Unterredung auf etwas anders lenken, weil ihr Vater der Lord auf uns zukam. Dieses muß ich von ihm rühmen, daß er die Kunst sich zu verstellen vollkommen ausgelernet, weil er sich durch das Exempel bey nur erwähnten Commendanten verdächtig bey mir gemacht, und zwar mit guten Grunde, so mochte ich mich, als er auf uns zukam, in etwas verfärbet habet. Was hat Ihnen denn, Herr Lieutenant, meine Tochter gesagt, redete er mich an, daß sie sich so verfärbet haben? Hat sie etwa, wie ich nicht hoffe, mit einem Körbgen um sich geworfen? Es wäre nunmehro zu spät, fieng sie das Wort auf, mich zu widersetzen, da unsre Vereinigung von einer höhern Macht bestimmet. Wie, oder durch was willst du dieses beweisen? warf er die Frage auf. Und wenn ich es mit sonst nichts beweisen könnte, machte sie zum Gegensatz, so ist dieses schon überzeugend genug, wenn ich sage: daß, als wir den armen Martin auf der Insel zurück ließen, zugleich alles Glück gewichen, jetzo aber, da wir denselben am Bord haben, Wind und Wetter sich vor uns erkläret; Sie werden, gnädiger Papa, eingestehen, daß ich in meinem Urtheil nicht zu weit gehe. Ich muß dir ja Recht wiederfahren lassen, antwortete er, anderer Gestalt würdest du alle Elemente wieder mich auffordern. Hiermit lenkte er die Unterredung auf den Commendanten von dem Cap, und suchte es von sich abzulehnen, indem er sagte: Er würde sich höchlich verwundert haben, durch wem er einen Theil meiner Umstände nebst der Insel erfahren, wenn ihm der Adjutant nicht berichtet, daß ein Factor, so den Schiffsschreiber bey sich zu Gaste gehabt, den Commendanten alles hinterbracht. Nun war dieses Vorgeben mit einer ziemlichen Wahrscheinlichkeit überkleidet, weil erwähnter Factor wirklich den Verstorbenen ver-

schied-

schiedne mal besuchet, welcher vorher seine Gegenbesuche abgestattet; allein er hatte sich selbst blos gestellt, da er mir einen Verweis gab, warum ich ein solches Anerbieten ausgeschlagen, welches tausend andre vor eine besondre Gnade ansehen würden. Zudem konnte sich der Todte nicht verantworten, sondern mußte sich die Schuld auf den Hals welzen lassen. Nach einem gleichgültigen Gespräch rief er mich auf die Seite, und fragte: ob mir der Capitain, welcher wider den Stephan die Klage formirt, nicht bekannt. Worauf ich versicherte, daß ich ihn bey dem Verhör wohl in meinem Leben das erste mal gesehen. Wie gehet es aber zu, fuhr er in Fragen fort, daß er nicht allein Ihren Namen, sondern auch Ihren Aufenthalt in Amsterdam, nebst andern Umständen ganz genau angiebt, und aus dem Grunde für einen National-Holländer hält? Dieß alles ist mir unbegreiflich, sagte ich nach Endigung seiner Rede; ist mir wohl erlaubet zu fragen, ob er gegen Ew. Herrlichkeit meiner erwähnet? Schriftlich war sein Gegenbericht, und in der That war ich hierüber sehr verlegen, es fehlte auch kaum ein Haar, ich hätte Sie den Commendanten bey seinem Ansuchen um Dero Person ausgeliefert. Da dieselben aber von der Affaire nichts erwähnten, und sich inmittelst mein Zorn geleget, glaubte ich, Sie hätten zur Vergeltung mir einen Possen zu spielen gedacht. Sie setzen mich in Erstaunen, erwiederte ich; darf ich mich aber wohl unterstehen zu fragen, was es denn eigentlich vor ein Verbrechen

brechen sey, so man mir aufbürden wollen? Hierauf zog er einen Brief aus der Tasche, und überreichte mir selbigen zu lesen. Dieser war also abgefasset: „Mein Herr! Die kleine Zwistigkeit, welche sich wider mein Hoffen ereignet, soll mich nicht abhalten, Sie für einen heimlichen Feind zu warnen, welcher Vorhabens ist, aus einer mir unbewußten Rache, Sie einem großen Verdruß auszusetzen. Und was soll ich lange zurück halten, der Holländer, den sie aufhaben, und ganz unverdienter Weise zum Lieutenant ernennet, hat Sie bey dem Commendanten angegeben, als hätten sie ein holländisches Fahrzeug weggenommen, die Leute niedersäbeln lassen, das Fahrzeug aber, nachdem es ausgeräumet, in Brannt gesteckt. Da nun dieses Verfahren, nicht anders als eine öffentliche Feindseligkeit angesehen werden kann, so werden Sie mit ehesten erfahren, daß das Schiff mit Arrest beleget, und Dero Person in engere Verwahrung gebracht werden wird. Wie weit dieses nun Grund hat, kommt auf einen hinlänglichen Erweis an. An dieser Sache nehme ich übrigens keinen Theil, kann aber nicht umhin, Sie für diese gefährliche Person zu warnen, ich bleibe *rc.*„ Wie gefällt Ihnen dieser Brief, hub er zu mir an, als ich ihm denselben wieder zurück gab? Ehe ich dieses beantwortete, erwiederte ich, so unterstehe ich mich, Ew. Herrlichkeit diese Gegenfrage vorzulegen, was Sie von diesem verläumderischen Schreiben halten? Seine Antwort war weiter nichts, als ein bloßes Achselzucken. Hieraus

schließe

schliesse ich, verfolgte ich meine Rede, daß sie mich nicht ganz außer Verdacht haben, ich kann und will mich nicht vertheidigen, weil mir der Vorfall mit dem Fahrzeug das Wort selbst spricht. Gesetzt, ich wollte vorgeben, das Fahrzeug gehörte den Holländern, sie haben sich dessen ja nicht eher angemaßet, bis es jene aus einer unzeitigen Furcht verlassen. Sie haben es verbrannt, allein nicht eher, als da man uns feindlich anfallen wollte. Dieß alles bey Seite gesetzt, die spanische Münze sowohl, als der dabey befindliche Brief, würde sie hinlänglich vertheidiget haben. Ein Mensch, der seiner Sinnen mächtig, würde sich ohnmöglich einfallen lassen, sich selbst widersprechende Dinge in eine Art einer Anklage zu formiren; daher hätten Ew. Herrlichkeit sehr wohl gethan, wenn sie den Brief vorgezeiget, da es noch Zeit war, mir dieserwegen Genugthuung zu verschaffen. Diese letztern Worte brachte ich in einem solchen Ton hervor, woraus er meinen Unwillen ohne Kopfbrechen errathen konnte. Ich habe es nicht vor gut befunden, gab er mit einem kleinen Lächeln zur Antwort. Es mag nun die Sache beschaffen seyn wie sie will, so vergnüge ich mich doch an dem, daß der Adjutant, dem sie dieses erzehlet haben sollen, nicht vor gut befunden, dieses dem Commendanten vorzutragen, oder letztrer hat sich damit nicht aufhalten wollen, wohlwissende, daß oft aus einer solchen Kleinigkeit beynahe ein Friedensbruch entstehen kann. Mit diesen Worten nahm er mich bey der

Hand;

Hand; kommen Sie, sagte er, wir wollen von dem Geschenke, welches Ihr Feind der Capitain uns zugeschickt, ein Gläsgen Canariensect kosten. Es war mir hieran in der That wenig oder nichts gelegen, jedoch durfte ich mich Wohlstandswegen nicht widersetzen Die Officiers, (besonders der Waarwoth, so sich auf der ganzen Fahrt nicht sonderlich viel mit mir zu schaffen gemacht,) schienen auf einmal ihr Gesicht ausgeheitert zu haben; ich aber von dem schändlichen Brief noch eingenommen, bewies gerade das Gegentheil, welches Carolingen aus meinem Gesicht las, daß etwas besonders mit mir müßte vorgegangen seyn. Sie nahm nach meinem Exempel eine ernsthafte Stellung an, alle Worte mußte man uns, so zu sagen, abdringen. Scheint es doch, hub einer unter der Gesellschaft an, als ob sich Fräulein Carolingen mit dem Herrn Lieutenant unterredet, uns heute kein freundliches Wort zuzusprechen, da wir doch Ursache haben uns zu freuen, weil wir nunmehro die europäischen Gewässer bald erreichen werden. Ich war in der That unschlüßlich zu antworten, weil ich in den Gedanken stund, man habe sich vorgenommen uns aufzuziehen; Carolingen aber überhob mich der Mühe zu antworten, und sagte: haben wir uns denn lediglich nach Dero Willen zu richten? Es hat Ihnen gefallen, auf der ganzen Fahrt uns kaum des Ansehens zu würdigen, auf einmal sind sie so gütig zu sagen, daß sie uns zu sprechen geruhen wollten Sie können aber, meine Herren, sicher glauben, daß mir auch ein

ein Kopf zwischen den Schuldern heraus gewachsen; verstehen Sie, was ich damit sagen will? Unser bisheriges Stilleschweigen, fieng einer das Wort auf, betrachten Sie in der That auf der schlimmen Seite, hierdurch ist die schuldige Hochachtung um kein Haar vermindert, wir können auch nicht anders als dem Herrn Lieutenant Speelhoven das Recht wiederfahren zu lassen, welches Ihm nach seinem Character zukommt; wir wollten denn zugleich die Verdienste des Herrn Papa, als unsers hohen Vorgesetzten, zugleich verschmälern, welcher Fehler keine Vergebung verdiente. Lasset die Complimente als ein überflüßiges Gepränge vorjetzo weg; meine Kinder! fiel ihm der Lord in die Rede, ich habe für jeden ohne Ausnahme die gehörige Achtung, wenn wir, der Himmel gebe es, glücklich nach unsern Vaterland kommen, so wollen wir um die Wette einander die Complimente an den Hals werfen; so wir uns gegenwärtig beschäftigten den Sack auszuleeren, so sähen wir uns hernachmals von einem so nothwendigen Uebel gänzlich entblößet. Ich habe den Herrn Lieutenant Speelhoven auf ein Gläsgen Canariensect, womit mich der Capitain, des Stephans sein Schwager, beschenket, eingeladen, ich fürchte, es möchte mir derselbe versauern. Wir wollten uns eben setzen, weil aber das Wetter angenehm war, so wurde beschlossen es auf dem Verdeck zu verrichten. Hierbey schien alles Vergangene in Vergessenheit gestellet zu seyn; allein der mir gezeigte Brief hatte mich dergestalt eingenommen

men, daß es unmöglich war es mir ganz aus dem Sinn zu schlagen, jedoch so viel es möglich, that ich mir Zwang an. Von da an schien zwischen mir und den Officiers die Freundschaft wieder ihre vorige Gestalt zu bekommen, besonders that sich mein Nebenbuhler, der Lieutenant Waarwoth, vorzüglich hervor, mich mit Höflichkeit zu überschütten. Bey aller Verstellung aber leuchtete doch hervor, daß es ihm hauptsächlich darum zu thun sey, sich bey Jungfer Carolingen wieder in Gunst zu setzen, mir auch zugleich die Gelegenheit zu benehmen, ohne Zeugen um sie zu seyn. Dieses konnte er aber nicht gänzlich verhindern, daß ich ihr den mir gezeigten Brief mit allen Umständen entdeckte, auch sie ersuchte, dießfalls ihre Gedanken zu eröfnen. O! mein lieber Martin, hub sie nach einer kurzen Ueberlegung an, die Karte ist falsch, es ist ein erdichtetes Werk, um Ihm eine Falle zu legen, oder durch einen Vorwand Ihm eine Art eines Verbrechens aufzubürden. Hierbey ist weiter nichts zu thun, als in einer stillen Gelassenheit in der Ferne auf die weitere Handlungen Acht zu haben. Ich habe beobachtet, daß von der Zeit an, als mein Vater auf dem Cap mit dem englischen Schiffscapitain gesprochen, er sich mit dem Lieutenant oft zu ganzen Stunden unterhält, da er mir doch die Versicherung gegeben, seine Aufführung, wenn wir nach London kämen, auf das nachdrücklichste zu ahnden; er muß also eine für ihn erwünschte Nachricht erhalten haben. Wiewohl mein Vater jederzeit

zeit von seinem einmal gegebenen Wort ein Sclav gewesen, so leidet dieses doch, wie ich aus der Erfahrung sehe, gewissermaßen seine Ausnahme; wir müssen also den Ausschlag der Sache lediglich der Zeit überlassen. Es war also das Bezeigen der Officiers vom erwähnten Cap an gegen das vorige himmelweit unterschieden. In diesen Umständen erreichten wir das europäische Gewässer ohne den mindesten Zufall, welches auf dem ganzen Schiff eine ausnehmende Freude verursachte. Derselben einen Nachdruck zu geben, ließ der Lord unter das Volk Wein austheilen, denn weil wir auf der ganzen Reise sehr sparsam damit umgegangen, so war derselbe beynahe bis zum Ueberfluß vorhanden. Die erwähnten Holländer, welche uns fast niemals aus dem Gesicht gekommen, verließen uns auch nicht eher, bis wir uns nach der Insel Wight wendeten, da sie uns denn durch Losbrennung der gewöhnlichen Canonenschüsse den Abschied ankündigten, und wir ihnen auf gleiche Weise dankten. Wir paßirten also den Canal, und legten vor Anker, worauf sich der Lord sogleich ans Land bringen ließ, und nach dem auf erwähnter Insel liegenden festen Ort Neuport begab, um daselbst den Commendanten zu sprechen. Wir lagen daselbst ganzer zehn Tage stille, das Volk ein wenig sich erholen zu lassen. Niemand kann hiervon sich einen Begriff machen, mit was vor einem Vergnügen man den Fuß ans Land setzet, als der es selbst empfunden; der ganze Mensch wird wie neu belebt, ja einige von dem Volk welzten sich vor übermäßige Freude wie die Kinder auf der Erde herum. Die lange Gewohnheit auf dem Schiff hat in den menschlichen Körper einen solchen Eindruck, welcher einem seyr lange anhänget, die stete Bewegung auf dem Wasser verursachet, daß man nicht vermögend ist, eine geraume Zeit stille zu sitzen, man wieget sich, ohne es zu empfinden. Ich habe nachgehends angemerket daß ich auf dem Schiffe beym Thee, oder einem Glas Wein, wenn das Gefäß noch so voll, mich niemals begossen, allein auf dem Lande konnte ich es mir selbst nicht verwehren, etwas von dem, so ich in der Hand hatte, zu verschütten; wobey wir einander oft selbst auslachten. Den eilften Tag ward zur Abfahrt Anstalt gemacht, mußten aber wegen des contrairen Windes fünf Tage stille liegen; endlich wurde uns derselbe günstig, daß wir ungehindert in die Themse die Anker fallen ließen. Weil es schon etwas spät, so mußten wir selbige Nacht noch auf dem Schiffe zu schlafen uns gefallen lassen. Am Morgen fuhren wir durch bestellte Kutschen nach London, woselbst wir uns aber nur vier Tage aufhielten, den fünften aber fuhren wir, der Lord, Carolingen und ich mit Postpferden nach seinen Güthern, woselbst die nöthige Bagage den vierten Tag nach unsrer Ankunft gleichfalls eintraf. Das Schloß, so neu gebauet, war vortrefflich angelegt, wie denn der daran liegende Garten demselben an Ansehen nichts nachgab. Ich hatte das Vergnügen, in dem Flügel, wo ich einlogiret ward, denselben in Augenschein zu nehmen.

Von

Von den Officiers war nicht einer, so uns begleitet, noch weniger in einer Zeit von drey Wochen zum Vorschein kam, welches uns ziemlich in Verwunderung setzte. Wir genossen in der Zeit alle Freyheit, nur beym Besuch hielt ich mich eingezogen, auf Einrathen des Lords, welcher vorgab, daß sowohl meine als auch seine Wohlfahrt darvon abhienge. Er untersagte mir auch, bey aller Gelegenheit der Insel nebst deren Beschaffenheit keinesweges zu gedenken. Sie werden, sagte er zum Beweis seiner hierbey habenden Absichten, nicht Willens seyn, auf ein Gerathe wohl noch eine Reise dahin zu unternehmen, noch weniger mich hierdurch in die Verlegenheit setzen, in meinem herannahenden Alter noch einen so ungewissen Schritt zu thun. Man würde bey einer Berathschlagung die Frage aufwerfen, ob es thunlich sey, dieselbe in Besitz zu nehmen? Dieses auszuführen, würden wir ohne Umstände die erste Hand darzu bieten müssen, ja unsre Personen würden hierzu unumgänglich nöthig seyn. Ich sehne mich nach der Ruhe, gleichwie Sie dieselbe wünschen. Da mir nun eben sowohl als ihm daran gelegen, meine übrigen Lebenstage in Ruhe hinzubringen, so hütete ich mich nach seiner Vorschrift, niemals ein Wort hiervon zu gedenken. In den Gesellschaften passirte ich durchgehends vor einen holländischen Schiffs-Lieutenant, endlich wollte gar verlauten, ich habe meinen Posten wegen eines Duells verlassen. Bey so bewandten Umständen verflossen beynahe zwey Monate, ohne daß ich wußte,

 was

was man aus mir machen würde. Mit einem mal aber änderte sich, durch die Ankunft des Herrn Lieutenant Waarwoth, das ganze Spiel. Dieser erschien so prächtig, daß er aller Augen auf sich zog, nur ich und Carolingen sahen es als eine Vorbedeutung eines neuen zu befürchtenden Sturmes an. Wie wir bald nach seiner Ankunft erfuhren, war er nicht nur zu dem Besitz eines ziemlichen Vermögens gelanget, sondern auch zum Capitain ernennet. Er wurde beynahe in das Schloß getragen, jedoch genoß ich die Ehre in Gesellschaft seiner an der Tafel mit zu speisen Was aber seine dießmaligen Verrichtungen daselbst waren, kann ich nicht sagen, nach einen zweymal vier und zwanzig stündigen Aufenthalt geschahe der Aufbruch. Während der Zeit hatte er Carolingen nicht mehr, außer bey der Tafel, als einmal gesprochen, und zwar nur Wohlstands wegen, welches wir als ein günstiges Zeichen vor uns auslegten. Vielleicht, machte sie den Schluß, ist ihm ein ander Bild bey einer etwanigen Gelegenheit zu Gesichte gekommen, und da er siehet, daß ich von meinem einmal gefaßten Entschluß nicht abzubringen, wird er der Vernunft Platz machen; wir hatten uns aber umsonst gefreuet. Den dreyzehnten Tag nach dem letzten Besuch kam er in eben dem prächtigen Aufzug, als das vorige mal, und da meine Aussicht nach dem Garten gieng, hatte ich seine Ankunft nicht gesehen, sondern erfuhr es durch einen Bedienten des Lords. Ich hoffte zwey Stunden, daß man mir es würde an

sagen

sagen lassen, aber vergeblich. Da es Zeit zur Mittagstafel war, ließ mir der Lord sagen, ob ich belieben wollte in Gesellschaft einiger Freunde mitzuspeisen, oder ob ich vielmehr die Mahlzeit auf meinem Zimmer einzunehmen gewilliget sey? Dieses hieß so viel, ich sey dabey überflüßig; ließ ihn daher zurück wissen, daß ich mich, wie allemal, auch in diesem Puncte, dessen Befehl unterziehen würde. Hier erfuhr ich gar bald, daß man nicht gesonnen sey, sich mit mir viel aufzuhalten, denn es wurde kurz um gedeckt, und das Essen aufgetragen; allein die Lust zu essen war sehr schlecht. Man versaget mir die Stelle an der Tafel mitzuspeisen, machte ich dabey die Ueberlegung, wie lange wird es anstehen, wird man mich auch fragen, wenn ich mich zur Abreise anschicken wolle? oder vielmehr sagen lassen, ich sey nunmehro überflüßig. O! wie glückselig wäre ich, wenn der Lord mich auf der Insel zurück gelassen; ich hatte bereits das meine wieder in seine vorige Ordnung gebracht, ich würde es mir endlich haben gefallen lassen, ohne Gesellschaft zu leben. Brachte ich nicht ehemals meine Zeit in einer ununterbrochenen Zufriedenheit hin? alles hienge vom meinem Willen ab, ich aß, wenn mich hungerte, ich schlief, wenn mir es einkam, meine tägliche Arbeit war vielmehr zum Zeitvertreib als zur Last. O wie weit ist die damalige Lebensart von der jetzigen unterschieden! Auf der Insel stund alles in meiner Gewalt, es gebrach mir weder an hinlänglichen Unterhalt, noch an Bequemlichkeit, ja jetzo rei-

 chet

chet man mir mein Bißgen Essen aus Gnaden, und wie lange wird es anstehen, wird man mich fragen lassen, ob ich noch länger hier bleiben, oder das Schloß räumen will? Doch dieses werde ich nicht abwarten; bey erster Gelegenheit soll es der Lord hören, daß ich nicht mehr hier bin. Was wird aber mein Carolingen hierzu sagen? Aber vielleicht ist sie meine Person auch überdrüßig, und wer kann sie darum verdenken? Ihre vorzügliche Geburt ist schon hinreichend für sie das Wort zu sprechen. Man hat mich zwar bisher als einen Lieutenant characterisiret, allein dieses ist nur ein Ehrenwort, welches jenem das Gleichgewicht bey weiten nicht geben kann. Ein Mensch von adelichen Geblüte, nach seiner Bedienung ein Capitain, und an Vermögen ungleich über mich hinaus gesetzt: In Betracht alles dessen muß ich freylich als ein armer Kaufdiener die hohen Gedanken fahren lassen. Meine wenige Baarschaft ist nach meinem Stande wohl etwas, aber den nur erwähnten Glücksgütern bey weiten nicht entgegen zu setzen. Mit diesen Gedanken beschäftiget, hatte ich essen und alles darüber aus der Acht gelassen. Ein Bedienter kam, frische Speise aufzutragen, da er aber sahe, daß ich von dem ersten noch sehr wenig genossen, hub er dasselbe ab, um das gebrachte aufzusetzen. Es ist überflüßig, redete ich ihn ein, beydes kann er wieder mit zurück nehmen; er ließ es aber stehen, sahe mich eine gute Weile an, und gieng, ohne ein Wort zu sprechen, aus dem Zimmer. Anfangs

wollte

wollte ich ihn zurück rufen, und nach der Fräulein Carolingen B. finden mich erkundigen, nach reifer Ueberlegung aber, unterblieb es, um mich nicht blos zu geben. Meinen Gedanken ungehindert nachzuhangen, warf ich mich aufs Bette, gieng mit mir selbst zu Rathe, was ich hierbey zu thun hätte, da denn der endliche Schluß war, den Lord bey erster Gelegenheit zu sagen, daß ich gesonnen sey, nach Amsterdam zu reisen; ich wollte aber doch vorher mit Carolingen noch ein Wort sprechen, und wegen ihres Verhaltens gegen mich Rechenschaft fordern. Hierüber gerieth ich in einen Schlummer. Bey meinem Erwachen sahe ich, daß die Tafel völlig abgeräumet, solchemnach mußte ich ziemlich fest geschlafen haben. Es war der Bediente doch so höflich gewesen, und hatte eine Bouteille Wein zurück gelassen, als ich eben im Begriff war, mir ein Glas einzuschenken, trat der Lord herein, und sagte: Ey Herr Speelhoven, warum haben sie mich verachtet, und sind nicht bey der Tafel erschienen? Da es Ew. Herrlichkeit gefiel, gab ich ganz kaltsinnig zur Antwort, mir die Wahl zu lassen, sahe ich es als einen Befehl an; und glaubte, meine Person wäre überflüßig, zumal da ich mich nicht allzu wohl befinde. Sie werden aber sich doch morgen einstellen? erwiederte er, und gieng etwas nachdenkend in dem Zimmer auf und ab. In so ferne es die Gesundheitsumstände zulassen, war mein Gegenbericht, werde ich nicht ermangeln, meine Aufwartung zu machen. Was in seinem Herzen vorgieng,

gieng, kann ich nicht wissen, aus den Geberden aber schien es, als ob er mir etwas zu sagen hätte. Wir sahen einander an, ohne daß von beyden Seiten ein Wort gesprochen ward; da er aber nach der Thüre gieng, hub ich an: Haben Ew. Herrlichkeit etwas zu befehlen? denn meine Absicht war, mit ihm zu brechen, und nachdem ich mein Herz entlediget, von ihm und dem Schlosse Abschied zu nehmen. Entweder, es dünkte ihm noch nicht Zeit zu seyn, mir zu sagen, was ich zu thun oder zu lassen habe, oder es war noch ein Fünckgen einer Achtung vor mich übrig, er antwortete daher im Fortgehen nur kurz: Vor dießmal nichts. Es schien, als wollte er in der Thüre wieder umkehren, in der ersten Hitze gieng ich nach derselben, der Lord aber eilete mit starken Schritten, sich zu entfernen. Aus Ungedult leerte ich den ganzen Wein aus, rief einen über den Hof gehenden Bedienten, mir noch eine Bouteille zu bringen, denn es äußerte sich eine Art einer Desperation bey mir. Hätte man meinem Verlangen ein Genüge geleistet, so würde ich nach dessen Genuß ziemliche Thorheiten begangen haben. Nach Verlauf etwa einer Stunde brachte man mir Coffee nebst Pfeife und Taback, ich fragte sogleich, warum man mir keinen Wein gebracht? Da denn der Ueberbringer antwortete, daß er nicht anders verstanden, als ich verlange Coffee, wenn ich aber darauf beharrete, sollte er gleich zur Stelle seyn. Ich wollte ihm sagen, daß es nunmehro nicht nöthig sey, er war aber wie ein Wind zur Thüre hinaus,

aus, und brachte in kurzen eine angefüllte Flasche, welches vor vier Personen beynahe überflüßig gewesen, mit dem Bedeuten, wenn ich mehr verlangte, dürfte ich nur rufen. Ehe ich mich bedenken konnte, zu fragen, wer ihm befohlen, eine so entsetzliche große Flasche zu bringen, hatte er sich schon unsichtbar gemacht. Ich verzehrte also den Coffee in lauter Grillen, unterließ auch nicht mich fleißig in dem Garten durch das offne Fenster umzusehen, ob sich Carolingen mit ihrem neuen Liebhaber nicht daselbst zeigen würde. Wäre dieses geschehen, so hätte ich ihm, wenn er sich dieses unterfangen, und mir genähert, die Flasche mit sammt dem Wein auf den Kopf geworfen, ohne zu überlegen, was es nach sich ziehen würde. Ich bekam ihn auch wirklich zu sehen, aber auf eine unerwartete Art. Die Thüre öffnete sich, und im Umwenden sahe ich den Capitain nebst dem Lord herein treten; Letzter redete mich folgendergestalt an: Wenn Sie nicht fleißiger trinken, werden sie die Flasche vor ihren Herrn erkennen müssen. Diesem Uebel vorzubeugen, oder vielmehr desselben Gewalt zu schwächen, unterstehe ich mich, als einen getreuen Beystand aufzuwerfen, der Herr Capitain werden das Ihre redlich thun. Sie haben in diesem Punct vollkommen recht, vertheidigte ich mich: ich weiß in Wahrheit nicht, aus was Absicht der Mensch eine so große Flasche gebracht, wäre es auf der Insel, so würde ich mir weniger als nichts daraus gemacht haben, denn daselbst war ich Wirth; hier aber würde es vor

 einen

einen Gast sehr unanständig lassen. Die lange Gewohnheit, fiel mir der Capitain in die Rede, beschäftiget Sie, wie ich höre, bey allen Ihren Handlungen, welches Sie wohl so bald nicht verlassen wird. Sie unterhalten Sich selbst bey der Einsamkeit, welche sie beständig suchen, hingegen alle Gesellschaften fliehen, und hierinnen finden Sie das Angenehme, was tausend andern eine Marter seyn würde. Unter diesem Gespräch schenkte er, als er zuvor um Erlaubniß gebeten, ein Glas Wein ein, und leerte es auf meine Gesundheit aus, welchem Exempel der Lord folgte; wir machten also ohne Umstände in kurzen reine Arbeit. Wider seine Gewohnheit ließ er dieselbe noch einmal anfüllen, und nöthigte mich zum trinken, welches ich aber im Ernst ausschlug. Ich hörete immer, wenn er etwa der Fräulein Carolingen gedenken würde, war auch verschiedenemal auf dem Puncte zu fragen; allein er mochte es merken, daher vermied er alle Gelegenheit mir hierzu keinen Anlaß zu geben. Endlich kam ein Bedienter und sagte, daß der Medicus angekommen sey; beyde nahmen hierauf Abschied, und der Capitain sagte, daß er kommenden Tag in aller Frühe abzureisen gedächte. Die Ankunft eines Doctors war also der Gegenstand, womit ich mich unterhielt. Es mußte also unstreitig auf dem Schloß jemand unbaß seyn; und wer sollte wohl die Person, deren zu Gefallen man nach dem Doctor geschicket, anders, als Carolingen seyn? gleichwohl wollte es sich mit dem aufgeräumten Wesen des Lords, nicht

nicht wohl zusammen schicken. In dieser Ungewißheit blieb ich bis auf den Abend, da man mir etwas zum Anbiß auftrug. Der Bediente war nicht so geschwind weg, als ein Mägdchen herein trat, und mir ein Briefgen überreichte, sich aber in möglichster Geschwindigkeit, ohne ferner ein Wort zu sagen, entfernte. Nach Eröffnung desselben sahe ich gleich, daß er von Carolingen war, und in wenig Worten bestund, wie folget: „Mein lieber Martin! ich bin krank, und bin es in der That gewesen; allein, es hat sich merklich gebessert. Haltet Euch munter, will es möglich seyn, so werde ich einen Besuch abstatten, machet Euch aber gefaßt viel zu hören. Ich bin Eure Caroline.„ Es war fast Mitternacht, da sie endlich zum Vorschein kam; o! sagte sie beym Eintritt, wie lang ist mir die Zeit, in der ich Euch nicht gesehen, geworden. Nachdem wir uns gesetzet, hub sie an: Ihr könnet mir glauben, daß ich heute ein hartes auszustehen gehabt. Der noch ganz neue Capitain glaubt vielleicht, sein Character, sein ihm zugefallenes Vermögen sey hinreichend, ohne fernere Umstände mich dahin zu vermögen, worzu ich mich doch nicht verstehen werde, und wenn er Kronen aufzuweisen hätte. Er holete mich zur Tafel ab, welches ich Wohlstands wegen geschehen lassen mußte. Wir setz'en uns, ohne Euch zu sehen; um mich nicht blos zu geben, ließ ich es anstehen nach Euch zu fragen. Es ahndete mir etwas besonders, entweder er ist krank, oder man hat ihn

aus

aus Verachtung weggelassen, waren meine Gedanken. Der Bissen erstarrete mir im Munde, das Herze schlug wie ein Hammer, ja ich vergoß wirklich einige Thränen. Mein Papa sahe das, was etwa bey mir vorgieng, aus meinem Gesichte. Was fehlet dir? redete er mich an; der Schweiß lief mir übers Gesicht, und ich glaube, daß ich nicht zum Besten ausgesehen haben mag. Der Capitain nahm sein Schnupftuch mich abzutrocknen, wodurch er mich völlig in Harnisch jagte. Wie angenehm ihm das Gesicht gewesen, so ich ihm wegen seiner unzeitigen Dienstfertigkeit machte, hat er mir nicht gesagt. In der That ward mir sehr schlimm, ich befahl, man sollte mir etwas zu riechen bringen. Es wurde mir finster vor den Augen, und indem ich aufstund, kam mein Papa herzu geeilet, und fassete mich unter dem Arm, daß ich nicht niedersank; der Capitain wollte ein gleiches thun, allein bey aller meiner Schwachheit stieß ich denselben doch auf die Seite, und gieng, oder taumelte vielmehr aus dem Speisesaal nach meinem Schlafgemach, wo ich mich ein wenig auskleiden, und auf das Bett bringen ließ. Meinem Papa sagte ich, er möchte sich wieder zur Gesellschaft begeben, ich hoffte, es würde keine weitre Folgen nach sich ziehen, er kam aber zu verschiedenmalen sich nach meinem Zustande zu erkundigen. Den Capitain glaubte ich abgeschreckt zu haben, allein er erschien zu meinem größten Verdruß. Wie befinden Sie sich, gnädiges Fräulein? war seine Anrede; allemal schlimm, sagte ich,

ich, wenn Sie mir mit Ihrer Gegenwart beschwerlich fallen, und wendete mich auf die andere Seite. Dieses mochte er sonder Zweifel nicht allzuwohl aufnehmen; denn er gieng ohne Abschied aus dem Zimmer, welches mir sehr angenehm war. Mit meiner Unbäßlichkeit hatte es eben nicht viel auf sich; denn, als ich ein paar Stunden geruhet, stund ich auf, und ließ mich etwas ganz leicht ankleiden. Mein Papa, welcher mich fleißig besuchte, hatte zwar ein Vergnügen, daß er mich außer Bett antraf, sagte aber, als er sich vorher nach meinem Befinden erkundiget: Du hast dich, meine Tochter, heute bey einer so ansehnlichen Gesellschaft sehr unartig aufgeführt, indem du einem Cavalier, dem man alle Hochachtung schuldig ist, auf die niederträchtigste Art begegnet; ich will, daß du dich künftighin gegen denselben bescheiden aufführest. Der kindliche Gehorsam, allerwerthester Papa! gab ich zur Antwort, welchen ich zu leisten schuldig bin, verbindet mich zwar Dero Befehlen zu unterwerfen; allein das gute Zutrauen, das ich zu Ihnen habe, läßt mich hoffen, mir einen solchen Menschen nicht mit Gewalt aufzudringen, welcher mir von je her unerträglich gewesen. Du bist mir nach deinem eignen Geständniß Gehorsam schuldig, warf er mir ein, also ist mein Wille, daß du dich denselben unterziehest. Der Wohlstand erfordert es deiner närrischen Einbildung ein Ziel zu setzen; ja, ich will noch mehr sagen, meine und deine Ehre leidet dabey. Ganz England würde dafür ausspeyen, wenn

du

du dich so weit herunter ließest; verstehe, du hast dir vorgesetzt den Kaufdiener zu heirathen, allein du kannst dir sichere Rechnung drauf machen, daß ich nach meiner väterlichen Gewalt mich dawider setze, und den Capitain zu heirathen anbefehle. Soll ich den Martin nicht zur Ehe haben, ertheilte ich kurz und gut zur Antwort, so will ich lieber sterben, als einen mir aufgedrungnen Menschen an meine Seite lassen. Zur Zeit siehest du noch nicht sterblich aus, sagte er, und gieng aus dem Zimmer. Also haben Dero Papa mit einemmal die Larve vom Gesicht genommen? hub ich nach Endigung ihrer Rede an. Wir haben in Wahrheit alles zu fürchten, was der Zorn eines erbitterten Vaters auszurichten vermag; halte ich aber sein heutiges Bezeigen gegen mich dagegen, so ziehe ich hieraus den Schluß, daß er mit mir einen etwas gelindern Weg zu gehen gesonnen; morgen soll ich bey der Tafel erscheinen, was dabey vorgehen wird, muß den ganzen Handel entwickeln. Daß ich aber nicht alle Kleinigkeiten erwähne, so will ich nur sagen, daß wir uns mit dieser Materie bis fast gegen den Tag unterhielten, und kaum entschließen konnten, uns zu trennen. Nach einer kurzen Ruhe stund ich auf, mich, weil ich vom Lord einen Besuch vermuthete, anzukleiden, hatte auch nicht unrecht gedacht, denn er kam mit einem aufgeräumten Gesicht, und erkundigte sich nach meinem Befinden, am Ende setzte er hinzu; er habe die Ehre auf dem Mittag bey der Tafel mich zu sehen. Als ich mich zu der

bestimm=

bestimmten Zeit einstellete, fand ich Carolingen schon in dem Speisesaal, welche mit ihrem Vater in einem ernsthaften Gespräch an einem Fenster stand. Ich wollte mich aus Höflichkeit entfernen, Sie bleiben hier, rief er mir zu, trösten Sie meine Tochter, sie ist eine halbe Patientinn, vielleicht hat ihre Gegenwart mehr Wirkung als die kräftigste Arzeney. Hier geriethen wir, bis es Zeit zu essen war, in eine Unterredung die Insel betreffend, und nun sahe ich erst ein, warum man mir das Essen nicht wie den vorigen Tag, auf die Stube geschickt. Die Gäste waren wieder abgereiset, hinfolglich speiseten wir drey Personen ganz allein. Dieses währte zwölf Tage, in welcher Zeit ich alle Freyheit hatte mit Carolingen umzugehen. Ja, er gab sogar zu, wenn wir in seiner Gegenwart einander einige Liebkosungen erwiesen. Diesemnach hieng bey uns der Himmel, so zu sagen, voller Geigen, unserer Einbildung nach waren alle Hindernisse aus dem Wege geräumet; allein wir hatten uns zu viel geschmeichelt; denn den dreyzehnten Tag, als wir beynahe abgespeiset, trat zum nicht geringen Schreck der Capitain herein. Dieser unvermuthete Dazwischenfall in das kaum angefangene Vergnügen, war uns gleichsam ein Schlag ans Herz. Das auf einmal ausgeheiterte Gesicht des Lords ließ uns muthmaßen, daß ihm dieser Ueberfall so bekannt als angenehm war. Es wurde ein allgemeiner Aufstand, und niemand begehrte, oder gedachte mehr zu essen. Die Bewillkommungs-Complimente waren kaum

vorüber,

vorüber, als sich Carolingen unsichtbar machte. Hätte es der Wohlstand zugelassen, würde ich ein gleiches gethan haben; so aber mußte ich aushalten, und dieses darum, weil sich der Capitain außerordentlich gefällig bey mir zu machen suchte. Dieser trat mit mir an ein Fenster, und unterhielt mich mit einem gleichgültigen Discours, da sich der Lord indeß verlohren. Nach einigen Verweilen kam er mit seiner Tochter wieder zum Vorschein, welche durch ein verdrüßliches Gesicht ihren Unwillen ganz deutlich zu erkennen gab Herr Speelhoven! redete mich der Vater an; Ich habe an Ihrer ganzen Aufführung auf der Insel nicht das mindeste auszusetzen, nur in dem Punct haben Sie einen Fehler begangen, daß Sie meiner Tochter so viel Willen gelassen, sie ist in der That recht ungezogen worden. Ich hoffe, war meine Gegenrede, das Versäumte noch einzubringen, in so ferne ich mich unterfangen dürfte, dieselbe meiner Zucht anzuvertrauen, auszubitten. Hierdurch mochte ich wohl den rechten Fleck getroffen haben, denn sie gab lächelnd zur Antwort: Papa, so habe ich den Herrn Lieutenant künftig als meinen Hofmeister zu fürchten. Der Capitain, welcher von ferne zugehört, näherte sich, nahm das Fräulein bey der Hand, und sagte: gnädiges Fräulein! jetzo sollen Sie Rechenschaft geben, warum Sie uns entlaufen sind: Mit Dero Erlaubniß, fieng sie das Wort auf, meinem Hofmeister bin ich nur schuldig hiervon Rede und Antwort zu geben. Er hat aber noch keine Confirmation erhalten, versetzte

setzte er hierauf. Hierdurch haben Sie meinen Papa belediget, verantwortete sie sich, ein Machtspruch ist so gut als Brief und Siegel, außerdem hätte ich bis zur völligen Bestätigung auch noch freye Hand, seinen Befehlen mich zu unterziehen, oder nach Gutbefinden dieselben zu verwerfen. Ich muß mich gefangen geben, sagte er, es wird Ihnen bey einem so wohl ausgesuchten Hofmeister nicht übel seyn, die Einwürfe welche Sie zu machen belieben, würden einem Rechtsgelehrten ein Stilleschweigen auflegen. Der Lord unterbrach sie und fragte: Bringen Sie nichts neues von London mit? Sie wissen ja, daß wir auf dem Lande sehr neugierig sind etwas veränderliches anzuhören. Eben nichts sonderliches, war des Capitains Gegenbericht, nur dieses kann ich nicht umhin zu erwähnen, daß man sich in allen Gesellschaften mit der neuentdeckten Insel unterhält; es wird von einem großen Vortheil gesprochen, so der Kaufmannschaft hierbey zuwüchse, wenn dieselbe besetzet und ein Fort darauf angeleget würde; alles ist begierig den Insulaner zu sprechen, um sich der Lage sowohl als deren Fruchtbarkeit zu erkundigen. Also können der Herr Speelhoven noch ein großer Mann werden, sagte der Lord, als jener mit seiner Erzehlung, die sehr weitläuftig, fertig war. Niemand, als Sie, kann einen rechten Begriff dem Publico vor Augen legen; hiermit sahe er mich an, um mein Gutachten hierüber zu vernehmen. Es ist etwas sehr bekanntes, hub ich dagegen an, daß eine Sache in der ersten Hitze allemal wie durch ein Vergrößrungsglas angesehen wird; wäre es eine Spazierreise, so weit wie ohngefehr nach London, so sollte ganz England hiervon profitiren, aber auf ein Ungewiß einen so gefährlichen Schritt zu wagen, wollte ich keinem Menschen anrathen, noch weniger mich hierzu brauchen lassen. Die Sorge wegen einer Reise wird wohl überflüßig seyn, machte der Lord seinen Schluß hierüber, wenn sie sich werden müde geplacket haben mit den Projecten, wird es endlich auf einmal stille werden, und lenkte die Unterredung auf etwas anders. Ich glaubte, der gesellschaftliche Umgang mit Fräulein Carolingen würde durch die Ankunft des Capitains unterbrochen seyn, zu unserer beyder Verwunderung aber genossen wir beynahe drey Wochen alle nur erwünschte Freyheit. Oft erwähnter Capitain reisete in der Zeit zweymal ab und zu; aber auf diese angenehme Stille erfolgte ein für uns großes Ungewitter. Der Lord erhielt durch einen reitenden Bothen Briefe von London, und ich wurde gerufen als ich mich eben bey Carolingen befand. Herr Lieutenant, redete er mich beym Eintritt an: Ich habe sie eine Nachricht zu hinterbringen, welche mir eben so verdrüßlich, als Ihnen mißfällig seyn wird; unter diesen Worten reichte er mir den in der Hand habenden Brief, dessen Inhalt ich nur kurz überlaufen will. „Mein lieber Lord! bey der letztern Versammlung in dem Unterhause wurde unter andern die Materie wegen der von Ihnen neu entdeckten Insel, nebst den darauf ange-

angetroffnen Insulaner, aufs Tapet gebracht, die meisten Stimmen beharreten dieselbe in Besitz zu nehmen, und ein Waarenhaus nebst einem Fort anzulegen. Sie werden es sich gefallen lassen nebst dem Menschen unverzüglich nach London zu kommen. Sagen Sie ihm, er soll auf der Stelle den Capitainsrang überkommen, und in diesem Character mit unter Seegel gehen. Wird man die Insel in der Beschaffenheit finden, wie sie uns beschrieben worden, so soll er daselbst Vice-Commendant werden; säumen Sie ja nicht, die Sache ist zu wichtig. Ich bin, Mylord Chambry." Was denken Sie bey der Sache? hub er an, als ich ihm den Brief wieder zurück gab. Und als ich unschlüßlich war ihm hierauf gehörigen Bescheid zu geben, sagte er, ich will Ihnen eine Stunde Zeit zum Ueberlegen lassen, gehen Sie mit sich selbst zu Rathe, es kommt lediglich darauf an, ob Sie Lust hierzu haben. Kommt es nur auf mich an, war meine endliche Antwort, so werde ich es ausschlagen, und wenn sie mir daselbst eine Krone aufsetzen wollten. Da ich den europäischen Boden einmal wieder betreten, so sind weder Verheißungen noch Drohungen vermögend mich dahin zu bringen, einen so gefährlichen Sprung zu wagen. Der Lord war in ein tiefes Nachsinnen gerathen, wobey er eine ziemliche Weile in einer unbeweglichen Stellung saß; endlich aber auffuhr und sagte: Herr Speelhoven, ich stecke in einem verworrnen Handel, ich werde mich bey aller Vorsicht klemmen. Ein einziger Einfall kann uns heraus reißen. Der Lieutenant Towenshat ist Urheber in der ganzen Sache, dieser soll mir noch zu rechter Zeit hiervon Rechenschaft geben. Wir müssen beyde nach London, die Reise ist unvermeidlich; ich werde Sie bey einem guten Freund verborgen halten, ich will alles anwenden, das große Werk wie sie es nennen, zu hintertreiben; gehet es nach Wunsch, so haben wir den Vortheil, London einmal besuchet zu haben, will es mir aber nicht gelingen, so habe ich Sie krank zurück lassen müssen. Hier aber wird nöthig seyn, daß Sie aus dem Wege gehen, es soll an Gelegenheit nicht fehlen, Sie unter einem andern Namen nach Holland zu schaffen, daselbst können Sie verziehen bis das Ungewitter vorüber ist. Ihre Sachen lassen Sie hier, wenn Sie glauben, daß dieselben bey mir aufgehoben sind. Ich überließ mich es ins kurze zu fassen; dem Lord gänzlich, nur kam es drauf an, was Carolingen hierzu sagen würde; ich gieng also gerades Weges ihr diesen Vorfall zu hinterbringen. Sie konnte mich nicht ganz aushören, sondern schrie: das ist eine gemischte Karte, ich setze mein Leben zum Unterpfand wenn es anders ist. Martin! rief sie zu unterschiedenenmalen, mein Herze saget mir etwas, wir sehen uns nicht wieder, das ist ein Entwurf von dem neugebacknen Capitain, um Ihn aus dem Wege zu räumen; aber ich schwöre es ihm zu, er wird hierbey mehr verlieren als gewinnen. Ihr Vater, der Lord, unterbrach sie mit seiner Dazwischenkunft, dem sie in

der

der ersten Hitze alles sagte, was ihr der Zorn eingab. Durch vieles Zureden besänftigte sie sich wohl in etwas; dennoch aber zog sie die Sache in Zweifel. Der morgende Tag war also zur Abreise festgesetzt; wir beyde brachten beynahe die ganze Nacht hin, uns einander alles zu sagen, die hauptsächlichste Abrede aber war, daß, wenn ich ja genöthiget würde England zu verlassen, so bestimmte sie mir einen Ort, wohin ich meine Briefe addreßiren sollte, da wir denn wegen des Künftigen gehörige Abrede nehmen könnten. Bey dem Abschied, welcher sehr zärtlich war, übergab ich ihr die Schlüssel zu meinem ganzen Reichthum, mit Bitte, sie bis auf weitern Bescheid in Verwahrung zu nehmen, oder wenn es nöthig, an den ihr bestimmten Ort zu schicken. Dem Papa, welcher beym Abschiede war, sagte sie, wenn er mich nicht wieder mit zurück brächte, sie am längsten gelebt zu haben glaubte. In der That giengen ihm die Augen über, als er sehen mochte, mit was vor Zärtlichkeit wir uns verabschiedeten. Wir reiseten noch eine Stunde vor Tages ab, trafen auch Abends schon ziemlich spät in London ein, und stiegen bey einem bürgerlichen Hause ab; wer der eigentliche Wirth daselbst war, habe ich nicht erfahren können, denn wir hielten uns sehr stille. Auf dem Morgen gieng der Lord aus, kam aber nicht eher als um Tischzeit wieder, er sagte mir, daß der Mylord, dessen Name mir entfallen ist, verreiset, und erst nach zweyen Tagen wieder zurückkommen würde.

 Binnen

Binnen der Zeit war er niemals zu Hause, als bey der Tafel und wenn es Zeit zu schlafen war. Endlich hatte er gedachten Mylord gesprochen, ihm aber schlechte Vertröstung gegeben; jedoch nicht ganz abgeschlagen. Den sechsten Tag unsers Aufenthalts brachte er mir die unangenehme Post, daß bey der nochmaligen Versammlung der Schluß festgesetzt, vier Schiffe auszurüsten; der nur erwähnte Lieutenant Towenshat wäre bey dem Geschwader zum Unter-Commandeur ernennet, und ich sollte ein unschuldiger Capitain seyn. Ich habe ihnen weiß gemacht, daß Sie hart an einem Fieber lägen; wollen Sie wohl glauben, fuhr er in seiner Rede fort, daß sie einen geschickten Doctor mir mitgeben, und für alle dießfalls auflaufende Unkosten zu stehen sich anheischig gemacht? Dieser wird nicht nöthig seyn, war meine Antwort, es ist nichts mehr übrig, als ich gehe mit einem Schiff nach Holland. Wie komme ich aber hierbey zurechte? unterbrach er mich, ich muß für Ihre Person stehen, was soll ich sagen, wenn Sie nicht mehr hier sind? Mit Dero gütigen Erlaubniß, erwiederte ich: Nachdem ich weder von Ew Herrlichkeit noch keinem Menschen in ganz England abhange, also beruhet es lediglich bey mir, was ich thun oder lassen will. Als er eine gute Weile mit sich selbst zu Rathe gegangen, hub er folgendergestalt an: Sie sind mein Freund, ich will alles für Sie wagen, und sollte ich mir den größten Nachtheil auf den Hals ziehen. Ich will heute noch ausgehen, und mich

nach

nach einer Gelegenheit nach Holland erkundigen. Hiermit stund er auf, lief die Stube etlichemal ganz tiefsinnig auf und ab, dann gieng, oder lief er vielmehr, mir nach allen Kräften, wie er sich ausdrückte, beyzustehen. Ohngefehr nach Verlauf drey Stunden trat er ganz vergnügt ins Zimmer, und sagte: Es ist mir gelungen Sie unterzubringen, allein Sie müssen sich es gefallen lassen heute noch an Bord zu begeben. Der Schiffer wird Sie in Amsterdam einlogiren, und ich werde Sie mit einem Recommendationsschreiben versehen. Ihre Sachen sind bey mir verwahret, so bald sich die erste Hitze geleget, werde ich das Vergnügen haben Sie wieder bey mir zu sehen. Hierauf setzte er sich hin und schrieb einen Brief, ehe er aber noch völlig damit fertig war, trat der Steuermann schon herein mich abzuholen. Meine ganze Equipage bestund in einem Mantelsack, in welchem etwas Wäsche war. Nachdem er den Brief gesiegelt, überreichte er mir denselben, mit den Worten: Es ist ein Wechsel von zweyhundert Pfunden in demselben. Ihr Wirth in Amsterdam wird Sie anweisen, wo derselbe zahlbar ist. Hiermit nahm er dem Anschein nach ganz betrübt Abschied von mir, warum es mir aber nicht zu Herzen gieng, weiß ich nicht. Mit einem Wort, ich reisete ab, und traf in Amsterdam glücklich ein. Mein Wirth, ein eisgrauer Mann mit einem lahmen Bein, welcher lange zur See gedienet, und wie man mir gesaget, sich bey allen Vorfällen tapfer gehalten; beklagte nichts mehr, als daß er außer Stand gesetzet sey, sein Glück noch etlichemal zu suchen; fragte auch verschiednemal, ob ich Lust hätte den Holländern zu dienen? ich gab ihm aber allemal zur Antwort: daß ich bereits engagiret sey. Damit ich aber durch Nebendinge nicht zu weitläuftig werde, will ich bey der Hauptsache bleiben. Versprochnermaßen schrieb ich an Carolingen, welche allem Vermuthen nach einen Brief entgegen sahe; den funfzehnten Tag erhielt ich schon wieder Antwort. Dieser Brief entwickelte mir mit einemmal den ganzen Kram. Ich will das nöthigste davon nur anführen. „Ach! allerliebster Martin! war der Eingang, wir sind hintergangen. Mein Papa hat die Larve nun völlig weggenommen, ich soll und muß den Capitain heirathen. Nichts wundert mich als die große Nachsicht meines Vaters, welchem ich alles gesaget, was mir der Zorn eingegeben. Der in seinem Character kaum erwarmte Capitain ist nun zum Spectacul Major, er gehet nach Irrland, zuvor aber will mein Papa mich mit ihm vermählet sehen. Hätte man nicht auf alle mein Thun und Lassen ein so genaues Augenmerk, würde ich ebenfalls schon in Amsterdam bey meinem liebsten Martin seyn; aber man verwahret mich als eine Missethäterinn. O! mein Herze kündigte mir nichts Gutes an, als ich Eure Abreise vernahm. Am Ende hieß es, ich sollte eilen und ihr beystehen, außerdem wäre sie verlohren.„ Was sollte ich hierbey thun; sie flehete mich um Hülfe an; allein,

allein, dieses wäre mehr als eine Verwegenheit zu nennen gewesen. Es war hierbey weiter nichts zu thun als sie ihrem Schicksal zu überlassen. Aufrichtig zu sagen, hatte sie mehr Liebe zu mir als ich verdiente. Dieses muß ich zwar bekennen, daß sie die erste, und auch die letzte war, welche zu heirathen ich mich bequemet hätte; aber da sich solche unübersteigliche Hindernisse in den Weg legten, ließ ich mir den Verlust gefallen, setzte mich auch gleich hin, ihr meine Gedanken zu eröfnen. Erstlich nennete ich den Verlust ihrer Person unschätzbar, und da es dem Ansehen nach nicht von höherer Hand beschlossen, daß unser Band ehelich verknüpfet werden sollte, schwur ich es ihr aufs heiligste zu, auf der Welt mich in keine weitere Verbindung einzulassen, sondern wollte meine Jahre in einer gelassenen Stille hinbringen., weil mir doch auf der Welt keine ihre ähnliche Person zu Theil werden könnte. Ich bat auch sie möchte sich überwinden, und sich nach dem Sinn ihres alten Vaters richten, welcher sie in einen solchen Stand gesetzt sehen wollte, in welchem seine Ehre und Ansehen keinen Anstoß litte; hingegen könnte sie gesichert seyn, daß, weil ich denken könnte, ihre wertheste Person niemals aus meinem Gedächtniß kommen würde, lebte auch der Hoffnung, sie würde sich meiner jezuweilen als einer Person, welche sie inbrünstig geliebet, auch erinnern. Da sie mich aber angieng ihr beyzustehen, so hielte mich nichts als die Unmöglichkeit ab; außerdem sey ich bereit ihr aus allen Kräften beyzustehen, und sollte es mit Aufopfrung meines Lebens seyn. Zum Schluß bat ich um meine Sachen; nachdem ich sie erhalten, wollte ich nach Embden reisen, weil ich nicht hoffte sie noch einmal zu sehen, und ihr sagen zu können, daß ich auch im Grabe seyn würde, ihr getreuer Martin. Die Wahrheit zu bekennen, kam ich nach Ausfertigung dieses Briefes recht wieder zu mir selbst, mein zerstreutes Gemüth kam, so zu sagen, in sich selbst zurück. Nun kam es auf die Antwort an, welcher ich begierig entgegen sahe. Das Geld für den Wechsel hatte ich in Empfang genommen. Mir die Zeit in etwas zu verkürzen, gieng ich an verschiedene Oerter einige Bekannte aufzusuchen, besonders den Sohn von meinen ehemaligen Herrn; allein sowohl dieser als die übrigen waren gestorben, niemand wollte sich meiner erinnern. Ich konnte mir es kaum überreden, daß es möglich sey, in einer Zeit von beynahe zwanzig Jahren eine so große Veränderung anzutreffen. Alle diese, welche Alters wegen noch hätten leben können, waren schlafen gegangen, und ich, der ich in der Zeit so vielen Widerwärtigkeiten ausgesetzt gewesen, war so munter, als vor meiner ehemaligen Abreise. Es verliefen zwey Monate, ohne die geringste Nachricht zu erhalten, welches mich ziemlich in Verlegenheit setzte, weil ich hierdurch von meiner vorgenommenen Reise verhindert wurde. Endlich lief doch das so sehnlich gewünschte Schreiben ein. Dieser Brief, oder vielmehr mein Carolingen, drückte

sich

sich in den lebhaftesten Leidenschafteten aus. Erstlich gab sie mir einen Verweis, daß ich mich ihrer gleich bey dem ersten Anfall begeben. Auf Euer Wort, mein Martin, heißt es, habe ich mich vermählet, dieses Ceremoniel habe ich mir gefallen lassen, ja, ich glaube, wenn der Major sich unterstünde, nach meinem Tode sich mir zu nähern, würde der erblaßte Körper sich darwider setzen. Ihr wollet, hieß es ferner, Euer Herz nicht weiter verschenken, und ich kann bey allem Zwang das meine nicht zurück fordern. Der Major ist nach Irrland zu seinem Regiment verreiset, eilet nach London an den abgeredeten Ort, erwartet Eure höchst bedrängte Caroline. Also sahe ich mich gemüßiget, London wider mein Hoffen noch einmal zu sehen. Ich reisete ab, und fand zu meiner Verwunderung die neue Frau Majorinn an dem bestellten Ort. Ich würde viele Bogen damit ausfüllen, wenn ich alles mit Umständen beschreiben sollte, was binnen einem vierzehntägigen Aufenthalt zwischen uns beyden vorgefallen. Unter andern sagte sie, daß sie zwar die Vermählung nicht hintertreiben können, aber an ihre Seite zu kommen, würde die ganze Welt nicht im Stande seyn, sie dieses zu überreden. Wir nahmen also gehörige Abrede, einen Briefwechsel zu unterhalten. Dieses muß ich sagen, der Abschied war rührend, nicht zwey Worte hätte ich verlieren dürfen, wäre sie mit mir gereiset, wohin es mir beliebet. Meine Sachen, so in einem Coffre und einer Kiste bestanden, hatte sie in Verwahrung gegeben,

gegeben, welche ich an den Bord des Schiffs, mit welchem ich nach Amsterdam wieder zurück gieng, bringen ließ. Daselbst kehrte ich in meinem alten Quartier ein, um eine Gelegenheit abzuwarten, welche mich nach meinem Vaterland überbringen sollte. Sehr wunderlich mußte sich es fügen, daß ein Schiff vor Anker lag, welches Güther aufhatte, so vor Embden ausgeschiffet werden mußten. Aus Neubegierde öffnete ich den Coffre, um zu sehen, was Carolingen, (so werde ich sie immer noch nennen,) mir eingepackt. Daß es lauter solche Dinge waren, die ich gewiß nicht wegwarf, kann man sich leicht vorstellen; unter andern aber fand ich eine goldne Capsul, als ein Species Thaler groß, in welcher ihr Portrait, sehr genau getroffen, befindlich, nebst den artigen Sinnbild. In der Luft zeigte sich ein Stoßvogel, so eine Taube in den Klauen hatte, mit der Beyschrift: Diese gehöret mir. Unten an einem Fels saß eine Mannsperson, so ein Herz in die Höhe hielt, welches mit einer Kette umschlossen war, deren anderes Ende in den Leib der Mannsperson hinein gieng, mit der Beyschrift: habe ich doch das Hertze. Die Application ist leicht zu machen, daher bedarf es keiner weitern Auslegung. Endlich begab ich mich an Bord, und erreichte den Ort, nach welchen ich so sehnlich verlanget, ohne Anstoß. Es war an einen Freytag, schon ziemlich spät, als ich ans Land stieg, und mich in einem Gasthof einlogirte, den Morgen darauf, als Sonnabends, ließ ich meine Sachen dahin brin-

gen,

gen, ich gieng selbigen Tag nicht aus, sondern blieb in dem mir gemietheten Stübgen. Den Sonntag gieng ich in die Kirche, um meine Pflegemama, wenn sie noch lebete, zu sehen; weil mir nun der Ort, wo sie zu sitzen pflegete, bewußt, war es mir ein leichtes, sie zu erkennen, wiewohl in Trauerhabit. Als der Gottesdienst zu Ende, mischte ich mich unter das Volk, kam ihr auch so nahe, daß wir uns anstießen. Da sich nun das Volk nach und nach verlohr, hatte ich Gelegenheit, beynahe eine ganze Straße ihr an der Seite zu gehen, und da sie mich von ohngefehr ansahe, machte ich ihr ein Compliment, worauf sie mir mit einer bescheidnen Miene dankte, außer dem aber ihren Weg gelassen fortsetzte, woraus ich schloß, daß sie mich nicht mehr kennen mußte. Ich drollete getrost von der Seite, ohne mich etwas merken zu lassen, und da sie endlich das Haus erreichte, trat ich auf den Fuß hinter drein. Im Umwenden fragte sie, ob ich etwas zu befehlen habe? Allerwertheste Madam, hub ich mit einer Verbeugung an: Mir ist von dem Martin Speelhoven ein Compliment aufgetragen worden. Ey lebet dieser ehrliche Mensch noch? fiel sie mir in die Rede; ich wollte meine Sachen ausführen, sie ließ mich aber nicht zum Wort kommen, sondern sagte: Kommen Sie doch, wenn ich bitten darf, zu mir hinauf, ich möchte gerne ausführliche Nachricht haben. Sie nöthigte mich, als wir in dem Zimmer angelanget, zu sitzen, ich redete aber ein, Sie erlauben mir, meine Worte stehende

hende anzubringen, hierauf sahe ich sie mit unverwandten Augen an, ohne daß ich vermögend war, ein Wort aufzubringen. Sie schien über mein Stillschweigen ungedultig zu werden, die Augen giengen mir über, ohne es verwehren zu können. Mein Gott, unterbrach sie das Stilleschweigen, Sie vergießen ja Thränen, was soll dieses bedeuten? Hierauf ergriff ich ihre Hand, welche ich küssete, und sagte: Hier haben Sie, würdigste Mama, den armen Martin persönlich. Ist das wohl möglich! rief sie dagegen. O! so komme mein Sohn, und nimm diesen Freudenkuß hin, du hast mir in der That manche schlaflose Nacht verursachet, weil ich mir nach dem letzten Brief, welchen mein letzt verstorbener Mann mit ziemlich harten Ausdrücken an dich geschrieben, beständig Vorwürfe gemacht, dieser habe dich aus einer übereilten Desperation dahin verleitet, zu Schiffe zu gehen, und durch eingezogenen Bericht seyst du gestorben, welches wir vielmals bereuet. Mein Sohn, sagte sie zu verschiednen malen, ich werde mich dieses Wortes bedienen, setze dich, wir wollen das Mittagsmahl einnehmen, und hernach ausführlich mit einander sprechen. Ich wendete zwar ein, daß die Mahlzeit in dem Gasthof, wo ich mich einlogiret, bereits bestellet sey, allein ich mußte gehorsamen. Nach dem Essen überlief ich meine Reise und die dabey zugestoßenen Glücks- und Unglücksfälle, so kurz als möglich, mit dem Anhang, daß es Gelegenheit geben würde, eines und das andre in ein bessers Licht zu setzen. Ich will

nicht

nicht alle Fragen und Gegenfragen mit Umständen berühren, sondern alles in möglichste Kürze zu fassen mich bemühen. Auf Befragen, um wen sie sich in Trauer gestecket? war ihr Gegenbericht: Daß die Stieftochter, welche an mich geschrieben, nur vor zwey Monaten gestorben sey, ihr Mann aber schon vor dreyzehn Jahren den Weg alles Fleisches gegangen. Selbigen Abend erlaubte sie mir, in dem Gasthof zu schlafen, kommenden Tag aber mußte ich mit Sack und Pack einziehen, mit dem Versprechen, sie in ihrem angehenden Alter nicht zu verlassen. Da sie nun sahe, daß ich kein nackender Lumpenhund war, und nebst dem baaren Gelde auch noch Meubeln, wie auch Kostbarkeiten aufzuweisen hatte, hub sie an: Ich glaubte dir ein unverhoftes Vergnügen zu machen, wenn ich dir hinterbrächte: daß meine Stieftochter ihren lieben Martin, welchen sie immer noch an Leben zu seyn glaubte sechs hundert Thaler vermachet, nach eingezognen Bericht aber daß du wirklich gestorben seyst, sollte es unter die Armen ausgetheilet werden. Das Glück hat mir freylich etwas zugeworfen, gab ich zur Antwort, Sie haben also über das mir zugefallene Erbtheil nach Gefallen zu disponiren. Hiervon zu reden, wird es schon mehr Gelegenheit geben, war ihre Gegenrede, da es nun die höhere Vorsicht also gefüget, daß du in erwünschter Gesundheit dein Vaterland wieder betreten, so wirst du hoffentlich dich nach der Ruhe sehnen; dieselbe dir nun zu verschaffen, werde ich dir die Handelschaft,

schaft, welche zur Zeit noch von mir abhänget, übergeben, werde mich auch bemühen, dir eine getreue Gehülfinn auszusuchen, ohne welche eine Wirthschaft nur halb bestellt ist. Was das erste an betrifft, allerwertheste Mama, ertheilte ich zur Antwort, so hanget dieses lediglich von Dero Gütigkeit ab, wegen einer Verheirathung aber kann ich Ihnen aufrichtig sagen, daß ich hierzu nicht die mindeste Neigung spühre. Bist du etwa schon anderweit damit versehen, fiel sie mir in die Rede? Beynahe wäre es dahin gediehen, war mein Gegenbericht, ein widriger Zufall aber legte sich dazwischen. Hier erzehlte ich ihr den ganzen Handel mit der Carolina umständlich, zeigte ihr auch das Portrait, da sie denn nach genauer Betrachtung sagte: Du hast dir nach Anzeige des Gemähldes nichts schlimmes ausgesuchet; allein, da sie ihr Vater standesmäßig verheirathet, so hast du ja freye Hände, ihrem Exempel zu folgen. Wenn ich den geringsten Trieb hierzu hätte, antwortete ich, könnte ich mich ohne Bedenken nach einer andern Gelegenheit umsehen; wäre unsere Verbindung durch priesterliche Einsegnung bestätiget worden, so hätte ich es mir gefallen lassen; außer dem aber bin ich gänzlich entschlossen, meine annoch übrigen Jahre in einem ledigen Stand hinzubringen. Dieses beruhet lediglich in deinem Willen, versetzte sie hierauf; da du aber gesonnen bist, dich der Handelschaft anzunehmen, so werde ich dir dieselbe gänzlich überlassen, und da ich bereits die Jahre zurück gelegt, welche uns bey dem

müßi-

müßigen Pöbel in ein Geschwätz bringen könnten, werde ich die Haushaltungsgeschäfte nach Möglichkeit besorgen. Wir setzten uns daher in dem Puncte in Richtigkeit, vorzüglich aber schrieb ich versprochener maßen an Carolingen, welcher ich die Verfassung, in welcher ich stünde, mit Umständen berichtete. Ehe noch fünf Monate verliefen, erhielt ich auch einen sehr weitläuftigen Brief. In demselben kündigte sie mir, bey der Liebe, mit der wir einander zugethan waren, an, unverzüglich nach London zu kommen. Ich sterbe, drückte sie sich zu verschiedenen malen aus, wo Ihr mir, mein allerliebster Martin, diese kleine Gefälligkeit ausschlaget. Dieses sahe ich als einen Befehl an, nur war es mir darum zu thun, unter was vor einem Vorwande ich die Reise unternehmen wollte, um bey meiner Pflegemama keinen Argwohn zu erwecken. Dieser hinterbrachte ich, daß es unumgänglich nöthig sey, nach Holland zu reisen, um mich wegen Lieferung der Waaren mit einem Kaufmann mündlich zu besprechen. Sie warf mir zwar ein, daß es überflüßig sey, weil dieß alles durch Briefe ausgemacht werden könnte, da ich aber darauf bestund, ließ sie sich es gefallen, und gab mir zu verstehen, daß ich, was ich vorhätte, wohl überlegen, und mich ohne Noth keiner Gefahr aussetzen sollte. Woraus ich abnahm, daß sie argwöhnte, es müsse meine Reise eine ganz andre Absicht zum Grund haben. Dem ohngeachtet machte ich mich auf, und traf in London glücklich ein. In dem Hause, wo die Zusammenkunft bestimmt, wurde ich vor bekannt aufgenommen, und erinnert, durch ein Briefgen der Caroline mein Daseyn wissend zu machen, welches der geheime Bothe richtig bestellete, auch mit der Nachricht zurück kam, daß sie, so bald es die Umstände leiden wollten, erscheinen würde; welches auch den vierten Tag erfolgte. Man fordre von mir keine umständliche Beschreibung, auf was Art wir einander empfiengen, jeder kann sich hiervon ohne Kopfbrechen einen Abriß machen. Ich gestehe, daß es auf meiner Seite mit einer Art einer Furcht geschahe. Sie war nunmehro eine verheirathete Person, welches schon hinreichend war, mir dieselbe einzujagen. Nachdem wir uns in etwas erholet, erzehlte sie mir, wie daß die vorgegebene Reise nach der Insel ein erdichtetes Wesen sey, um mich mit guter Manier los zu werden. Unsre Vermählung war einer Comödie ähnlich, sagte sie, ich mußte es alles Protestirens ohngeachtet geschehen lassen, allein, ich bekräftigte es mit einem theuren Schwur, daß er an meine Seite nicht kommen sollte. Geist- und weltliche Obrigkeit haben ihr möglichstes gethan, um mich eines andern zu überreden, aber nichts ausgerichtet. Mein Papa, welcher zeithero unbäßlich gewesen, ist es überdrüßig, die Sache mit einem Worte ferner zu erwähnen. Der Major hat einberichtet, daß er, wegen einer bekommenen Bleßur, sich gemüßiget sähe, in Irrland zu überwintern

wintern. Wir lebten also bey drey Wochen sehr vergnügt, in der Zeit reisete sie einmal nach Hause, ihren kranken Vater zu besuchen, welcher bey ihrer Zurückkunft gesagt: Er habe sie gewarnet, sich als einer verheiratheten Person keinen Verdruß auf den Hals zu ziehen, er fordere von ihrem Thun und Lassen zwar keine Rechenschaft, da man ihm aber unter der Hand berichtet, daß der Major mit ehesten von der Armee zurück erwartet würde, wolle er ihr anrathen, sich eingezogen zu halten. Ich besorge, gab ich nach Endigung ihrer Rede zur Antwort, daß, wie zu vermuthen stehet, derselbe Leute an sich gezogen, welche auf Dero Tritte ein genaues Augenmerk haben werden, bey der mindesten Entdeckung wird das Ungewitter über mich zusammen schlagen, und meinen Untergang völlig nach sich ziehen. Die Sorge ist überflüßig, erwiederte sie, in Fall aber, es sollte ihm einfallen, mich zu überraschen, so werden wir schon so viel Zeit haben, uns in Sicherheit zu setzen. Die Furcht, erwischt zu werden, hatte mich dergestallt eingenommen, daß ich beschloß, so bald es möglich, das Loch zu suchen, allein, beynahe wäre es zu spät gewesen. Einer von der Carolina ihren Correspondenten kam mit der unerwarteten Nachricht, daß der Major persönlich sich in London befände, er habe ihn mit einem Advocaten sehr geschäftig laufen sehen. Dieses bestätigte kurz darauf ein zweyter Bothe, welcher dessen Bedienten an der Thüre eines Sachwalters gesprochen, bey welchem sich der Major befunden. Hier war guter Rath theuer, die Wirthinn vom Hause half uns aber bald zurechte. Sie brachte mir eine große Doctor-Peruque nebst einem Mantel, in welchen ich mich hüllen und ihr folgen mußte. Diese führte mich nach zärtlich genommenen Abschied gerade über die Gasse in ein nettes, aber nicht gar großes Häusgen, und brachte mich in den obern Stock in ein Stübgen, dessen Fenster auf die Gasse giengen, allwo ich hinter den zugezognen Vorhängen, alles, was daselbst hin und wieder gieng, genau in Augenschein nehmen konnte. Nach Verlauf einer Stunde hielt ein Wagen an der Thüre des Hauses, welches ich nur verlassen, stille, in welchen meine Caroline, ohne alle Begleitung einstieg, woraus ich schloß, daß die eingelaufenen Nachrichten mehr als zu gegründet seyn müßten. Nachhero sahe ich, daß verschiedne Mannspersonen beständig in der Gegend sich herum dreheten, und erwähntes Haus nie aus dem Gesicht ließen. In dem Hause, wo ich mich verborgen hielt, ließ sich den ganzen Tag keine lebendige Seele sehen, außer eine alte Magd, so mir etwas zu essen brachte. Als es anfieng dunkel zu werden, kam der Major, unter Begleitung etlicher Gerichtspersonen, davor ich sie hielt, denen folgte eine ganze Schaar ziemlich handfester Kerle, welche alle in das Haus eindrungen, bis auf viere, so die Thüre besetzten. Kurz darauf sahe ich Licht in allen Zimmern, auch sogar der obere

Boden

Boden blieb nicht verschonet. Mehr als tausend mal gereuete es mich, daß ich so unbesonnen gewesen, und ohne Noth mich in Gefahr begeben hatte, jedoch entwischte ich ihnen noch glücklich. Fünf Tage mußte ich mich eingezogen halten, den sechsten noch vor Tage, wurde ich in einer Miethkutsche an den Bord eines Holländers gebracht, welcher sogleich die Anker lichtete, und auch ohne Hinderniß in den Texel einlief. Bey meiner Zurückkunft in Embden fand ich einen langen Entschuldigungsbrief von der Carolina, mit dem Anhang, daß ihr Herr Vater, weil ich vielleicht noch in London gewesen, gestorben sey. Sie wollte Anstalt machen, daß wir künftig mit mehrer Freyheit und weniger Gefahr einander sehen könnten. Ich bekam auch binnen einem Jahre zwey Briefe, in welchen sie mich einlud, aber hierzu war mir aller Appetit vergangen, und ich entschuldigte mich mit einer Unbäßlichkeit, von da verflossen zwey Jahre, da ich weder Briefe empfieng, noch sonst von dem Befinden der Carolina etwas hörete. Meine Pflegemama wurde bettlägrig, und da sie merkte, daß sie zur Genesung keine Hoffnung spührte, vermachte sie mir das Haus, unter der Bedingung, wenn ich mich nicht verheirathen, oder ohne Erben mit Tode abgehen sollte, dieses an ihre Freunde zurück fiele. Ihr Tod gieng mir sehr nahe, weil ich an ihr eine Mutter verlohr. Nach dem verflossen zwey Jahr, ohne von der Carolina das mindeste zu hören. Wider alles Vermuthen kam ein Hausknecht aus einem gewissen Gasthof, welcher mir hinterbrachte, daß mich ein fremder Herr zu sprechen verlangte, ich kleidete mich also in möglichster Geschwindigkeit an, allein mit was Erstaunen traf ich an statt des fremden Herrn meine Carolina an, welche mir gleich beym Eintritt um den Hals fiel, mit den Worten: Siehe Martin, dir zu Liebe habe ich diese Reise unternommen. Allein sage mir aufrichtig, hast du dich verheirathet? Dieses mal gab ich mit Achselzucken zur Antwort, ist es geschehen. Dieses habe ich mir eingebildet, fiel sie mir ganz niedergeschlagen in die Rede, so hast du dein Herz wider alle Verheißungen von mir abgewendet, unter diesen Worten vergoß sie einige Thränen. Wollten Sie mich denn dieserwegen verdenken? erwiederte ich. Im mindesten nicht, war ihre Gegenrede, gönne mir nur noch deine Freundschaft. Diese soll auch in dem Tode nicht aufhören, versetzte ich hierauf, und umarmete sie. Die Wehmuth hatte sie dergestalt eingenommen, daß es ihr eine gute Weile die Sprache hemmete, endlich aber ausbrach: Nun so habe ich dich doch noch einmal gesehen, ich werde Embden vielleicht heute noch verlassen, bitte mir aber zuvor aus, diese zu zeigen, welche mir dein Herz geraubet. Dieses kann den Augenblick geschehen, gab ich zur Antwort, hiermit nahm ich sie bey der Hand, und führete sie nach dem an der Wand hangenden Spiegel, mit

den

den Worten: Diese, und keine andre auf der ganzen Welt hat mir mein Herz gefesselt. Also, fiel sie mir in die Rede, bist du nicht verheirathet? Wenn Sie den Martin kenneten, war meine Gegenrede, so würde Ihnen kein Zweifel übrig seyn, daß er wohl sterben, aber sein gegebenes Wort nicht wieder zurück nehmen kann. Ihr auf einmal ausgeheitertes Gesicht gab nur allzu deutlich an den Tag, was in ihrem Herzen vorgieng, nachdem sie eine Weile mit sich selbst zu Rathe gegangen, fragte sie, ob es ihr erlaubet sey, mich in meine Behausung zu begleiten? Daraus will ich schließen, antwortete ich, daß Sie noch die alte Hochachtung vor mich hegen. Kaum hatte sie es vernommen, als sie wie ein Pfeil aufsprang, mich bey der Hand fassete, und bis nach der untern Thür führete. Bis hieher ist mir der Weg bekannt, hub sie an, nun kommt es auf dich an, wohin es dir gefällt, mich zu führen. Also drolleten wir getrost nach meiner Behausung, und endlich in mein Zimmer. Hier besahe sie alles mit der größten Aufmerksamkeit, an dem war es auch nicht genug, sie gieng durch alle Zimmer, und lezlich auch ins Schlafgemach. Nun habe ich, sagte sie, was ich so emsig gewünschet, ich hatte dich dennoch in Verdacht, und überredete mich, du wolltest deine Verheirathung gegen mich verheimlichen. Nun kann ich nicht anders, als dir berichten, daß der Major vor bereits einem Jahre an einer Wunde in Irrland gestorben. Vor seinem

seinem Ende hat er mir noch einen sehr beweglichen Brief geschrieben, tausend andern würde er das Herz gerühret haben, nur ich blieb dabey unempfindlich, desto angenehmer war mir die Post von seinem Tode, so man mir überschrieb. So nach ist der menschliche Arm viel zu schwach, das zu verhindern, was von höherer Hand einmal beschlossen ist. Daß ich aber einmal zum Schluß komme, so melde nur dieses: Sie logirte sich bey mir ein, blieb fünf Monate in meiner Behausung, in welcher Zeit wir unsere Einrichtung folgendermaßen machten. Hier wird sich der Leser die Rechnung machen, daß wir uns nunmehro verheirathet, allein hiervon wurde nichts gedacht. Wir liebten einander, aber soll ich mich deutlich ausdrücken, so war es freundschaftlich, wir gaben der Vernunft und Tugend Raum, außer dem weiß ich nicht, ob ein verlobtes Paar mehr Neigung zusammen haben kann. Wir verabredeten uns wechselsweise zu besuchen, welches auch geschahe. Als die Zeit kam, in welcher ich versprochen, mich einzustellen, war mir so zu sagen alles zu enge; und wenn es an dem war, daß sie nach der Ordnung zu mir kommen sollte, konnte ich es kaum erwarten. Dieses beobachteten wir ganzer zwey und zwanzig Jahr. Wie denn nun alles der Vergänglichkeit unterworfen, so ergienge es auch mit uns. Ich bekam Briefe, eilig mich einzufinden, weil sie unbäßlich sey, ich fand sie auch in der That ziemlich schwach, jedoch nicht ganz bettlägrig, es besserte

serte sich auch in so weit mit ihr, daß sie die Luft wieder vertragen konnte, und sich in Gesellschaft meiner in dem Garten eine Veränderung machte, aber es hatte keinen Bestand. Als sie nun ihr Ende vermerkte, packte sie bey aller ihrer Schwachheit einen Coffre ein, ich unterstund mich nicht sie dießfalls zu fragen, einer ihrer Bedienten, von dessen Treue sie versichert war, mußte ihn in Geheim aus dem Schloß schaffen. Endlich legte sie sich, und rief mich zu sich, und sagte: Ich fühle, daß mein Ende herannahet, und daß ich nicht über zwey Tage mehr leben werde, die letzte Gefälligkeit, so du mir erweisen kannst, ist diese, daß du bis nach meinem Abschied aus dieser mühseligen Welt nicht von mir gehest. Den Coffre, so ich eingepackt und weg geschickt, wirst du in Amsterdam finden, unter diesen Worten reichte sie mir den Schlüssel. Mein Kind, redete ich sie an, denn so nennten wir uns, wenn wir uns ohne Zeugen befanden, es ist ja überflüßig, deine Gütigkeit hat mir so viel zugeworfen, welches ich in meinem Leben nicht verzehren werde. Ich verlasse ohnedem meinen Freunden ein Vermögen, unterbrach sie mich, welches das ihre, ob es gleich beträchtlich ist, weit übersteiget. Hast du einen Ueberfluß, so suche in Embden Arme, die es bedürfen und auch werth sind, auf, hilf ihnen damit zurechte, diesen Schatz nimmst du mit von der Welt, außer dem ist ja alles vergänglich. Wir mußten abbrechen, denn die Milady Twonsloh, so ihre näheste Anverwandtinn war, kam dazwischen. Du siehest mir heute sehr schlecht aus, sagte sie gleich beym Eintritt. Bald, bald, erwiederte meine Carolina, wird es besser um mich aussehen. Sie wissen, redete sie weiter, was wir verabredet haben, ich hoffe daher, sie werden mir dieses nicht ausschlagen. Der Milady giengen die Augen über, sie setzte sich ihr gegen dem Bett über auf einen Stuhl, rang die Hände, und brach endlich in die Worte aus: Ich hätte mir in Wahrheit von beyder Leben und Wandel einen bessern Begriff machen sollen, als es leider geschehen, da ich sehe, daß nicht allein das angehende Alter, sondern auch sogar die leibliche Trennung, oder noch besser zu sagen, der Tod, welchen ich : : : ach! daß ich mich in dem Punct irrete, befürchte, nicht vermögend ist, das Band der Freundschaft zu zerreissen; in Wahrheit, ich bin gerühret. Die häufigen Thränen verhinderten sie noch mehr zu sagen, sie stund endlich vom Stuhl auf, reichte meiner kranken Carolina die Hand, und sagte: Ich werde nicht allein mein Versprechen halten, sondern noch mehr hinzu thun, und nachdem sie ihr gute Besserung angewünschet, verließ sie uns. Es nahm ihre Schwachheit fast von Augenblick zu Augenblick merklich zu, sie lag bey vier und zwanzig Stunden sehr unruhig, hernach gerieth sie in einen Schlummer. Zwey Doctores, welche wechselsweise ab und zu giengen, sagten, wir sollten wohl acht haben, sie würde unvermerkt einschlafen. Nach verfloßner Zeit, welche sie sich zum Sterben bestimmet, richtete sie sich, obzwar mit vieler Mühe in die Höhe, sahe mich eine gute

Weile

Weile sehr beweglich an, und sagte endlich: Mein allerliebster Schatz, gieb deiner ausgemärgelten Carolina noch den letzten Abschiedskuß. Als dieses geschehen, legte sie sich an meine Brust, sahe mich noch verschiedene mal an, dann schloß sie die Augen zu, und bließ endlich nach Verlauf einer viertheil Stunde die matte Seele aus. Ich überließ den erblaßten Körper den Umstehenden, und begab mich in mein angewiesenes Gemach, um mich nicht einer Censur blos zu stellen. Ich war etwa zwey Stunden daselbst, so kam die Milady Towensloh, bezeigte ihr Mitleiden üben den Verlust einer Person, welche so zu sagen mit mir eine Seele ausgemacht hätte, nebst der Zusage, den letzten Willen aufs genaueste zu vollziehen. Worinnen derselbe bestand, gab ich mir die Mühe nicht zu fragen, nunmehro war mir das Schloß, und mit demselben ganz England zur Last, ich sagte meinem Bedienten, daß er sich um ein Schiff bekümmern sollte, so nach Amsterdam seegeln würde. Meine Carolina wurde mit dem gewöhnlichen Gepränge beerdiget, nach demselben eröffnete mir erwähnte Towensloh, daß mir Carolingen ein kleines Landgüthgen vermachet, dafür ich mich aber bedankte, und sagte, sie könne es nach Belieben behalten, oder verkaufen, etwas von dem Gelde aber dem Armuth austheilen lassen, indem ich in Embden schon so viel Vermögen hätte, als zu meinem Unterhalt nöthig sey, welches sie ziemlich in Verwunderung setzte. Erwähnter Bedienter kam zurück, und hinterbrachte mir die Nachricht, daß binnen drey oder vier Tagen ein vor Anker liegender Holländer die Rehde verlassen, auch mich aufnehmen wollte. Weil ich nun mich niemals mit unnöthigen Gepäcke beladen, also war es nicht schwer, in Zeit von einer Stunde zur Abreise mich anzuschicken. Nach genommenen Abschied begab ich mich nach London, in eben das Haus, wo unsre ehemalige Zusammenkunft gewesen. Von da begab ich mich um angesetzte Zeit an Bord, und schiffete nach Amsterdam über, und begab mich endlich mit einem wohlbeladenen Coffre nach Embden. Bey meiner Zurückkunft machte ich Anstalt meine übrigen Tage in einer stillen Ruhe hinzubringen. Die Handlung übergab ich meinen Factor, der auch ebenfalls wie ich von armen Eltern abstammete, und da mir die allerweiseste Vorsehung so viel zugeworfen, welches ich ordentlicher Weise nicht verzehren konnte, so hielt ich es für eine Schuldigkeit, ihm von meinem Ueberfluß an die Hand zu gehen, zumal da er ein Mensch ist, der es verdienet; ich hingegen werde mich um die Welthändel nicht viel bekümmern, sondern mit Ernst bedacht seyn, auf ein rühmliches Ende.